맥체인성경 쉬운해설

4

신교횃불

맥체인성경 쉬운해설

흔히 기독교는 말씀의 종교라고 합니다. 그것은 하나님께서 주신 '말씀'(성경)으로부터 모든 역사를 쌓아 왔기 때문입니다. 따라서 모든 그리스도인들은 하나님께서 주신 말씀을 읽고, 해석하고, 다시 적용하는 '신앙인의 삶'을 가장 우선순위에 둡니다. 말씀을 읽지 않고 하나님을 예배할 수 없고, 말씀을 묵상하지 않고 하나님의 계획을 알 수 없고, 말씀을 적용하지 않고 성화될 수 없기 때문입니다. 성경읽기의 중요성과 필요성은 아무리 강조해도 지나치지 않습니다.

맥체인 성경 읽기표는 1842년 맥체인이 자신이 목양하던 성베드로교회 성도들의 영적 성장을 위해 개발한 것으로, 매일 구약과 신약을 각각 2장씩 읽음으로써 1년에 구약 1회, 신약과 시편을 각 2회 정독할 수 있도록 만든 표입니다. 이와 같은 맥체인의 방법에 따라 **맥체인 성경 쉬운해설은** 신구약 성경 전체를 골고루 4등분해서 동시에 읽으며 성경에 기록된 장구한 구속사를 크게 네 시대로 나누어 동시에 묵상할 수 있습니다.

(1) 창세기 ~ 역대하 : 만물의 시작과 이스라엘의 시작
(2) 에스라 ~ 말라기 : 이스라엘의 멸망과 새 시대의 시작
(3) 마태복음 ~ 요한복음 : 예수의 복음사역과 십자가 구속
(4) 사도행전 ~ 요한계시록 : 교회의 시작과 선교

각각의 시대마다 하나님께서는 하나님이 세우신 사람들과 언약을 맺으셨고, 그 언약을 완성하셨습니다. 그리고 이 시대들은 서로 씨줄과 날줄이 되어 하나님의 구속사를 완성하는 완벽한 하모니를 이루고 있습니다. 맥체인성경 쉬운해설은 이 네 시대를 동시에 읽고 묵상함으로써, 때로는 시대별로, 때로는 거시적인 안목에서 구속사 전체를 한 번에 아우르게 합니다. 그렇기에 남녀노소, 교회의 직분을 무론하고, 누구나 맥체인성경 쉬운해설의 읽기표를 따라 성경을 읽으면, 성경에 대한 명쾌한 이해와 함께 하나님께서 감춰두신 구속의 보화를 찾는 기쁨을 누릴 수 있습니다.

▶ 성경읽기의 중요성과 필요성

① 성경은 하나님의 말씀이므로 매일 읽고 묵상해야 합니다.
② 성경은 우리를 향한 하나님의 사랑의 표현이기 때문에 매일 읽고 묵상해야 합니다.
③ 성경은 우리를 위한 하나님의 계획을 담고 있기 때문에 매일 읽고 묵상해야 합니다.
④ 성경은 우리를 구속하기 위한 하나님의 은혜이기 때문에 매일 읽고 묵상해야 합니다.
⑤ 성경은 우리를 진리로 인도하기 때문에 매일 읽고 묵상해야 합니다.
⑥ 성경은 우리에게 하나님을 계시하기 때문에 매일 읽고 묵상해야 합니다.
⑦ 성경읽기는 모든 그리스도인들에게 선택이 아닌 필수 요소입니다.

성경을 읽고 묵상하는 방법은 정말 다양합니다. 예를 들어 '1년 3독', '큐티식 묵상법', '평일 3장, 주일 5장 읽기', '연대별 성경읽기', '강습회식 집중 읽기' 등 저마다 특색 있는 방식으로 성경을 읽고 이해하는 데 도움을 줍니다. 특별히, <맥체인 성경읽기>는 이와 같은 다양한 성경읽기 방법들 가운데에서도 성경을 매일 읽는 '규칙성'과 성경을 끝까지 읽는 '지속성'을 보장하는 특징과 장점을 가집니다.

▶ **"맥체인 성경읽기"의 특징과 장점**

- ㅇ 맥체인 성경은 구약과 신약(또는 시편)에서 4권씩 짝을 이루고 있어서 흥미롭고 읽는 재미를 더합니다.
- ㅇ 맥체인 성경은 구약과 신약의 대조를 통해 말씀 간 연관성 및 의미의 다채로움을 만끽하게 합니다.
- ㅇ 맥체인 성경은 매일 신구약의 4장씩 일정량을 읽도록 구성되어, 끝까지 효과적으로 읽을 수 있습니다.
- ㅇ 맥체인 성경은 하나님의 구속사를 한눈에 볼 수 있도록 구성되어 있습니다.
- ㅇ 맥체인 성경은 성경 전체를 관통하는 하나님의 생각을 연상하게 훈련시킵니다.
- ㅇ 맥체인 성경은 <읽기표>를 통해 규칙적이고 체계적인 성경읽기를 가능하게 합니다.
- ㅇ 맥체인 성경의 <읽기표>를 활용하면 1년에 구약은 1독, 신약과 시편은 2독 할 수 있습니다.
- ㅇ 맥체인 성경은 말씀의 연관성을 찾아 말씀의 참 의미를 깨닫게 도와줍니다.

맥체인 성경 쉬운해설과 함께 하루 30분!

매일 4장의 성경을 읽으면 1년 뒤 성경을 1독 이상 할 수 있습니다. "맥체인 성경 쉬운해설" 읽기를 통하여 한국교회와 성도들이 말씀을 통해 하나님을 만나고, 하나님의 섭리를 경험하고, 하나님의 은혜와 사랑을 전하는 이 시대에 사명자로서 큰 능력을 발휘하기를 간절히 소망합니다.

"너희는 여호와의 책에서 찾아 읽어보라.
이것들 가운데서 빠진 것이 하나도 없고
제 짝이 없는 것이 없으리니 이는 여호와의 입이 이를 명령하셨고
그의 영이 이것들을 모으셨음이라." (사 34:16)

성경은 구약 39권, 신약 27권으로 도합 66권으로 이루어져 있습니다. 그러나 이 성경들은 같은 시대에 동일 저자들에 의해 기록된 책이 아닙니다. 성경은 1,600년이 넘는 긴 세월 동안 성령의 감동을 입은 각 시대의 사람들이 각기 다른 장소에서 기록한 것들을 한데 모아 묶은 것입니다. 그럼에도 불구하고 놀랍게도 이 66권의 성경들은 제각각 다 짝이 있고, 통일된 주제와 일관된 메시지를 가집니다. 인간적인 관점에서는 정말 신기하고 또 신비로운 마법과 같다고 할 것입니다. 하지만, 성경은 이것이 결코 마법이나 우연이 아님을 밝히고 있습니다. 즉, 여호와의 책을 쓴 기자(記者)는 인간이지만, 이사야서 34장 16절에서 보는 바와 같이, 여호와의 입이 명하셨기 때문에 성경의 저자(著者)는 하나님이시며, 각 시대 각 사 람에게 맞게 성령께서 감동을 주셨기 때문에 편집자(編輯者)는 성령님이시라는 것입니다. 따라서 성경 66권은 서로 다른 장르와 내용을 가진 별개의 책이 아니라 하나의 주제 아래 한 분의 저자가 쓴 한 권의 책으로서 읽히고 연구되어야 합니다.

▶ **《맥체인성경 쉬운해설》 말씀연결 사용하는 법**

① 네 성경 본문의 소주제를 통해 중심 단어나 문장을 말씀으로 묵상한다.
② 네 본문의 말씀을 순서대로, 천천히 읽는다.
③ 두 본문에서 반복되는 단어나 유사한 문맥을 찾아 서로 연결한다.
④ 본문에서 반대의 뜻을 가진 단어나 문장을 찾는다.
⑤ 두 권의 책에서 공통되는 하나님의 말씀을 연결하여 기록한다.
⑥ 연결되는 말씀을 다른 두 권으로 확대하여 네 권 전체에 흐르는 하나님의 생각과 베푸신 은혜를 누리고, 그 내용을 적어본다.
⑦ 본문에서 지도자나 인도자로부터 배운 신학 주제나 교리들이 함축하고 있는 문맥의 짝을 찾아본다.
⑧ 중심 주제를 필두로, 삶에 적용할 일들을 적어보고 생활 중에 실천함으로써 변화를 경험해 본다.
⑨ 하나님이 오늘 나에게 주신 말씀들을 통하여 가르침, 명령과 약속 권면, 경고 및 행해야 할 일들을 하나님과 대화하는 마음으로(기도) 성경읽기를 마무리한다.

⊕ 맥체인 성경 읽기표 ⊕

"이 율법책을 네 입에서 떠나지 말게 하며
주야로 그것을 묵상하여
그 안에 기록된 대로 다 지켜 행하라
그리하면 네 길이 평탄하게 될 것이며
네가 형통하리라."(수 1:8)

10월 _ October

☐	1	왕상 3	엡 1	겔34	시83·84
☐	2	왕상4·5	엡 2	겔35	시85
☐	3	왕상 6	엡 3	겔36	시86
☐	4	왕상 7	엡 4	겔37	시87·88
☐	5	왕상 8	엡 5	겔38	시89
☐	6	왕상 9	엡 6	겔39	시90
☐	7	왕상10	빌 1	겔40	시91
☐	8	왕상11	빌 2	겔41	시92·93
☐	9	왕상12	빌 3	겔42	시94
☐	10	왕상13	빌 4	겔43	시95·96
☐	11	왕상14	골 1	겔44	시97·98
☐	12	왕상15	골 2	겔45	시99~101
☐	13	왕상16	골 3	겔46	시102
☐	14	왕상17	골 4	겔47	시103
☐	15	왕상18	살전 1	겔48	시104
☐	16	왕상19	살전 2	단 1	시105
☐	17	왕상20	살전 3	단 2	시106
☐	18	왕상21	살전 4	단 3	시107
☐	19	왕상22	살전 5	단 4	시108·109
☐	20	왕하 1	살후 1	단 5	시110·111
☐	21	왕하 2	살후 2	단 6	시112·113
☐	22	왕하 3	살후 3	단 7	시114·115
☐	23	왕하 4	딤전 1	단 8	시116
☐	24	왕하 5	딤전 2	단 9	시117·118
☐	25	왕하 6	딤전 3	단10	시119:1~24
☐	26	왕하 7	딤전 4	단11	시119:25~48
☐	27	왕하 8	딤전 5	단12	시119:49~72
☐	28	왕하 9	딤전 6	호 1	시119:73~96
☐	29	왕하10	딤후 1	호 2	시119:97~120
☐	30	왕하11·12	딤후 2	호3·4	시119:121~144
☐	31	왕하13	딤후 3	호5·6	시119:145~176

⊕ 맥체인 성경 읽기표 ⊕

11월 _ November

☐	1	왕하14	딤후4	호 7	시120~122
☐	2	왕하15	딛 1	호 8	시123~125
☐	3	왕하16	딛 2	호 9	시126~128
☐	4	왕하17	딛 3	호10	시129~131
☐	5	왕하18	몬 1	호11	시132~134
☐	6	왕하19	히 1	호12	시135·136
☐	7	왕하20	히 2	호13	시137·138
☐	8	왕하21	히 3	호14	시139
☐	9	왕하22	히 4	욜 1	시140·141
☐	10	왕하23	히 5	욜 2	시142
☐	11	왕하24	히 6	욜 3	시143
☐	12	왕하25	히 7	암 1	시144
☐	13	대상1·2	히 8	암 2	시145
☐	14	대상3·4	히 9	암 3	시146·147
☐	15	대상5·6	히10	암 4	시148·150
☐	16	대상7·8	히11	암 5	눅1:1~38
☐	17	대상9·10	히12	암 6	눅1:39~80
☐	18	대상11·12	히13	암 7	눅 2
☐	19	대상13·14	약 1	암 8	눅 3
☐	20	대상15	약 2	암 9	눅 4
☐	21	대상16	약 3	옵 1	눅 5
☐	22	대상17	약 4	욘 1	눅 6
☐	23	대상18	약 5	욘 2	눅 7
☐	24	대상19·20	벧전1	욘 3	눅 8
☐	25	대상21	벧전2	욘 4	눅 9
☐	26	대상22	벧전3	미 1	눅10
☐	27	대상23	벧전4	미 2	눅11
☐	28	대상24·25	벧전5	미 3	눅12
☐	29	대상26·27	벧후1	미 4	눅13
☐	30	대상28	벧후2	미 5	눅14

12월 _ December

☐	1	대상29	벧후3	미 6	눅15
☐	2	대하 1	요일 1	미 7	눅16
☐	3	대하 2	요일 2	나 1	눅17
☐	4	대하3·4	요일 3	나 2	눅18
☐	5	대하5·6:1~11	요일 4	나 3	눅19
☐	6	대하6:12~42	요일 5	합 1	눅20
☐	7	대하 7	요이 1	합 2	눅21
☐	8	대하 8	요삼 1	합 3	눅22
☐	9	대하 9	유 1	습 1	눅23
☐	10	대하10	계 1	습 2	눅24
☐	11	대하11·12	계 2	습 3	요 1
☐	12	대하13	계 3	학 1	요 2
☐	13	대하14·15	계 4	학 2	요 3
☐	14	대하16	계 5	슥 1	요 4
☐	15	대하17	계 6	슥 2	요 5
☐	16	대하18	계 7	슥 3	요 6
☐	17	대하19·20	계 8	슥 4	요 7
☐	18	대하21	계 9	슥 5	요 8
☐	19	대하22·23	계10	슥 6	요 9
☐	20	대하24	계11	슥 7	요10
☐	21	대하25	계12	슥 8	요11
☐	22	대하26	계13	슥 9	요12
☐	23	대하27·28	계14	슥10	요13
☐	24	대하29	계15	슥11	요14
☐	25	대하30	계16	슥12·13:1	요15
☐	26	대하31	계17	슥13:2~9	요16
☐	27	대하32	계18	슥14	요17
☐	28	대하33	계19	말 1	요18
☐	29	대하34	계20	말 2	요19
☐	30	대하35	계21	말 3	요20
☐	31	대하36	계22	말 4	요21

October
10월

10/1

본문 열왕기상 3장 | 에베소서 1장 | 에스겔 34장 | 시편 83-84편

주제 간구 (懇求, 하나님께 간절히 바라고 구함)

간구는 성도의 경건 생활의 기본이다. 하나님의 뜻을 알기 위해서, 회개하기 위해서, 문제를 해결받기 위해서, 능력을 얻기 위해서, 타인이나 교회나 나라를 중보하기 위해서 힘을 다해 간구하는 것이다.

열왕기상 3장 : 백성을 재판하기 위해 듣는 마음을 간구함

- 솔로몬이 애굽의 왕 바로와 더불어 혼인 관계를 맺어 그의 딸을 맞이하고 다윗 성에...(1-14)
- 그 때에 창기 두 여자가 왕에게 와서 그 앞에 서며...(16-20)
- 다른 여자는 이르되 아니라 산 것은 내 아들이요 죽은 것은 네 아들이라 하고 이 여자는 이르되 아니라 죽은 것이 네 아들이요 산 것이 내 아들이라 하며 왕 앞에서 그와 같이 쟁론하는지라(22)
- 또 이르되 칼을 내게로 가져오라 하니 칼을 왕 앞으로 가져온지라...(24-27)

솔로몬은 바로의 딸과의 정략결혼을 통해 정치적 안정을 꾀하였으며 아직 성전이 없었으므로 산당에서 제사를 드립니다.(1~3절) 솔로몬이 기브온에서 일천 번제를 드린 후 원하는 것을 물으시는 하나님께 지혜라고 답변함으로써 하나님은 기뻐하시며 부와 영광까지 약속하십니다.(4~15절) 하나님이 솔로몬에게 주신 지혜는 자신이 아기의 엄마임을 주장하는 두 여인에 대한 판결에서 잘 드러납니다.(16~27절) 백성들은 하나님의 지혜를 소유한 솔로몬을 두려워하게 됩니다.(28절)

에베소서 1장 : 계시로 영광 능력을 알게 하시길 간구함

- 하나님의 뜻으로 말미암아 그리스도 예수의 사도 된 바울은 에베소에 있는 성도들과...(1)
- 찬송하리로다 하나님 곧 우리 주 예수 그리스도의 아버지께서 그리스도 안에서...(3-14)
- 내가 기도할 때에 기억하며 너희로 말미암아 감사하기를 그치지 아니하고...(16-19)
- 또 만물을 그의 발 아래에 복종하게 하시고 그를 만물 위에 교회의 머리로 삼으셨느니라...(22-23)

바울은 자신을 그리스도 예수의 사도로 소개하면서 에베소 및 그리스도 안에 있는 신실한 자들에게 하늘에 속한 신령한 복을 소개합니다.(1~3절) 하늘에 속한 신령한 복은 하나님이 그리스도를 통해 우리에게 주시는 것으로 우리를 거룩하고 흠이 없게 하시려고 오직 은혜로 우리를 택하셔서 아들 되게 하신 것을 말합니다.(3~6절) 이를 위해 그리스도께서 십자가에 달려 보혈을 흘리셨으며 이 구원의 신비를 깨달을 수 있는 지혜와 총명을 우리에게 주셨습니다.(7~12절) 믿는 자 안에 거하시는 성령님이 우리의 구원을 끝까지 보증하십니다.(13~14절) 바울은 지혜와 계시의 영을 주셔서 하나님을 알게 하시고 풍성한 영적 지식을 통해 부르심의 소망, 우리가 받을 기업의 영광, 우리에게 베푸신 크신 능력을 알게 하여 주시길 기도합니다.(15~19절) 부활 승천하신 그리스도는 교회의 머리가 되시며 그의 몸이 되는 교회를 충만하게 하십니다.(20~23절)

에스겔 34장 : 거짓된 목자가 잘못을 회개하고 회복을 간구함

- 인자야 너는 이스라엘 목자들에게 예언하라 그들 곧 목자들에게 예언하여 이르기를...(2-5)
- 주 여호와의 말씀에 내가 나의 삶을 두고 맹세하노라 내 양 떼가 노략거리가 되고...(8)
- 좋은 꼴을 먹이고 그 우리를 이스라엘 높은 산에 두리니 그것들이 그 곳에 있는 좋은...(14-21)
- 내가 한 목자를 그들 위에 세워 먹이게 하리니 그는 내 종 다윗이라 그가 그들을 먹이고...(23)
- 그들이 내가 여호와 그들의 하나님이며 그들과 함께 있는 줄을 알고 그들 곧...(30-31)

하나님은 백성들을 돌보고 바른 길로 인도해야 할 이스라엘 목자들(=제사장, 선지자, 왕, 귀족들)의 죄를 지적하십니다.(1~4절) 양을 바르게 인도하기는커녕 양을 이용해 이익만 챙기는 거짓 목자들 때문에 양들이 흩어져 방황하고 있음에 대해 하나님은 탄식하십니다.(5~8절) 하나님은 자신이 직접 양들을 찾을 것이며 양의 목자가 되시겠다고 말씀하십니다.(9~16절) 또한 이스라엘 백성들 중에 약자를 착취하는 부유한 자들도 구별하여 심판하실 것입니다.(17~19절) 하나님은 한 구원자(=다윗)를 통해 양을 돌보고 지키실 것을 약속하십니다.(20~31절) 여기서 언급한 다윗이 바로 다윗의 자손 예수 그리스도이십니다.

시편 83-84편 : 이방나라의 멸망과 성전 사모자의 복을 간구함

- 하나님이여 침묵하지 마소서 하나님이여 잠잠하지 마시고 조용하지 마소서...(83:1-2)
- 그들이 말하기를 우리가 하나님의 목장을 우리의 소유로 취하자 하였나이다...(83:12-16)
- 만군의 여호와여 주의 장막이 어찌 그리 사랑스러운지요...(84:1-8)
- 주의 궁정에서의 한 날이 다른 곳에서의 천 날보다 나은즉 악인의 장막에 사는 것보다...(84:10-12)

(83편) 공동체 탄원시입니다. 이스라엘의 이름을 역사에서 지우려는 대적들의 소요는 점점 커지는데 반해 하나님은 침묵하고 계십니다.(1~4절) 대적들은 서로 동맹을 맺어 이스라엘을 공격하는데 대대로 이스라엘과 경쟁관계에 있었던 나라들과 강력한 국가였던 앗수르가 언급됩니다.(5~8절) 소개된 나라들이 한 번에 쳐들어 온 건 아니지만 그만큼 이스라엘은 절체절명의 위기임을 알 수 있습니다. 시인은 하나님이 대적들을 차례로 물리치셨던 역사를 소환하며 그때처럼 지금도 승리하게 하셔서 하나님의 이름이 온 세상에 선포되기를 기도합니다.(9~18절)

(84편) 하나님의 임재 경험이 주는 참된 기쁨을 맛본 시인은 주의 전을 지극히 사랑합니다.(1~4절) 그는 하나님을 중심에 두고 살아가고 있으며(=마음에 시온을 향한 대로가 있음, 5절), 눈물 골짜기를 지날지라도(=인생의 건기) 하나님이 많은 샘과 이른 비의(=은혜의 단비) 은혜를 내려 주실 것을 신뢰합니다.(6~8절) 시인은 주께서 왕을 지켜 주시길 간구하며 무엇보다 하나님의 임재 안에 사는 것이 참된 복임을 선언합니다.(9~12절)

계시의 영을 부으셔서 하나님을 알게 하시고 복음의 비밀을 알게 하심을 감사드립니다. 하나님을 마음의 중심에 두고 하나님의 임재 안에 사는 것이 참된 복임을 고백합니다. 지혜를 주셔서 주의 일과 일상의 삶을 잘 감당하게 하옵소서.

10/2

본문 열왕기상 4-5장 | 에베소서 2장 | 에스겔 35장 | 시편 85편

주제 성전 (聖殿, 하나님의 이름을 둔 곳이며 그리스도의 몸인 성도를 뜻함)

하나님을 믿는 선택된 자들은 어디를 가든지 항상 단을 쌓았다. 이스라엘 민족은 광야에서 성막을 세웠고 그 후 솔로몬 왕은 성전을 건축하였다. 이제 그리스도인은 성령 안에서 주님을 모신 성전이 되었다.

열왕기상 4-5장 : 솔로몬이 여호와의 이름을 위해 건축한 성전

- 그의 신하들은 이러하니라 사독의 아들 아사리아는 제사장이요...(4:2-7)
- 나밧 돌 높은 땅 온 지방에는 벤아비나답이니 그는 솔로몬의 딸 다밧을 아내로 삼았으며(4:11)
- 하나님이 솔로몬에게 지혜와 총명을 심히 많이 주시고 또 넓은 마음을 주시되 바닷가의 모래 같이 하시니...(4:29)
- 솔로몬이 기름 부음을 받고 그의 아버지를 이어 왕이 되었다 함을 두로 왕 히람이 듣고 그의 신하들을 솔로몬에게 보냈으니 이는 히람이 평생에 다윗을 사랑하였음이라...(5:1-8)
- 이에 왕이 명령을 내려 크고 귀한 돌을 떠다가 다듬어서 성전의 기초석으로 놓게 하매(5:17)

(4장) 솔로몬 정부의 주요 인사들과 이스라엘의 열두 행정구역 및 지방 행정관이 차례로 소개되고 있습니다.(1~19절) 솔로몬은 하나님이 주신 지혜로 행정 조직을 개편하고 사람을 세웁니다. 솔로몬의 통치 기간은 풍요로웠고 주변국들과의 적절한 외교를 통한 전쟁 억제로 백성들은 평화를 누렸으며 그의 지혜는 주변 나라들에게 널리 전해졌습니다.(20~34절)

(5장) 솔로몬은 아버지 다윗 때부터 좋은 관계를 유지해온 두로 왕 히람과 조약을 맺고 성전건축을 위한 목재(=레바논의 백향목)와 목재를 다루는 기술자들을 지원받게 됩니다.(1~12절) 그는 성전건축을 위해 일과 휴식을 적절히 보장하는 지혜로운 징집령을 내립니다.(13~18절)

에베소서 2장 : 주 안에서 서로 연결하여 완성되어 가는 성전

- 그는 허물과 죄로 죽었던 너희를 살리셨도다...(1-5)
- 너희는 그 은혜에 의하여 믿음으로 말미암아 구원을 받았으니 이것은 너희에게서 난 것이 아니요 하나님의 선물이라...(8-10)
- 그 때에 너희는 그리스도 밖에 있었고 이스라엘 나라 밖의 사람이라 약속의 언약들에 대하여는 외인이요 세상에서 소망이 없고 하나님도 없는 자이더니...(12-22)

본래 우리는 불순종의 아들들 가운데 역사하는 마귀에게 속해 있었으며 하나님의 진노 아래 놓인 자였습니다.(1~3절) 그러나 긍휼이 풍성하신 하나님이 그리스도와 함께 우리를 살리셨으니 오직 은혜요 선물입니다.(4~9절) 은혜로 받은 구원이지만 우리는 선한 일을 위하여 지음 받았습니다.(10절) 하나님의 은혜와 상관없었던 이방인이 이제는 하나님과 사귐이 있는 관계가 되었습니다.(11~13절) 하나님과 우리 사이를 막았던 죄의 담

을 허문 그리스도의 십자가는 유대인과 이방인의 막힌 담도 허물었습니다.(14~18절) 이방인을 배척하는 유대교와 달리 바울은 복음 안에서 이방인은 동등한 성도요 하나님의 권속이라고 선언합니다.(19절) 교회는 다양한 구성원들이 그리스도를 중심으로 공동체를 이루어 가는 곳입니다.(20~22절)

에스겔 35장 : 이스라엘 족속이 거주한 땅은 주가 계신 성전

- 인자야 네 얼굴을 세일 산으로 향하고 그에게 예언하여...(2-6)
- 너를 영원히 황폐하게 하여 네 성읍들에 다시는 거주하는 자가 없게 하리니 내가 여호와인 줄을 너희가 알리라...(9-13)
- 이스라엘 족속의 기업이 황폐하므로 네가 즐거워한 것 같이 내가 너를 황폐하게 하리라 세일 산아 너와 에돔 온 땅이 황폐하리니 내가 여호와인 줄을 무리가 알리라 하셨다 하라(15)

야곱과 에서가 갈등했던 것처럼 이스라엘(=야곱의 후손)과 에돔(=에서의 후손)은 대대로 대립 관계에 있었습니다. 한 목자를 세워 이스라엘을 회복하시겠다는 하나님의 약속(34장)과 함께 에스겔은 에돔에 대한 심판을 선언합니다. 하나님의 백성을 대적했던 에돔은 영원히 황폐하게 될 것입니다.(1~9절) 에돔은 북이스라엘과 남유다의 멸망이 자신들에게 유익할 것이라 생각했지만 그들이 하나님을 대적하며 했던 말을 들으신 하나님은 그들에게 보응하실 것입니다.(10~15절)

시편 85편 : 주가 성도의 기도를 들으시고 말씀하시는 성전

- 여호와여 주께서 주의 땅에 은혜를 베푸사 야곱의 포로 된 자들이 돌아오게 하셨으며...(1-4)
- 여호와여 주의 인자하심을 우리에게 보이시며 주의 구원을 우리에게 주소서...(7-9)
- 여호와께서 좋은 것을 주시리니 우리 땅이 그 산물을 내리로다...(12-13)

공동체 애가로서 고난받은 공동체의 간구입니다. 본문의 공동체는 고난에서 구원받은 경험이 있는데 바벨론 내용상 포로생활에서 귀환한 것으로 보입니다.(1절) 하나님이 진노를 거두시고 공동체의 죄를 용서해 주셨습니다.(2~3절) 그때처럼 지금도 진노를 거두시고 인자를 나타내시길 간구합니다.(4~7절) 시인은 머지않아 하나님이 기쁜 소식(=인애와 진리가 만나고 의와 화평이 입 맞추는 하나님의 완전한 구원)을 들려주실 것을 기대합니다.(8~10절) 즉 하나님의 사랑과 공의가 만나는 것인데 이러한 구원의 결정체가 바로 십자가입니다. 십자가에서 하나님의 사랑(=나의 생명을 대신하는 사랑)과 공의(=나의 죄에 대한 공의로운 집행)는 완전히 하나가 되었습니다. 하나님은 우리에게 가장 좋은 것을 주시는 분입니다.(11~13절)

본래 하나님의 진노 아래 있었던 죄인이었으나 오직 은혜로 말미암아 구원의 선물을 받게 되었습니다. 구원의 선물을 알게 하신 성령님이 임재해 계시는 나의 마음이 주의 성전으로 아름답게 세워져 가기를 소망합니다.

10/3

본문 열왕기상 6장 | 에베소서 3장 | 에스겔 36장 | 시편 86편
주제 **소망** (所望, 간절히 바라고 원함)

그리스도인에게 소망이 없다면 참 신앙인이 아니다. 궁극적으로는 천국에 소망을 두고 현세적으로는 주어진 사명의 완수를 위해 달려가는 것이다. 하나님도 인류를 향한 자신의 소망을 끊임없이 실천해 가신다.

열왕기상 6장 : 다윗과 솔로몬이 소망하던 성전건축이 완공됨

- 이스라엘 자손이 애굽 땅에서 나온 지 사백팔십 년이요 솔로몬이 이스라엘 왕이 된 지...(1-2)
- 성전의 건축을 마치니라 그 성전은 백향목 서까래와 널판으로 덮었고(9)
- 여호와의 언약궤를 두기 위하여 성전 안에 내소를 마련하였는데(19)
- 솔로몬이 내소 가운데에 그룹을 두었으니 그룹들의 날개가 펴져 있는데...(27-28)
- 넷째 해 시브월에 여호와의 성전 기초를 쌓았고....(37-38)

솔로몬 재위 4년에 성전건축이 시작됩니다.(1절) 성전의 규모와 구조를 자세히 소개하고 있는데 특이할만한 점은 채석 현장에서 돌을 다듬은 후 옮겨 왔기 때문에 건축 현장에서는 연장 소리가 들리지 않았습니다.(2~10절) 성전을 건축하는 것도 중요하지만 하나님의 법도와 율례를 지켜 행하는 것은 더 중요합니다.(11~13절) 외관이 완성된 후 성전 내부를 장식하고 지성소를 만들었습니다.(14~22절) 지성소 안에는 하나님의 임재의 상징인 두 그룹이 세워졌습니다.(23~28절) 그룹(히: 케루빔)은 하나님 곁에서 하나님의 영광과 위엄을 찬양하는 천사입니다. 마지막으로 성전 내·외부의 모든 벽과 문을 그룹과 종려나무와 핀 꽃으로 정교하게 장식하면서 7년에 걸친 성전건축이 마무리 됩니다.(29~38절)

에베소서 3장 : 바울이 소망하던 이방인의 구원이 성취됨

- 이러므로 그리스도 예수의 일로 너희 이방인을 위하여 갇힌 자 된 나 바울이 말하거니와...(1-2)
- 모든 성도 중에 지극히 작은 자보다 더 작은 나에게 이 은혜를 주신 것은...(8-9)
- 우리가 그 안에서 그를 믿음으로 말미암아 담대함과 확신을 가지고 하나님께 나아감을...(12-13)
- 이름을 주신 아버지 앞에 무릎을 꿇고 비노니....(15-21)

예수 그리스도를 전하는 일에 전적으로 갇힌 자(=매인 자)된 바울은 실제로 옥에 갇힌 자 이기도 합니다.(1절) 하나님의 은혜의 경륜(다메섹으로 가는 도중 예수님을 만난 사건, 행 9장)이 나타남으로 인해 바울은 비밀(=그리스도의 복음)을 알게 되었을 뿐 아니라 이 비밀을 이방인에게 전하는 일꾼으로 부름 받았습니다.(2~9절) 하나님이 지상에 교회를 세우신 것은 미리 예정하신 것으로 세상은 환난(=거부, 조롱, 핍박)으로 응답하겠지만 하나님은 교회를 통해 하나님의 지혜를 세상에 널리 알리십니다.(10~13절) 바울은 에베소 성도들을 위해 두 번째 기도(첫 번째는 1:15~23절)를 드리는데 각 사람이 성령으로 충만하여 강건하기를, 공동체 안에 그리스도의 사랑이 풍성하기를 간구합니

다.(14~19절) 하나님은 우리가 구하거나 생각한 것보다 더욱 넘치도록 주시는 분입니다.(20~21절)

에스겔 36장 : 이스라엘이 소망하던 왕국의 회복이 예언됨

- 인자야 너는 이스라엘 산들에게 예언하여 이르기를 이스라엘 산들아 여호와의 말씀을...(1-2)
- 주 여호와께서 이같이 말씀하시기를 내가 진실로 내 맹렬한 질투로 남아 있는...(5)
- 내가 또 너를 여러 나라의 수치를 듣지 아니하게 하며 만민의 비방을 다시 받지...(15)
- 너희 사방에 남은 이방 사람이 나 여호와가 무너진 곳을 건축하며 황폐한 자리에 심은...(36-37)

에돔과 이방 나라들은 이스라엘이 당한 심판을 기뻐하며 이를 자기들의 번영의 기회로 삼으려 했지만 하나님은 그들을 대한 심판을 선언하십니다.(1~7절) 하나님은 이방 나라들에게 이스라엘의 회복과 그들이 누리는 풍성한 복을 보여 주실 것이며 이스라엘은 다시는 비방과 수치를 당하지 않을 것입니다.(8~15절) 우상숭배로 인한 하나님의 진노로 이스라엘 백성들은 이방 나라로 흩어지게 되었는데 이로 인해 하나님은 자신의 백성을 지키지 못하는 힘없고 유약한 신으로 전락하게 되어 그 이름이 더럽혀졌습니다.(16~20절) 그러나 하나님은 실추된 이름과 명예를 스스로 되찾으실 것입니다.(21~23절) 이스라엘의 회복은 하나님이 자신의 이름을 위하여 행하신 역사입니다. 하나님은 그들이 고국으로 돌아올 수 있게 하시고 정결케 하시며 새 영을 부어주실 것입니다.(24~27절) 사람들은 풍성해진 삶으로 인해 '에덴동산같이 되었다'고 감탄할 것이며 하나님의 놀라운 구원의 역사로 인해 더럽혀진 하나님의 거룩한 이름은 다시 회복될 것입니다.(28~38절)

시편 86편 : 다윗이 소망했던 환난 중의 구원이 성취됨

- 여호와여 나는 가난하고 궁핍하오니 주의 귀를 기울여 내게 응답하소서...(1-11)
- 이는 내게 향하신 주의 인자하심이 크사 내 영혼을 깊은 스올에서 건지셨음이니이다(13)
- 그러나 주여 주는 긍휼히 여기시며 은혜를 베푸시며 노하기를 더디하시며...(15-17)

개인 탄원시로 기도자인 다윗은 자신의 상황을 가난과 궁핍, 환난 날로 표현합니다.(1~7절) 환난 날은 구체적으로 대적들에 둘러싸여 공격받는 상황임을 알 수 있습니다.(교만한 자가 나를 치고 포악한 무리가 내 영혼을 찾음, 14절) 따라서 가난과 궁핍이라는 표현은 실제로 가난하다기보다 대적들의 공격에 대해 아무것도 할 수 없는 상태를 의미합니다. 시인은 놀라운 구원의 역사를 이루신 인자하신 하나님만을 신뢰합니다.(8~13절) 그는 인자와 긍휼이 풍성하신 하나님이 자신에게 은혜를 베푸시고 대적들이 부끄러워할 만한 은총의 표적을 주시길 간구합니다.(14~17절)

마지막 때에 사명을 잘 감당할 수 있도록 성령으로 충만하며 사랑이 풍성한 우리 교회가 되게 하옵소서. 모든 성도들이 하나님의 임재 속에 살아가게 하옵소서. 과거에 베푸신 하나님의 인자와 긍휼은 오늘을 살아가는 힘이 됩니다. 주의 행하신 일을 늘 기억하게 하옵소서. 본향으로 돌아갈 수 있도록 새 영을 부어주시며 정결케 하시옵소서.

10/4

본문 열왕기상 7장 | 에베소서 4장 | 에스겔 37장 | 시편 87-88편

주제 건립 (建立, 건물, 기념비, 나라, 기관, 조직체 따위를 만들어 세움)

성전은 하나님께서 거하시며 제사를 받으시는 곳이다. 이제는 독생자 예수 그리스도를 통하여 교회를 세우셨으니 성도는 각기 믿음의 분량대로 한 몸이 되어 교회와 하나님의 나라를 건립해 나가야 한다.

열왕기상 7장 : 솔로몬이 왕궁과 여호와의 성전을 건립함

- 솔로몬이 자기의 왕궁을 십삼 년 동안 건축하여 그 전부를 준공하니라(1)
- 이 집들은 안팎을 모두 귀하고 다듬은 돌로 지었으니 크기대로 톱으로 켠 것이라...(9)
- 이 두 기둥을 성전의 주랑 앞에 세우되 오른쪽 기둥을 세우고 그 이름을 야긴이라...(21-22)
- 솔로몬 왕이 여호와의 성전을 위하여 만드는 모든 일을 마친지라 이에 솔로몬이 그의 아버지 다윗이 드린 물건 곧 은과 금과 기구들을 가져다가 여호와의 성전 곳간에 두었더라(51)

솔로몬은 13년에 걸쳐 왕궁을 건축합니다.(1~22절) 긴 공사기간과 최고급 목재와 석재 사용, 고급 기술자 히람의 섭외 등은 그의 나라가 얼마나 강성하고 부유했는지를 잘 보여줍니다. 성전 앞에 세운 두 놋 기둥 야긴(=그가 세우다)과 보아스(=그에게 힘이 있다)는 하나님이 세우신 강력한 왕조임을 상징합니다. 한편 히람은 왕궁뿐만 아니라 바다(=제사장이 손을 씻는 원형 물통), 받침 수레(=물두멍 운반용 수레), 물두멍, 성전의 각종 놋 기구와 금 기구, 성전 곳간 등 성전에 필요한 다양한 도구들도 만들었습니다.(23~51절)

에베소서 4장 : 성도들이 그리스도의 몸된 교회를 건립함

- 그러므로 주 안에서 갇힌 내가 너희를 권하노니 너희가 부르심을 받은 일에...(1-7)
- 그가 어떤 사람은 사도로, 어떤 사람은 선지자로, 어떤 사람은 복음 전하는 자로, 어떤 사람은 목사와 교사로 삼으셨으니...(11-16)
- 진리가 예수 안에 있는 것 같이 너희가 참으로 그에게서 듣고 또한 그 안에서 가르침을...(21-32)

복음을 위해 죄수가 된 바울은 에베소 성도들에게 겸손과 온유, 사랑 가운데 용납함 등으로 하나님의 부르심에 응답할 것을 권면합니다.(1~2절) 성령도 한 분, 주도 한 분, 아버지도 한 분이시기에 교회의 하나됨은 확고한 하나님의 뜻입니다.(3~6절) 각양의 은사들은 그리스도의 몸인 교회를 세우기 위해 십자가에서 죽으시고 부활, 승천하신 승리하신 왕 예수 그리스도께서 내려 주시는 선물입니다.(7~12절) 성도들은 그리스도와 같이 장성한 자로 성장하여 그리스도의 몸의 일부를 이룸으로서 교회를 세워갑니다.(13~16절) 그러므로 성도들은 하나님의 생명을 떠나 이방인처럼 살 수 없으며, 아브라함의 혈통과 율법 준수가 구원의 요소라고 믿는 옛 사람을 벗어 버리고 오직 그리스도 안에서 새 사람이 되어야 합니다.(17~24절) 그리스도 안에 있는 새 사람은 참된 것을 말하며, 분노를 잘 다스리며, 교회의 도움을 받으려 하기보다 스스로 수고하여 구제하는 자가 됩니다.(25~29절) 또한 성령님을 근심케 하지 않습니다.(29~32절)

에스겔 37장 : 여호와께서 마른 뼈같은 이스라엘을 건립함

- 여호와께서 권능으로 내게 임재하시고 그의 영으로 나를 데리고 가서 골짜기 가운데...(1-7)
- 또 내게 이르시되 인자야 너는 생기를 향하여 대언하라 생기에게 대언하여 이르기를...(9-14)
- 너는 곧 이르기를 주 여호와께서 이같이 말씀하시기를 내가 에브라임의 손에 있는...(19-23)
- 내가 그들과 화평의 언약을 세워서 영원한 언약이 되게 하고 또 그들을 견고하고...(26-28)

하나님의 구원과 회복의 메시지가 담긴 마른 뼈 환상입니다. 하나님은 에스겔에게 온 사방에 널려 있는 마른 뼈들을 보여 주십니다.(1~3절) 에스겔이 하나님의 말씀대로 "살아나라"고 명령하자 뼈들이 연결되고 힘줄과 살이 붙고 생기가 공급되어 살아 있는 큰 군대가 되었습니다.(4~10절) 마른 뼈는 회복을 기대할 수 없는 이스라엘의 현 상태를 의미하는데 하나님은 반드시 살려내시겠다고 말씀하십니다.(11~14절) 흩어진 이스라엘은 다시 하나가 될 것이며 한 목자가 나서 이스라엘을 통치할 것입니다.(15~25절) 하나님은 영원한 화평의 언약을 선포하십니다.(26~28절) 마른 뼈 환상은 1차적으로는 포로귀환을, 2차적으로는 예수 그리스도를 통한 영원한 구원을 의미합니다.

시편 87-88편 : 여호와께서 곤란 중의 영혼과 시온을 건립함

- 시온에 대하여 말하기를 이 사람, 저 사람이 거기서 났다고 말하리니 지존자가 친히...(87:5-7)
- 여호와 내 구원의 하나님이여 내가 주야로 주 앞에서 부르짖었사오니...(88:1-4)
- 여호와여 오직 내가 주께 부르짖었사오니 아침에 나의 기도가 주의 앞에 이르리이다...(88:13-14)
- 주는 내게서 사랑하는 자와 친구를 멀리 떠나게 하시며 내가 아는 자를 흑암에...(88:18)

(87편) 이 시는 바벨론 포로기에 지어진 것으로 추정되는데 예루살렘은 이미 패망하고 성전은 무너진 상태입니다. 그럼에도 불구하고 예루살렘은 하나님이 어떤 곳보다도 사랑하시는 하나님의 성입니다.(1~3절) 하나님은 라합(=이집트)과 바벨론이 아는 자 중에 있으며 블레셋과 두로 및 구스가 시온에서 났다고 말씀하십니다.(4~6절) 열방은 예루살렘에서 시작된 복음으로 인해 새롭게 태어날 것입니다. 모든 열방이 함께 하나님의 구원의 은총을 노래하게 될 것입니다.(7절)

(88편) 대부분의 탄원시는 결론 부분에서 구원의 하나님에 대한 소망이 등장하는 반면 88편은 마지막까지 탄원으로만 이루어져 있습니다. 그런 면에서 오랜 기간 기도해도 상황이 나아지지 않을 경우에 대한 답이 될 수 있습니다. 밤낮 부르짖고 있는 시인의 상황은 재난과 죽음, 하나님의 진노와 버리심 그 자체입니다.(1~9절) 시인은 사명을 완수하기 위해서라도 하나님이 자신을 구해주셔야 한다고 말합니다.(10~12절) 어린 시절부터 고난을 당하고 있고 사랑하는 자와 친구도 떠났지만 그는 여전히 기도하고 있습니다.(13~18절) 시인은 하나님의 극적인 구원이 없어도 여전히 하나님을 붙들 것이며 계속 간구할 것입니다. 자신의 영혼을 진정으로 하나님께 의탁한 사람의 모습입니다.

예수 그리스도를 통해 마른 뼈가 살아나는 환상을 현실로 바꾸어 주신 하나님은 영원히 영광을 받으시기에 합당하십니다. 부활, 승천하신 그리스도께서 주신 은사를 가지고 그리스도의 몸을 잘 세워나가게 하시고 열방이 주께로 돌아오기까지 복음을 위한 수고를 멈추지 않게 하옵소서.

10/5

본문 열왕기상 8장 | 에베소서 5장 | 에스겔 38장 | 시편 89편

주제 제물 (祭物, 제사에 사용하는 각종 동식물과 음식)

하나님께 나아가는 자는 제물을 드려야 한다. 그 제물은 동물제사로 피를, 곡물제사로 가루를 드렸다. 예수는 모든 물과 피를 흘려 희생제물이 되셨고 선지자들과 사도들은 복음을 위한 순교제물이 되었다.

열왕기상 8장 : 솔로몬이 성전봉헌식 때에 드린 풍성한 제물

- 이에 솔로몬이 여호와의 언약궤를 다윗 성 곧 시온에서 메어 올리고자 하여...(1)
- 내가 참으로 주를 위하여 계실 성전을 건축하였사오니 주께서 영원히 계실 ...(13-14)
- 이르되 이스라엘의 하나님 여호와여 위로 하늘과 아래로 땅에 주와 같은 신이 없나이다 주께서는 온 마음으로 주의 앞에서 행하는 종들에게 언약을 지키시고 은혜를 베푸시나이다(23)
- 범죄하지 아니하는 사람이 없사오니 그들이 주께 범죄함으로 주께서 그들에게...(46-50)

성전이 완공되어 언약궤를 지성소에 안치했는데 하나님의 임재의 상징인 구름이 성전에 가득했습니다.(1~11절) 성전 건축의 모든 과정을 주관하신 하나님은 다윗을 통해 준비시키시고 솔로몬에 의해 완공되게 하셨습니다.(12~21절) 솔로몬은 성전을 두고서 기도합니다. 먼저 참되고 유일하신 하나님이심을 고백하며 다윗의 언약을 이루어 주시고 성전을 향한 기도에 응답해 달라고 간구합니다.(22~30절) 두 번째로 4가지 상황을 가정하며 하나님이 공의와 용서, 회복의 은혜를 베풀어 주시길 간구합니다.(31~40절) 세 번째로 성전을 향한 이방인의 기도에도 응답해 주시고, 거룩한 전쟁에 나아갈 때에 승리를 주시며, 하나님의 징계로 인해 포로가 되었을 때에도 성전을 향해 기도하면 건져 주시고 돌보아 주시길 간구합니다.(41~53절) 기도를 마친 솔로몬은 이스라엘 백성을 축복하고 이스라엘의 사명을 확인하며 온 백성과 함께 기쁜 마음으로 성전을 봉헌합니다.(54~66절)

에베소서 5장 : 그리스도는 자신을 드린 향기로운 희생제물

- 그러므로 사랑을 받는 자녀 같이 너희는 하나님을 본받는 자가 되고...(1-5)
- 너희가 전에는 어둠이더니 이제는 주 안에서 빛이라 빛의 자녀들처럼 행하라...(8-11)
- 그런즉 너희가 어떻게 행할지를 자세히 주의하여 지혜 없는 자 같이 하지 말고 오직...(15-22)
- 이와 같이 남편들도 자기 아내 사랑하기를 자기 자신과 같이 할지니 자기 아내를...(28-29)

자녀가 아버지를 닮듯이 바울은 에베소 성도들에게 아버지 하나님을 본받고 그리스도의 사랑을 받은 자로서 사랑을 실천할 것을 권면합니다.(1~2절) 그것은 곧 정결하지 않은 것을 멀리하고(=음행, 더러운 것, 탐욕) 정결하고 거룩한 언어를 사용하며, 과거에 행했던 어둠의 일들을 버리고 빛의 자녀로 살아가는 것입니다.(3~14절) 이 땅에서의 시간을 의와 사랑과 정직으로 채워 나가는 것입니다.(15~17절) 성령 충만함으로 세월을 허비하게 만드는 것들로부터 벗어나며 신앙공동체 안에서 감사와 찬송, 섬김의 삶을 영위하는

것입니다.(18~21절) 복음의 원리는 가정에도 적용되어 그리스도께서 하늘 보좌를 버리고 이 땅에 오신 것처럼 남편은 가부장적인 기득권을 포기하고 자기 몸처럼 아내를 사랑하며 아내는 교회가 그리스도에게 복종하듯 남편에게 복종해야 합니다.(22~33절) 당시 부부관계는 주종관계였기에 복음은 부부관계에 새로운 패러다임을 제공하였습니다.

에스겔 38장 : 주가 이스라엘을 심판키 위해 잠시 사용한 제물

- 이르기를 주 여호와께서 이같이 말씀하시기를 로스와 메섹과 두발 왕 곡아 내가 너를...(3-6)
- 네가 올라오되 너와 네 모든 떼와 너와 함께 한 많은 백성이 광풍 같이 이르고 구름...(9-16)
- 그 날에 곡이 이스라엘 땅을 치러 오면 내 노여움이 내 얼굴에 나타나리라 주...(18-20)
- 이같이 내가 여러 나라의 눈에 내 위대함과 내 거룩함을 나타내어 나를 알게 하리니 내가 여호와인 줄을 그들이 알리라(23)

마곡 땅의 로스, 메섹, 두발 백성에게 선포되는 하나님의 말씀입니다. 이들을 포함한 수많은 민족들이 하나님을 대항해 큰 군대를 일으킬 것이며 곡이 그들의 리더가 될 것입니다.(1~7절) 하나님은 이미 곡을 대적하시겠다고 선언하셨는데(3절) 곡의 연합군은 모든 힘을 모아 이스라엘을 침공합니다.(8~16절) 그러나 그들은 하나님의 갈고리에 꿰어 있는 상태입니다.(4절) 결국 하나님은 곡을 멸하시고 자기 백성을 지키십니다.(17~23절) 38장은 요한계시록과 연계하여 마지막 날의 승리에 대한 계시로 해석됩니다.

시편 89편 : 주의 속성과 일을 널리 알리는 대언자적인 제물

- 내가 여호와의 인자하심을 영원히 노래하며 주의 성실하심을 내 입으로 대대에 알게...(1-2)
- 여호와여 주의 기이한 일을 하늘이 찬양할 것이요 주의 성실도 거룩한 자들의 모임 가운데에서 찬양하리이다(5)
- 주께서 라합을 죽임 당한 자 같이 깨뜨리시고 주의 원수를 주의 능력의 팔로...(10-11)
- 그 때에 주께서 환상 중에 주의 성도들에게 말씀하여 이르시기를 내가 능력 있는...(19-21)
- 나의 성실함과 인자함이 그와 함께 하리니 내 이름으로 말미암아 그의 뿔이 높아지리로다(24)
- 여호와여 언제까지니이까 스스로 영원히 숨기시리이까 주의 노가 언제까지 불붙듯...(46-49)

시인은 하나님이 다윗언약(삼하7:13~16)을 기억하사 인자와 성실하심으로 고난 받는 공동체를 회복하여 주실 것을 믿습니다.(1~4절) 하늘위에서 비할 데 없이 가장 위대하신 하나님은 땅의 역사에 개입하셔서 당신의 뜻을 이루시며, 대적을 제압하시고 승리하시는 분이십니다.(5~13절) 하나님은 의와 공의, 인자와 진실함으로 다스리시는 통치자이십니다.(14~18절) 다윗을 왕으로 삼으시고 대적을 물리쳐 주시며, 인자와 성실을 베푸신 하나님은 후대에도 언약을 지키시며 인자와 성실을 거두지 않으실 것입니다.(19~39절) 회초리와 채찍은 언약을 파기할만한 죄가 있어도 언약을 지켜 나가시겠다는 하나님의 의지가 반영된 것입니다.

주의 전을 사모하며 드리는 기도에 응답하여 주시고 복음이 삶의 모든 영역에 녹아져서 나타나게 하옵소서. 성령님의 충만한 임재로 이웃과 아름다운 관계를 맺으며 복음의 열매를 맺게 하옵소서.

10/6

본문 열왕기상 9장 | 에베소서 6장 | 에스겔 39장 | 시편 90편

주제 계명 (誡命, 하나님이 내리신 반드시 지켜야 할 말씀과 조건)

만물을 다스리시는 하나님은 선하시다. 그러기에 유한한 인간에게 계명을 주실 때 그 목적도 선하시다. 그러므로 믿는 사람은 매순간마다 처한 상황 속에서 주신 계명을 반드시 지킴으로 삶을 승리해야 한다.

열왕기상 9장 : 성전건축이 완공된 후 솔로몬에게 명하신 계명

- 솔로몬이 여호와의 성전과 왕궁 건축하기를 마치며 자기가 이루기를 원하던 모든 것을...(1-5)
- 이 성전이 높을지라도 지나가는 자마다 놀라며 비웃어 이르되 여호와께서 무슨 까닭으로 이 땅과 이 성전에 이같이 행하셨는고 하면...(8-13)
- 자기에게 있는 모든 국고성과 병거성들과 마병의 성들을 건축하고 솔로몬이 또 예루살렘과 레바논과 그가 다스리는 온 땅에 건축하고자 하던 것을 다 건축하였는데...(19-22)
- 바로의 딸이 다윗 성에서부터 올라와 솔로몬이 그를 위하여 건축한 궁에 이를 때에 솔로몬이 밀로를 건축하였더라...(24-25)

성전 봉헌식이 끝나고 솔로몬에게 나타나신 하나님은 다윗과 같이 하나님의 명령을 지켜 행할 때 왕조가 지속될 것이며 불순종할 때 심판하실 것을 말씀하십니다.(1~9절) 솔로몬은 성전과 왕궁 건축에 많은 건축 자재와 노동력을 제공한 두로 왕 히람에게 갈릴리 지역 20개 성읍을 할양합니다.(10~14절) 이로 인해 하나님이 허락하신 약속의 땅의 일부를 타 민족에게 넘기는 문제와 함께 해당 지역에 살고 있던 이스라엘 백성들이 여호수아 때부터 분배받아 살던 땅을 상실하는 심각한 결과가 발생했을 것으로 보입니다. 솔로몬은 대규모 토목공사를 계속 진행하여 예루살렘 성을 보수하고 하솔과 므깃도를 비롯한 요새를 건축하고 이집트에서 온 왕비를 위한 궁전도 건축합니다.(15~25절) 해상무역도 활성화됩니다.(26~28절) 그러나 연이은 토목공사로 인해 이스라엘 백성들의 불만은 계속 쌓이게 됩니다.

에베소서 6장 : 에베소교회에게 권면한 잘되고 장수하는 계명

- 자녀들아 주 안에서 너희 부모에게 순종하라 이것이 옳으니라...(1-4)
- 눈가림만 하여 사람을 기쁘게 하는 자처럼 하지 말고 그리스도의 종들처럼 마음으로 하나님의 뜻을 행하고...(6-8)
- 나의 사정 곧 내가 무엇을 하는지 너희에게도 알리려 하노니 사랑을 받은 형제요 주 안에서 진실한 일꾼인 두기고가 모든 일을 너희에게 알리리라(21)
- 우리 주 예수 그리스도를 변함 없이 사랑하는 모든 자에게 은혜가 있을지어다(24)

부모에 대한 순종은 윤리적인 차원을 넘은 영적 차원(주안에서)이며 부모의 자녀 교육 역시 윤리적 차원을 넘은 영적 차원(주의 교훈과 훈계)입니다.(1~4절) 종과 주인의 관계 역시 마찬가지입니다. 종은 육체의 상전에 대해 그리스도께 하듯 순종해야 하며 주인 역시 자신의 실제 주인이 하늘에 있음을 알고 종에 대하여 인격적인 대우를 해야 합니

다.(5~9절) 성도의 삶은 곧 영적 전투입니다. 언제라도 투입되면 이길 수 있는 그리스도의 군사로서 늘 준비되어 있어야 하기에 하나님의 전신갑주(=진리, 의, 평안, 믿음, 구원의 확신, 하나님의 말씀)를 입어야 합니다.(10~17절) 영적 전투를 위해서는 반드시 기도가 필요합니다.(18~20절) 바울은 에베소 성도들과의 영적 교제를 위해 두기고를 보내는 내용을 끝으로 편지를 마무리합니다.(21~24절)

에스겔 39장 : 이스라엘에게 회복을 약속하신 후 명하신 계명

- 그러므로 인자야 너는 곡에게 예언하여 이르기를 주 여호와께서 이같이 말씀하시되...(1-4)
- 내가 내 거룩한 이름을 내 백성 이스라엘 가운데에 알게 하여 다시는 내 거룩한 이름을 더럽히지 아니하게 하리니 내가 여호와 곧 이스라엘의 거룩한 자인 줄을 민족들이 알리라 하라(7)
- 이스라엘 성읍들에 거주하는 자가 나가서 그들의 무기를 불태워 사르되 큰 방패와 작은 방패와 활과 화살과 몽둥이와 창을 가지고 일곱 해 동안 불태우리라...(9-13)
- 내가 내 영광을 여러 민족 가운데에 나타내어 모든 민족이 내가 행한 심판과 내가 그 위에 나타낸 권능을 보게 하리니...(21-29)

38장에서 시작된 곡에 대한 심판이 이어집니다. 하나님은 그의 거룩한 이름을 위하여 곡을 진멸하실 것입니다.(1~7절) 하나님은 우리의 의로움 때문이 아니라 자신의 이름으로 위하여 우리를 지키십니다. 나무(=활, 화살, 방패, 몽둥이 등)로 만든 적들의 무기들은 하나님의 백성의 땔감이 될 것이며 적들의 시신은 들짐승의 잔치음식으로 전락할 것입니다.(8~20절) 이로써 이스라엘 백성들은 하나님이 그들의 하나님인 것을 알게 될 것이며 이방민족들은 하나님이 이스라엘을 심판하시고자 잠시동안 그들을 사용하셨을 뿐이었다는 것을 알게 될 것입니다.(21~24절) 하나님의 사랑은 이스라엘 백성들을 회개로 이끌 것이며 그들의 회복으로 하나님의 거룩함이 드러나게 될 것입니다.(25~27절) 하나님은 단 한명도 포기하지 않으시고 구원하실 것입니다.(28~29절)

시편 90편 : 짧은 연수를 가진 인생이 꼭 지켜야 할 계명

- 주여 주는 대대에 우리의 거처가 되셨나이다...(1-6)
- 주께서 우리의 죄악을 주의 앞에 놓으시며 우리의 은밀한 죄를 주의 얼굴 빛 가운데에...(8-10)
- 우리에게 우리 날 계수함을 가르치사 지혜로운 마음을 얻게 하소서(12)
- 아침에 주의 인자하심이 우리를 만족하게 하사 우리를 일생 동안 즐겁고 기쁘게...(14-15)

영원할 것 같은 권력도 끝이 있으며 영원할 것 같은 고난도 언젠가 끝이 있습니다. 인간은 유한하며 인생은 덧없습니다.(3~6절) 그러므로 영원하신 하나님만을 거처로 삼아야 합니다.(1~2절) 하나님 앞에서 죄를 숨길 수 없는 인간은 죄로 인해 탄식하는 가운데 삶의 유한함을 생각하는 지혜가 있어야 합니다.(7~12절) 시인은 죄에 대해 탄식하는 공동체가 주의 인자하심으로 기쁨을 다시 회복하기를 간구합니다.(13~17절)

구원에 있어서 나의 공로는 조금도 없으며 전적으로 하나님이 행하신 일임을 고백합니다. 삶의 현장에서 그리스도인다움을 나타내게 하시고 영원하신 하나님만을 거처로 삼으며 삶의 유한함을 깨닫는 지혜가 있게 하옵소서.

10/7

본문 열왕기상 10장 | 빌립보서 1장 | 에스겔 40장 | 시편 91편

주제 전파 (傳播, 전하여 널리 퍼짐)

하나님은 자신과 자신의 말씀인 율법을 널리 전파하셨고 예수 그리스도는 천국의 복음과 구원의 복음을 널리 전파하였으며 사도와 제자 그리고 오늘날의 성도는 성령의 은사와 열매와 역사를 널리 전파한다.

열왕기상 10장 : 솔로몬의 지혜가 모든 열방에 널리 전파됨

- 스바의 여왕이 여호와의 이름으로 말미암은 솔로몬의 명성을 듣고 와서 어려운 문제로 그를 시험하고자 하여...(1-10)
- 왕이 백단목으로 여호와의 성전과 왕궁의 난간을 만들고 또 노래하는 자를 위하여 수금과 비파를 만들었으니 이같은 백단목은 전에도 온 일이 없었고 오늘까지도 보지 못하였더라(12)
- 솔로몬의 세입금의 무게가 금 육백육십육 달란트요...(14-18)
- 애굽에서 들여온 병거는 한 대에 은 육백 세겔이요 말은 한 필에 백오십 세겔이라 이와 같이 헷 사람의 모든 왕과 아람 왕들에게 그것들을 되팔기도 하였더라(29)

솔로몬 왕국의 전성기를 볼 수 있습니다. 솔로몬 왕국은 스바(=지금의 아라비아반도 남단 예멘지역으로 추정) 여왕이 직접 사절단을 이끌고 방문하여 교역을 청할 정도로 그 명성이 널리 퍼졌으며(1~13절) 활발한 교역으로 인한 풍족한 재정으로 1650Kg의 금으로 만든 200개의 방패, 상아와 금으로 만든 보좌 그리고 1,400대의 병거와 12,000명의 기병을 소유한 강대한 나라가 되었습니다.(14~29절)

빌립보서 1장 : 그리스도의 복음이 여러 방도로 널리 전파됨

- 그리스도 예수의 종 바울과 디모데는 그리스도 예수 안에서 빌립보에 사는 모든 성도와 또한 감독들과 집사들에게 편지하노니(1)
- 내가 너희를 생각할 때마다 나의 하나님께 감사하며...(3-11)
- 형제 중 다수가 나의 매임으로 말미암아 주 안에서 신뢰함으로 겁 없이 하나님의 말씀을 더욱 담대히 전하게 되었느니라...(14-18)
- 내가 그 둘 사이에 끼었으니 차라리 세상을 떠나서 그리스도와 함께 있는 것이 훨씬 더 좋은 일이라 그렇게 하고 싶으나...(23-24)
- 오직 너희는 그리스도의 복음에 합당하게 생활하라 이는 내가 너희에게 가 보나 떠나 있으나 너희가 한마음으로 서서 한 뜻으로 복음의 신앙을 위하여 협력하는 것과...(27-29)

빌립보는 바울이 루디아를 전도한 도시이며 또한 억울하게 감옥에 갇혀 고초를 겪는 와중에 간수의 가정을 구원하게 된 역사가 있는 도시입니다.(행 16장) 루디아의 가정을 설립 멤버로 시작된 빌립보 교회는 사울의 선교사역에 적극 참여한 교회이기에 바울은 늘 감사의 마음을 가지고 있었습니다.(1~6절) 그리스도의 심장으로 빌립보 성도들을 사모하는 바울은 그들이 사랑으로 풍성하고 선한 분별력과 진실함으로 의의 열매가 풍성

하게 맺히길 기도합니다.(7~11절) 옥에 갇혀 있음으로 인해 시위대 안과 밖의 사람들에게 복음을 증거할 수 있고, 로마에는 바울을 의식하며 경쟁심과 이기심으로 복음을 전하는 자도 생겨났으니 이러나저러나 복음만 전해질 수 있다면 진심으로 기뻐할 수 있다고 바울은 말합니다.(12~18절) 그는 살든지 죽든지 그리스도만 존귀하게 되기를 원합니다.(19~21절) 자신이 사형판결을 받고 죽게 될지 석방이 될지 아직은 알 수 없지만 하나님이 허락하시는 날까지 복음을 위해 살 것입니다.(22~26절) 그리스도께서 주시는 구원과 고난을 함께 받는 것이 복음에 합당한 삶입니다.(27~30절)

에스겔 40장 : 에스겔이 본 이상이 이스라엘에 널리 전파됨

- 우리가 사로잡힌 지 스물다섯째 해, 성이 함락된 후 열넷째 해 첫째 달 열째 날에 곧 그 날에 여호와의 권능이 내게 임하여 나를 데리고 이스라엘 땅으로 가시되...(1-6)
- 그가 바깥뜰 북쪽을 향한 문간의 길이와 너비를 측량하니(20)
- 그 문 벽 곁에 문이 있는 방이 있는데 그것은 번제물을 씻는 방이며...(38-39)
- 안문 밖에 있는 안뜰에는 노래하는 자의 방 둘이 있는데 북문 곁에 있는 방은 남쪽으로 향하였고 남문 곁에 있는 방은 북쪽으로 향하였더라...(44-46)

유다의 패망으로 인해 성전이 무너진 상황에서 하나님은 에스겔에게 성전환상을 보여주십니다.(1~4절) 출애굽기에 성막에 대한 자세한 설명이 있듯이 성전의 구조에 대한 자세한 설명이 등장합니다.(5~49절) 하나님의 사자는 성전 구조물들의 두께, 너비, 높이 등을 구체적으로 알려주는데 매우 정교하면서도 웅장합니다. 성전의 거대한 규모는 하나님의 위엄을 드러냅니다.

시편 91편 : 지존자의 건지심과 지키심이 널리 전파됨

- 지존자의 은밀한 곳에 거주하며 전능자의 그늘 아래에 사는 자여, 나는 여호와를 향하여 말하기를 그는 나의 피난처요 나의 요새요 내가 의뢰하는 하나님이라 하리니...(1-7)
- 그가 너를 위하여 그의 천사들을 명령하사 네 모든 길에서 너를 지키게 하심이라...(11-12)
- 하나님이 이르시되 그가 나를 사랑한즉 내가 그를 건지리라 그가 내 이름을 안즉 내가 그를 높이리라...(14-16)

피난처가 되시며 요새가 되시는 하나님의 보호 아래 살아온 시인은 큰 어려움에 빠져 있는 상황에서 그가 의뢰하는 하나님을 찾습니다.(1~2절) 이에 대하여 제사장은 하나님의 도우심에 대한 축복을 선언합니다.(3~13절) 하나님은 올무와 전염병에서 건지시고 방패가 되어 주시며 악인들을 심판하실 것입니다. 하나님은 자신을 의뢰하는 자에게 구원의 은혜로 만족케 하십니다.(14~16절)

지혜를 구한 솔로몬에게 모든 것을 주시겠다는 하나님의 약속의 성취를 봅니다. 하나님의 복을 누리고 있을 때 교만하지 않게 하옵소서. 하나님이 허락하시는 날까지 복음을 위해 살아가게 하옵소서.

10/8

본문 열왕기상 11장 | 빌립보서 2장 | 에스겔 41장 | 시편 92-93편
주제 겸손 (謙遜, 남을 존중하고 자기를 낮추는 태도)

사람은 환경에 따라 초심을 잃어버리곤 한다. 처음에는 겸손했다가 나중에는 교만하여 자신의 현주소를 망각하는 것이다. 성도는 항상 주님과 타인 앞에서 겸손함을 지킴으로 언약과 축복을 잃지 말아야 한다.

열왕기상 11장 : 젊을 때의 겸손을 잃고 여호와를 떠난 솔로몬

- 솔로몬 왕이 바로의 딸 외에 이방의 많은 여인을 사랑하였으니 곧 모압과 암몬과 에돔과 시돈과 헷 여인이라...(1-9)
- 하나님이 또 엘리아다의 아들 르손을 일으켜 솔로몬의 대적자가 되게 하시니...(23)
- 솔로몬의 일평생에 하닷이 끼친 환난 외에 르손이 수리아 왕이 되어 이스라엘을 대적하고 미워하였더라...(25-38)
- 이러므로 솔로몬이 여로보암을 죽이려 하매 여로보암이 일어나 애굽으로 도망하여...(40)

많은 것을 소유한 솔로몬이 타락하기 시작합니다. 정략결혼으로 아내가 된 이방여인들의 영향으로 우상을 숭배한 솔로몬에게 하나님은 진노하셨습니다.(1~13절) 하나님은 사사기 때처럼 에돔 족속 하닷을 일으켜 솔로몬을 대적하게 했으며 수리아(=지금의 시리아)왕 르손도 솔로몬의 대적이 되었습니다.(14~25절) 내부에서도 문제가 일어나 여로보암이 오랜 토목공사로 불만이 많았던 사람들을 선동해 세력을 확장했는데 아히야 선지자의 예언대로 무려 10개 지파가 그를 따랐습니다.(26~39절) 여로보암은 솔로몬에게 쫓겨 애굽으로 망명을 떠났으며 그 사이 솔로몬이 죽고 르호보암이 왕위에 계승합니다.(40~43절)

빌립보서 2장 : 오직 겸손한 마음으로 남을 더 위하라는 바울

- 그러므로 그리스도 안에 무슨 권면이나 사랑의 무슨 위로나 성령의 무슨 교제나...(1-8)
- 만일 너희 믿음의 제물과 섬김 위에 내가 나를 전제로 드릴지라도 나는 기뻐하고...(17)
- 내가 디모데를 속히 너희에게 보내기를 주 안에서 바람은 너희의 사정을 앎으로...(19-22)
- 그가 그리스도의 일을 위하여 죽기에 이르러도 자기 목숨을 돌보지 아니한 것은 나를 섬기는 너희의 일에 부족함을 채우려 함이니라(30)

성도들은 교회의 하나 됨을 위하여 다툼이나 허영을 버리고 겸손해야 합니다.(1~4절) 예수님은 하나님과 동등 됨을 버리시고 사람의 형상으로 이 땅에 오셨으며 그의 겸손의 절정은 십자가에서 죽기까지 복종하신 것입니다.(5~8절) 하나님은 그를 높여서 하늘과 땅과 땅 아래 있는 모든 권세가 그 이름 앞에 무릎 꿇게 하셨습니다.(9~11절) 마지막 날에 이 말씀은 증명될 것입니다. 우리는 두렵고 떨림으로 받은 구원을 이루어야 합니다.(12~13절) 이는 '복음에 합당한 삶을 살라'는 의미이며 하나님은 이것을 향한 거룩한 소원을 주십니다. 우리는 하나님의 형상을 이루며 복음을 위한 헌신의 삶을 살아야 합니

다.(14~18절) 바울은 복음으로 인해 많은 고난을 받은 디모데를 파송하면서 자신도 석방되어 속히 빌립보 교회에 갈 수 있기를 소원합니다.(19~24절) 또한 빌립보 교회에서 바울을 위해 파송해 준 에바브로디도 역시 다시 빌립보 교회로 보내기로 합니다.(25~30절) 중병에 걸린 그를 하나님이 치유해 주셨는데 그를 빌립보 교회로 다시 보내는 것은 성도들에게 큰 기쁨을 주며 그들을 섬기게 하려 함입니다.

에스겔 41장 : 겸손한 자세로 주의 성전 측량을 보는 에스겔

- 그가 나를 데리고 성전에 이르러 그 문 벽을 측량하니 이쪽 두께도 여섯 척이요...(1-2)
- 그가 내전을 측량하니 길이는 스무 척이요 너비는 스무 척이라 그가 내게 이르되...(4)
- 그가 성전을 측량하니 길이는 백 척이요 또 서쪽 뜰과 그 건물과 그 벽을 합하여 길이는 백 척이요(13)
- 이 성전 문에 그룹과 종려나무를 새겼는데 벽에 있는 것과 같고 현관 앞에는 나무...(25-26)

40장에 이어 성전에 대한 측량이 계속되고 있습니다. 성전 내부, 즉 현관과 성소와 지성소의 구조에 대하여 자세하게 보여주며 설명하는데 특히 지성소를 보여 주십니다.(1~26절) 솔로몬 성전의 지성소는 대제사장이 1년에 한번만 들어갈 수 있었습니다. 본 장에서도 대제사장이 아닌 에스겔은 들어가지 못하고 그를 안내하는 천사만이 들어갑니다.(3절) 그런데 예수 그리스도께서 십자가에서 운명하실 때 성소와 지성소를 가로막는 휘장이 찢어졌습니다. 하나님 앞에 설 수 없는 우리는 비로소 예수 그리스도의 이름으로 하나님 앞에 설 수 있게 되었습니다.

시편 92-93편 : 겸손과 감사의 마음으로 지존자를 찬양하는 자

- 지존자여 십현금과 비파와 수금으로 여호와께 감사하며 주의 이름을 찬양하고 아침마다 주의 인자하심을 알리며 밤마다 주의 성실하심을 베풂이 좋으니이다...(92:1-5)
- 그러나 주께서 내 뿔을 들소의 뿔 같이 높이셨으며 내게 신선한 기름을 부으셨나이다(92:10)
- 여호와께서 다스리시니 스스로 권위를 입으셨도다 여호와께서 능력의 옷을...(93:1-2)
- 높이 계신 여호와의 능력은 많은 물 소리와 바다의 큰 파도보다 크니이다...(93:4-5)

(92편) 93편과 함께 매일 회당에서 낭송했다고 전해지는 일곱 편의 시 중의 하나입니다. 하나님의 존재 자체(=지존자)와 그의 인자와 성실은 우리가 하나님을 찬양해야 할 마땅한 이유입니다.(1~3절) 시인은 하나님이 행하신 일을 기억하고 있지만 악인(=어리석은 자)은 하나님도, 하나님이 행하신 일도 알지 못합니다.(4~6절) 하나님은 악인을 심판하시고 의인은 높이시며, 번성하게 하십니다.(7~15절)
(93편) 영원부터 계신 하나님의 권세는 견고하며 그의 세계는 흔들리지 않습니다.(1~2절) 대적들이 큰물처럼 삼킬 듯 다가오지만 하나님의 능력은 그보다 더 강합니다.(3~4절) 그의 약속은 영원히 변치 않습니다.(5절)

하나님! 너무 많이 가져서 하나님을 잃어버리지 않게 하시고 지금 있는 것에 감사하며 살아가게 하옵소서. 그리스도의 낮아지심이 나의 삶의 지표가 되게 하시고 주의 인자와 성실하심을 날마다 찬양하게 하옵소서.

10/9

본문 열왕기상 12장 | 빌립보서 3장 | 에스겔 42장 | 시편 94편
주제 행악 (行惡, 하나님의 말씀을 거역하고 죄악된 일을 자행함)

많은 사람은 하나님을 무시한 채 우상을 만들고 그 앞에 절하며 율법과 계명을 떠나 죄를 범한다. 이런 죄인을 속죄하기 위하여 오신 예수 그리스도를 외면할 뿐만이 아니라 원수가 되어 더욱 행악을 일삼는다.

열왕기상 12장 : 여로보암이 우상제단을 만드는 행악을 저지름

- 르호보암이 세겜으로 갔으니 이는 온 이스라엘이 그를 왕으로 삼고자 하여 세겜에 이르렀음이더라...(1-4)
- 왕이 포학한 말로 백성에게 대답할새 노인의 자문을 버리고...(13-18)
- 온 이스라엘이 여로보암이 돌아왔다 함을 듣고 사람을 보내 그를 공회로 청하여 온 이스라엘의 왕으로 삼았으니 유다 지파 외에는 다윗의 집을 따르는 자가 없으니라...(20-24)
- 그의 마음에 스스로 이르기를 나라가 이제 다윗의 집으로 돌아가리로다...(26-32)

솔로몬에 이어 이스라엘의 왕이 된 르호보암은 오랜 토목공사로 인해 백성들의 삶이 피폐해졌으니 이를 가볍게 해 달라는 원로들의 조언을 무시하고 더욱 혹독하게 통치하겠다는 의지를 밝힙니다.(1~11절) 이로 인해 유다 지파를 제외한 나머지 지파는 르호보암을 따르지 않기로 결정하고 여로보암을 새 왕으로 추대하게 됩니다.(12~20절) 르호보암은 분리 독립파를 강제 진압하려 했으나 하나님이 막으셨으며, 북이스라엘의 왕이 된 여로보암은 자신의 백성들이 유다의 영역에 속한 예루살렘 성전에 출입하지 못하도록 금송아지를 제작하고 산당을 건축하게 하여 백성들로 하여금 우상을 숭배하게 만듭니다.(21~33절)

빌립보서 3장 : 그리스도의 십자가의 원수가 행악을 일삼음

- 개들을 삼가고 행악하는 자들을 삼가고 몸을 상해하는 일을 삼가라...(2-9)
- 내가 이미 얻었다 함도 아니요 온전히 이루었다 함도 아니라 오직 내가 그리스도 예수께 잡힌 바 된 그것을 잡으려고 달려가노라...(12-14)
- 형제들아 너희는 함께 나를 본받으라 그리고 너희가 우리를 본받은 것처럼 그와 같이 행하는 자들을 눈여겨 보라...(17-20)

한때 율법주의의 정점에 서 있었으나 지금은 육체의 자랑을 배설물로 여기는 바울은 이방인 개종자에게 할례와 율법 준수를 강요하는 율법주의자들을 맹렬히 비난하며 오직 예수 그리스도를 통한 하나님의 의로 말미암아 부활의 영광을 누리며 복음을 위한 고난에 기꺼이 참여한다고 말합니다.(1~11절) 또한 이미 구원을 받았으니 율법은 필요 없다고 말하는 자들에 대하여는 믿음으로 구원받은 자는 믿음의 경주자가 되어 그리스도께 잡힌바 된 그것(=성화와 복음증거의 삶)을 위해 쉼 없이 달려가야 한다고 말합니

다.(12~16절) 바울은 빌립보 성도들에게 자신을 본받아 성화와 복음을 위한 삶을 살아갈 것과 하늘 시민에 합당한 삶을 살아갈 것을 권면합니다.(17~21절) 도덕과 율법의 무용론을 말하는 자는 그리스도의 십자가의 원수입니다.

에스겔 42장 : 제사장이 속죄제와 속건죄로 행악을 사죄함

- 그가 나를 데리고 밖으로 나가 북쪽 뜰로 가서 두 방에 이르니 그 두 방의 하나는 골방 앞 뜰을 향하였고 다른 하나는 북쪽 건물을 향하였는데(1)
- 이 방들 아래에 동쪽에서 들어가는 통행구가 있으니 곧 바깥뜰에서 들어가는...(9-10)
- 그가 내게 이르되 좌우 골방 뜰 앞 곧 북쪽과 남쪽에 있는 방들은 거룩한 방이라 여호와를 가까이 하는 제사장들이 지성물을 거기에서 먹을 것이며 지성물 곧 소제와 속죄제와...(13-15)
- 그가 이같이 그 사방을 측량하니 그 사방 담 안 마당의 길이가 오백 척이며 너비가 오백 척이라 그 담은 거룩한 것과 속된 것을 구별하는 것이더라(20)

성전에 관한 측량은 제사장들이 지성물을 먹거나 제물을 보관하며 의복을 갈아입는 방들과(1~14절) 성전 안과 밖을 구별하는 외벽 담장을 측량함으로써 마치게 됩니다.(15~20절) 출애굽기의 성막기사와 비교하면 성막은 설계 이후 제작되는 과정도 자세히 기록되어 있지만 에스겔 성전은 건물 측량 기록만 있고 실제 건축과정에 대한 내용은 없습니다. 우리는 하나님의 임재 안에서 살아가야 합니다.

시편 94편 : 복수하시는 하나님이 악인의 행악을 심판함

- 여호와여 복수하시는 하나님이여 복수하시는 하나님이여 빛을 비추어 주소서...(1-2)
- 귀를 지으신 이가 듣지 아니하시랴 눈을 만드신 이가 보지 아니하시랴...(9-14)
- 여호와께서 내게 도움이 되지 아니하셨더면 내 영혼이 벌써 침묵 속에 잠겼으리로다...(17-19)
- 그들의 죄악을 그들에게로 되돌리시며 그들의 악으로 말미암아 그들을 끊으시리니 여호와 우리 하나님이 그들을 끊으시리로다(23)

억울함과 원통함이 극에 달한 시인은 재판관 되시는 하나님의 개입을 강력히 호소합니다.(1~2절) 악인들이 하나님의 백성을 핍박하고 과부와 나그네와 고아를 죽이며 심지어 하나님마저 무시하고 있는데 심판은 속히 이루어지지 않고 있습니다.(3~7절) 그러나 하나님은 악인들의 모든 생각을 알고 계십니다.(8~11절) 하나님은 자기 백성을 징계를 통하여 진리의 길로 인도하시고 악인들로 인해 고통당하는 자를 평안케 하십니다.(12~15절) 악인으로 인해 실족하지 않게 하시며 악인들의 죄를 그들에게로 돌리십니다.(16~23절)

담이 성전 안뜰과 바깥뜰을 구별하듯이 하나님의 임재 안에서 세상과 구별된 삶을 살아가게 하옵소서. 사는 날 동안 성화의 삶, 복음전파의 삶을 위해 끝까지 경주하게 하옵소서. 공의로운 재판관 되시는 하나님! 믿음의 경주를 방해하는 악한 자들을 치리하여 주옵소서. 하나님의 의를 내게 허락하여 주옵소서.

10/10

본문 열왕기상 13장 | 빌립보서 4장 | 에스겔 43장 | 시편 95-96편

주제 유혹 (誘惑, 꾀어서 마음을 현혹하거나 좋지 아니한 길로 이끎)

창세로부터 오늘에 이르기까지 유혹은 계속된다. 동시에 하나님의 도우심과 성령의 돌보심도 계속된다. 그러므로 믿는 자는 날마다 깨어있어 주 안에서 유혹을 이기고 목적을 이루는 사명자가 되어야 한다.

열왕기상 13장 : 하나님의 사람이 유혹을 분별하지 못해 죽음

- 보라 그 때에 하나님의 사람이 여호와의 말씀으로 말미암아 유다에서부터 벧엘에...(1-6)
- 이는 곧 여호와의 말씀이 내게 명령하여 이르시기를 떡도 먹지 말며 물도 마시지 말고...(9-12)
- 이에 그 사람이 가더니 사자가 길에서 그를 만나 물어 죽이매 그의 시체가 길에 버린...(24)
- 늙은 선지자가 하나님의 사람의 시체를 들어 나귀에 실어 가지고 돌아와...(29-30)
- 그가 여호와의 말씀으로 벧엘에 있는 제단을 향하고 또 사마리아 성읍들에 있는...(32-34)

자기 마음대로 제단을 만들고 분향하는 여로보암에게 하나님의 경고를 전하기 위해 유다로부터 온 하나님의 사람은 "훗날 요시야라는 인물이 나타나 산당 제사장들을 처형하고 산당을 폐하는 하나님의 심판을 행할 것이며 이에 대한 징조로 제단에서 재가 쏟아지게 될 것"이라고 말합니다.(1~3절) 그를 체포하려던 여로보암은 손이 말랐다가 회복되는 사건을 경험하게 되나 여전히 회개하지 않고 도리어 하나님의 사람을 회유하려다가 실패합니다.(4~10절) 이 소식을 들은 벧엘의 한 늙은 선지자가 하나님의 사람을 교묘하게 속여서 '벧엘에서 음식을 먹지 말라'고 한 하나님의 명령을 어기게 만들었고 그 결과 하나님의 사람은 불순종의 대가로 죽게 됩니다.(11~24절) 하나님의 사람이 죽었다는 소식을 들은 늙은 선지자는 하나님의 말씀을 어긴 결과가 가져올 무서운 심판을 내다보면서 하나님의 사람이 외친 심판이 반드시 성취될 것이라고 말합니다.(25~32절) 그는 하나님의 사람을 속인 것에 대한 미안함에 그의 장례를 정성껏 치러 줍니다. 하나님의 사람의 죽음은 여로보암에게 주는 경고였지만 여로보암은 계속 악한 길로 나아갑니다.(33~34절)

빌립보서 4장 : 바울이 여러 어려움의 유혹에도 자족하여 행함

- 그러므로 나의 사랑하고 사모하는 형제들, 나의 기쁨이요 면류관인 사랑하는 자들아...(1-2)
- 주 안에서 항상 기뻐하라 내가 다시 말하노니 기뻐하라...(4-9)
- 내가 궁핍하므로 말하는 것이 아니니라 어떠한 형편에든지 나는 자족하기를 배웠노니...(11-16)
- 내게는 모든 것이 있고 또 풍부한지라 에바브로디도 편에 너희가 준 것을 받으므로...(18-19)

바울은 빌립보 성도들이 주의 말씀 안에 굳게 서기를 권하고 복음의 일꾼이지만 서로 반목하고 있는 두 여인에게 같은 마음을 품을 것과 또한 성도들이 그녀들을 힘껏 도와 관용을 나타냄으로써 교회 안에 하나님의 평강이 회복되기를 원하고 있습니다.(1~5절) 또한 바울은 염려 대신 감사의 마음으로 간구하면 하나님의 평강이 마음과 생각을 지켜 주신다고 말하며 기도생활에 대해서도 권합니다.(6~7절) 바울은 그리스도인의 신앙 덕

목으로 참됨, 경건함, 의, 정결, 사랑받음, 칭찬(=좋은 평판), 덕(=윤리)과 기림(=하나님과 사람으로부터 칭찬받음)등 8가지를 강조하며 자신이 보여준 모범을 따르라고 말합니다.(8~9절) 그는 그에게 능력주시는 예수 그리스도 안에서 어떤 환경에서도 자족하는 일체의 비결을 배웠습니다.(11~13절) 바울의 선교 사역에 적극 동참한 빌립보 교회에 하나님이 더욱 풍성함으로 채워 주시길 기원하며 문안인사와 함께 글을 마칩니다.(14~23절)

에스겔 43장 : 에스겔이 거짓된 제사의 유혹을 구별해 권함

- 이스라엘 하나님의 영광이 동쪽에서부터 오는데 하나님의 음성이 많은 물 소리 같고...(2-5)
- 그가 내게 이르시되 인자야 이는 내 보좌의 처소, 내 발을 두는 처소, 내가 이스라엘 족속...(7)
- 제단의 크기는 이러하니라 한 자는 팔꿈치에서부터 손가락에 이르고 한 손바닥 넓이가...(13)
- 이 모든 날이 찬 후 제팔일과 그 다음에는 제사장이 제단 위에서 너희 번제와...(27)

완성된 에스겔 성전에 여호와의 영광이 동문을 통해 들어옵니다.(1~5절) 하나님의 영광이 있을 때 진정한 성전이라 할 수 있습니다. 성전에 임하신 하나님은 백성 가운데 영원히 거하실 것을 약속하시면서 백성들에게 죄에 대해 회개하고 법도와 규례를 지킬 것을 말씀하십니다.(6~12절) 성전의 내부 시설 중 번제단에 대해 자세히 설명하고 이어 번제단을 봉헌하는 규정과 절차에 대한 상세한 안내합니다.(13~27절) 참고로 출애굽기에 등장하는 성막의 제단 위치는 성막 문 앞이었지만 에스겔 성전은 성전의 중심입니다. 제단이 중심에 있다는 것은 이스라엘은 하나님께 제사 드리는 공동체이며 우리 역시 하나님을 예배하는 것이 가장 우선인 공동체가 되어야 함을 의미합니다.

시편 95-96편 : 선민이 옛 조상의 유혹을 버리고 주를 노래함

- 오라 우리가 여호와께 노래하며 우리의 구원의 반석을 향하여 즐거이 외치자...(95:1-3)
- 오라 우리가 굽혀 경배하며 우리를 지으신 여호와 앞에 무릎을 꿇자...(95:6-8)
- 새 노래로 여호와께 노래하라 온 땅이여 여호와께 노래할지어다...(96:1-2)
- 그가 임하시되 땅을 심판하러 임하실 것임이라 그가 의로 세계를 심판하시며 그의...(96:13)

(95편) 시인은 공동체를 찬양으로 초청합니다.(1~2절) 찬양의 이유는 그가 모든 신들 위의 가장 크시기 때문이며 땅과 바다와 우리를 지으셨기 때문입니다.(3~6절) 하나님은 친히 목자가 되어 주셔서 양인 우리들을 기르시며 돌보시기에 우리는 과거 조상들이 저질렀던 죄를 반복하지 않고 그의 음성을 잘 듣고 따라야 합니다.(7~11절)

(96편) 우리는 하나님의 영광과 그가 행하신 놀라운 일들을 날마다 찬양해야 합니다.(1~3절) 창조주의 존귀와 위엄을 찬양하며 경외해야 합니다.(4~6절) 하나님의 이름에 합당한 영광과 권능을 찬양하며 거룩하며 정결함으로 그 앞에 나아가야 합니다.(7~9절) 하나님의 다스리심을 기뻐하고 하나님의 의의 심판을 사모해야 합니다.(10~13절)

유다에서 온 선지자는 취식금지명령을 어긴 대가로 죽게 되었는데 그의 죽음을 보고도 북이스라엘은 계속 악한 길로 나아갑니다. 회개를 모르는 완고한 심령을 갖지 않게 하옵소서. 그리스도인으로서 아름다운 신앙의 덕목들을 실천해 나가게 하시고 어떤 상황에서도 감사할 수 있는 능력에 붙들리게 하옵소서. 날마다 거룩한 산제사로 주를 기쁘시게 하기를 소망하게 하옵소서.

10/11

본문 열왕기상 14장 | 골로새서 1장 | 에스겔 44장 | 시편 97-98편
주제 치리 (治理, 어떤 지역이나 나라 또 그 가운데 사람을 도맡아 다스림)

만물을 창조하신 하나님은 모든 것을 치리하신다. 때로는 사람에게 주권과 법을 주셔서 그 계명대로 치리하게 하신다. 최후에는 모든 권세를 주 예수 그리스도에게 주심으로 그로 모든 것을 다스리게 하신다.

열왕기상 14장 : 여호와께서 여로보암과 르호보암을 치리하심

- 그 때에 여로보암의 아들 아비야가 병든지라...(1-3)
- 그가 문으로 들어올 때에 아히야가 그 발소리를 듣고 말하되 여로보암의 아내여...(6-7)
- 네 이전 사람들보다도 더 악을 행하고 가서 너를 위하여 다른 신을 만들며 우상을...(9-12)
- 솔로몬의 아들 르호보암은 유다 왕이 되었으니 르호보암이 왕위에 오를 때에 나이가...(21-27)
- 르호보암과 여로보암 사이에 항상 전쟁이 있으니라(30)

하나님의 경고를 무시하고 계속 죄를 짓던 여로보암의 가문에 하나님의 징계가 임합니다.(1절) 아들 아비야가 병든 것입니다. 여로보암은 선지자 아히야에게 자신의 아내를 보내 앞으로의 상황에 대해 물어 보는데 아히야는 여로보암의 우상숭배에 대해 책망하며 그의 가문에 속한 모든 남자가 죽게 될 것을 선언하였는데 가장 먼저 아비야에게 적용되었습니다.(2~20절) 한편 유다의 르호보암 역시 산당과 우상과 아세라 상을 세우고 남색(=남자창기)을 허용하는 정책으로 하나님의 진노를 사게 됩니다.(21~24절) 결국 하나님의 징계로 애굽왕 시삭의 침략을 받게 되어 성전과 왕궁의 보물을 빼앗기게 됩니다.(25~28절) 애굽의 침략을 받았으며 북이스라엘 왕국과 끊임없이 전쟁을 치렀던 르호보암이 죽고 아비얌이 왕이 됩니다.(25~31절)

골로새서 1장 : 하나님이 예수 그리스도로 만물을 치리케 하심

- 우리가 너희를 위하여 기도할 때마다 하나님 곧 우리 주 예수 그리스도의 아버지께...(3-6)
- 이로써 우리도 듣던 날부터 너희를 위하여 기도하기를 그치지 아니하고 구하노니...(9-12)
- 이제는 그의 육체의 죽음으로 말미암아 화목하게 하사 너희를 거룩하고 흠 없고...(22-25)
- 하나님이 그들로 하여금 이 비밀의 영광이 이방인 가운데 얼마나 풍성한지를 알게...(27-29)

바울은 신실한 일꾼 에바브라에 의해 복음을 듣고 말씀을 배운 골로새 성도들이 믿음과 사랑의 열매를 맺는 모습으로 인해 기도할 때마다 감사하고 있습니다.(1~8절) 바울은 골로새 성도들이 하나님의 뜻을 알고 합당하게 행하기 원하며 특히 선한 열매를 맺고 자라가며 능력을 힘입고 오래 참으며 감사하게 되기를 간구합니다.(9~12절) 성도는 죄 사함의 은혜로 흑암의 권세에서 건짐 받아 사랑의 아들의 나라로 옮겨진 존재입니다.(13~14절) 그리스도는 하나님의 형상이요 먼저 나신 분(=죽은 자들 가운데 먼저 나신 분, 18절)이고 모든 만물의 창조자이시며(15~19절), 구원자이십니다.(20~22절) 성도는

이 진리 위에 굳게 서 있어야 합니다.(23절a) 바울은 복음의 비밀을 알리기 위해 고난과 함께 수고를 아끼지 않고 있습니다.(23절b~29절)

에스겔 44장 : 여호와께서 레위 사람과 제사장들을 치리하심

- 그가 나를 데리고 성소의 동쪽을 향한 바깥 문에 돌아오시니 그 문이 닫혔더라...(1-8)
- 이스라엘 족속이 그릇 행하여 나를 떠날 때에 레위 사람도 그릇 행하여 그 우상을...(10-16)
- 내 백성에게 거룩한 것과 속된 것의 구별을 가르치며 부정한 것과 정한 것을...(23-24)
- 그들에게는 기업이 있으리니 내가 곧 그 기업이라 너희는 이스라엘 가운데에서...(28-30)

여호와께서 성전 동문으로 들어가신 후 동문은 닫히게 되는데 이는 동문을 통해 들어오신 여호와의 영광과 거룩함을 지키기 위함입니다.(1~3절) 성전에는 여호와의 영광이 가득했으며(4~8절) 이방인 성전 종사자들은 출입이 금지되고 레위인의 역할은 축소됩니다.(9~14절) 거룩한 직분을 맡았음에도 도리어 우상을 숭배하고 이스라엘 백성들로 하여금 하나님을 떠나게 했기 때문입니다. 하나님은 다른 이들이 타락했을 때에도 신앙을 지킨 사독계열 제사장을 구별하십니다.(15~22절) 제사장은 거룩한 것과 속된 것을 구별하고, 거룩한 삶의 본을 보여야 합니다.(23~27절) 여호와께서 친히 제사장의 기업이 되어 주십니다.(28~31절)

시편 97-98편 : 여호와께서 구원과 심판으로 온 땅을 치리하심

- 여호와께서 다스리시나니 땅은 즐거워하며 허다한 섬은 기뻐할지어다...(97:1-3)
- 여호와여 주는 온 땅 위에 지존하시고 모든 신들보다 위에 계시니이다...(97:9-11)
- 새 노래로 여호와께 찬송하라 그는 기이한 일을 행하사 그의 오른손과 거룩한 팔로...(98:1-4)
- 바다와 거기 충만한 것과 세계와 그 중에 거주하는 자는 다 외칠지어다(98:7)
- 그가 땅을 심판하러 임하실 것임이로다 그가 의로 세계를 판단하시며 공평으로...(98:9)

(97편) 여호와의 통치를 모든 피조물들은 기뻐합니다.(1절) 의와 공평에 기초한 하나님의 통치에 모든 피조세계에 골고루 나타납니다.(2~6절) 우상 숭배자들은 수치를 당할 것이며 온 땅 위의 지존자 되시는 하나님은 악인을 심판하시고 의인을 악인에게서 건지십니다.(7~12절)
(98편) 하나님의 백성들은 하나님이 이전에 행하셨던 일들을 기억해야 합니다.(1~3절) 하나님은 언약에 신실하십니다. 하나님이 지으신 모든 피조물들은 예외 없이 하나님의 영광을 찬양해야 합니다.(4~9절) 우리 또한 모든 악기를 동원하여 하나님의 영광을 노래해야 합니다. 공의로 심판하실 하나님을 찬양해야 합니다.

여로보암은 죄의 대가를 혹독하게 치르게 됩니다. 반면 사독계열의 사람들은 신앙을 굳건하게 지킵니다. 아름다운 신앙의 본을 따라가게 하옵소서. 흑암의 권세에서 건지셔서 아들의 나라로 옮겨주시옵소서.

10/12

본문 열왕기상 15장 | 골로새서 2장 | 에스겔 45장 | 시 99-101편
주제 모범 (模範, 본받아 배울 만한 본보기)

성경에는 하나님께 합당하게 인정받은 모범적 인물들이 있다. 믿음의 모범 아브라함, 인도의 모범 모세, 회개 촉구의 모범 사무엘, 말씀 준행과 찬양의 모범 다윗, 순종과 희생의 모범 예수 그리스도가 있다.

열왕기상 15장 : 여호와 보시기에 모범이 된 다윗의 인생

- 느밧의 아들 여로보암 왕 열여덟째 해에 아비얌이 유다 왕이 되고(1)
- 이스라엘의 여로보암 왕 제이십년에 아사가 유다 왕이 되어(9)
- 아사가 그의 조상 다윗 같이 여호와 보시기에 정직하게 행하여...(11-22)
- 유다의 아사 왕 둘째 해에 여로보암의 아들 나답이 이스라엘 왕이 되어 이 년 동안...(25-30)
- 바아사가 여호와 보시기에 악을 행하되 여로보암의 길로 행하며 그가 이스라엘에게...(34)

르호보암의 뒤를 이어 유다왕국의 2대 왕이 된 아비얌은 우상을 섬기는 죄를 지었지만 하나님은 다윗과의 언약을 기억하셔서 그의 나라를 지켜 주셨습니다.(1~5절) 재위기간 동안 북이스라엘과의 전쟁을 일삼았던 그는 하나님 앞에 온전하지 못한 왕이었습니다.(6~8절) 아비얌의 뒤를 이어 왕이 된 아사는 비록 산당을 없애진 못했지만 종교개혁을 단행하였으며 일평생 하나님 앞에 정직했던 왕이었습니다.(9~24절) 한편 여로보암에 이어 북이스라엘의 2대 왕으로 등극한 나답은 2년간의 짧은 재위 기간동안 온 나라를 우상에 빠지게 했습니다.(25~26절) 하나님은 바아사를 통해 여로보암 가문을 심판하셨는데 바아사 역시 여호와 보시기에 악한 왕이었습니다.(27~34절)

골로새서 2장 : 모든 성도에 모범이 되신 예수 그리스도의 삶

- 내가 너희와 라오디게아에 있는 자들과 무릇 내 육신의 얼굴을 보지 못한 자들을 위하여 얼마나 힘쓰는지를 너희가 알기를 원하노니...(1-4)
- 그러므로 너희가 그리스도 예수를 주로 받았으니 그 안에서 행하되...(6-16)
- 이런 것들은 자의적 숭배와 겸손과 몸을 괴롭게 하는 데는 지혜 있는 모양이나 오직 육체 따르는 것을 금하는 데는 조금도 유익이 없느니라(23)

바울은 이방인들이 하나님의 비밀인 그리스도를 알고 또한 교회가 거짓 교훈을 분별할 수 있도록 최선을 다하고 있습니다.(1~5절) 이미 예수 그리스도를 영접한 골로새 성도들은 오직 그리스도 안에 거하며 다른 가르침을 경계해야 합니다.(6~10절) 그리스도인은 몸의 할례가 아닌 그리스도로 인한 영적 할례(=그리스도와 연합)를 받았기에 율법의 저주에서 이미 벗어났습니다.(11~15절) 바울은 8절에서 언급했던 복음에서 벗어난 헛된 철학과 속임수에 대해 구체적으로 설명합니다.(16~23절) 구원의 조건으로서의 율법 준수, 꾸며 낸 겸손(=특정한 영적 체험에 의미부여), 천사숭배 문제 등이 그것입니다. 우리는 복음의 실체가 되시는 예수 그리스도만을 의지해야 합니다.

에스겔 45장 : 백성 앞에 모범이 되어야 할 제사장과 왕

- 너희는 제비 뽑아 땅을 나누어 기업으로 삼을 때에 한 구역을 거룩한 땅으로 삼아 여호와께 예물로 드릴지니 그 길이는 이만 오천 척이요 너비는 만 척이라 그 구역 안 전부가...(1-5)
- 이 땅을 왕에게 돌려 이스라엘 가운데에 기업으로 삼게 하면 나의 왕들이 다시는 내 백성을 압제하지 아니하리라 그 나머지 땅은 이스라엘 족속에게 그 지파대로 줄지니라...(8-10)
- 군주의 본분은 번제와 소제와 전제를 명절과 초하루와 안식일과 이스라엘 족속의 모든 정한 명절에 갖추는 것이니 이스라엘 족속을 속죄하기 위하여...(17-22)

44장에서 제사장을 구별하여 세우신 하나님은 거룩한 구역을 구별하여 성소, 제사장의 집, 레위인의 거주지, 왕의 소유지 등으로 분배하십니다.(1~8절) 특이한 것은 왕이라 해도 백성의 소유를 빼앗지 못한다는 것입니다.(8절) 하나님이 새롭게 세우시는 군주는 백성을 억압하지 않고 정의와 공의로 다스리며 백성들이 절기와 제사에 적극 참여하도록 주도적인 역할을 해야 합니다.(9~25절) 우리를 거룩한 하나님의 백성이 되게 하신 왕(=예수 그리스도)이 우리에게 계십니다.

시편 99-101편 : 찬송과 경배의 모범이 된 지도자들과 다윗

- 여호와께서 다스리시니 만민이 떨 것이요 여호와께서 그룹 사이에 좌정하시니...(99:1-9)
- 기쁨으로 여호와를 섬기며 노래하면서 그의 앞에 나아갈지어다...(100:2-5)
- 내가 완전한 길을 주목하오리니 주께서 어느 때나 내게 임하시겠나이까 내가 완전한 마음으로 내 집 안에서 행하리이다...(101:2-8)

(99편) 모든 열방은 공의와 정의로 다스리시는 거룩하신 하나님을 두려워하며 경배해야 합니다.(1~5절) 하나님은 율례와 법도를 지킨 모세와 아론, 사무엘의 기도에 응답하시고 불순종한 자들에게는 용서를 베풀어 주시는 언약에 신실하신 분이십니다.(6~9절)
(100편) '여호와를 찬송할 것'을 명령하는 감사시입니다. 하나님은 세상을 창조하실 때 지으신 모든 피조물들을 보며 '보시기에 좋다'라고 말씀하셨습니다.(창 1장) 하나님이 피조물을 기뻐하시므로 피조물들도 하나님을 기뻐하는 것이 마땅합니다.(1~2절) 특별히 이스라엘은 그의 소유요 그가 기르시는 양이므로 목자 되시는 하나님의 신실하심에 더욱 감사와 찬양으로 응답해야 합니다.(3~5절)
(101편) 다윗이 자신의 통치이념을 하나님께 고백하는 내용입니다. 다윗은 하나님의 인자와 공의에 주목하며 완전한 마음으로 행하기를 다짐합니다.(1~2절) 그는 사악한 마음을 품지 않으며 불의한 일을 행하지 않기를 다짐합니다.(3~4절) 그는 중상모략하는 자와 교만한 자, 거짓을 행하는 자, 악을 행하는 자에 대해 공의로 치리할 것이며 말씀 앞에 완전한 길로 행하는 자를 가까이 할 것입니다.(5~8절)

역사는 악한 왕들에게 임한 하나님의 심판을 보여줍니다. 하나님이 구별하여 세우신 거룩한 하나님의 백성임을 항상 기억하며 살아가게 하옵소서.

10/13

본문 열왕기상 16장 | 골로새서 3장 | 에스겔 46장 | 시편 102편
주제 추구 (追求, 어떤 목적을 달성할 때까지 좇아 구함)

하나님은 목적을 가지고 만물을 창조하셨다. 그의 목적은 모든 피조물이 복을 받아 조화를 이루며 사는 것이었다. 타락한 인간은 예수로 말미암아 구원을 얻은 후 하나님의 목적을 추구하는 새 사람이 되었다.

열왕기상 16장 : 북 이스라엘 왕들의 우상을 향한 죄된 추구

- 여호와의 말씀이 하나니의 아들 예후에게 임하여 바아사를 꾸짖어 이르시되...(1-3)
- 유다의 아사 왕 제이십칠년에 시므리가 디르사에서 칠 일 동안 왕이 되니라 그 때에 백성들이 블레셋 사람에게 속한 깁브돈을 향하여 진을 치고 있더니...(15-16)
- 그 때에 이스라엘 백성이 둘로 나뉘어 그 절반은 기낫의 아들 디브니를 따라 그를 왕으로 삼으려 하고 그 절반은 오므리를 따랐더니...(21-22)
- 유다의 아사 왕 제삼십팔년에 오므리의 아들 아합이 이스라엘의 왕이 되니라 오므리의 아들 아합이 사마리아에서 이십이 년 동안 이스라엘을 다스리니라...(29-33)

여로보암 가문을 멸하고 왕이 된 바아사 또한 백성으로 하여금 하나님을 떠나 죄의 길로 가게 만들었습니다.(1~4절) 하나님은 바아사의 아들 엘라의 재위 2년차에 시므리를 통해 바아사 가문에 대한 심판을 단행하십니다.(5~14절) 시므리의 반역 이후 이스라엘 군대는 오므리를 새로운 왕으로 세운 후 수도를 장악함으로써 시므리의 반역은 7일 천하로 끝나게 됩니다.(15~20절) 우상숭배와 범죄로는 최고점을 찍게 될 오므리 왕조가 시작되어 오므리와 아합이 연이어 통치하게 됩니다.(21~33절) 한편 히엘이라는 사람이 여리고성의 재건을 시도하다가 두 아들을 차례로 잃었는데 이는 여호수아를 통해 하신 하나님의 말씀의 성취입니다.(수 6:26,34) 풀은 마르고 꽃은 시드나 주의 말씀은 영원합니다.

골로새서 3장 : 영적 새 사람의 그리스도를 향한 의로운 추구

- 그러므로 너희가 그리스도와 함께 다시 살리심을 받았으면 위의 것을 찾으라 거기는 그리스도께서 하나님 우편에 앉아 계시느니라...(1-4)
- 이제는 너희가 이 모든 것을 벗어 버리라 곧 분함과 노여움과 악의와 비방과...(8-10)
- 그러므로 너희는 하나님이 택하사 거룩하고 사랑 받는 자처럼 긍휼과 자비와...(12-17)
- 불의를 행하는 자는 불의의 보응을 받으리니 주는 사람을 외모로 취하심이 없느니라(25)

그리스도 안에서 새 생명을 얻은 성도는 위의 것(=하나님 나라와 의)을 찾으며 살아야 합니다.(1~3절) 그리스도께서 다시 오실 때 우리는 영광중에 나타나게 될 것입니다.(4절) 영원한 생명을 얻은 자는 땅의 지체(=육신의 정욕)를 제어하기 위해 매일 경건에 힘써야 합니다.(5~11절) 옛 사람을 벗어버리고 하나님의 형상을 닮은 새 사람이 되어야 합니다. 그리스도 안에 있는 새사람은 인내와 용서의 삶을 살아가고 사랑의 마음으로 행

하며 그리스도의 평강이 주장하는 삶을 살아야 하는데 이 모든 것은 그리스도의 말씀이 내면에 풍성해질 때 이루어질 것입니다.(12~17절) 부부관계, 부모와 자녀관계, 주인과 종의 관계 등 모든 관계에서 그리스도를 섬기는 마음으로 행할 때 진정한 그리스도의 공동체가 만들어질 것입니다.(18~25절)

에스겔 46장 : 온전한 제사를 드려야 할 백성의 거룩한 추구

- 주 여호와께서 이같이 말씀하셨느니라 안뜰 동쪽을 향한 문은 일하는 엿새 동안에는...(1-3)
- 초하루에는 흠 없는 수송아지 한 마리와 어린 양 여섯 마리와 숫양 한 마리를 드리되 모두 흠 없는 것으로 할 것이며(6)
- 주 여호와께서 이같이 말씀하셨느니라 군주가 만일 한 아들에게 선물을 준즉...(16-18)
- 뜰의 네 구석 안에는 집이 있으니 길이는 마흔 척이요 너비는 서른 척이라 구석의...(22-24)

하나님이 세우실 군주는 자신은 물론 온 백성이 여호와께 정한 절기와 매일의 제사를 드리도록 자신의 역할을 잘 감당해야 합니다.(1~15절) 또한 자신에게 허락된 범위 안에서 땅을 소유해야 하며, 백성의 것을 탐내지 말아야 합니다.(16~18절) 제물을 준비하는 과정에서의 거룩함도 지켜지도록 잘 관리해야 합니다.(19~24절) 우리는 하나님을 신실하게 예배하고 탐심이 내 삶을 지배하지 않게 하며 예배 때나 일상에서나 늘 거룩하게 구별된 성도가 되어야 합니다.

시편 102편 : 고난 중에 응답받은 자의 주를 향한 영적 추구

- 여호와여 내 기도를 들으시고 나의 부르짖음을 주께 상달하게 하소서...(1-2)
- 나는 재를 양식 같이 먹으며 나는 눈물 섞인 물을 마셨나이다(9)
- 주께서 일어나사 시온을 긍휼히 여기시리니 지금은 그에게 은혜를 베푸실 때라...(13-17)
- 여호와께서 그의 높은 성소에서 굽어보시며 하늘에서 땅을 살펴 보셨으니...(19-22)
- 천지는 없어지려니와 주는 영존하시겠고 그것들은 다 옷 같이 낡으리니...(26-27)

고난 가운데 드리는 기도입니다.(개인 탄원시) 고난이 지속되고 있는데 하나님은 여전히 침묵하고 계십니다.(1~2절) 시인은 자신이 얼마나 고난 가운데 괴로운지를 다양한 묘사를 통해 호소합니다.(3~7절) 원수들의 공격에서 피할 길이 없는 시인은 재와 눈물이 그의 양식이 되었다고 고백하면서 고난이 하나님의 진노로 인한 연단임을 성찰합니다.(8~11절) 시인은 고난의 유한성과 하나님의 은혜의 무한함을 묵상합니다.(12~14절) 빈궁한 자의 기도를 멸시하지 않으시는 하나님은 긍휼을 베푸셔서 시온을 회복하시고 모든 민족과 열방으로 주를 찬양하며 섬기게 하실 것입니다.(15~22절) 다시 고난의 현실로 돌아온 시인은 자신의 날을 연장하여 주실 것을 간구하며 유한한 인생은 영원하신 하나님 안에서 안전히 거할 수 있음을 고백합니다.(23~28절)

이스라엘의 왕들이나 히엘은 하나님의 말씀을 경홀히 여겼다가 그로 인한 혹독한 대가를 치렀습니다. 영원히 변치 않는 말씀의 권위를 선포합니다. 모든 관계에서 하나님의 거룩함이 나타나게 하시고 전심으로 예배하는 자가 되게 하옵소서. 탐심이 내 삶을 망치지 않도록 주의 보혈로 나를 덮으소서.

10/14

본문 열왕기상 17장 | 골로새서 4장 | 에스겔 47장 | 시편 103편

주제 기적 (奇蹟, 신에 의해서 일어나는 상식을 벗어난 기이하고 놀라운 일

창조된 세상은 자연법칙이 지배한다. 하지만 예외적으로 기적의 법칙이 나타나 새로운 세상을 만든다. 이런 기적은 우연이 아니다. 하나님의 섭리에 따라 행하여지는 하나님의 간섭이요 개입이신 것이다.

열왕기상 17장 : 엘리야와 사르밧 과부에게 나타난 양식의 기적

- 길르앗에 우거하는 자 중에 디셉 사람 엘리야가 아합에게 말하되 내가 섬기는 이스라엘의 하나님 여호와께서 살아 계심을 두고 맹세하노니 내 말이 없으면 수 년 동안 비도 이슬도 있지 아니하리라 하니라...(1-4)
- 까마귀들이 아침에도 떡과 고기를, 저녁에도 떡과 고기를 가져왔고 그가 시냇물을 마셨으나(6)
- 너는 일어나 시돈에 속한 사르밧으로 가서 거기 머물라 내가 그 곳 과부에게 명령하여 네게 음식을 주게 하였느니라...(9-22)
- 여인이 엘리야에게 이르되 내가 이제야 당신은 하나님의 사람이시요 당신의 입에 있는 여호와의 말씀이 진실한 줄 아노라 하니라(24)

영적 암흑기였던 아합왕 시절에 위대한 선지자 엘리야가 활동합니다. 몇 년간 비가 오지 않을 것이라고 예언한 엘리야는 하나님의 명령에 따라 그릿 시냇가에 몸을 숨기고 하나님이 까마귀를 통해 공급하시는 양식으로 살아갑니다.(1~7절) 하나님의 명령으로 사르밧으로 이동한 엘리야는 한 궁핍한 과부를 만나게 되었는데, 그 여인은 엘리야의 말에 순종하여 하나님이 초자연적으로 공급하시는 기적을 맛보게 됩니다.(8~16절) 그런데 과부의 아들이 죽게 되는 비극이 발생합니다.(17~18절) 그러나 엘리야의 기도를 들으신 하나님은 죽은 과부의 아들을 살려 주십니다.(19~24절)

골로새서 4장 : 바울과 동역자들의 사역에 나타난 신령한 기적

- 상전들아 의와 공평을 종들에게 베풀지니 너희에게도 하늘에 상전이 계심을 알지어다....(1-7)
- 신실하고 사랑을 받는 형제 오네시모를 함께 보내노니 그는 너희에게서 온 사람이라 그들이 여기 일을 다 너희에게 알려 주리라...(9-11)
- 그가 너희와 라오디게아에 있는 자들과 히에라볼리에 있는 자들을 위하여 많이 수고하는 것을 내가 증언하노라...(13-14)
- 나 바울은 친필로 문안하노니 내가 매인 것을 생각하라 은혜가 너희에게 있을지어다(18)

상전들은 의와 공평을 베풀어야 합니다.(3장과 연계, 1절) 바울은 기도에 대해 권면하면서 사역을 위한 중보기도를 요청합니다.(2~4절) 불신자에 대한 지혜로운 처신과 신중한 말로 복음을 드러내야 합니다.(5~6절) 마지막으로 바울은 골로새 성도들에게 문안인사를 하면서 신실한 일꾼 두기고와 오네시모를 보내기로 약속하고, 1차 전도여행 때 무단으로 선교지를 이탈했던 마가를 따뜻하게 환대해 줄 것과 교역자인 아킵보에게 교회를

맡은 책임을 다할 것을 주문하며 편지를 마칩니다.(7~18절)

에스겔 47장 : 성전 안에서 나온 물로 만물이 소생하는 기적

- 그가 나를 데리고 성전 문에 이르시니 성전의 앞면이 동쪽을 향하였는데 그 문지방 밑에서 물이 나와 동쪽으로 흐르다가 성전 오른쪽 제단 남쪽으로 흘러 내리더라...(1-5)
- 그가 내게 이르시되 이 물이 동쪽으로 향하여 흘러 아라바로 내려가서 바다에 이르리니 이 흘러 내리는 물로 그 바다의 물이 되살아나리라...(8-10)
- 내가 옛적에 내 손을 들어 맹세하여 이 땅을 너희 조상들에게 주겠다고 하였나니 너희는 공평하게 나누어 기업을 삼으라 이 땅이 너희의 기업이 되리라(14)
- 그런즉 너희가 이스라엘 모든 지파대로 이 땅을 나누어 차지하라...(21-23)

성전환상의 마지막 장입니다. 성전으로부터 물이 흘러나와 바깥으로 흐르는 모습이 묘사됩니다.(1~2절) 물은 점점 차올라 도저히 건널 수 없는 큰 강을 이루게 되는데 생명의 물이 흐르면서 모든 생명체가 살아나게 됩니다.(3~12절) 성전의 기능이 회복되고 예배가 살아나게 되자 땅의 회복도 이루어집니다.(13~14절) 하나님이 설정하신 동서남북 땅의 경계 안에서 각 지파에게 땅이 분배되는데 특이한 점은 타국인에게도 동일하게 땅이 분배된다는 것입니다.(15~23절) 이스라엘 백성이 죄로 인해 약속의 땅에서 쫓겨났지만 하나님은 그들을 거룩하게 하시고 예배를 회복하시며 그들의 땅도 회복하여 주십니다. 회복의 역사는 모든 열방을 향할 것입니다.

시편 103편 : 죄악과 모든 병을 고쳐 주시는 하나님의 기적

- 내 영혼아 여호와를 송축하며 그의 모든 은택을 잊지 말지어다...(2-5)
- 여호와는 긍휼이 많으시고 은혜로우시며 노하기를 더디 하시고 인자하심이 풍부하시도다...(8-14)
- 여호와의 인자하심은 자기를 경외하는 자에게 영원부터 영원까지 이르며 그의 의는 자손의 자손에게 이르리니...(17-18)
- 여호와의 지으심을 받고 그가 다스리시는 모든 곳에 있는 너희여 여호와를 송축하라 내 영혼아 여호와를 송축하라(22)

시인은 여호와께서 그에게 베푸신 은택을 열거하며 자기의 영혼에게 여호와를 송축할 것을 명령합니다.(1~5절) 무엇보다 여호와를 송축해야 하는 결정적인 이유는 그의 성품(=긍휼, 은혜, 노하기를 더디 하심, 인자 등)입니다.(6~12절) 먼지와 같고 들의 꽃이나 풀과 같은 유한한 인생에게 하나님은 영원히 긍휼과 인자를 베푸십니다.(13~18절) 만유를 다스리시는 하나님을 우리는 송축해야 합니다.(19~22절)

사르밧 과부가 선지자를 통해 선포되는 하나님의 말씀을 절대 신뢰한 것처럼 나도 하나님의 말씀을 절대 신뢰하게 하옵소서. 예배의 회복으로 무너진 삶의 영역이 회복되게 하시고 받은 직분을 귀히 여기며 지체들을 축복하며 주님의 일꾼으로 함께 세워가게 하옵소서. 주를 송축함이 기쁨임을 고백합니다.

10/15

본문 열왕기상 18장 | 데살로니가전서 1장 | 에스겔 48장 | 시편 104편

주제 **수축** (修築, 성전이나 집 또는 방죽 따위를 고쳐 짓거나 다시 쌓음)

하나님은 사람과 화평을 누리시길 원하신다. 이 화평은 예배와 순종으로 가능하다. 참 예배를 위해 제단과 성전, 교회와 마음의 성전이 바로 수축 되어져야 하고 그 가운데서 온전한 경배와 찬양이 드려져야 한다.

열왕기상 18장 : 갈멜산에서 무너진 여호와의 제단을 수축함

- 많은 날이 지나고 제삼년에 여호와의 말씀이 엘리야에게 임하여 이르시되 너는 가서...(1-5)
- 내가 당신을 떠나간 후에 여호와의 영이 내가 알지 못하는 곳으로 당신을 이끌어 가시리니 내가 가서 아합에게 말하였다가 그가 당신을 찾지 못하면 내가 죽임을 당하리이다...(12)
- 그가 여호와의 이름을 의지하여 그 돌로 제단을 쌓고 제단을 돌아가며 곡식 종자 두 스아를 둘 만한 도랑을 만들고...(32-39)
- 아합이 먹고 마시러 올라가니라 엘리야가 갈멜 산 꼭대기로 올라가서 땅에 꿇어 엎드려 그의 얼굴을 무릎 사이에 넣고...(42-46)

아합왕 시절 북이스라엘에는 바알 신앙이 널리 퍼져 있었습니다. 3년 가뭄을 통해 비의 신인 바알의 무력함을 드러내신 하나님은 엘리야에게 아합을 만날 것을 명령하시면서 비를 예고하십니다.(1~2절) 엘리야는 하나님을 경외하는 오바댜에게 왕 앞에 반드시 나타날 것을 약속하면서 왕과의 만남을 주선해 줄 것을 부탁합니다.(3~15절) 왕을 만난 엘리야는 참 하나님을 가리기 위한 바알과 아세라 선지자 850명과의 대결을 요청합니다.(16~20절) 여호와와 바알 사이에서 머뭇거리는 이스라엘 백성들을 책망한 엘리야는 갈멜산에서 불로 응답하시는 여호와 하나님을 나타냄으로써 완벽하게 승리하였고 내친김에 거짓 선지자들을 모두 처형합니다.(21~40절) 드디어 하나님은 비를 내리십니다.(41~46절)

데살로니가전서 1장 : 각처에서 믿음의 본이 되는 교회를 수축함

- 우리가 너희 모두로 말미암아 항상 하나님께 감사하며 기도할 때에 너희를 기억함은 너희의 믿음의 역사와 사랑의 수고와 우리 주 예수 그리스도에 대한 소망의 인내를 우리 하나님 아버지 앞에서 끊임없이 기억함이니...(2-10)

데살로니가 교회를 세운 바울은 유대인의 박해로 인해 급히 떠나야 했습니다. 그러나 탄생한 지 얼마 안 된 교회임에도 불구하고 그들이 보여 준 믿음의 역사와 사랑의 수고, 소망의 인내로 인해 감사하고 있습니다.(1~4절) 말이 아닌 능력과 성령과 큰 확신으로 전해진 복음으로 인해 데살로니가 성도들은 믿는 자의 본이 되었고 그들의 믿음은 각처에 소문이 났습니다.(5~8절) 그들은 우상을 버리고 부활하신 예수님의 다시 오심을 선포하기 시작했습니다.(9~10절)

에스겔 48장 : 예루살렘에서 무너진 성읍과 문들을 수축함

- 유다 경계선 다음으로 동쪽에서 서쪽까지는 너희가 예물로 드릴 땅이라 너비는...(8-12)
- 그들이 그 땅을 팔지도 못하며 바꾸지도 못하며 그 땅의 처음 익은 열매를 남에게...(14-15)
- 이것은 너희가 제비 뽑아 이스라엘 지파에게 나누어 주어 기업이 되게 할 땅이요 또 이것들은 그들의 몫이니라 주 여호와의 말씀이니라(29)

지파별로 땅이 분배되는데 거룩한 영역의 중심에는 성전과 제사장 거주지역이 있고 그 위쪽은 레위인 거주지역, 아래쪽은 예루살렘이 위치합니다.(8~20절) 또한 거룩한 영역 좌, 우편에는 군주를 위한 땅이 분배됩니다.(21~22절) 군주의 땅이 거룩한 영역을 감싸고 있는 형국입니다. 거룩한 영역의 북쪽에는 일곱 지파의 땅이 있습니다.(1~7절) 또한 남쪽에는 다섯 지파에게 땅이 분배됩니다.(23~29절) 에스겔이 환상 가운데 본 성전에는 지파의 이름으로 명명된 총 12개의 성문이 있습니다.(30~34절) 12지파 모두 하나님의 거룩한 성읍에 들어와 있으며 예루살렘은 그 자체로 하나의 성전이 될 것입니다. 새 예루살렘의 이름은 "여호와 삼마"(='여호와께서 여기에 계시다'라는 뜻, 35절)입니다. 하나님의 임재는 성전에만 국한되지 않고 백성들의 삶의 모든 영역으로 확대됩니다.

시편 104편 : 여호와를 송축하는 마음과 몸의 성전을 수축함

- 내 영혼아 여호와를 송축하라 여호와 나의 하나님이여 주는 심히 위대하시며...(1-2)
- 땅에 기초를 놓으사 영원히 흔들리지 아니하게 하셨나이다...(5-6)
- 주께서 물의 경계를 정하여 넘치지 못하게 하시며 다시 돌아와 땅을 덮지 못하게...(9-15)
- 여호와께서 달로 절기를 정하심이여 해는 그 지는 때를 알도다...(19-24)
- 이것들은 다 주께서 때를 따라 먹을 것을 주시기를 바라나이다...(27-30)
- 내가 평생토록 여호와께 노래하며 내가 살아 있는 동안 내 하나님을 찬양하리로다...(33-34)

온 세상을 창조하시고 모든 피조물을 다스리시며 운행하시는 여호와를 찬양하는 시입니다. 특징적인 것은 고대 근동지역에서 통용되던 신화적인 표현이 등장한다는 것입니다.(참고 : 어떤 신이 다른 신을 제압한 후 무언가를 만듦. 본문에서는 하나님이 물을 꾸짖어 도망하게 한 후 땅의 경계를 정하고 산과 골짜기를 만든다는 식의 표현) 신화적인 표현을 동원해 하나님의 창조와 절대주권을 드러냅니다. 시인은 창조주이신 여호와의 왕권을 묘사하며 그를 송축하라고 말합니다.(1~4절) 여호와는 강력한 주권으로 세계를 창조하시고 질서를 정하셨습니다.(5~9절) 특히 하나님은 생명과 직결된 물을 주관하시고 공급하시며 시간의 주관자이십니다.(10~23절) 바다도, 리워야단(=우가릿신화에 나오는 바다괴물)도 하나님의 주권아래 있다고 표현함으로서 하나님의 절대주권을 강조합니다.(24~25절) 모든 생명체가 창조주이자 통치자이신 하나님께 의존해 있으니 피조세계가 여호와의 통치를 즐거워하는 것은 마땅한 것입니다.(25~35절)

하나님! 선교현장마다 치열한 영적 전쟁이 벌어지고 있습니다. 갈멜산의 큰 승리가 선교현장마다 나타나기를 기도합니다. 하나님의 주권을 어느 곳에서든 나타내시옵소서. 우리는 연약하나 성령의 능력으로 강건하게 하시고 어느 곳에서나 '여호와삼마'를 고백하게 하옵소서.

10/16

본문 열왕기상 19장 | 데살로니가전서 2장 | 다니엘 1장 | 시편 105편

주제 은총 (恩寵, 하나님 또는 높은 사람에게서 받는 특별한 은혜와 사랑)

하나님은 사랑이시다. 모든 사람을 사랑하시되 특히 복음을 받은 자와 일꾼을 사랑하신다. 하나님의 사랑은 말에만 있지 않고 구체적인 은총으로 나타난다. 즉 위로하시고 구원하시며 보호하시고 이루어 주신다.

열왕기상 19장 : 위협으로 도망한 엘리야에게 은총을 베푸심

- 아합이 엘리야가 행한 모든 일과 그가 어떻게 모든 선지자를 칼로 죽였는지를 이세벨에게 말하니...(1-8)
- 또 지진 후에 불이 있으나 불 가운데에도 여호와께서 계시지 아니하더니 불 후에 세미한 소리가 있는지라...(12-16)
- 그러나 내가 이스라엘 가운데에 칠천 명을 남기리니 다 바알에게 무릎을 꿇지 아니하고 다 바알에게 입맞추지 아니한 자니라...(18-21)

갈멜산에서의 큰 승리가 있었지만 바알신앙의 열렬한 추종자인 왕비 이세벨로 인해 엘리야는 신변의 위협을 받습니다.(1~2절) 엘리야는 북이스라엘을 떠나 유대의 브엘세바를 거쳐 다시 사십 주 사십 야를 이동하여 호렙산에 이르게 됩니다.(3~10절) 이 과정에서 하나님은 엘리야를 먹이시고 보호하시며 위로하셨습니다. 엘리야를 호렙산으로 이끄신 하나님은 그에게 세미한 음성으로 찾아가셔서 새로운 사명을 주시고 하나님 편에 선 7,000명의 사람이 있음을 알려 주십니다.(11~18절) 그가 받은 새로운 사명은 하사엘을 아람 왕으로, 예후를 이스라엘 왕으로 세우는 것과 엘리사를 선지자로 세우는 것입니다. 그가 받은 3가지 사명 중 가장 먼저 엘리사를 선지자로 세웁니다.(19~21절)

데살로니가전서 2장 : 복음을 말씀으로 받은 자에게 은총을 베푸심

- 너희가 아는 바와 같이 우리가 먼저 빌립보에서 고난과 능욕을 당하였으나 우리 하나님을 힘입어 많은 싸움 중에 하나님의 복음을 너희에게 전하였노라...(2-4)
- 또한 우리는 너희에게서든지 다른 이에게서든지 사람에게서는 영광을 구하지...(6-10)
- 이는 너희를 부르사 자기 나라와 영광에 이르게 하시는 하나님께 합당히 행하게 하려...(12-13)
- 우리의 소망이나 기쁨이나 자랑의 면류관이 무엇이냐 그가 강림하실 때 우리 주 예수 앞에 너희가 아니냐...(19-20)

바울은 데살로니가 성도들이 하나님 앞에 합당하게 행하도록 권면하고 위로하며 훈계했습니다.(10~12절) 그들은 바울이 전하는 말을 하나님의 말로 받았으며 유대에 있는 교회들이 유대인에게 고난을 당한 것처럼 그들도 동족에게 고난을 당했습니다.(13~14절) 핍박자들은 그들의 죄가 채워지게 되면 주의 진노를 받게 될 것입니다.(15~16절) 좀처럼 만날 기회가 주어지지 않고 있지만 바울에게 있어 데살로니가 성도들은 소망과 기쁨이며 자랑의 면류관입니다.(17~20절)

다니엘 1장 : 바벨론으로 잡혀간 다니엘에게 은총을 베푸심

- 유다 왕 여호야김이 다스린 지 삼 년이 되는 해에 바벨론 왕 느부갓네살이 예루살렘에...(1-9)
- 환관장이 다니엘과 하나냐와 미사엘과 아사랴를 감독하게 한 자에게 다니엘이...(11-15)
- 하나님이 이 네 소년에게 학문을 주시고 모든 서적을 깨닫게 하시고 지혜를 주셨으니...(17)
- 왕이 그들에게 모든 일을 묻는 중에 그 지혜와 총명이 온 나라 박수와 술객보다...(20-21)

B.C. 605년 여호야김 왕이 유다를 다스리던 때에 바벨론의 느부갓네살(=네부카드네자르 2세, 바벨론 역사상 최고 전성기를 이룬 왕)이 예루살렘을 침공하여 많은 포로들을 끌고 갔습니다. 그는 예루살렘 성전 기물들을 자신들의 신전으로 가져갔으며 외모가 출중하고 똑똑한 소년들을 데려다가 바벨론의 언어와 학문을 가르쳤습니다. 이때 선발된 인원 중에 다니엘과 3명의 친구들이 있었습니다.(1~7절) 그들은 바벨론의 언어와 학문을 열심히 습득했지만 신앙만큼은 굳건히 지켰습니다. 뜻을 정하여 바벨론의 제의 때 사용되었을 왕의 음식과 포도주를 거부합니다.(8~10절) 용기를 내어 환관장에게 자신들의 결의를 밝혔는데 하나님은 환관장을 주관하셔서 그들에게 은혜를 베풀게 하셨습니다.(11~16절) 열흘간의 테스트를 무사히 통과한 그들에게 하나님은 지혜를 주셨으며 다니엘에게는 환상과 꿈을 알게 하셔서 바벨론에서 그들보다 더 나은 사람이 없었습니다.(17~21절)

시편 105편 : 언약을 맺은 이스라엘에게 은총을 베푸심

- 그의 거룩한 이름을 자랑하라 여호와를 구하는 자들은 마음이 즐거울지로다...(3-10)
- 그러나 그는 사람이 그들을 억압하는 것을 용납하지 아니하시고 그들로 말미암아...(14-17)
- 곧 여호와의 말씀이 응할 때까지라 그의 말씀이 그를 단련하였도다(19)
- 이에 이스라엘이 애굽에 들어감이여 야곱이 함의 땅에 나그네가 되었도다...(23-27)
- 여호와께서 낮에는 구름을 펴사 덮개를 삼으시고 밤에는 불로 밝히셨으며...(39-42)
- 여러 나라의 땅을 그들에게 주시며 민족들이 수고한 것을 소유로 가지게 하셨으니...(44-45)

105편과 106편은 역사 서사시입니다. 105편은 아브라함으로부터 광야에서의 역사가 등장합니다. 시인은 여호와께서 행하신 기이한 일들을 기억하여 감사하며 선포하라고 외칩니다.(1~6절) 하나님은 아브라함, 이삭, 야곱과 영원한 언약을 맺으시고 그들의 여정과 늘 함께 하셨습니다.(7~15절) 고대 근동의 대기근에서 구원하시고자 한명(=요셉)을 앞서서 애굽으로 보내셔서 나라의 지혜자로 삼으셨고 그로 인하여 야곱 일가는 애굽으로 이주하여 기근을 면할 수 있었습니다.(16~23절) 후에 노예 신분으로 전락했지만 이스라엘 백성들은 계속 번성했으며 그들을 억압하는 바로에게 10가지 재앙을 내리셨습니다.(24~36절) 출애굽 이후 광야에서는 만나와 메추라기, 물을 먹이시며 불기둥과 구름기둥으로 인도하셨습니다.(37~41절) 이는 하나님이 언약을 기억하셨기 때문입니다.(42~45절)

하나님! 내가 지쳐 있을 때 위로하시고 동역자를 붙여주시며 새로운 사명을 주심으로 다시 일어서게 하옵소서. 다니엘처럼 뜻을 정하여 몸과 영혼을 더럽히지 않게 하시고 복음으로 인한 고난을 기쁨으로 여기는 믿음을 주시옵소서.

10/17

본문 열왕기상 20장 | 데살로니가전서 3장 | 다니엘 2장 | 시편 106편

주제 경솔 (輕率, 말이나 행동이 신중하거나 침착하지 못하고 가벼움)

죄인이라도 불쌍히 여기시고 어려운 상황에서 구원해 주신 것을 경솔히 여기는 것은 참으로 미련한 것이다. 반면 사단의 시험과 문제적 상황을 경솔히 대하지 않고 분별하여 해결하는 것은 매우 복된 일이다.

열왕기상 20장 : 하나님의 승리케 하심을 경솔히 취급한 아합

- 아람의 벤하닷 왕이 그의 군대를 다 모으니 왕 삼십이 명이 그와 함께 있고...(1-13)
- 각 지방의 고관의 청년들이 먼저 나갔더라 벤하닷이 정탐꾼을 보냈더니...(17-18)
- 이스라엘 왕이 나가서 말과 병거를 치고 또 아람 사람을 쳐서 크게 이겼더라...(21-23)
- 그의 신하들이 그에게 말하되 우리가 들은즉 이스라엘 집의 왕들은 인자한 왕이라...(31-34)

북이스라엘의 수도 사마리아를 포위한 아람(=시리아)왕 벤하닷은 아합왕과의 협상을 시도하는데 그의 무리한 요구로 인해 협상은 결렬되고 두 나라는 전쟁에 돌입합니다.(1~12절) 북이스라엘의 승리를 예언한 한 선지자의 제안대로 각 지방 고관의 청년들로 이루어진 약 7,000여명의 군대가 방심하고 있던 아람 군대를 기습함으로써 이스라엘은 큰 승리를 거두게 됩니다.(13~21절) 1차 공격에서 실패한 아람군은 다시 재정비하여 2차 공격을 가해 오지만 하나님은 이번에도 북이스라엘을 승리하게 하셨습니다.(22~30절) 그러나 아합왕은 하나님의 뜻을 저버리고 벤하닷과 조약을 맺고 그를 풀어줍니다.(31~34절) '나를 치라 만약 그렇지 않으면 네가 죽게 되리라'는 선지자의 지시를 거절한 사람이 선지자가 한 말대로 죽게 되는 사건이 일어납니다.(35~36절) 반면 선지자가 한 말대로 한 사람은 죽지 않았습니다.(37절) 이 사건은 하나님의 말씀은 이해하기 어렵더라도 반드시 순종해야 하는 것임을 교훈합니다. 선지자는 하나님이 멸하기로 작정한 벤하닷을 놓아준 일로 인해 아합왕이 대신 죽게 될 것을 선언합니다.(38~43절)

데살로니가전서 3장 : 데살로니가교회의 시험을 경솔히 대하지 않은 바울

- 우리 형제 곧 그리스도의 복음을 전하는 하나님의 일꾼인 디모데를 보내노니 이는 너희를 굳건하게 하고 너희 믿음에 대하여 위로함으로...(2-7)
- 주야로 심히 간구함은 너희 얼굴을 보고 너희 믿음이 부족한 것을 보충하게 하려 함이라(10)
- 또 주께서 우리가 너희를 사랑함과 같이 너희도 피차간과 모든 사람에 대한 사랑이...(12-13)

아테네(=아덴)에 머물고 있는 바울은 데살로니가 성도들의 믿음을 확인하고 환난 중에 흔들리지 않도록 하기 위해 하나님의 일꾼인 디모데를 보냈는데 데살로니가에 다녀온 디모데로부터 환난 중에도 그들의 믿음이 건실하다는 보고를 듣게 됩니다.(1~6절) 디모데가 전해준 소식은 바울에게 큰 기쁨이자 위로이며 삶의 동력이 되었습니다.(7~8절) 바울은 데살로니가 성도들이 환난 중에도 굳건하게 인내하는 모습을 보면서 그들이 주님의 재림 때에도 거룩하고 흠이 없게 될 것을 생각하면서 기뻐하며 감사하고 있습니다.(9~13절)

다니엘 2장 : 왕의 꿈과 해석을 경솔히 대하지 않은 다니엘

- 느부갓네살이 다스린 지 이 년이 되는 해에 느부갓네살이 꿈을 꾸고 그로 말미암아...(1)
- 그 때에 왕의 근위대장 아리옥이 바벨론 지혜자들을 죽이러 나가매 다니엘이 명철하고...(14-24)
- 다니엘이 왕 앞에 대답하여 이르되 왕이 물으신 바 은밀한 것은 지혜자나 술객이나...(27-45)
- 왕이 대답하여 다니엘에게 이르되 너희 하나님은 참으로 모든 신들의 신이시요...(47-48)

범상치 않은 꿈으로 인해 번민에 사로잡힌 느부갓네살은 나라의 지혜자들을 다 불러 모읍니다.(1~2절) 그는 꿈의 내용을 말하면 해석하겠다는 지혜자들의 요청을 거부하고 자신이 꿈과 해석을 맞혀 보라는 어려운 요구를 하였으며 난색을 표하는 지혜자들을 모두 죽이려 합니다.(3~13절) 근위대장 아리옥을 통해 이 사실을 알게 된 다니엘은 그의 친구들에게 중보기도를 요청하였고 하나님은 다니엘에게 왕의 꿈과 해석을 함께 계시해 주십니다.(14~23절) 다니엘은 하나님만이 꿈과 해석을 알려주시는 분임을 선언하고 왕의 꿈을 정확히 말하고 해석합니다.(24~49절) 금 머리에 해당되는 바벨론(=느부갓네살)에게 하나님이 나라와 영광과 능력을 주셨으며 은(=페르시아)과 놋(=헬라 곧 알렉산더 제국 및 후속 4왕국) 시대를 지나 쇠와 진흙(=로마)의 시대가 올 것입니다. '쇠와 놋'으로 표현한 이유는 로마가 강함과 약함을 동시에 가지고 있음을 의미입니다. '쇠와 놋' 시대에 하나님 나라가 임할 것입니다. 새로운 하나님 나라는 흥망성쇠를 반복하는 세상 나라와는 다른 영원한 하나님 나라(=교회)입니다.

시편 106편 : 여호와의 구원의 역사를 경솔히 대한 이스라엘

- 누가 능히 여호와의 권능을 다 말하며 주께서 받으실 찬양을 다 선포하랴(2)
- 여호와여 주의 백성에게 베푸시는 은혜로 나를 기억하시며 주의 구원으로 나를 돌보사...(4-5)
- 우리의 조상들이 애굽에 있을 때 주의 기이한 일들을 깨닫지 못하며 주의 크신 인자를...(7-46)

105편에 이은 역사 서사시인데 특별히 하나님을 거역했던 역사에 초점이 맞춰져 있습니다. 시인은 지나온 역사를 돌아보면서 하나님의 선하심과 인자하심을 찬양해야 한다고 말하며 은혜와 구원, 기쁨을 구합니다.(1~5절) 그리고 자신들의 죄를 돌이켜 봅니다.(6절) 이스라엘은 홍해 앞에서 하나님을 거역했으나 하나님은 홍해를 건너게 하셨습니다.(7~12절) 만나와 메추라기를 두고서 욕심을 부렸고 당을 지어 모세와 아론에 대항하였으며 금송아지 우상을 만들었습니다.(13~23절) 약속의 땅에 대해 악평한 10명의 정탐꾼에게 동조하여 하나님을 원망했고 싯딤 광야에서 모압 여인들과 음행을 저질렀습니다.(24~31절) 므리바에서 물이 없다고 불평했고 약속의 땅에 들어왔으나 이방 민족을 쫓아내지 않았으며 오히려 우상숭배를 하였습니다.(32~39절) 결국 하나님의 진노로 멸망 당하고 이방민족의 포로가 되는 신세가 되었지만 징벌의 기간이 끝나면 회복의 은총을 베푸실 신실하신 하나님을 영원히 찬양할 수밖에 없습니다.(40~48절)

이스라엘은 전 역사를 거쳐서 불순종의 흔적을 남겼습니다. 그러나 하나님은 인내하시고 용서하시며 다시 회복하셨습니다. 세상의 역사, 교회의 역사 모두 하나님이 주관하십니다. 결코 쇠하지 않는 영원한 하나님의 나라의 백성이 되게 하심을 감사드립니다.

10/18

본문 열왕기상 21장 | 데살로니가전서 4장 | 다니엘 3장 | 시편 107편
주제 강림 (降臨, 신이 여러 가지 형태로 인간 세상에 내려오심)

하나님은 선민 가운데 여러 형태로 강림하셨다. 모세, 다윗, 선지자, 제사장 등 개인에게도 강림하셔서 말씀하셨다. 성령은 강림하셔서 교회를 세우시고, 예수는 재림하셔서 구원과 심판을 행하신다.

열왕기상 21장 : 말씀으로 강림하여 아합과 이세벨을 심판하심

- 그 후에 이 일이 있으니라 이스르엘 사람 나봇에게 이스르엘에 포도원이 있어...(1-5)
- 그의 아내 이세벨이 그에게 이르되 왕이 지금 이스라엘 나라를 다스리시나이까 일어나...(7-11)
- 이세벨이 나봇이 돌에 맞아 죽었다 함을 듣고 이세벨이 아합에게 이르되 일어나...(15-16)
- 예로부터 아합과 같이 그 자신을 팔아 여호와 앞에서 악을 행한 자가 없음은 그를 그의 아내 이세벨이 충동하였음이라(25)
- 아합이 이 모든 말씀을 들을 때에 그의 옷을 찢고 굵은 베로 몸을 동이고 금식하고 굵은 베에 누우며 또 풀이 죽어 다니더라...(27-29)

이스라엘 백성들은 자신의 땅에 대하여 하나님이 가나안에 정착 때부터 조상에게 분배해 주셨다는 개념이 매우 강합니다. 그래서 왕이라도 함부로 남의 땅을 빼앗을 수 없습니다. 이를 잘 알기에 나봇의 포도원이 탐나지만 아합왕은 어찌할 수 없었습니다.(1~4절) 그러자 시돈 왕 엣바알의 딸인 왕비 이세벨이 나섭니다. '하나님이 허락하신 땅'에 대한 개념이 없는 이세벨은 거짓 증인을 내세워 나봇을 죽이고 포도원을 빼앗아 버립니다.(5~16절) 하나님은 살인까지 저지르며 남의 땅을 가로챈 아합과 이세벨에 대한 심판을 선언하십니다.(17~26절) 그런데 심판선언에 대해 아합이 회개하자 하나님은 심판의 집행을 다음 세대로 연기하십니다.(27~29절)

데살로니가전서 4장 : 공중으로 강림하여 죽은 자와 산 자를 구원하심

- 그러므로 형제들아 우리가 끝으로 주 예수 안에서 너희에게 구하고 권면하노니 너희가 마땅히 어떻게 행하며 하나님을 기쁘시게 할 수 있는지를 우리에게 배웠으니...(1)
- 또 너희에게 명한 것 같이 조용히 자기 일을 하고 너희 손으로 일하기를 힘쓰라(11)
- 주께서 호령과 천사장의 소리와 하나님의 나팔 소리로 친히 하늘로부터 강림하시리니 그리스도 안에서 죽은 자들이 먼저 일어나고...(16-17)

데살로니가 성도들의 믿음을 칭찬하고 격려한 바울은 그들에게 권면의 말을 전합니다.(1~2절) 첫째는 '거룩하라'입니다.(3~8절) 곧 거룩함과 존귀함으로 아내만을 사랑하고 정욕에 빠지지 않는 것을 의미합니다. 두 번째는 '사랑하라'입니다.(9~10절) 그들은 이미 사랑의 수고로 칭찬을 받았지만(1:3) 바울은 한번 더 강조합니다. 마지막으로 '근면 성실하라'입니다.(11~12절) 재림이 가까이 왔다고 일에 소홀한 어떤 이들을 따르지 말고 자신의 손으로 일하기를 힘쓰라는 의미입니다.

다니엘 3장 : 풀무불 가운데 강림하여 세 친구를 구원하심

- 느부갓네살 왕이 금으로 신상을 만들었으니 높이는 육십 규빗이요 너비는 여섯 규빗이라 그것을 바벨론 지방의 두라 평지에 세웠더라(1)
- 이에 총독과 수령과 행정관과 모사와 재무관과 재판관과 법률사와 각 지방 모든 관원이 느부갓네살 왕이 세운 신상의 낙성식에 참석하여 느부갓네살 왕이 세운 신상 앞에 서니라...(3-6)
- 이제 몇 유다 사람 사드락과 메삭과 아벳느고는 왕이 세워 바벨론 지방을 다스리게...(12-18)
- 그러자 그 사람들을 겉옷과 속옷과 모자와 다른 옷을 입은 채 결박하여 맹렬히 타는...(21-29)

느부갓네살왕은 바벨론 두라 평지에 28미터 높이의 금 신상을 세운 후 낙성식에 참여하는 모든 사람으로 하여금 그 앞에 절하도록 명령합니다.(1~7절) 그러나 바벨론의 지방 관원이었던 다니엘의 세 친구들은 '하나님 외에 다른 신을 둘 수 없다'는 십계명의 제1계명으로 인해 절하지 않음으로 인해 고발을 당합니다.(8~12절) 왕의 회유에도 불구하고 단호하게 거절한 그들은 맹렬히 타는 풀무 불에 던져지게 됩니다.(13~23절) 그러나 하나님의 특별한 개입으로 죽지 않는 그들을 보고 왕은 하나님의 존재를 인정하였으며 그들의 위상은 더욱 높아지게 되었습니다.(24~30절)

시편 107편 : 기적으로 강림하여 고통 중에 있는 자를 건지심

- 여호와께 감사하라 그는 선하시며 그 인자하심이 영원함이로다(1)
- 그러므로 그가 고통을 주어 그들의 마음을 겸손하게 하셨으니 그들이 엎드러져도 돕는 자가 없었도다...(12-15)
- 이에 그들이 그들의 고통 때문에 여호와께 부르짖으매 그가 그들의 고통에서 그들을...(19-21)
- 그 주민의 악으로 말미암아 옥토가 변하여 염전이 되게 하시며(34)
- 궁핍한 자는 그의 고통으로부터 건져 주시고 그의 가족을 양 떼 같이 지켜 주시나니...(41-43)

하나님에 대한 감사와 찬양으로 가득한 107편은 하나님이 역사 가운데 베푸신 은혜를 생각합니다. 시인은 당신의 백성을 속량하시고 모으시는 하나님의 선하심과 인자하심을 찬양하라고 선포합니다.(1~3절) 하나님은 거주할 곳이 없어 방황하는 이스라엘을 바른 길로 인도하여 성읍을 주셨으며 좋은 것으로 채워주셨습니다.(4~9절) 백성들이 하나님을 거역할 때는 고난을 통해 겸손하게 하시고 환난 중에 부르짖을 때에는 응답하시고 말씀으로 그들을 고치시고 위험에서 건지셨습니다.(10~22절) 광야와 폭풍 가운데서도 일하시는 하나님은 광풍을 잔잔케 하시고 평온함과 소망으로 인도하셨습니다.(23~32절) 하나님은 언제든지 생사화복을 주권적으로 바꾸실 수 있습니다.(33~39절) 그러므로 환경이 아닌 하나님의 뜻을 좇는 마음이 정직한 자, 지혜자가 되어야 합니다.(40~43절)

하나님을 두려워할 줄 모르는 아합과 이세벨은 하나님이 정하신 법을 어기고 남의 땅을 함부로 빼앗았습니다. 악한 자의 결말은 결국 심판입니다. 다니엘의 세 친구들처럼 신앙의 지조를 지키게 하시고 마지막 때가 가까이 올수록 거룩과 사랑과 성실함으로 나아가게 하옵소서. 주의 선하심과 인자하심을 일평생 찬양하길 결단하게 하옵소서.

10/19

본문 열왕기상 22장 | 데살로니가전서 5장 | 다니엘 4장 | 시편 108-109편

주제 영성 (靈性, 성령을 통해 변화를 받은 성도의 성품)

구원받은 성도는 성령을 통해 예수님과 날마다 교제할 수 있게 되었다. 그러나 거기에서 그치지 않고 신앙의 열매와 인격의 변화를 추구하며 말씀과 기도로 영성을 키워가야 한다.

열왕기상 22장 : 여호와의 말씀을 예언하는 미가야의 영성

- 이스라엘의 왕이 그의 신하들에게 이르되 길르앗 라못은 본래 우리의 것인 줄을 너희가 알지 못하느냐 우리가 어찌 아람의 왕의 손에서 도로 찾지 아니하고 잠잠히 있으리요 하고...(3-8)
- 모든 선지자도 그와 같이 예언하여 이르기를 길르앗 라못으로 올라가 승리를...(12-15)
- 미가야가 이르되 왕이 참으로 평안히 돌아오시게 될진대 여호와께서 나를 통하여...(28-30)
- 왕이 이미 죽으매 그의 시체를 메어 사마리아에 이르러 왕을 사마리아에 장사하니라(37)
- 그가 여호와 앞에서 악을 행하여 그의 아버지의 길과 그의 어머니의 길과...(52-53)

아합은 아람에게 빼앗긴 길르앗 라못을 탈환하기 위해 유다의 여호사밧과 동맹을 맺습니다.(1~4절) 하나님의 뜻을 확인하자는 여호사밧의 제안으로 아합이 불러 모은 400명의 거짓 선지자들은 하나같이 승리를 예언합니다.(5~12절) 그러나 여호사밧은 또 다른 선지자를 찾았고 아합은 그제서야 자신에 대해 늘 반대만 일삼는 미가야 선지자를 데려오게 합니다.(13~15절) 미가야는 승리를 예언해달라는 사주를 받았으나 전쟁의 패배와 아합의 죽음을 예언하였으며 이로 인해 고난을 당하게 됩니다.(16~28절) 미가야의 예언이 마음에 걸린 아합은 일반 병사로 위장하여 무리 속에 숨은 채 길르앗 라못 탈환전을 벌였으나 예언대로 아람병사가 쏜 활에 맞아 죽게 됩니다.(29~40절) 인간은 아무리 애를 써도 하나님의 심판을 피할 수 없습니다. 유다의 여호사밧은 하나님 앞에 정직히 행했으며 종교개혁을 단행한 선한 왕이었으나 북이스라엘의 아합과 아하시야는 하나님 앞에서 악을 행한 왕입니다.(41~53절)

데살로니가전서 5장 : 그리스도의 강림을 준비하는 성도의 영성

- 형제들아 때와 시기에 관하여는 너희에게 쓸 것이 없음은...(1-11)
- 항상 기뻐하라 쉬지 말고 기도하라 범사에 감사하라 이것이 그리스도 예수 안에서 너희를 향하신 하나님의 뜻이니라...(16-24)

늘 깨어있어 어둠에 있지 않은 성도들은 항상 재림을 기다려 왔기에 그날이 전혀 생각지도 못한 날처럼 여겨지지는 않을 것입니다.(1~5절) 성도는 낮에 속한 자이며 그리스도와 함께 사는 자입니다.(6~11절) 성도는 공동체의 리더를 존중하고 영적으로 취약한 자를 돌보며, 선을 따르고 인내하며, 기뻐하고 기도하며, 감사하는 삶을 살아갑니다.(12~18절) 마지막으로 취할 것과 버릴 것을 잘 분별할 것을 권면하면서 성도의 거룩함을 이루어 가실 하나님을 찬양하며 문안인사로 편지를 마무리합니다.(19~28절)

다니엘 4장 : 느부갓네살왕의 꿈을 해석하는 다니엘의 영성

- 나 느부갓네살이 내 집에 편히 있으며 내 궁에서 평강할 때에...(4-9)
- 나 느부갓네살 왕이 이 꿈을 꾸었나니 너 벨드사살아 그 해석을 밝히 말하라 내 나라 모든 지혜자가 능히 내게 그 해석을 알게 하지 못하였으나 오직 너는 능히 하리니 이는 거룩한 신들의 영이 네 안에 있음이라...(18-28)
- 그 기한이 차매 나 느부갓네살이 하늘을 우러러 보았더니 내 총명이 다시 내게로 돌아온지라 이에 내가 지극히 높으신 이에게 감사하며 영생하시는 이를 찬양하고 경배하였나니 그 권세는 영원한 권세요 그 나라는 대대에 이르리로다...(34-37)

느부갓네살이 자신의 체험이 담긴 편지형식의 조서를 내립니다.(1~3절) 느부갓네살 왕이 특별한 꿈을 꾸었는데 이번에도 바벨론의 모든 지혜자들은 그 꿈을 해석하지 못했으며 다니엘만이 그 꿈을 해석해냈습니다.(4~9절) 왕은 꿈의 내용을 서술합니다.(10~18절) 다니엘이 풀어낸 느부갓네살의 꿈은 그가 왕위에서 쫓겨나게 된다는 극단적인 내용입니다.(19~27절) 결국 예언대로 이루어졌으나 하나님은 다시 그의 권세를 회복시켜 주십니다.(28~37절)

시편 108-109편 : 하나님의 일하심을 찬양하는 다윗의 영성

- 하나님이여 내 마음을 정하였사오니 내가 노래하며 나의 마음을 다하여 찬양하리로다...(108:1-6)
- 하나님이여 주께서 우리를 버리지 아니하셨나이까 하나님이여 주께서 우리의 군대들과 함께 나아가지 아니하시나이다...(108:11-13)
- 내가 찬양하는 하나님이여 잠잠하지 마옵소서(109:1)
- 그러나 주 여호와여 주의 이름으로 말미암아 나를 선대하소서 주의 인자하심이 선하시오니 나를 건지소서(109:21)
- 내가 입으로 여호와께 크게 감사하며 많은 사람 중에서 찬송하리니...(109:30-31)

(108편) 108편은 다윗이 사울을 피해 도망 다니던 때를 배경으로 하는 시편 57편 7~11절과 다윗의 승전기사를 담고 있는 60편 5~12절의 내용으로 구성되어 있는데 제사 때에 쓰인 것으로 보입니다. 하나님께만 마음을 확정하고 찬송하겠다는 시인의 결단(1~5절), 통치자 되시는 전능하신 하나님(6~9절), 승리를 주실 하나님께 간구(10~13절)로 이루어져 있습니다.

(109편) '저주시'이면서 '개인 탄식시'로 평가받고 있는 109편에서 시인은 원수들을 향해 무서운 저주의 말을 쏟아내고 있습니다. 대적으로부터 무고하게 공격을 당하고 있는 시인은 여러 가지 저주의 내용을 선포하면서 대적들이 행한 대로 보응을 받아 땅에서 끊어지기를 구하고 있습니다.(1~20절) 또한 연약한 자신을 보호해 주실 것과 대적들이 주의 손이 행하는 일들을 알게 되기를 간구하면서 찬송을 결단합니다.(21~31절)

여호사밧과 같이 선한 증거를 남기는 삶을 살아가게 하시고 늘 깨어있어 빛의 자녀답게 살아가게 하옵소서. 내 마음은 주님께로 확정되었으니 흔들리지 않게 하옵소서.

10/20

본문 열왕기하 1장 | 데살로니가후서 1장 | 다니엘 5장 | 시편 110-111편
주제 형벌 (刑罰, 죄를 지은 사람에게 주는 벌)

율법이 주어진 날로부터 예수님이 재림하실 그 날까지 하나님은 죄를 지은 자에게 형벌을 내리신다. 성도는 자신의 연약함을 인정하고, 날마다 겸손과 성결의 삶을 추구해야 한다.

열왕기하 1장 : 바알세붑을 찾은 아하시야 왕을 형벌하심

- 아하시야가 사마리아에 있는 그의 다락 난간에서 떨어져 병들매 사자를 보내며 그들에게 이르되 가서 에그론의 신 바알세붑에게 이 병이 낫겠나 물어 보라 하니라...(2-4)
- 그들이 말하되 한 사람이 올라와서 우리를 만나 이르되 너희는 너희를 보낸 왕에게로 돌아가서 그에게 고하기를 여호와의 말씀이 이스라엘에 하나님이 없어서 네가 에그론의 신 바알세붑에게 물으려고 보내느냐 그러므로 네가 올라간 침상에서 내려오지 못할지라...(6-8)
- 왕이 세 번째 오십부장과 그의 군사 오십 명을 보낸지라 셋째 오십부장이 올라가서...(13-17)

아합이 죽은 후 북이스라엘의 지배 아래 있던 모압이 반란을 일으켰으며, 아하시야 왕은 병이 들었는데 자신의 생명에 관하여 우상에게 물어볼 것을 지시합니다.(1~2절) 아하시야는 육신의 질병보다 영적 질병이 더 심각했습니다. 하나님은 엘리야를 통해 아하시야가 반드시 죽게 될 것이라고 말씀하셨는데 자신에 대한 심판의 메시지를 들은 아하시야는 회개는커녕 도리어 엘리야를 붙잡아 오라고 명령합니다.(3~8절) 그러나 왕의 명령으로 엘리야를 붙잡으러 간 군사들은 두 차례나 하나님의 심판으로 죽임을 당하게 됩니다.(9~12절) 그러나 세 번째로 엘리야에게 가게 된 오십부장은 겸손히 행함으로 살 수 있었습니다.(13~15절) 끝내 회개하지 않은 아하시야는 병에서 회복되지 못하고 죽게 됩니다.(16~18절)

데살로니가후서 1장 : 복음에 복종하지 않는 자들을 형벌하심

- 형제들아 우리가 너희를 위하여 항상 하나님께 감사할지니 이것이 당연함은 너희의 믿음이 더욱 자라고 너희가 다 각기 서로 사랑함이 풍성함이니 그러므로 너희가 견디고 있는...(3-12)

본서는 바울이 데살로니가 교회에 첫 번째 편지를 보내고 약 3개월 후에 보낸 두 번째 편지입니다. 바울은 데살로니가 성도들의 믿음의 성장, 풍성한 사랑, 박해와 환난에 대한 인내에 대해 여러 교회에 자랑하며 감사하고 있습니다.(1~4절) 성도들이 겪고 있는 환난과 박해는 그들이 하나님 나라에 합당한 자라는 표식으로 그들은 주의 재림의 날에 영원한 안식을 얻게 될 것이며 핍박자는 환난을 당하게 될 것입니다.(5~10절) 바울은 성도들을 통해 예수님이 영광을 받으시고 성도들도 예수님 안에서 영광을 받게 되길 기도합니다. "현재의 고난은 장차 우리에게 나타날 영광과 비교할 수 없도다"(롬8:18) 아멘.

다니엘 5장 : 완악하여 교만해진 벨사살 왕을 형벌하심

- 벨사살 왕이 그의 귀족 천 명을 위하여 큰 잔치를 베풀고 그 천 명 앞에서 술을...(1-3)
- 그 때에 사람의 손가락들이 나타나서 왕궁 촛대 맞은편 석회벽에 글자를 쓰는데 왕이 그 글자

쓰는 손가락을 본지라...(5-8)
- 왕비가 왕과 그 귀족들의 말로 말미암아 잔치하는 궁에 들어왔더니 이에 말하여 이르되 왕이여 만수무강 하옵소서 왕의 생각을 번민하게 하지 말며 얼굴빛을 변할 것도...(10-12)
- 다니엘이 왕에게 대답하여 이르되 왕의 예물은 왕이 친히 가지시며 왕의 상급은 다른 사람에게 주옵소서 그럴지라도 내가 왕을 위하여 이 글을 읽으며 그 해석을 아뢰리이다...(17-28)

강성했던 바벨론이 급격히 쇠락하게 된 영적인 이유는 하나님을 무시하고 교만하게 행했기 때문입니다. 예루살렘 성전기물을 잔치의 술잔으로 사용하고 인간이 만든 신들을 찬양하며 자신의 힘을 과시한 벨사살 앞에 한 손가락이 나타나 벽에 글자를 쓰는 기이한 현상이 나타났는데 이를 해석하는 이가 없어 번민하게 됩니다.(1~9절) 이때 왕비가 하나님의 지혜를 가진 다니엘을 추천합니다.(10~12절) 다니엘은 벨사살의 선왕인 느부갓네살 왕의 역사를 소환하면서 그와 반대의 길을 걸어가는 벨사살의 교만과 우상숭배를 지적합니다.(13~23절) 벽에 나타난 "메네 메네 데겔 우바르신"은 "하나님이 이미 왕의 나라 시대를 세어서 끝나게 하셨다"라는 뜻의 심판의 메시지입니다.(24~29절) 예언대로 바벨론은 메대(=메디아)의 다리오(=다리우스)에 의해 멸망당합니다.(30절) 참고로 다리오는 통상 바사(=페르시아) 왕으로 알려져 있습니다. 그러나 바사가 메대의 왕국의 일원으로 시작되었기 때문에 메대와 바사가 한 나라로 표현되기도 합니다.

시편 110-111편 : 다윗을 괴롭게 만든 원수들을 형벌하심

- 주의 권능의 날에 주의 백성이 거룩한 옷을 입고 즐거이 헌신하니 새벽 이슬 같은 주의 청년들이 주께 나오는도다(110:3)
- 할렐루야, 내가 정직한 자들의 모임과 회중 가운데에서 전심으로 여호와께...(111:1-4)
- 그의 손이 하는 일은 진실과 정의이며 그의 법도는 다 확실하니...(111:7-9)

(110편) 일반적으로 제왕시로 분류되는 이 시는 기원과 배경 등을 파악하기가 어렵습니다. 그러나 이 시는 메시아와 관련하여 매우 중요한 정보를 제공하며 예수님도 이 구절을 인용하여 자신을 설명하십니다.(마 22:41~46) 하나님은 기름 부음 받은 왕의 원수들이 발판이 되기까지 하나님 오른편에 왕을 앉게 하실 것입니다.(1절) 즉 왕(=메시아)은 하나님의 권세를 갖게 될 것입니다. 승리하신 영원한 제사장 되시는 왕에게는 새벽이슬 같은 거룩한 백성들이 따를 것입니다.(2~6절) 한편 왕이 시냇물을 마시는 행위는 승리한 이후의 여유를 표현한 것입니다.(7절)
(111편) 시인은 회중들 가운데에서 전심으로 하나님께 대한 감사를 선포합니다.(1절) 회중들은 은혜롭고 자비로우신 하나님이 행하신 일들을 기억합니다.(2~4절) 언약을 영원히 기억하시는 하나님은 약속된 기업을 주심으로 그 능력을 보이셨고 진실과 정의로 행하셨습니다.(5~8절) 백성을 속량하시고 언약을 세우신 하나님을 경외하는 것이 지혜입니다.(9~10절)

아하시야나 벨사살은 교만과 악함으로 심판을 받게 되었습니다. 영적 질병이 갖는 치명적인 위험을 아는 지혜가 있게 하옵소서. 주의 재림과 함께 있을 공의의 심판을 기억하게 하시고 데살로니가 성도들처럼 믿음과 사랑과 인내의 역사를 만들어 가게 하옵소서.

10/21

본문 열왕기하 2장 | 데살로니가후서 2장 | 다니엘 6장 | 시편 112-113편
주제 **소명** (召命, 하나님께서 구속사역을 위해 일꾼을 부르심)

하나님은 매 시대에 일꾼을 부르신다. 선지자로, 왕으로, 제사장으로, 사도로, 선교사로 부르신다. 예수 그리스도를 믿는 모든 성도는 사역의 종류는 다르지만 다 소명을 받은 자다. 오직 충성이 있을 뿐이다.

열왕기하 2장 : 엘리야의 뒤를 이어 사역하는 엘리사의 소명

- 여호와께서 회오리 바람으로 엘리야를 하늘로 올리고자 하실 때에 엘리야가 엘리사와 더불어 길갈에서 나가더니...(1-4)
- 엘리야가 또 엘리사에게 이르되 청하건대 너는 여기 머물라 여호와께서 나를 요단으로 보내시느니라 하니 그가 이르되 여호와께서 살아 계심과 당신의 영혼이 살아 있음을 두고 맹세하노니 내가 당신을 떠나지 아니하겠나이다 하는지라 이에 두 사람이 가니라(6)
- 엘리야가 겉옷을 가지고 말아 물을 치매 물이 이리 저리 갈라지고 두 사람이 마른 땅 위로 건너더라...(8-15)
- 엘리사가 거기서 벧엘로 올라가더니 그가 길에서 올라갈 때에 작은 아이들이 성읍에서 나와 그를 조롱하여 이르되 대머리여 올라가라 대머리여 올라가라 하는지라...(23-24)

영적 암흑기였던 아합 왕 시절에 활동한 위대한 선지자 엘리야의 시대가 저물고 있습니다. 엘리야는 하늘로 승천했으며 그의 사역은 엘리사가 이어가게 되었습니다.(1~14절) 승천한 엘리야를 찾으려는 제자들에게 미련을 버리고 현재의 일에 더 집중할 것을 주문한 엘리사는 여리고의 물을 고침으로써 엘리야의 후계자로서의 능력을 보입니다.(15~22절) 하나님이 엘리사를 인증해 주신 것입니다. 한편 엘리사를 조롱하던 사람들이 하나님의 심판을 받았는데 '어린 아이'는 원어적으로 청년에 가까우며 벧엘이 우상숭배의 중심이었다는 것을 고려한다면 우상을 숭배하는 청년들이나 타락한 사람들이 엘리사를 대적한 것으로 볼 수 있습니다.(23~25절)

데살로니가후서 2장 : 불법으로부터 성도를 굳게 하는 바울의 소명

- 형제들아 우리가 너희에게 구하는 것은 우리 주 예수 그리스도의 강림하심과 우리가 그 앞에 모임에 관하여...(1-4)
- 불법의 비밀이 이미 활동하였으나 지금은 그것을 막는 자가 있어 그 중에서 옮겨질 때까지 하리라...(7-10)
- 진리를 믿지 않고 불의를 좋아하는 모든 자들로 하여금 심판을 받게 하려 하심이라...(12-15)

오늘날 자신들의 교주를 신격화하기 위해 주의 재림이 이미 임했다고 주장하는 이들이 있는 것처럼 데살로니가 교회에는 주의 재림이 이미 이루어졌다라고 주장하는 이들이 있었습니다.(1~3절) 주의 재림이 있기 전에 불법의 사람들이 나타날 것인데 그들은 이미 심판이 예정되어 있습니다.(4~12절) 성도들은 진리의 말씀 위에 굳건히 서 있어야 합니다.(13~15절)

바울은 박해받는 데살로니가 성도들을 주께서 영원한 위로로 함께 해 주시길 기도드립니다.(16~17절)

다니엘 6장 : 음모 속에 절대신앙을 지키는 다니엘의 소명

- 다리오가 자기의 뜻대로 고관 백이십 명을 세워 전국을 통치하게 하고...(1-4)
- 다니엘이 이 조서에 왕의 도장이 찍힌 것을 알고도 자기 집에 돌아가서는 윗방에 올라가 예루살렘으로 향한 창문을 열고 전에 하던 대로 하루 세 번씩 무릎을 꿇고 기도하며 그의 하나님께 감사하였더라...(10-11)
- 이에 왕이 명령하매 다니엘을 끌어다가 사자 굴에 던져 넣는지라 왕이 다니엘에게 이르되 네가 항상 섬기는 너의 하나님이 너를 구원하시리라 하니라...(16-23)
- 내가 이제 조서를 내리노라 내 나라 관할 아래에 있는 사람들은 다 다니엘의 하나님 앞에서 떨며 두려워할지니 그는 살아 계시는 하나님이시요 영원히 변하지 않으실 이시며 그의 나라는 멸망하지 아니할 것이요 그의 권세는 무궁할 것이며...(26-28)

다리오왕에 의해 세 총리 중 하나로 임명된 다니엘에게서 흠을 찾을 수 없었던 반대파들은 다니엘의 신앙을 문제 삼기로 결정합니다.(1~9절) 조서의 내용을 알고 있었지만 신앙의 지조를 지켜나간 다니엘은 결국 왕의 명령을 어긴 사람으로 고소당합니다.(10~14절) 다니엘은 굶주린 사자들에게 던져졌으나 하나님은 사자들의 입을 봉하사 그를 구원하셨습니다.(15~24절) 마침내 다리오왕은 다니엘이 여호와 하나님을 신앙하는 것을 인정하게 됩니다.(25~28절)

시편 112-113편 : 여호와를 경외하고 계명을 지킬 성도의 소명

- 할렐루야, 여호와를 경외하며 그의 계명을 크게 즐거워하는 자는 복이 있도다...(112:1-4)
- 그는 흉한 소문을 두려워하지 아니함이여 여호와를 의뢰하고 그의 마음을 굳게 정하였도다...(112:7-9)
- 할렐루야, 여호와의 종들아 찬양하라 여호와의 이름을 찬양하라...(113:1-9)

(112편) 여호와를 경외하며 그의 계명을 지키는 자가 복된 자입니다.(1절) 그에게 후손과 재물의 복이 따를 것이며, 이웃에게 선한 증거를 가진 자에게 하나님은 형통의 은혜를 베풀어 주실 것입니다.(2~9절) 반면 악인은 한탄하며 소멸을 향해 갈 것입니다.(10절)
(113편) 유월절 축제와 관련되어 이스라엘 공동체에 의해 불렸던 찬송시입니다. 시인은 창조주이며 통치자이신 하나님을 찬송할 것을 촉구합니다.(1~3절) 하나님은 가장 크고 위대하신 분이지만 스스로를 낮추시어 백성들 곁으로 찾아오시는 분입니다.(4~6절) 하나님은 끊임없이 긍휼을 베풀어 주십니다.(7~9절)

영적으로 어두운 시대일수록 하나님의 사람은 더욱 빛납니다. 다니엘처럼 신앙의 지조를 끝까지 지켜 나가게 하시고 진리가 아닌 것으로부터 오는 유혹을 잘 분별하게 하옵소서. 주의 계명에 순복하는 삶을 살아가게 하옵소서.

10/22

본문 열왕기하 3장 | 데살로니가후서 3장 | 다니엘 7장 | 시편 114-115편
주제 **예언** (豫言, 주께서 주시는 말씀, 환상, 꿈으로 미래의 일을 말함)

성경에는 두 종류의 예언이 있다. 하나는 전혀 알 수 없는 하나님의 일방적인 구속사적인 예언이고, 다른 하나는 구체적인 조건을 말한 후 그것을 지키거나 지키지 않은 것에 대한 결과를 알려주는 예언이다.

열왕기하 3장 : 엘리사가 유다 왕 여호사밧으로 인하여 예언함

- 유다의 여호사밧 왕 열여덟째 해에 아합의 아들 여호람이 사마리아에서 이스라엘을 열두 해 동안 다스리니라...(1-3)
- 이스라엘 왕과 유다 왕과 에돔 왕이 가더니 길을 둘러 간 지 칠 일에 군사와 따라가는 가축을 먹일 물이 없는지라...(9-11)
- 엘리사가 이스라엘 왕에게 이르되 내가 당신과 무슨 상관이 있나이까 당신의 부친의 선지자들과 당신의 모친의 선지자들에게로 가소서 하니 이스라엘 왕이 그에게 이르되 그렇지 아니하니이다 여호와께서 이 세 왕을 불러 모아 모압의 손에 넘기려 하시나이다 하니라...(13-19)
- 아침에 모압 사람이 일찍이 일어나서 해가 물에 비치므로 맞은편 물이 붉어 피와 같음을 보고...(22-27)

북이스라엘의 왕 여호람은 아합 만큼은 아니지만 여전히 악을 행합니다.(1~3절) 북이스라엘은 유다와 연합하여 자신의 통제에서 벗어나려는 모압을 치러 가는데 군사들이 마실 물이 떨어지는 위기를 만나게 됩니다.(4~9절) 이 상황에서 여호람은 하나님을 원망하지만 여호사밧은 선지자를 찾습니다.(10~12절) 여호람의 형식적인 종교개혁을 질타한 엘리사는 유다의 여호사밧 왕으로 인하여 하나님이 물과 전쟁의 승리를 허락하실 것임을 예언합니다.(13~20절) 모압 왕은 아들을 잡아 제사를 드리는 극단적인 방법까지 동원하며 그들의 신의 도움을 구하나 전세를 뒤집지 못했습니다.(21~27절)

데살로니가후서 3장 : 바울이 게으른 자와 일 만드는 자의 끝을 예언함

- 끝으로 형제들아 너희는 우리를 위하여 기도하기를 주의 말씀이 너희 가운데서와 같이 퍼져 나가 영광스럽게 되고...(1-2)
- 주께서 너희 마음을 인도하여 하나님의 사랑과 그리스도의 인내에 들어가게 하시기를 원하노라...(5-15)

바울은 자신의 사역을 위한 기도를 요청하면서 데살로니가 성도들의 신앙을 위해 기도합니다.(1~5절) 바울은 사도의 가르침을 따르지 않는 자들에게서 떠나며 바울과 동역자들의 본을 따르기를 권합니다.(6~9절) 또한 무질서하게 살면서 교회 일을 한다는 핑계로 섬김을 받는 자들에게 일해서 자기 양식을 먹으라고 명합니다.(10~12절) 선을 행하다가 말씀을 따르지 않는 자들로 인해 낙심하지 말며, 그러한 자를 원수가 아닌 형제로 여기고 진심으로 권면하길 부탁하며 편지를 마무리합니다.(13~18절)

다니엘 7장 : 다니엘이 꿈을 꾸고 그 해석을 들어서 예언함

- 바벨론 벨사살 왕 원년에 다니엘이 그의 침상에서 꿈을 꾸며 머리 속으로 환상을 받고 그 꿈을 기록하며 그 일의 대략을 진술하니라...(1-10)
- 내가 또 밤 환상 중에 보니 인자 같은 이가 하늘 구름을 타고 와서 옛적부터 항상 계신 이에게 나아가 그 앞으로 인도되매...(13-14)
- 그 네 큰 짐승은 세상에 일어날 네 왕이라...(17-27)

다니엘이 바다에서 올라온 네 짐승에 관한 환상을 봅니다.(1~8절) 첫째 사자는 바벨론을, 둘째 곰은 바사(메대 포함)를 상징하며, 셋째 표범은 헬라를, 넷째 쇠로 된 강한 짐승은 로마를 상징합니다. 또한 다니엘은 심판의 책을 펴시고 짐승(=악한 세력)을 심판하시는 거룩하신 하나님을 봅니다.(9~12절) 그리고 인자 같은 이(=그리스도)가 하나님께 권세와 영광을 받으시고 영원히 통치하실 것을 봅니다.(13~14절) 환상으로 인해 번민하는 다니엘에게 천사가 나타나 해석해 줍니다.(15~18절) 큰 짐승은 차례로 바벨론, 바사(메대), 헬라, 로마를 상징하는데 그리스도께서 오실 때 멸망할 것이며 성도들은 영원한 하나님 나라에서 살게 될 것입니다. 특히 넷째 짐승인 로마는 이전의 왕국들보다 더욱 그리스도인을 억압할 예정이지만 예수 그리스도께서 환난 당하는 자의 원한을 풀어 주시고 영원한 나라를 주실 것입니다.(19~27절) 다니엘은 계시를 완전히 이해하지는 못했지만 천사의 해석을 마음에 간직합니다.(28절)

시편 114-115편 : 기자가 여호와를 경외하는 자에게 복을 예언함

- 이스라엘이 애굽에서 나오며 야곱의 집안이 언어가 다른 민족에게서 나올 때에...(114:1-3)
- 그가 반석을 쳐서 못물이 되게 하시며 차돌로 샘물이 되게 하셨도다...(114:8)
- 여호와여 영광을 우리에게 돌리지 마옵소서 우리에게 돌리지 마옵소서 오직 주는...(115:1)
- 오직 우리 하나님은 하늘에 계셔서 원하시는 모든 것을 행하셨나이다(115:3)
- 이스라엘아 여호와를 의지하라 그는 너희의 도움이시요 너희의 방패시로다...(115:9-13)
- 너희는 천지를 지으신 여호와께 복을 받는 자로다(115:15)

(114편) 출애굽 역사가 전반적으로 나타납니다. 이스라엘 백성들의 종교적, 정치적 정체성은 오직 하나님께 있습니다.(1~2절) 시인은 출애굽 역사에서 나타난 하나님의 기적들을 노래합니다.(=홍해와 요단강을 건넌 사건, 3~6절) 시인은 반석에서 물을 내신 하나님을 경외하라고 명합니다.(7~8절)

(115편) 열방 가운데 고난 당하고 있는 공동체의 탄원을 담은 제의 시편으로 여겨집니다. 열방을 다스리시며 인자와 진실이 풍성하신 하나님께 영광을 돌려야 합니다.(1~3절) 그러나 사람이 만든 우상들은 죽은 존재로 철저히 무력하며 우상을 만드는 자 역시 죽은 존재와 같습니다.(4~8절) 참 도움과 방패가 되시며 그를 경외하는 자에게 복을 주시는 하나님만을 의지해야 합니다.(9~15절) 하늘과 땅을 창조하신 하나님이 땅의 모든 것을 누리게 하셨으니 모든 산 자는 여호와를 찬양해야 합니다.(16~18절)

하나님께 인정받는 선한 왕 여호사밧으로 인해 연합군은 승리할 수 있었습니다. 하나님의 은혜를 불러오는 믿음의 사람 되게 하옵소서. 하나님 나라의 영원한 백성임을 기억하며 사도와 믿음의 선진들을 본받아 살아가게 하옵소서.

10/23

본문 열왕기하 4장 | 디모데전서 1장 | 다니엘 8장 | 시편 116편
주제 **감동** (感動, 깊이 느껴 마음이 움직임)

사람의 값은 마음에 있다. 마음이 바르고 선하면 귀한 값이요 그렇지 못하면 천한 값이 된다. 마음을 옳게 쓰고 남을 배려할 때 대부분의 사람은 감동을 받아 그에 상응하는 행동을 하게 된다.

열왕기하 4장 : 수넴 여인의 세심한 배려에 감동 받은 엘리사

- 선지자의 제자들의 아내 중의 한 여인이 엘리사에게 부르짖어 이르되 당신의 종 나의 남편이 이미 죽었는데 당신의 종이 여호와를 경외한 줄은 당신이 아시는 바니이다 이제 빚 준 사람이 와서 나의 두 아이를 데려가 그의 종을 삼고자 하나이다 하니...(1-6)
- 엘리사가 자기 사환에게 이르되 너는 그에게 이르라 네가 이같이 우리를 위하여 세심한 배려를 하는도다 내가 너를 위하여 무엇을 하랴 왕에게나 사령관에게 무슨 구할 것이 있느냐 하니 여인이 이르되 나는 내 백성 중에 거주하나이다 하니라(13)
- 엘리사가 이르되 한 해가 지나 이 때쯤에 네가 아들을 안으리라 하니 여인이 이르되 아니로소이다 내 주 하나님의 사람이여 당신의 계집종을 속이지 마옵소서 하니라...(16-44)

엘리사의 제자였던 남편을 일찍 여의고 빚을 갚지 못해 아들을 종으로 팔아야 할 위기에 놓인 한 여인은 엘리사를 통해 위기를 넘기게 됩니다.(1~7절) 엘리사를 잘 섬기던 수넴 여인은 자녀가 없었으나 엘리사의 예언대로 자녀를 얻게 되었습니다.(8~17절) 그 후 자녀가 병으로 죽게 되었지만 엘리사의 기도로 아이는 다시 살아나게 되었습니다.(18~37절) 제자들이 독성 식물로 끓인 죽을 먹었지만 이를 해독하는 가루를 먹임으로 제자들을 살린 엘리사는 보리떡 20개와 채소 한 자루로 100명이 넘는 사람들이 배불리 먹는 구약판 오병이어의 기적을 일으킵니다.(38~44절) 하나님이 선지자를 통해 먹이시고 치유하시는 모습 속에 예수 그리스도의 사역이 보입니다.

디모데전서 1장 : 괴수인 자신을 사도 삼아 주심에 감동 받은 바울

- 내가 마게도냐로 갈 때에 너를 권하여 에베소에 머물라 한 것은 어떤 사람들을 명하여 다른 교훈을 가르치지 말며...(3-12)
- 우리 주의 은혜가 그리스도 예수 안에 있는 믿음과 사랑과 함께 넘치도록 풍성하였도다...(14-16)
- 아들 디모데야 내가 네게 이 교훈으로써 명하노니 전에 너를 지도한 예언을 따라 그것으로 선한 싸움을 싸우며...(18-19)

바울은 믿음의 참 아들인 디모데에게 편지합니다.(1~2절) 디모데는 에베소 교회가 복음 외에 다른 교훈에 빠지지 않도록 돌보아야 하며, 율법을 잘못 이해하여 변론을 일삼는 자들을 경계하고, 죄를 깨닫게 하며, 구원의 필요성을 알게 하여 영광의 복음으로 이어주는 율법의 순기능을 이해해야 합니다.(3~11절) 하나님은 핍박자 바울에게 구원을 허락하시고 직분을 맡기셨습니다.(12~14절) 바울에게 임한 구원은 십자가에서 오래 참으신 예수 그리스도로 말미암아 모든 믿는 자에게 동일하게 임할 것입니다.(15~17절) 바울은 믿음의 선한

싸움을 싸울 것을 권면합니다.(18~20절)

다니엘 8장 : 가브리엘 천사의 해석에 감동받은 다니엘

- 내가 눈을 들어 본즉 강 가에 두 뿔 가진 숫양이 섰는데 그 두 뿔이 다 길었으며 그 중 한 뿔은 다른 뿔보다 길었고 그 긴 것은 나중에 난 것이더라...(3-14)
- 내가 들은즉 을래 강 두 언덕 사이에서 사람의 목소리가 있어 외쳐 이르되 가브리엘아 이 환상을 이 사람에게 깨닫게 하라 하더니...(16-25)
- 이에 나 다니엘이 지쳐서 여러 날 앓다가 일어나서 왕의 일을 보았느니라 내가 그 환상으로 말미암아 놀랐고 그 뜻을 깨닫는 사람도 없었느니라(27)

다니엘은 을래 강변에서 두 번째 환상인 숫양과 숫염소를 봅니다.(1~14절) 두 뿔을 가진 숫양은 메대와 바사를 의미합니다. 짧은 뿔이 메대, 긴 뿔이 바사를 의미하는데 메대의 뒤를 이은 바사는 바벨론을 멸망시킨 강력한 제국이었습니다. 다니엘은 또 숫염소를 보았습니다. 숫염소는 헬라(=알렉산더 제국)를 의미합니다. 숫염소의 뿔은 알렉산더대왕을 의미하며 큰 뿔이 꺾인 후 나타나는 네 뿔은 알렉산더 사후 갈라진 네 나라를 의미합니다. 네 뿔 중에 하나에서 나오게 된 작은 뿔은 유대인 박해로 유명한 셀류큐스 왕조의 안티오쿠스 4세를 의미합니다.(9~12절) 2300주야에 대한 해석은 다양한데 많은 학자들이 주야를 하루로 계산하여 1150일, 즉 3년 반 정도라고 보고 있습니다. 2300주야는 안티오쿠스 4세가 성소를 짓밟고 유대인을 핍박한 기간입니다. 하나님은 강성한 제국이든 잔혹한 핍박자이든 그들의 시간을 정해 놓으셨습니다. 다니엘이 본 환상에 대하여 천사가 등장하여 그 뜻을 해석해 줍니다.(15~26절) BC 6세기경에 약 400년 후에 나타날 강력한 제국 및 악한 왕의 출현에 관한 환상을 본 다니엘은 그 내용을 이해하기가 쉽지 않았습니다.(27절)

시편 116편 : 주의 은혜에 감동받아 서원을 갚는 시편 기자

- 여호와께서 내 음성과 내 간구를 들으시므로 내가 그를 사랑하는도다...(1-6)
- 주께서 내 영혼을 사망에서, 내 눈을 눈물에서, 내 발을 넘어짐에서 건지셨나이다...(8-10)
- 내게 주신 모든 은혜를 내가 여호와께 무엇으로 보답할까...(12-15)
- 내가 주께 감사제를 드리고 여호와의 이름을 부르리이다...(17-18)

고난에서 건짐을 받은 경험이 있는 시인은 하나님께 감사와 서원을 드립니다. 시인은 하나님을 향한 사랑을 고백하며 평생의 기도를 다짐합니다.(1~2절) 사망과 스올을 언급할 정도로 어려운 상황에서 하나님은 시인을 건지셨습니다.(3~8절) 사람들은 시인은 넘어질 것이라 생각했지만 그는 고난 가운데서도 하나님을 여전히 신뢰하였습니다.(9~11절) 시인은 두 가지 서원을 드리는데 감사의 제의와 여호와께 서원한 것을 지키겠다는 다짐입니다.(12~19절) '경건한 자의 죽음'은 제의 가운데 드려지는 제물의 죽음을 의미합니다. 비록 제물의 죽음이지만 죄인을 대신한 죽음으로 여기는 것입니다.

먹이고 치유하며 생명을 얻게 하는 엘리사의 사역은 예수님이 내게 행하신 일을 생각나게 합니다. 내 영혼을 먹이시고 상처와 아픔을 치유하시며 무엇보다 영원한 생명을 주신 나의 주님을 더욱 사랑합니다. 나라와 민족의 역사를 주관하시는 하나님을 신뢰하며 신실함으로 주의 구원에 응답하게 하옵소서.

10/24

본문 열왕기하 5장 | 디모데전서 2장 | 다니엘 9장 | 시편 117-118편

주제 소식 (消息, 사람의 안부나 일의 형세 따위를 알리는 말이나 글)

하나님은 모든 영혼들에게 좋은 소식을 전해 주신다. 소자나 선지자나 천사나 예수님을 통해서 구원의 기쁜 소식을 주시는 것이다. 믿지 않는 자는 경히 여길 것이요 믿는 자는 찬양과 감사를 돌릴 것이다.

열왕기하 5장 : 나아만이 어린 소녀에게 선지자 소식을 들음

- 아람 왕의 군대 장관 나아만은 그의 주인 앞에서 크고 존귀한 자니 이는 여호와께서 전에 그에게 아람을 구원하게 하셨음이라 그는 큰 용사이나 나병환자더라...(1-4)
- 이스라엘 왕이 그 글을 읽고 자기 옷을 찢으며 이르되 내가 사람을 죽이고 살리는...(7-11)
- 나아만이 이르되 그러면 청하건대 노새 두 마리에 실을 흙을 당신의 종에게 주소서...(17-20)
- 들어가 그의 주인 앞에 서니 엘리사가 이르되 게하시야 네가 어디서 오느냐 하니 대답하되 당신의 종이 아무데도 가지 아니하였나이다 하니라...(25-27)

북이스라엘과 앙숙이었던 아람(=시리아)의 나아만 장군은 나병치료를 위해 아람 왕의 친서를 가지고 직접 이스라엘을 방문합니다.(1~6절) 나아만의 치료 부탁을 침략의 명분을 만들기 위해 술수로 생각한 왕은 분통을 터뜨리는데 엘리사가 나서서 나아만의 병을 고쳐 줍니다.(7~14절) 엘리사는 나아만의 사례를 거절하였는데 탐욕에 눈이 먼 그의 종 게하시가 거짓말로 예물의 일부를 받아 챙겼다가 결국 나병이 걸리는 심판을 받게 되었습니다.(15~27절)

디모데전서 2장 : 이방인이 바울에게 예수 복음의 소식을 들음

- 그러므로 내가 첫째로 권하노니 모든 사람을 위하여 간구와 기도와 도고와 감사를 하되...(1-2)
- 하나님은 모든 사람이 구원을 받으며 진리를 아는 데에 이르기를 원하시느니라...(4-11)
- 아담이 속은 것이 아니고 여자가 속아 죄에 빠졌음이라...(14-15)

바울은 모든 사람이 구원 받고 진리를 알도록 기도하기를 권면합니다.(1~4절) 그는 기도의 의미를 세분화하는데, 간구는 부족한 것을 구하는 것이고, 도고는 타인을 위한 중보기도, 기도는 일반적 의미의 기도를 뜻합니다. 하나님과 사람 사이의 유일한 중보자이신 예수님이 자신을 대속물로 주셨음을 전하기 위해 바울은 복음 증거자가 되었습니다.(5~7절) 바울은 공적 예배 시 태도에 대한 지침을 줍니다.(8~15절) 거룩한 손을 들고 기도하고(고대의 관습), 내·외면을 단정히 해야 합니다. 반인권적으로 보이는 11~15절의 내용은 당시 여성들이 주도적으로 활동하며 가르쳤던 영지주의 집단에 대한 경계에서 나온 지침으로 교회와 사회의 질서를 위한 것임을 이해해야 합니다. 참고로 영지주의자들은 혼인과 자녀 출산의 포기를 가르치는 등 사회적 물의를 일으키는 집단이었습니다.

다니엘 9장 : 기도한 다니엘이 가브리엘에게 소식을 들음

- 메대 족속 아하수에로의 아들 다리오가 갈대아 나라 왕으로 세움을 받던 첫 해...(1-7)

• 그러므로 여호와께서 이 재앙을 간직하여 두셨다가 우리에게 내리게 하셨사오니 우리의 하나님 여호와께서 행하시는 모든 일이 공의로우시나 우리가 그 목소리를 듣지...(14-19)
• 곧 내가 기도할 때에 이전에 환상 중에 본 그 사람 가브리엘이 빨리 날아서 저녁...(21-27)

다니엘은 예레미야서를 읽으면서 70년이 차면 고국으로 돌아간다는 것을 알게 되었습니다.(1~2절) 그는 하나님의 약속을 붙들고 이스라엘 공동체를 위해 기도하는데 그들이 포로가 된 것은 지난날 지은 죄의 결과임을 고백하며 통렬히 자복합니다.(3~14절) 주께서 회개를 받으시고 회복하여 주시길 간구합니다.(15~19절) 다니엘이 자신과 공동체를 위한 회개기도를 시작할 바로 그때에 다니엘에게 지혜와 총명을 부어 주시려고 하나님은 천사를 출발시키십니다.(20~23절) 우리가 기도를 시작하면 하나님이 움직이십니다. 70이레를 문자 그대로 해석하면 490년(=70년×이레(7년))이 되는데 포로기간이 연장된 것으로 이해하시면 됩니다.(24~27절) 70이레가 지나면 허물(=안티오쿠스 4세의 핍박)이 그치고 죄(=안티오쿠스 4세의 성전훼파)가 끝날 것이며, 이스라엘의 죄악이 용서되고, 영원한 의가 드러나며, 환상과 예언이 성취되며, 지극히 거룩한 지성소가 다시 회복될 것입니다.

시편 117-118편 : 여호와께 피하는 자가 구원의 소식을 들음

• 너희 모든 나라들아 여호와를 찬양하며 너희 모든 백성들아 그를 찬송할지어다...(117:1-2)
• 여호와께 감사하라 그는 선하시며 그의 인자하심이 영원함이로다(118:1)
• 이제 여호와를 경외하는 자는 말하기를 그의 인자하심이 영원하다 할지로다...(118:4-9)
• 내가 죽지 않고 살아서 여호와께서 하시는 일을 선포하리로다...(118:17-19)
• 여호와는 하나님이시라 그가 우리에게 빛을 비추셨으니 밧줄로 절기 제물을...(118:27)

(117편) 하나님은 이스라엘 백성뿐 아니라 모든 나라와 족속에게 인자하시고 진실하신 분이십니다. 그러므로 모든 나라와 족속은 하나님의 속성인 인자와 진실을 찬양해야 합니다.
(118편) 두 무리가 서로 화답하며 부르는 제의 시편입니다. 하나님의 인자하심에 대한 선포로 시작합니다.(1~4절) 인자는 '자격 없는 자에게 대가를 바라지 않고 베풀어지는 호의'를 의미하는 것으로 하나님이 당신의 백성들을 대하는 방식입니다. 하나님의 인자하심으로 인해 '하나님이 내 편'이라고 말할 수 있습니다.(5~7절) 권력자나 강대국이 아니라 하나님만이 진정한 피난처가 되시며 피할 바위가 되십니다.(8~13절) 시인은 자신을 노리는 대적들이 많지만 죽지 않고 살아서 하나님의 행사를 선포할 것을 다짐합니다.(14~17절) 하나님이 당신의 백성에게 환난을 허락하시는 것은 연단입니다.(18절) 시인은 성전 문을 '의의 문'으로 선언하며 그리로 들어가서 감사의 제사를 드릴 것을 선언합니다.(19~24절) 비록 자신들이 '버려진 돌' 같은 처지에 있으나 하나님의 인자와 진실하심으로 '머릿돌'로 바뀌어 질 것이라는 믿음을 가지고 있습니다. 22절은 예수 그리스도의 십자가의 죽음과 부활을 의미하는 구절로 그 의미가 확장됩니다. 마지막으로 주의 구원과 형통을 간구하며 주의 선하심과 인자하심의 영원함을 선포하며 마칩니다.(25~29절)

하나님! 탐심으로 인해 신앙과 삶이 무너지지 않기를 결단합니다. 말씀을 통해 내가 기도를 시작할 때부터 하나님이 이미 일하기 시작한다는 진리를 알게 되었습니다. 기도를 포기하지 않게 하옵소서.

10/25

본문 열왕기하 6장 | 디모데전서 3장 | 다니엘 10장 | 시편 119편 1~24절
주제 **직분** (職分, 직무상 마땅히 해야 할 본분)

하나님의 백성은 세상에서 얻지 못하는 영적인 직분을 갖는다. 이 직분은 세상에서 감당하게 되지만 그 영광은 땅에서 얻지 못하고 천국에서 놀라운 것으로 받게 되는 것이다. 직분은 점점 더 무거워야 한다.

열왕기하 6장 : 선지자의 직분을 받은 엘리사의 은사적 사역

- 선지자의 제자들이 엘리사에게 이르되 보소서 우리가 당신과 함께 거주하는 이 곳이 우리에게는 좁으니...(1-2)
- 한 사람이 나무를 벨 때에 쇠도끼가 물에 떨어진지라 이에 외쳐 이르되 아아, 내 주여 이는 빌려온 것이니이다 하니...(5-12)
- 사마리아에 들어갈 때에 엘리사가 이르되 여호와여 이 무리의 눈을 열어서 보게...(20-26)
- 왕이 이르되 사밧의 아들 엘리사의 머리가 오늘 그 몸에 붙어 있으면 하나님이 내게 벌 위에 벌을 내리실지로다 하니라...(31-32)

엘리사는 쇠도끼를 잃고 망연자실한 제자에게 쇠도끼를 되찾아 줍니다.(1~7절) 한편 아람은 엘리사로 인해 북이스라엘과의 전쟁에서 번번이 패하자 엘리사를 사로잡기 위한 작전을 펼칩니다.(8~14절) 그러나 하나님이 도단성을 포위한 아람 군사들의 눈을 멀게 하심으로 또 다시 목적을 이루지 못했습니다.(15~23절) 아람이 또 다시 군사를 일으켜 수도 사마리아를 포위하자 북이스라엘 왕은 하나님을 원망하며 엘리사에게 전쟁의 책임을 지워 죽이려 합니다.(24~33절)

디모데전서 3장 : 감독과 집사의 직분을 받을 자의 기본적 자격

- 미쁘다 이 말이여, 곧 사람이 감독의 직분을 얻으려 함은 선한 일을 사모하는 것이라 함이로다...(1-13)
- 만일 내가 지체하면 너로 하여금 하나님의 집에서 어떻게 행하여야 할지를 알게 하려 함이니 이 집은 살아 계신 하나님의 교회요 진리의 기둥과 터니라(15)

바울은 감독을 권장하고 있는데 당시의 감독은 순수하게 교회를 섬기는 봉사의 직분이었습니다.(1절) 3장은 감독과 집사의 자격에 관한 내용으로 감독이라 함은 당시 여러 가정교회들을 섬기는 지역 교회의 지도자를 말합니다. 감독은 책망할 것이 없어야 하고 한 아내의 남편이며, 절제와 신중함, 단정함을 갖춰야 하며, 무엇보다 당시 난무하는 거짓 교훈에 맞서 성도를 잘 가르칠 수 있어야 합니다.(2~3절) 또한 자기의 집을 잘 다스려야 하고(4~5절) 입교한지 얼마 되지 않은 자는 확실한 신앙검증을 마칠 때까지 배제시키고 불신자에게서도 선한 증거를 가진 사람이어야 합니다.(6~7절) 남자 집사의 경우도 감독의 기준에 버금가는 기준을 제시하고 있는데 직분을 성실하게 잘 수행하면 하나님이 인정하시는 자리를 얻게 되고 내면에 확신이 넘칠 것입니다.(8~13절) 교회는 살아계신 하나님의 집이며 진리의 기둥과 터로서 영광의 그리스도를 높이는 공동체입니다.(14~16절)

다니엘 10장 : 환상을 깨닫고 증거하는 직분을 받은 다니엘

- 바사 왕 고레스 제삼년에 한 일이 벨드사살이라 이름한 다니엘에게 나타났는데 그 일이 참되니 곧 큰 전쟁에 관한 것이라 다니엘이 그 일을 분명히 알았고 그 환상을 깨달으니라...(1-3)
- 그러므로 나만 홀로 있어서 이 큰 환상을 볼 때에 내 몸에 힘이 빠졌고 나의 아름다운...(8-14)
- 인자와 같은 이가 있어 내 입술을 만진지라 내가 곧 입을 열어 내 앞에 서 있는...(16-20)

노년의 다니엘이 힛데겔(=티그리스) 강가에서 환상을 봅니다.(1절) 고레스 3년은 포로생활 69년째가 되는 해로서 70년 포로생활의 끝이 보이는 시기입니다. 다니엘은 21일(=세 이레)간 금식기도를 했는데 21일은 다니엘이 임의로 정한 기간이라기보다 기도응답이 이루어지기까지의 기간으로 판단됩니다.(2~3절) 다니엘이 환상 가운데 보게 된 세마포 옷을 입은 빛나는 존재는 예수 그리스도입니다.(4~9절) 천사 가브리엘은 다니엘에게 '네가 하나님 앞에서 스스로 겸비하여 기도할 때 하나님이 바로 응답하셨지만 바사의 군주가 21일 동안 자신을 막았다'라고 말합니다.(10~14절) 즉 악한 영이 응답을 지연시킨 것입니다. 그러나 어떤 존재도 하나님의 응답을 막을 수 없습니다. 하나님은 두렵고 놀라운 환상을 감당할 수 없어 힘을 잃은 다니엘을 천사를 통해 다시 일으키십니다.(15~19절) 마지막으로 천사는 바사와 헬라의 수호천사와 전쟁을 수행할 것이라고 말하는데 이는 바사와 헬라의 멸망을 암시합니다.(20~21절)

시편 119편 1~24절 : 왕의 직분을 받은 자의 말씀중심적 신앙생활

- 행위가 온전하여 여호와의 율법을 따라 행하는 자들은 복이 있음이여...(1-2)
- 주께서 명령하사 주의 법도를 잘 지키게 하셨나이다(4)
- 내가 주의 율례들을 지키오리니 나를 아주 버리지 마옵소서...(8-11)
- 내가 모든 재물을 즐거워함 같이 주의 증거들의 도를 즐거워하였나이다...(14-16)
- 주의 규례들을 항상 사모함으로 내 마음이 상하나이다(20)
- 내가 주의 교훈들을 지켰사오니 비방과 멸시를 내게서 떠나게 하소서...(22-24)

시편 119편은 하나님의 말씀에 대한 찬가로서 시편 1편과 함께 대표적인 토라(=율법)시로 알려져 있습니다. 또한 가장 정교한 구조로 짜여진 알파벳 시로써 하나의 알파벳이 8구절 연속 첫 자음으로 등장합니다.(히브리어는 총 22개 자음으로 구성, 22자음 × 8절 = 176절) 119편에서는 하나님의 말씀이 율법, 증거, 법도들, 율례들, 계명, 규례들, 말씀 등 다양하게 표현되고 있습니다. 참된 복의 기준인 말씀을 지켜 행하는 자가 복이 있습니다.(1~6절) 죄의 유혹을 이기고 행실을 바르게 하기 위해서는 주의 말씀을 마음에 두어야 합니다.(7~16절) 말씀은 삶을 깨끗하게 만듭니다. 나그네 인생이기에 영원한 주의 말씀을 열렬히 사모하며, 말씀을 나의 즐거움과 충고로 삼아야 합니다.

하나님! 그리스도인으로서 내·외적 증거를 보이는 삶을 살게 하시고, 항상 하나님의 말씀을 마음에 두고 판단하게 하옵소서. 치열한 영적 전쟁에서 승리하게 하시고 영적 세계에 대한 바른 지식을 갖게 하옵소서.

10/26

본문 열왕기하 7장 | 디모데전서 4장 | 다니엘 11장 | 시편 119편 25~48절

주제 **양심** (良心, 어떤 행위에 대한 참과 거짓, 선과 악을 구별하는 도덕적 의식이나 마음씨)

양심은 하나님이 사람에게 주신 내적 법원이다. 율법이 있기 전부터 선과 악을 분별하게 하는 기준이다. 양심적으로 행동하면 옳고 참된 것, 비양심적으로 행동하면 거짓된 것이 된다. 양심이 죽으면 죄를 낳는다.

열왕기하 7장 : 나병환자 네 사람의 동족을 생각하는 양심

- 엘리사가 이르되 여호와의 말씀을 들을지어다 여호와께서 이르시되 내일 이맘때에 사마리아 성문에서 고운 밀가루 한 스아를 한 세겔로 매매하고 보리 두 스아를 한 세겔로 매매하리라 하셨느니라...(1-10)
- 그들이 병거 둘과 그 말들을 취한지라 왕이 아람 군대 뒤로 보내며 가서 정탐하라 하였더니...(14-17)

엘리사는 아람군대에 의해 수도 사마리아가 포위된 상황에서 내일이면 일상이 회복된다고 예언하지만 무시당합니다.(1~2절) 결국 굶주림을 견디다 못해 적진으로 들어갔던 나병환자들에 의해 아람군대의 퇴각소식이 전해졌습니다.(3~10절) 아람군은 하나님이 들려준 병거와 마병 소리에 겁을 먹고 퇴각한 것입니다. 그런데 엘리사의 예언과 나병환자들의 현장 보고에도 불구하고 왕은 쉽게 믿지 않습니다. 그들이 급히 퇴각하느라 식량을 포함한 전쟁 물자를 다 버려두고 감으로써 이스라엘의 경제상황은 하루 만에 좋아졌습니다. 하나님이 말씀하신 대로 이루신 것입니다.

디모데전서 4장 : 미혹하는 영을 따르는 자의 화인 맞은 양심

- 그러나 성령이 밝히 말씀하시기를 후일에 어떤 사람들이 믿음에서 떠나 미혹하는 영과 귀신의 가르침을 따르리라 하셨으니...(1-8)
- 이를 위하여 우리가 수고하고 힘쓰는 것은 우리 소망을 살아 계신 하나님께 둠이니 곧 모든 사람 특히 믿는 자들의 구주시라(10)
- 누구든지 네 연소함을 업신여기지 못하게 하고 오직 말과 행실과 사랑과 믿음과 정절에 있어서 믿는 자에게 본이 되어...(12-15)

종말이 가까울수록 거짓과 미혹의 영이 더욱 활개를 칠 것입니다.(1~2절) 바울이 경고하는 거짓 교사들의 가르침은 잘못된 금욕주의에 관한 것입니다.(3~5절) 그들은 혼인 금지 및 출산 포기와 같은 영지주의적인 가르침과 특정 음식에 대한 금지, 구약의 정결법 준수와 같은 잘못된 금욕적 가르침을 강요했습니다. 하나님 지으신 모든 것은 선하기에 감사함으로 받으면 버릴 것이 없습니다. 거룩은 혼인금지, 특정 음식 섭취 금지 등을 통해 이루는 것이 아닙니다. 반면 참된 경건은 망령되고 허탄한 신화(=잘못된 가르침)을 버리고 오직 말씀과 기도로 거룩해지는 것입니다.(6~11절) 거짓 교사들의 교회 침투를 막는 비결은 지도자인 디모데가 말과 행실과 사랑과 믿음과 정절에 본이 되는 것과 사명(=읽는 것과 권하는 것과 가르치는 것)에 전념하는 것입니다.(12~16절)

다니엘 11장 : 남방, 북방 침략을 일삼는 왕들의 거짓된 양심

- 내가 또 메대 사람 다리오 원년에 일어나 그를 도와서 그를 강하게 한 일이 있었느니라...(1-8)
- 그러나 그의 아들들이 전쟁을 준비하고 심히 많은 군대를 모아서 물이 넘침 같이...(10-19)
- 또 그의 왕위를 이을 자는 한 비천한 사람이라 나라의 영광을 그에게 주지 아니할...(21-28)
- 그 대신에 강한 신을 공경할 것이요 또 그의 조상들이 알지 못하던 신에게 금 은...(38-41)
- 그가 권세로 애굽의 금 은과 모든 보물을 차지할 것이요 리비아 사람과 구스 사람이...(43-45)

천사 가브리엘은 유다 백성의 귀환을 위한 영적 전투를 벌이는 천사 미가엘을 도왔습니다.(1절) 1절은 하나님의 계획을 실행하는 천사에 관한 기록입니다. B.C. 5세기 사람인 다니엘은 메대&바사의 멸망, 헬라 제국의 흥망성쇠, 로마의 등장과 종말까지 보게 됩니다. 페르시아의 넷째 왕 아하수에로(=크세르크세스)는 헬라(=그리스)를 쳤다가 실패하였으며, 훗날 바사는 능력 있는 한 왕(=알렉산더)에 의해 패망하였고, 알렉산더 제국 역시 네 나라로 갈라지게 됩니다.(2~4절) 그중 북방 왕조(=셀류큐스 왕조, 시리아지역)와 남방 왕조(=프톨레미 왕조, 이집트지역)는 계속 전쟁을 하게 됩니다.(5~19절) 북방 왕조는 안티오쿠스 3세의 아들 셀류쿠스 4세가 등극하나 압제자(=재무장관 헬리오도루스)에 의해 살해되었고, 한 비천한 사람(=안티오쿠스 4세)이 속임수로 조카로부터 왕위를 찬탈하게 됩니다.(20~24절) 수차례 이집트 원정을 단행한 안티오쿠스 4세는 성전에서 제우스에게 돼지를 제물로 바치는 패역한 행위를 저지름으로써 유대인들의 분노를 사게 됩니다.(25~31절) 이에 유대인들은 안티오쿠스 4세에 반대하여 혁명을 일으키고 이 과정에서 많은 사람들이 희생됩니다.(32~35절) 스스로 신보다 크다고 선언한 안티오쿠스 4세는 한때 남방 왕조를 굴복시키는 등 세력을 떨쳤으나 결국 그를 돕는 자 하나 없이 종말을 맞게 될 것입니다.(36~45절)

시편 119편 25~48절 : 주의 율례, 규례, 계명을 지키겠다는 고백적 양심

- 내 영혼이 진토에 붙었사오니 주의 말씀대로 나를 살아나게 하소서...(25-29)
- 나로 하여금 깨닫게 하여 주소서 내가 주의 법을 준행하며 전심으로 지키리이다(34)
- 내가 두려워하는 비방을 내게서 떠나게 하소서 주의 규례들은 선하심이니이다(39)
- 여호와여 주의 말씀대로 주의 인자하심과 주의 구원을 내게 임하게 하소서...(41-42)
- 또 왕들 앞에서 주의 교훈들을 말할 때에 수치를 당하지 아니하겠사오며...(46-48)

현재 시인은 절박한 상황 가운데 놓여 있습니다.(내 영혼이 진토에 붙었사오니(25절), 나의 영혼이 눌림으로(28절)) 고난의 상황에서 시인은 다시 주의 율례를 가르쳐 주시고 말씀으로 다시 세워 주시면 즐거이 계명들의 길로 나아가며 전심으로 계명을 행할 것을 다짐합니다.(25~35절) 더 나아가 자신의 마음이 탐욕과 허탄한 것으로 나아가지 않게 하시고 주의 의로 살아나며 진리의 말씀에서 떠나지 않고 항상 주의 율례를 가까이하며 묵상할 것을 다짐합니다.(36~48절)

성 밖으로 쫓겨나 살고 있던 나병환자들이 엘리사의 예언이 성취된 것을 가장 먼저 확인했습니다. 어린아이와 같은 내게 말씀의 비밀을 깨닫게 하신 은혜를 감사드립니다. 역사를 주관하시는 하나님과 진리의 말씀을 신뢰하며 잘 지켜 행하게 하옵소서.

10/27

본문 열왕기하 8장 | 디모데전서 5장 | 다니엘 12장 | 시편 119편 49~72절
주제 **선대** (善待, 선하고 유익하게 대우함)

하나님은 예수 그리스도 안에서 죄인을 선대하신다. 그러므로 믿는 자들도 성령 안에서 죄인들을 선대해야 한다. 작게는 의식주 영역에서, 크게는 영적 구원과 사역의 영역에서 선대해야 한다.

열왕기하 8장 : 돌아와 집과 전토를 호소한 수넴 여인을 선대

- 엘리사가 이전에 아들을 다시 살려 준 여인에게 이르되 너는 일어나서 네 가족과...(1-6)
- 왕이 하사엘에게 이르되 너는 손에 예물을 가지고 가서 하나님의 사람을 맞이하고...(8-16)
- 그가 이스라엘 왕들의 길을 가서 아합의 집과 같이 하였으니 이는 아합의 딸이 그의 아내가 되었음이라 그가 여호와 보시기에 악을 행하였으나(18)
- 이스라엘의 왕 아합의 아들 요람 제십이년에 유다 왕 여호람의 아들 아하시야가...(25-29)

엘리사는 전에 아들을 살려 주었던 수넴 여인에게 기근을 피해 다른 지역으로 이주하라고 권고합니다.(1~2절) 여인은 기근을 피해 7년 동안 블레셋에서 살다가 돌아왔는데 자기 집과 땅을 잃을 위기에 처하게 되자 왕에게 이 문제를 호소하러 갑니다.(3절) 그 시각 왕은 엘리사의 종 게하시를 통해 엘리사가 행한 많은 일들에 대한 설명을 듣게 되는데 그중 수넴 여인에 관한 이야기도 있었습니다.(4절) 왕이 수넴 여인과 관련된 이야기를 듣던 중 실제 당사자가 나타나 자신은 지금 집과 땅을 잃어버릴 위기에 놓여 있다고 말합니다.(5절) 왕은 전담 관리를 지정하여 여인의 문제를 해결하라고 지시합니다.(6절) 병든 아람 왕 벤하닷은 자신의 거취에 대해 자신의 심복 하사엘을 엘리사에게 보내 묻게 하는데 엘리사는 하사엘의 반역과 하사엘로 인해 겪게 될 이스라엘의 고초를 미리 예견합니다.(7~15절) 유다 왕 여호람은 불순종의 길을 걸었지만 하나님은 다윗을 기억하사 진노의 심판을 내리시지 않으십니다.(16~24절) 여호람의 뒤를 이은 아하시야 역시 악한 길을 걷습니다.(25~29절)

디모데전서 5장 : 늙은이와 참 과부와 잘 다스리는 장로를 선대

- 늙은이를 꾸짖지 말고 권하되 아버지에게 하듯 하며 젊은이에게는 형제에게 하듯 하고...(1-2)
- 참 과부로서 외로운 자는 하나님께 소망을 두어 주야로 항상 간구와 기도를 하거니와...(5-6)
- 누구든지 자기 친족 특히 자기 가족을 돌보지 아니하면 믿음을 배반한 자요...(8-11)
- 범죄한 자들을 모든 사람 앞에서 꾸짖어 나머지 사람들로 두려워하게 하라...(20-23)
- 이와 같이 선행도 밝히 드러나고 그렇지 아니한 것도 숨길 수 없느니라(25)

바울은 젊은 사역자인 디모데가 다양한 성도들을 어떻게 대해야 할지에 대해 충고합니다.(1~2절) 특히 교회의 주된 돌봄의 대상인 과부에 대하여 상세한 지침을 주는데 돌봄의 대상은 도움받을 곳이 전혀 없는 참 과부이며 자녀나 손자가 있는 과부는 일단 제외됩니다.(3~16절) 만약 과부를 친족으로 둔 신자가 부양의 의무를 소홀히 여긴다면 그는 불신자보다 더 악한 자입니다. 자신의 친족에 대한 부양의 의무를 교회 공동체에 지워서는 안 됩니다. 참 과부는 60세 이상의 사별한 자이며 선행의 증거를 가진 자입니다. 한편 젊은 과부는 참

과부의 명부에 등재하지 말고 재혼하여 가정에서 의무를 다하는 편이 낫다고 판단합니다. 이어 장로에 대한 목회지침과 디모데에게 주는 개인적인 권면이 등장합니다.(17~22절) 장로는 가정교회 안에서 신앙공동체를 섬기는 자들을 말합니다. 잘 다스리는 장로를 존경하고 충분한 사례를 해야 합니다. 또한 장로에 대한 고발은 두세 증인이 있는 경우에 한해서 신중하게 하며 장로 안수 및 임명에도 신중을 기해야 합니다. 마지막으로 위장병에 걸린 디모데에 대한 개인적인 충고와 함께 하나님 앞에 죄와 선행 모두 숨길 수 없음을 기억할 것을 강조합니다.(23~25절)

다니엘 12장 : 많은 사람을 옳은 데로 돌아오게 한 자를 선대

- 그 때에 네 민족을 호위하는 큰 군주 미가엘이 일어날 것이요 또 환난이 있으리니 이는 개국 이래로 그 때까지 없던 환난일 것이며 그 때에 네 백성 중 책에 기록된 모든 자가...(1-7)
- 많은 사람이 연단을 받아 스스로 정결하게 하며 희게 할 것이나 악한 사람은 악을...(10-12)

12장은 '힛데겔 환상'의 마지막 부분이자 다니엘서의 결론부분입니다. 종말이 오면 지금까지 없었던 큰 환난과 함께 하나님의 심판이 임하게 될 것이며 생명책에 기록된 자와 많은 사람을 옳은 데로 인도한 자는 별과 같이 빛나게 될 것입니다.(1~3절) 하나님은 종말의 관한 예언을 잘 간수하고 봉하라고 명하십니다.(4절) 다니엘서는 종말의 시기에 관한 질문(이 놀라운 일의 끝, 이 놀라운 일의 결국)과 이에 대한 대답(한 때 두 때 반 때)에 관한 내용으로 끝납니다.(5~13절) 천사는 다시 한번 '마지막 때까지 이 말을 간직하고 봉함하라'고 명합니다. 예언의 말씀, 진리의 말씀을 끝까지 지키고 붙잡으라는 의미입니다.

시편 119편 49~72절 : 주의 말씀을 기억하고 지키는 주의 종을 선대

- 주의 종에게 하신 말씀을 기억하소서 주께서 내게 소망을 가지게 하셨나이다...(49-51)
- 내가 나그네 된 집에서 주의 율례들이 나의 노래가 되었나이다(54)
- 주의 계명들을 지키기에 신속히 하고 지체하지 아니하였나이다(60)
- 여호와여 주의 말씀대로 주의 종을 선대하셨나이다(65)
- 그들의 마음은 살져서 기름덩이 같으나 나는 주의 법을 즐거워하나이다...(70-72)

시인은 하나님의 약속의 말씀으로 인해 고난 중에 위로를 받았고, 소망을 잃지 않았으며, 그의 삶이 다시 살아나는 것을 경험했습니다.(49~56절) 시인은 주의 법을 지키는 것이 곧 자신의 소유(재산)라고 고백합니다. 여호와는 나의 분깃(=분배받은 땅)이라는 고백은 본래 성전에서 하나님을 섬기는 일에 전념하도록 부름받은 레위인들의 고백입니다. 여호와는 시인의 분깃이기에 그는 주의 계명을 지키기에 신속했으며, 악한 자들로 인해 곤경에 처했어도 주의 법을 잊지 않았고, 주의 법도를 지키는 자들의 친구가 되기를 다짐합니다.(57~64절) 시인은 고난으로 인해 잘못된 길에서 돌아와 말씀을 배우며 지킬 수 있었음을 상기하며 고난의 유익을 고백합니다. 그는 고난을 통해 주의 법을 사랑하게 되었습니다. 천금보다 주의 법이 더욱 귀합니다.

하나님! 수넴 여인과 같이 연약한 나를 지속적으로 돌보아 주신 은혜에 감사드립니다. 나의 분깃이 되시는 하나님의 말씀을 끝까지 붙들고 살아가게 하시고 고난 중에도 말씀에서 오는 힘과 위로를 경험하게 하옵소서. 내가 속한 교회 공동체가 사랑과 은혜, 질서로 더욱 강건하게 세워지게 하옵소서.

10/28

본문 열왕기하 9장 | 디모데전서 6장 | 호세아 1장 | 시편 119편 73~96절
주제 **까닭** (어떤 일이나 현상의 원인, 이유 또는 조건)

모든 일에는 까닭이 있다. 이유가 있기에 결과가 생긴다. 악과 불법을 행한 왕은 그 위치만큼 큰 심판을 받고, 거룩한 싸움을 싸운 자는 상을 받으며, 소명자는 자신의 모든 삶을 행위계시로 사용하게 된다.

열왕기하 9장 : 유다와 이스라엘 왕들이 처참하게 죽는 까닭

- 선지자 엘리사가 선지자의 제자 중 하나를 불러 이르되 너는 허리를 동이고 이 기름병을 손에 가지고 길르앗 라못으로 가라...(1-3)
- 이스르엘 지방에서 개들이 이세벨을 먹으리니 그를 장사할 사람이 없으리라 하셨느니라 하고 곧 문을 열고 도망하니라(10)
- 무리가 이르되 당치 아니한 말이라 청하건대 그대는 우리에게 이르라 하니 대답하되 그가 이리 이리 내게 말하여 이르기를 여호와의 말씀이 내가 네게 기름을 부어...(12-17)
- 유다의 왕 아하시야가 이를 보고 정원의 정자 길로 도망하니 예후가 그 뒤를 쫓아가며 이르되 그도 병거 가운데서 죽이라 하매 이블르암 가까운 구르 비탈에서 치니 그가 므깃도까지 도망하여 거기서 죽은지라(27)

엘리사는 하나님의 뜻에 따라 하사엘을 아람의 왕으로, 제자를 보내어 예후를 이스라엘의 왕으로 세웁니다.(1~13절) 왕이 될 명분을 얻은 예후는 아람과의 전쟁에서 부상을 입어 요양 중에 있는 요람을 죽이고 북이스라엘의 왕이 됩니다.(14~26절) 이로써 하나님은 오므리 가문에 대한 심판을 단행하셨습니다. 때마침 요람의 병문안을 위해 북이스라엘을 방문 중인 남유다 왕 아하시야 역시 쿠데타를 일으킨 예후의 칼날을 피하지 못했으며, 특히 이스라엘 백성들로 하여금 하나님을 떠나게 만든 원흉인 이세벨은 비참하게 최후를 맞게 됩니다.(27~37절)

디모데전서 6장 : 디모데가 믿음의 선한 싸움을 싸워야 할 까닭

- 믿는 상전이 있는 자들은 그 상전을 형제라고 가볍게 여기지 말고 더 잘 섬기게 하라 이는 유익을 받는 자들이 믿는 자요 사랑을 받는 자임이라 너는 이것들을 가르치고 권하라...(2-8)
- 돈을 사랑함이 일만 악의 뿌리가 되나니 이것을 탐내는 자들은 미혹을 받아 믿음에서 떠나 많은 근심으로써 자기를 찔렀도다...(10-12)
- 우리 주 예수 그리스도께서 나타나실 때까지 흠도 없고 책망 받을 것도 없이 이 명령을 지키라...(14-19)

바울은 그리스도인 종들에게 육신의 상전을 같은 그리스도인이라 해서 가볍게 대하지 말고 오히려 더 잘 섬겨야 한다고 권면합니다.(1~2절) 투기와 분쟁, 비방을 불러오는 거짓 교훈에 유의하고, 경건에 큰 유익이 있는 자족하는 마음을 가져야 합니다.(3~10절) 먹을 것과 입을 것이 있음에 감사하며 돈에 대한 유혹을 이겨야 합니다. 돈은 일만 악의 뿌리입니다. 바울은

마지막으로 교회의 지도자들에게는 목회적 교훈을(11~16절), 부자들에게는 탐욕에 대한 경고와 재물의 바른 사용에 관한 권면을(17~19절), 디모데에게는 거짓 교훈에 대한 분별과 진리 사수를 강조합니다.(20~21절)

호세아 1장 : 호세아가 음란한 여자를 맞이해야 하는 까닭

- 웃시야와 요담과 아하스와 히스기야가 이어 유다 왕이 된 시대 곧 요아스의 아들 여로보암이 이스라엘 왕이 된 시대에 브에리의 아들 호세아에게 임한 여호와의 말씀이라 여호와께서 처음 호세아에게 말씀하실 때 여호와께서 호세아에게 이르시되...(1-11)

북이스라엘은 여로보암(2세)때에 경제적 호황을 누렸으나 영적, 도덕적으로는 매우 부패했습니다. 특히 금송아지, 바알 숭배 등 하나님이 가증히 여기시는 일들이 빈번하게 일어났습니다. 이 시기에 하나님은 호세아를 불러 '음란한 여인을 통해 음란한 자식을 낳으라'는 기괴한 명령을 내려 이스라엘의 심각한 영적 타락의 실태를 드러내십니다.(1~2절) 하나님의 부르심과 명령에 순종한 호세아는 음란한 여인 고멜과 혼인하여 세 자녀를 낳았는데 하나님은 자녀들의 이름을 직접 지어 주셨습니다.(3~9절) 이스르엘(=하나님이 심판하셔서 흩으실 것임), 로루하마(=그들을 긍휼이 여기지 않음), 로암미(=그들은 내 백성이 아님)라는 이름에는 이스라엘을 반드시 심판하시겠다는 의지가 담겨 있습니다. 그러나 심판과 함께 구원과 회복의 메시지도 함께 선포됩니다.(7,10절)

시편 119편 73~96절 : 시편 기자가 주 여호와의 말씀을 바라는 까닭

- 주의 손이 나를 만들고 세우셨사오니 내가 깨달아 주의 계명들을 배우게 하소서...(73-74)
- 주를 경외하는 자들이 내게 돌아오게 하소서 그리하시면 그들이 주의 증거들을 알리이다(79)
- 주의 모든 계명들은 신실하니이다 그들이 이유 없이 나를 핍박하오니 나를...(86-88)
- 천지가 주의 규례들대로 오늘까지 있음은 만물이 주의 종이 된 까닭이니이다...(91-94)
- 내가 보니 모든 완전한 것이 다 끝이 있어도 주의 계명들은 심히 넓으니이다(96)

시인은 자신의 인생을 만드시며 세우시는 주의 계명을 배우게 해 달라고 간구합니다.(73절) 또한 자신이 하나님의 말씀으로 고난을 이겨 나가는 것을 통해 다른 이들이 기뻐하며 신앙 공동체로 돌아오게 해달라고 기도합니다.(74~80절) 그러나 시인은 현재 매우 지쳐 있습니다.(81~88절) 연기속의 가죽 부대란 가죽을 훈제하여 오그라든 상태를 말하는 것인데, 사람을 하나님의 영혼을 담은 가죽 부대로 비유하면서 더 이상 영혼을 담을 수 없을 정도로 오그라져 있는 상태, 심히 병든 상태를 의미합니다.(83절) 대적들이 여전히 핍박하는 상황에서 그는 주의 교훈을 지키겠다고 다짐합니다. 하나님 말씀의 영원함과 하나님의 성실하심, 천지를 운행하시는 하나님의 주권과 섭리가 지금까지 시인을 살아가게 한 원동력입니다.(89~96절)

오늘 말씀을 통해 심판 중에도 긍휼을 잊지 않으시는 하나님을 봅니다. 현재 내가 누리는 것에 자족하는 마음을 갖게 하시고 탐심을 물리치게 하옵소서. 무엇보다 하나님의 말씀으로 고난을 이겨 나감으로써 신앙의 동료들과 이웃들이 주께로 돌아오게 하옵소서.

10/29

본문 열왕기하 10장 | 디모데후서 1장 | 호세아 2장 | 시편 119편 97~120절
주제 **열심** (熱心, 어떤 일에 온 마음과 정성을 다하여 골똘하게 힘씀)

열심은 하나님이 인간에게 준 놀라운 능력이요 무기다. 열심을 통해 하나님의 뜻을 이루고, 널리 복음을 전파하며, 선지자의 사명을 완수하고, 주의 말씀을 따라 살므로 가장 가치있는 인생을 살게 된다.

열왕기하 10장 : 예후 왕이 열심을 다해 아합 집을 심판함

- 아합의 아들 칠십 명이 사마리아에 있는지라 예후가 편지들을 써서 사마리아에 보내서...(1-7)
- 그런즉 이제 너희는 알라 곧 여호와께서 아합의 집에 대하여 하신 말씀은 하나도...(10-11)
- 그러므로 내가 이제 큰 제사를 바알에게 드리고자 하노니 바알의 모든 선지자와 모든 섬기는 자와 모든 제사장들을 한 사람도 빠뜨리지 말고 불러 내게로 나아오게 하라...(19-30)
- 예후가 그의 조상들과 함께 자매 사마리아에 장사되고 그의 아들 여호아하스가 그를 대신하여 왕이 되니라(35)

사마리아의 지도층을 자신의 편으로 끌어들인 예후는 그들을 통해 아합의 아들 70명을 제거합니다.(1~11절) 이스르엘에서 북이스라엘 왕 요람과 남유다 왕 아하시야를 한번에 죽인 예후는 아하시야를 만나러 가던 아하시야의 친족도 죽이고, 아합 가문의 남은 자와 바알 선지자까지 모두 숙청합니다.(12~27절) 예후는 바알 종교를 심판했다는 긍정적인 평가를 받지만 여로보암의 죄에서 떠나지 않았고 여호와의 율법을 행하지 않았다는 부정적 평가도 받습니다.(28~31절) 북이스라엘은 점점 쇠퇴합니다.(32~36절)

디모데후서 1장 : 바울과 디모데가 열심을 다해 복음을 전함

- 내가 밤낮 간구하는 가운데 쉬지 않고 너를 생각하여 청결한 양심으로 조상적부터 섬겨 오는 하나님께 감사하고...(3-9)
- 내가 이 복음을 위하여 선포자와 사도와 교사로 세우심을 입었노라(11)
- 너는 그리스도 예수 안에 있는 믿음과 사랑으로써 내게 들은 바 바른 말을 본받아...(13-14)

사도 바울은 복음전파를 위해 충성을 다하는 사랑하는 영적 아들인 디모데에게 편지합니다.(1~2절) '네 눈물'이라는 표현에서 디모데가 겪고 있는 고난을 읽어낼 수 있습니다. 외조모와 어머니를 통해 디모데는 참된 믿음의 소유자가 되었습니다.(3~5절) 바울은 디모데가 고난 가운데 위축되지 않도록 목회자로 안수 받을 때 부어주신 은사와 능력, 사랑과 절제하는 마음(=신중한 판단력)을 상기시킵니다.(6~8절) 두려워하는 마음은 소심함을 뜻합니다. 소심함은 하나님이 주시는 마음이 아니며 성령님이 그를 주장하실 때 능력과 사랑과 판단력을 회복할 것입니다. 디모데후서를 쓸 당시 바울은 사형수였으며 디모데가 목회하는 에베소교회는 핍박으로 인해 성도들이 이탈하고 있었습니다. 바울은 복음의 능력을 강조하며 디모데가 교회에 닥친 어려움에 굴하지 않고 복음 전파의 사명을 계속 이어가길 촉구합니다.(9~14절) 핍박이 두려워 복음에서 떠난 자도 있지만 끝까지 사명을 감당하는 오네시보로와 같은 동역자도 있습니다.(15~18절)

호세아 2장 : 호세아가 열심을 다해 이스라엘 심판을 예언함

- 너희 어머니와 논쟁하고 논쟁하라 그는 내 아내가 아니요 나는 그의 남편이 아니라 그가 그의 얼굴에서 음란을 제하게 하고 그 유방 사이에서 음행을 제하게 하라...(2-9)
- 내가 그의 모든 희락과 절기와 월삭과 안식일과 모든 명절을 폐하겠고...(11-17)
- 내가 네게 장가 들어 영원히 살되 공의와 정의와 은총과 긍휼히 여김으로...(19-21)

하나님은 심판의 메시지를 선포하시는 중에 로암미(내 백성이 아님)에서 암미(내 백성임)로, 로루하마(긍휼히 여기지 않음)에서 루하마(긍휼히 여김)로 바꾸어 부를 것을 명하십니다.(1절) 남편(=하나님)은 자녀들(=이스라엘의 백성)에게 결혼언약 관계를 파기한 어머니(=이스라엘 국가)와 논쟁하라고 명령하면서 아내에게는 음행을 그치지 않을 경우 벌거벗게 될 것이라고 말합니다.(3~5절) 벌거벗는다는 것은 이방 민족에 의해 유린당하는 것, 곧 심판을 의미합니다. 그러나 하나님은 절대로 아내(=이스라엘)를 포기하지 않을 것이며 그 마음을 반드시 돌이키겠다고 다짐합니다.(6~7절) 이를 위하여 하나님이 주신 은혜와 복을 바알이 준 것이라고 말하는 이스라엘의 명절을 폐하시고 땅과 수목을 황폐하게 하실 것입니다.(8~13절) 하나님의 분노는 더 큰 사랑이 되어 징계 후 이스라엘을 거친 들로 데려가십니다. 거친 들(=광야)은 출애굽한 이스라엘이 하나님과 신혼을 보낸 장소로서 하나님은 음행을 거듭하는 자격 없는 이스라엘과의 혼인관계(=언약관계)를 더욱 공고히 하심으로 깨어진 관계를 다시 회복하실 것입니다.(14~23절) 3번이나 반복되는 "내가 네게 장가들어"(19~20절)라는 표현에서 하나님의 강력한 의지를 엿볼 수 있습니다.

시편 119편 97~120절 : 시편 기자가 열심을 다해 주의 법도를 따름

- 주의 계명들이 항상 나와 함께 하므로 그것들이 나를 원수보다 지혜롭게 하나이다...(98-101)
- 나의 생명이 항상 위기에 있사오나 나는 주의 법을 잊지 아니하나이다...(109-111)
- 너희 행악자들이여 나를 떠날지어다 나는 내 하나님의 계명들을 지키리로다(115)
- 나를 붙드소서 그리하시면 내가 구원을 얻고 주의 율례들에 항상 주의하리이다(117)
- 주께서 세상의 모든 악인들을 찌꺼기 같이 버리시니 그러므로 내가 주의 증거들을 사랑하나이다(119)

시인은 주의 법을 사랑하여 온종일 읊조립니다. 시인이 늘 사랑하고, 가까이하며, 묵상하고, 지켜 행한 말씀이 시인을 지혜롭게 만들어 주었습니다.(97~104절) 103절의 '말씀이 달다'는 미각적인 표현의 의미는 말씀이 어떤 문제든 어려움 없이 풀어 준다는 의미입니다. 지혜와 명철이 말씀으로부터 나오기 때문입니다. 시인은 인생의 등이요 빛인 주의 말씀을 더욱 지켜 행하기를 맹세하며 특히 위기에서도 주의 법을 잊지 않을 것을 결단합니다.(105~112절) 시인은 두 마음을 품지 않으며, 악한 자를 멀리하고, 주의 법을 떠나지 않겠다고 다짐하는데 하나님이 선악간의 모든 것을 판단하시고 심판하시는 분임을 확실히 믿을 때 말씀의 길로 나아갈 수 있습니다.(113~120절)

하나님은 예언하신대로 철저히 심판하십니다. 말씀의 엄위함을 보게 하옵소서. 음란한 여인 고멜과 같은 우리들을 돌이키시는 하나님의 사랑을 잊지 않게 하시고 그 사랑에 힘입어 복음을 위한 수고를 기쁨으로 감당하게 하옵소서. 이전보다 주의 법을 더욱 사랑하게 하옵소서.

10/30

본문 열왕기하 11-12장 | 디모데후서 2장 | 호세아 3-4장 | 시 119편 121~144절
주제 인정 (認定, 옳거나 확실하다고 여김)

믿음이란 하나님을 인정하는 것이다. 하나님을 인정하는 믿음의 사람은 성전을 세우고 그의 아들 예수 그리스도를 전하며 범사에 주의 율례와 법도를 지켜 행한다. 그렇지 않는 자는 주의 심판을 받는다.

열왕기하 11-12장 : 요아스를 왕으로 인정하는 여호야다와 백성

• 아하시야의 어머니 아달랴가 그의 아들이 죽은 것을 보고 일어나 왕의 자손을 모두...(11:1-8)
• 보매 왕이 규례대로 단 위에 섰고 장관들과 나팔수가 왕의 곁에 모셔 섰으며...(11:14-18)
• 예후의 제칠년에 요아스가 왕이 되어 예루살렘에서 사십 년간 통치하니라...(12:1-9)
• 요아스의 신복들이 일어나 반역하여 실라로 내려가는 길 가의 밀로 궁에서...(12:20)

(11장) 예후의 쿠데타로 인해 북이스라엘의 왕 요람은 물론 남 유다 왕 아하시야도 죽임을 당했는데 이로 인해 남 유다는 왕의 공백이 생겼고 그 틈을 노려 태후 아달랴(=아합과 이세벨의 딸이자 아하시야의 모친)가 왕권을 차지합니다. 아달랴에 의해 왕의 남은 아들들이 모두 숙청당하는 가운데 대제사장 여호야다의 아내 여호세바는 왕자 요아스를 빼내어 성전에서 몰래 양육합니다.(1~3절) 바알종교를 퍼트리는데 앞장선 아달랴에 맞서 대제사장 여호야다는 혁명을 일으켜 아달랴를 처단하고 요아스를 왕으로 세웁니다.(4~16절) 여호야다에 의해 다시 언약이 회복되고 바알신당과 제사장은 제거되었으며, 유다는 다시 평온해 졌습니다.(17~21절)

(12장) 여호야다에 의해 왕으로 세워진 요아스는 40년간 통치했는데 산당을 제거하지는 않았지만 전반적으로 긍정적인 평가를 받습니다.(1~3절) 특히 요아스는 아달랴가 바알을 섬기며 방치했던 성전 수리를 위해 백성들이 성전에 내는 헌금을 성전 수리에만 사용하도록 지시합니다.(4~5절) 그러나 진척이 없자 헌금 담당자들이 제사장을 통하지 않고 성전 보수 담당자와 직접 거래하도록 다시 지시합니다.(6~8절) 왕의 서기와 대제사장이 함께 헌금계수를 했으며 헌금은 속건제의 은과 속죄제의 은을 제외하고 모두 성전수리에 쓰였으며, 보수 담당자는 성실하게 잘 감당했습니다.(9~16절) 아람이 침입하자 조공을 바침으로써 막아낸 요아스는 암살로 생을 마감합니다.(17~21절) 열왕기서는 그의 통치 전반기에 관한 내용 위주이며, 역대하 24장은 그의 통치 후반기의 거듭되는 실정이 잘 기록되어 있습니다.

디모데후서 2장 : 부끄러울 것이 없는 일꾼으로 인정된 디모데

• 또 네가 많은 증인 앞에서 내게 들은 바를 충성된 사람들에게 부탁하라 그들이 또 다른...(2-7)
• 너는 진리의 말씀을 옳게 분별하며 부끄러울 것이 없는 일꾼으로 인정된 자로 자신을...(15-17)
• 큰 집에는 금 그릇과 은 그릇뿐 아니라 나무 그릇과 질그릇도 있어 귀하게 쓰는 것도...(20-26)

바울은 디모데에게 신앙의 전수라는 소명을 상기시키는데, 이 소명을 이루기 위해서는 그를 강하게 하시는 예수 그리스도의 은혜에 능동적으로 반응해야 합니다.(1~2절) 충성된 일꾼은 모집한 자를 기쁘게 하는 병사이며, 자신에게 주어진 직분과 달란트와 환경에 대해 자족하며 그 안에서 최선의 경주를 하고는 사람이고, 곡식(=영원한 생명)을 먼저 받고 수고하게 될 농부와 같습니다.(3~7절) 부활하신 예수 그리스도로 말미암아 고난을 이긴 자는 영광스런 구원을 얻게 됩니다.(8~10절) 그리스도인은 그리스도와 연합한 자임을 기억해야 합니다.(11~13절) 부활을 부정하는 거짓 교사를 잘 분별하고 유익이 없는 그들과의 논쟁은 피하는 것이 지혜입니다.(14~19절) 준비된 깨끗한 그릇이 되고 삶의 본을 보이는 목회자가 되며 특히 온유함과 가르치는 능력을 구비하되 진리에서 벗어난 자를 온유함으로 훈계해야 합니다.(20~26절)

호세아 3-4장 : 여호와를 인정치 않는 이스라엘 제사장과 백성

- 여호와께서 내게 이르시되 이스라엘 자손이 다른 신을 섬기고 건포도 과자를...(3:1-5)
- 장차는 백성이나 제사장이나 동일함이라 내가 그들의 행실대로 벌하며 그들의...(4:9-10)
- 내 백성이 나무에게 묻고 그 막대기는 그들에게 고하나니 이는 그들이 음란한 마음에...(4:12-15)

(3장) 하나님의 명령으로 호세아는 결혼할 자격이 없는 음란한 여인(=창기 or 무분별하게 관계를 맺는 여자)인 고멜을 데려다가 아내로 삼았는데 고멜은 은혜를 저버리고 음행을 저질렀습니다. 하나님은 호세아에게 떠나간 아내를 사랑할 것과 또한 값을 치르고 찾아올 것을 명하십니다.(1~2절) 아내를 찾아온 호세아는 남편으로서 신실할 것을 약속하면서 자신에 대해서도 신실함으로 응답할 것을 요청합니다.(3절) 호세아와 고멜의 관계는 곧 신실한 하나님과 신실하지 못한 이스라엘의 모습을 보여주고 있으며 하나님은 회복의 역사를 예고합니다.(4~5절) 건포도 과자는 이방신에게 바치는 제물이며, 다윗은 궁극적으로 우리의 구원자요 통치자가 되시는 예수 그리스도를 의미합니다.

(4장) 하나님은 영적, 도덕적으로 타락한 이스라엘의 죄를 지적하면서 백성은 물론 제사장마저 율법을 버렸다고 말씀하십니다.(1~6절) 하나님이 없는 번성은 죄가 더하여질 뿐입니다.(7~10절) 이스라엘은 남편인 하나님을 떠나 음란한 이방종교에 마음을 빼앗겼으며 사람이 만든 형상에 복을 빌었습니다.(11~14절) 하나님은 남유다 백성들은 타락한 북이스라엘의 행위를 따르지 않기를 바라고 계십니다.(15~19절)

시편 119편 121~144절 : 범사에 주의 법도를 인정하고 지키는 시편기자

주의 종을 보증하사 복을 얻게 하시고 교만한 자들이 나를 박해하지 못하게 하소서...(122-123)
그러므로 내가 주의 계명들을 금 곧 순금보다 더 사랑하나이다...(127-130)
주의 말씀이 심히 순수하므로 주의 종이 이를 사랑하나이다(140)
주의 의는 영원한 의요 주의 율법은 진리로소이다...(142-143)

시인은 박해받는 상황 가운데서 건져 주시길 간구합니다.(121~122,134절) 그는 주의 종이라는 분명한 정체성을 고백하며(122,124~125절) 주의 계명을 사랑하고 굳게 지키고 있는 자신을 말씀으로 세워 주시길 간구합니다.(121~136절) 대적들의 공격에도 불구하고 주의 의와 주의 성실하심, 율법의 진리 됨을 선포하며 주의 말씀을 사랑하는 시인은 이미 말씀으로 승리하는 법을 배운 자입니다.(137~144절) '환난과 우환 가운데서 주의 계명만이 나의 즐거움'이라는 시인의 고백에는 순전한 주님의 말씀으로 인하여 지금까지 버티며 승리할 수 있었다는 의미가 담겨 있습니다.(143절)

호세아를 통해 보여 주시는 하나님의 변치 않으시는 사랑에 감격합니다. 신실하신 하나님의 사랑에 신실함으로 응답하게 하시고, 주님께 드릴 풍성한 열매를 맺는 삶이 되게 하옵소서. 고난이 있을 때 주의 계명과 율례를 더 사랑하며 말씀으로 삶을 세워 나가게 하옵소서.

10/31

본문 열왕기하 13장 | 디모데후서 3장 | 호세아 5-6장 | 시 119편 145~176절

주제 올무 (사람을 얽어매기 위해 꾸민 잔꾀)

마귀는 우는 사자 같이 두루 다니며 올무를 놓고 삼킬 자를 찾고 있다. 그러므로 성도는 근신하고 깨어 올무에서 벗어나 성령의 충만함으로 승리해야 한다.

열왕기하 13장 : 여로보암의 죄를 따라감이 왕들의 올무가 됨

- 유다의 왕 아하시야의 아들 요아스의 제이십삼 년에 예후의 아들 여호아하스가 사마리아에서 이스라엘 왕이 되어 십칠 년간 다스리며...(1-6)
- 유다의 왕 요아스의 제삼십칠 년에 여호아하스의 아들 요아스가 사마리아에서 이스라엘 왕이 되어 십육 년간 다스리며...(10-11)
- 여호아하스 왕의 시대에 아람 왕 하사엘이 항상 이스라엘을 학대하였으나...(22-25)

여호와 신앙의 회복이라는 명분으로 아합 일가를 숙청하고 쿠데타에 성공한 예후였지만 그의 아들 여호아하스는 여로보암의 죄(=종교 혼합주의)에서 떠나지 않았으며 이로 인해 아람의 침략 – 구원 호소 – 하나님의 구원이라는 사사기의 패턴이 나타납니다.(1~5절) 그러나 여호아하스는 우상을 버리지 못했으며 그의 아들 요아스 역시 여로보암의 길을 따라 갑니다.(6~13절) 한편, 병든 엘리사 선지자를 요아스가 찾아 왔는데 엘리사는 향후 아람과의 전쟁의 향방을 알 수 있는 마지막 예언을 위하여 왕을 테스트합니다.(14~17절) 믿음이 부족한 요아스는 엘리사가 원하는 만큼의 행동을 하지 못하여 3번의 승리만을 보장받게 되었는데 예언대로 3번의 전쟁에서 승리하여 빼앗긴 성읍들을 되찾습니다.(18~25절)

디모데후서 3장 : 경건의 능력을 부인함이 성도들의 올무가 됨

- 너는 이것을 알라 말세에 고통하는 때가 이르러...(1-5)
- 나의 교훈과 행실과 의향과 믿음과 오래 참음과 사랑과 인내와...(10-12)
- 또 어려서부터 성경을 알았나니 성경은 능히 너로 하여금 그리스도 예수 안에 있는 믿음으로 말미암아 구원에 이르는 지혜가 있게 하느니라...(15-17)

우리는 말세(=예수님의 초림~재림 사이의 기간)에 살고 있습니다. 말세는 철저히 자기중심적인 생각과 태도에서 비롯된 삶의 양상이 나타나기 때문에 말세는 고통하는 때입니다.(1~5절) 자기중심적인 태도에 벗어난 모습이 하나님 사랑, 이웃 사랑의 삶입니다. 당시에 교육을 받기 힘들었던 여성들은 배우고자 하는 열정이 강했는데 이들이 거짓 교사의 표적이었습니다. 거짓 교사들은 때가 되면 실체가 드러나고 심판을 받게 될 것입니다.(6~9절) 바울의 가르침과 그가 보인 삶의 본보기는 디모데를 승리의 삶으로 이끌어 줄 것입니다.(10~13절) 무엇보다 구원에 이르는 지혜가 있으며 하나님의 사람으로 온전케 하는 성경을 잘 배우고 성경이 주는 확신 가운데 서야 합니다.(14~17절)

호세아 5-6장 : 음행과 더러운 행위가 이스라엘의 올무가 됨

- 제사장들아 이를 들으라 이스라엘 족속들아 깨달으라 왕족들아 귀를 기울이라 너희에게 심판이 있나니 너희가 미스바에 대하여 올무가 되며 다볼 위에 친 그물이 됨이라...(5:1-7)
- 오라 우리가 여호와께로 돌아가자 여호와께서 우리를 찢으셨으나 도로 낫게 하실 것이요 우리를 치셨으나 싸매어 주실 것임이라...(6:1-11)

(5장) 하나님을 떠나 음행을 일삼는 전 계층(=왕족, 제사장, 백성)에 대한 심판이 선언됩니다.(1~6절) 미스바와 다볼은 벧아웬과 같이 이스라엘 백성들의 우상 숭배 중심지입니다. 지도층이나 우상숭배에 동조한 백성들이나 모두 심판의 대상입니다. 여호와께서 정하신 예배의 날인 새달(=월삭)은 우상을 섬기는 날로 전락하여 이방 나라의 침략을 받게 될 것이며 우상숭배의 현장인 벧아웬(4:15)은 전쟁터가 되고 하나님의 진노는 유다에게로 확대될 것입니다.(7~11절) 북이스라엘과 유다는 스스로 지킬 힘이 없는 병든 상태로 하나님만이 이를 회복하실 수 있습니다.
(6장) 하나님께로 돌이키는 것만이 유일한 정답입니다.(1~3절) 정답을 말하긴 했지만 그것은 진정성이 결여된 성급한 회개임을 알 수 있습니다. 하나님은 "내가 네게 어떻게 하랴"라고 탄식하시는데 이는 회개하는 자의 모습이 금방 사라졌기 때문입니다.(4절) 백성들은 죄를 서슴없이 저지르고 제사장조차 회개하지 않는 상황에서 제사만 반복해서 드리는 것은 진정성이 없습니다.(5~11절) 겉으론 열심히 하나님을 찾으나 실제로는 죄로 점철된 삶입니다.

시편 119편 145~176절 : 율례를 구하지 않음이 악인들의 올무가 됨

- 여호와여 내가 전심으로 부르짖었사오니 내게 응답하소서 내가 주의 교훈들을 지키리이다...(145-149)
- 나의 고난을 보시고 나를 건지소서 내가 주의 율법을 잊지 아니함이니이다...(153-156)
- 고관들이 거짓으로 나를 핍박하오나 나의 마음은 주의 말씀만 경외하나이다...(161-163)
- 주께서 율례를 내게 가르치시므로 내 입술이 주를 찬양하리이다...(171-172)
- 여호와여 내가 주의 구원을 사모하였사오며 주의 율법을 즐거워하나이다...(174-176)

시인은 자신이 고난에 처해 있음을 여러 차례 언급합니다.(150,153,157,161절) 그러나 시인은 주의 법을 사랑하고 경외하며, 힘써 지켜 왔으며, 앞으로도 주의 법을 신뢰하며 살아갈 것을 다양한 표현을 통해 고백하고 있습니다.(145~176절) 고난은 그를 말씀 앞으로 인도하였으며 그는 말씀으로 더욱 강건하게 세움을 받았습니다. 주께서 시인을 넘어지지 않게 말씀으로 붙드시고 세워주신 것 자체가 응답입니다. 하나님은 고난을 통해 우리를 당신의 형상으로 빚으십니다.

하나님과 우상 사이를 오가는 줄타기에서 벗어나 하나님을 온전히 경외하게 하시고 회개의 시늉이 아닌 회개에 합당한 삶으로 나아가게 하옵소서. 하나님 사랑, 이웃 사랑의 아름다운 본을 남기게 하시고 말씀을 통해 하나님의 사람으로 나를 빚어 주옵소서.

November

11월

11/1

본문 열왕기하 14장 | 디모데후서 4장 | 호세아 7장 | 시편 120-122편
주제 사적 (事蹟, 행한 일이나 사건의 자취)

모든 존재는 살아온 흔적을 남긴다. 왕, 전도자, 성도, 민족 다 자신이 행한 사적을 남긴다. 아름다운 사적은 상을 받고 악하고 더러운 사적은 벌을 받는다. 하나님도 우리를 위하여 구원의 사적을 남기신다.

열왕기하 14장 : 이스라엘 왕 요아스와 여로보암2세의 사적

- 이스라엘의 왕 여호아하스의 아들 요아스 제이년에 유다의 왕 요아스의 아들 아마샤가 왕이 되니...(1-6)
- 아마샤가 예후의 손자 여호아하스의 아들 이스라엘의 왕 요아스에게 사자를 보내...(8-14)
- 이스라엘의 왕 여호아하스의 아들 요아스가 죽은 후에도 유다의 왕 요아스의 아들...(17)
- 유다의 왕 요아스의 아들 아마샤 제십오년에 이스라엘의 왕 요아스의 아들 여로보암이 사마리아에서 왕이 되어 사십일 년간 다스렸으며...(23-28)

유다 왕 아마샤는 선왕을 시해한 자들을 처형했지만 필요 이상의 보복을 하지 않았으며 율법을 지키려고 노력하였습니다.(1~6절) 그러나 에돔과의 전쟁에서 승리한 후 교만해진 아마샤는 북이스라엘을 상대로 전쟁을 벌였다가 완패를 당했으며, 후에 배신한 신하에게 죽게 됩니다.(7~22절) 한편 북이스라엘의 여로보암 2세는 눈부신 정복활동으로 잃어버린 고토를 거의 회복한 정복군주이긴 했으나 하나님 보시기에는 악한 왕이었습니다.(23~25절) 그럼에도 그의 나라가 부강했던 것은 하나님이 이스라엘을 불쌍히 여기셨기 때문입니다.(26~29절)

디모데후서 4장 : 선한 싸움을 싸우고 갈 길을 마친 바울의 사적

- 하나님 앞과 살아 있는 자와 죽은 자를 심판하실 그리스도 예수 앞에서 그가 나타나실 것과 그의 나라를 두고 엄히 명하노니...(1-5)
- 나는 선한 싸움을 싸우고 나의 달려갈 길을 마치고 믿음을 지켰으니...(7-8)
- 데마는 이 세상을 사랑하여 나를 버리고 데살로니가로 갔고 그레스게는 갈라디아로...(10-16)

예수님이 심판의 주로 나타나시며 그의 나라가 곧 임할 것이기에 좋은 때든지 아니든지 상관없이 항상 복음 전파에 힘써야 합니다.(1~2절) 사람들은 진리의 말씀을 거부하고 자신의 귀를 즐겁게 할 허탄한 이야기를 따를 것이나 전도자는 순교의 각오로 직무를 감당해야 합니다.(3~5절) 선한 싸움을 다 싸우고 달려갈 길을 다 간 바울이 쓰게 될 의의 면류관은 주의 재림을 사모하는 모든 자를 위한 것입니다.(6~8절) 바울에게는 디모데, 마가, 두기고와 같은 좋은 동역자들도 있었지만 세상을 사랑하여 그를 떠난 데마와 같은 사람도 있습니다.(9~12절) 바울은 개인적인 부탁과 함께 알렉산더에 대해 주의하라고 일러 줍니다.(13~15절) 바울이 로마에서 처음 법정에 섰을 때 오직 주님만이 함께 하셨으며 그의 곁에 아무도 없었다고 말하며 문안인사와 함께 편지를 마칩니다.(16~22절)

호세아 7장 : 달궈진 화덕 같이 죄를 범한 이스라엘의 사적

- 내가 이스라엘을 치료하려 할 때에 에브라임의 죄와 사마리아의 악이 드러나도다...(1-3)
- 우리 왕의 날에 지도자들은 술의 뜨거움으로 병이 나며 왕은 오만한 자들과 더불어...(5-8)
- 이스라엘의 교만은 그 얼굴에 드러났나니 그들이 이 모든 일을 당하여도...(10-11)
- 화 있을진저 그들이 나를 떠나 그릇 갔음이니라 패망할진저 그들이 내게...(13-15)

호세아는 거짓과 사기가 끊이지 않으며, 사람에게 아부하고 하나님께는 불순종하는 북이스라엘의 죄를 고발합니다.(1~7절) 그들은 술과 권력욕으로 달궈진 화덕과 같습니다. 그들의 통치와 외교는 실패했습니다.(8~12절) 그들은 이방 나라의 정치, 문화, 종교와 혼합된 반죽으로 만든 전병과 같으며, 지도자가 이방 나라의 매력에 한눈이 팔려 한쪽은 타고 한쪽은 덜 익은 뒤집지 않은 전병과 같았습니다. 하나님 대신 강대국을 찾다가 그물에 걸린 어리석은 비둘기 같습니다. 결국 하나님 대신 이방을 의지하여 평안을 얻고자 했던 이스라엘은 수치를 당하게 됩니다.(13~16절) 이방 나라를 의지하는 것은 엉뚱한 곳으로 쏜 활과 같아서 아무런 효력이 없습니다.

시편 120-122편 : 성전에 오르는 자를 지키시는 여호와의 사적

- 내가 환난 중에 여호와께 부르짖었더니 내게 응답하셨도다...(120:1-3)
- 내가 화평을 미워하는 자들과 함께 오래 거주하였도다...(120:6-7)
- 내가 산을 향하여 눈을 들리라 나의 도움이 어디서 올까...(121:1-8)
- 사람이 내게 말하기를 여호와의 집에 올라가자 할 때에 내가 기뻐하였도다...(122:1-3)
- 여호와 우리 하나님의 집을 위하여 내가 너를 위하여 복을 구하리로다(122:9)

(120편) 표제어가 제시한 대로 절기에 순례자들이 성전에 올라가며 부르는 노래입니다. 시인은 대적들에 의해 위협을 받고 있는 상황이 지속됨에도 불구하고 하나님이 대적을 심판하실 것을 미리 내다보며(=대적이 활에 맞아 쓰러지며 숯불과 같은 뜨거운 심판을 당함) 환난 중에 여호와께서 응답하셨다고 선언합니다.(1~4절) 시인은 메섹(=철과 무기를 생산하는 도시)과 게달(=이스라엘을 괴롭힌 민족) 즉, 무기를 만들고 호시탐탐 시비를 걸며 화평을 거부하는 자들에 둘러싸여 있습니다.(5~7절) 기도응답과 현실의 괴리가 너무 클 때 우리는 응답을 확신하며 인내해야 합니다.
(121편) 극한의 상황에 처한 시인에게 창조주 하나님만이 진정한 도움이 되십니다.(1~2절) 하나님은 시인에게 그의 성실을 베푸셔서 모든 환난에서 건지시고 영원까지 지키시겠다고 약속하십니다.(3~8절)
(122편) 예배를 위해 준비된 도시와 같은 예루살렘을 향한 오랜 순례길 끝에 마침내 성전 문 앞에 서게 된 시인은 예배의 자리로 나아가는 것을 진심으로 기뻐합니다.(1~5절) 시인은 예루살렘과 순례자들에게 평안이 있기를 축복합니다.(6~9절)

주님! 내 생각과 고집을 내려놓게 하시고 교만하지 않게 하시며 주님을 참되게 신뢰하게 하옵소서. 믿음의 선한 싸움을 잘 싸우고 예비된 의의 면류관을 쓰는 승리자 되게 하옵소서.

11/2

본문 열왕기하 15장 | 디도서 1장 | 호세아 8장 | 시편 123-125편
주제 **악행** (惡行, 하나님의 법을 어기고 악을 행함)

불순종의 죄를 지은 아담의 후손인 인간은 항상 죄 앞에 선다. 신분이 어떠하든 넘어지고 쓰러진다. 그렇지만 그러한 가운데 은혜를 입은 하나님의 자녀들은 승전보를 울리니 이 얼마나 놀라운 일인가!

열왕기하 15장 : 여호와 보시기에 악행하는 이스라엘 왕들

- 이스라엘 왕 여로보암 제이십칠년에 유다 왕 아마샤의 아들 아사랴가 왕이 되니...(1-5)
- 여호와께서 예후에게 말씀하여 이르시기를 네 자손이 사 대 동안 이스라엘 왕위에...(12-14)
- 유다의 왕 아사랴 제오십년에 므나헴의 아들 브가히야가 사마리아에서 이스라엘...(23-25)
- 이스라엘의 왕 르말랴의 아들 베가 제이년에 유다 왕 웃시야의 아들 요담이 왕이 되니(32)
- 요담이 그의 아버지 웃시야의 모든 행위대로 여호와께서 보시기에 정직히...(34-35)

유다 왕 아사랴(=웃시야)는 통치 초기에는 하나님 앞에 정직히 행하였으나 나라가 강성해 지자 교만하여 악을 행함으로 하나님이 그를 나병으로 치셨습니다.(대하 26장,1~7절) 북이스라엘에서는 여로보암 2세의 뒤를 이어 스가랴가 왕위에 올랐으나 6개월 만에 살룸의 반역으로 죽게 되면서 5대를 걸쳐 약 100년간 지속되었던 예후왕조는 막을 내리게 됩니다.(8~12절) 예후의 4대손까지 왕위가 이어질 것이라는 예언이 성취됩니다.(왕하 10:30) 스가랴를 죽이고 왕위에 오른 살룸 역시 한 달 만에 므나헴의 반역으로 죽게 됩니다.(13~16절) 므나헴의 10년 통치와 뒤를 이은 아들 브가히야의 2년 통치 그리고 반역으로 왕위에 오른 베가의 20년 통치 내내 여로보암의 죄(=종교혼합주의)에서 떠나지 않았습니다.(17~31절) 지속적인 반역과 우상숭배는 이스라엘의 멸망을 가속화시켰습니다. 한편 유다 왕 요담은 백성들에게 선정을 베풀었으며 전쟁에서도 승리합니다.(32~38절)

디도서 1장 : 바울과 선지자가 보기에 악행하는 그레데인들

- 하나님의 종이요 예수 그리스도의 사도인 나 바울이 사도 된 것은 하나님이 택하신...(1-3)
- 내가 너를 그레데에 남겨 둔 이유는 남은 일을 정리하고 내가 명한 대로 각 성에...(5-14)
- 그들이 하나님을 시인하나 행위로는 부인하니 가증한 자요 복종하지 아니하는 자요...(16)

바울은 디도를 그레데(Crete)교회에 파송하면서 디도서를 썼습니다. 디도에게는 목회지침이고 성도에게는 제직교육이 됩니다. 그리스도인이 소유한 영생의 소망은 주께서 영원 전부터 약속하신 것인데 복음전파를 통해 나타납니다.(1~4절) 바울의 첫 번째 권면은 교회의 지도자를 세우라는 것입니다.(5~9절) 주목할 부분은 가정을 잘 다스려야 한다는 내용(책망할 것이 없는 한 아내의 남편이며 방탕하지 않고 믿는 자녀를 둠)이 먼저 등장한다는 것입니다. 교회의 지도자는 일상의 삶이 복음의 통로가 되어야 하며 말씀을 지켜 행하는 자라야 합니다. 할례를 구원의 조건으로 말하는 자와 허탄한 논쟁을

즐기며 거짓 교훈을 따르는 자를 주의하고 각종 정결 규례와 금기조항을 만들어 놓고 입으로만 하나님을 시인하고 행위로는 부인하는 자들을 멀리해야 합니다.(10~16절)

호세아 8장 : 여호와 보시기에 우상숭배하며 악행하는 이스라엘

- 나팔을 네 입에 댈지어다 원수가 독수리처럼 여호와의 집에 덮치리니 이는 그들이...(1-4)
- 이것은 이스라엘에서 나고 장인이 만든 것이라 참 신이 아니니 사마리아의 송아지가 산산조각이 나리라(6)
- 에브라임은 죄를 위하여 제단을 많이 만들더니 그 제단이 그에게 범죄하게 하는 것이...(11-13)

언약을 깨뜨리고 율법을 범하며 이방나라와 우상을 의지한 이스라엘은 수고한 것에 대한 열매를 얻지 못할 것이며 심판을 당하게 될 것입니다.(1~7절) 이스라엘은 앗수르를 비롯한 여러 이방 나라들에게 뇌물을 주며 자신의 운명을 의뢰했으나 하나님은 그들로 하여금 이스라엘을 치게 할 것입니다.(8~10절) 아무리 많은 제사를 드린다 해도 하나님이 주신 율법을 따라야 할 교훈으로 받아들이지 않고 이상한 것으로 취급하며 무시한다면 심판에 이르게 될 것입니다.(11~14절) '율법을 만 가지로 기록하였다'는 것은 '율법이 구체적인 지침을 담고 있다'는 뜻입니다.

시편 123-125편 : 이스라엘을 향해 조소와 멸시로 악행하는 자들

- 하늘에 계시는 주여 내가 눈을 들어 주께 향하나이다...(123:1-4)
- 이스라엘은 이제 말하기를 여호와께서 우리 편에 계시지 아니하셨더라면 우리가...(124:1-3)
- 우리를 내주어 그들의 이에 씹히지 아니하게 하신 여호와를 찬송할지로다...(124:6-8)
- 여호와를 의지하는 자는 시온 산이 흔들리지 아니하고 영원히 있음 같도다...(125:1-4)

(123편) 안일한 자의 원래의 뜻은 부유한 자 입니다.(4절) 가난하고 힘없는 자가 부와 권력을 가진 자에게 조소와 멸시를 당하고 있는 상황에서 시인은 자신을 종으로 규정하고 주인 되신 하나님께 구원을 요청합니다. 통상 주종관계에서 은혜의 요소는 찾아보기 어렵지만 주권자 되시는 하나님은 당신의 종에게 은혜와 긍휼을 베푸십니다.
(124편) 하나님의 도우심을 간절히 구하던 시인이 위험에서 벗어나 찬송하며 나의 도움은 여호와라고 고백하고 있습니다.(1~8절) '만약 하나님이 돕지 않으셨다면'이라는 표현을 통해서 하나님의 절대적인 도우심으로 말미암아 대적의 올무에서 벗어나게 되었음을 노래합니다.
(125편) 시인은 예루살렘을 둘러싼 산을 보면서 산이 예루살렘을 보호하는 것 같이 여호와께서 당신의 백성을 보호하신다고 고백합니다.(1~2절) 시인은 악인으로부터 의인을 보호하시는 하나님께 선한 자들과 마음이 정직한 자를 선대해 달라고 요청합니다.(3~4절) 하나님의 사람은 굽은 길로 치우치지 말아야 합니다.(5절)

주님! 우상을 숭배할수록 멸망과 심판이 가까워짐을 깊이 깨닫게 하옵소서. 주의 법을 더욱 사랑하게 하시고 삶이 복음의 통로가 되게 하옵소서. 은혜 베풀기를 기뻐하시는 하나님을 더욱 의지합니다.

11/3

본문 열왕기하 16장 | 디도서 2장 | 호세아 9장 | 시편 126-128편
주제 **교훈** (敎訓, 향후 행동이나 생활에 도움이 될 것을 가르치고 깨우침)

미숙함과 죄악 중에 태어난 인간은 지속적인 교훈과 교육을 통해 의롭고 성숙하게 성장되어 가야 한다. 하지만 하나님과 그의 부르신 지도자들의 지속적인 양육에도 불구하고 잘못된 인생을 사는 자가 많다.

열왕기하 16장 : 그릇되게 정치와 종교를 이끈 왕이 남긴 교훈

- 르말랴의 아들 베가 제십칠년에 유다의 왕 요담의 아들 아하스가 왕이 되니...(1-5)
- 아하스가 앗수르 왕 디글랏 빌레셀에게 사자를 보내 이르되 나는 왕의 신복이요...(7-16)

요담의 아들 아하스는 각종 이방 종교의 가증한 행위를 일삼았으며 심지어 인신제사까지 드렸습니다.(1~4절) 아람과 북이스라엘 연합군이 유다를 공격하자 아하스는 앗수르에게 도움을 요청합니다.(5~9절) 그 결과 유다는 더 강력한 앗수르의 속국이 되어버렸습니다. 아하스의 악행은 극에 달해 예루살렘 성전에 우상 제단을 설치했으며 성전의 거룩한 규정과 질서를 파괴했습니다.(10~16절) 제사장마저 왕의 지시에 그대로 순응합니다. 성전 기구를 재배치하고 낭실을 옮긴 것은 앗수르를 두려워했기 때문입니다.(17~18절) 하나님을 버리고 앗수르의 눈치만 보며 살던 아하스는 회개 없이 죽음에 이르게 됩니다.(19~20절)

디도서 2장 : 가르쳐야 할 남녀 성도의 자질에 관한 교훈

- 오직 너는 바른 교훈에 합당한 것을 말하여...(1-8)
- 모든 사람에게 구원을 주시는 하나님의 은혜가 나타나 우리를 양육하시되 경건하지 않은 것과 이 세상 정욕을 다 버리고 신중함과 의로움과 경건함으로 이 세상에 살고...(11-14)

바울은 디도가 그레데 교회 성도들에게 무엇을 가르쳐야 하는지 늙은 남자와 늙은 여자, 젊은 여자와 젊은 남자, 종 이렇게 5개 부류로 구별하여 자세하게 가르칩니다.(2~10절) 경건과 자기 절제, 자신의 위치에서 소임을 다하는 것으로 정리할 수 있습니다. 하나님의 구원의 은혜는 우리로 하여금 경건하지 않은 것과 정욕을 버리고 의와 경건과 신중함을 추구하게 합니다.(11~12절) 성도는 불법에서 속량하여 깨끗케 하기 위하여 자신을 내어 주신 그리스도께서 주신 영생의 소망을 가지고 그의 재림을 기다리며 사는 존재입니다.(13~14절) 디도는 그에게 주신 영적 권위로 담대하게 이것을 가르쳐야 합니다.(15절)

호세아 9장 : 거짓되고 더러운 제사의 심판에 관한 교훈

- 이스라엘아 너는 이방 사람처럼 기뻐 뛰놀지 말라 네가 음행하여 네 하나님을 떠나고...(1-4)
- 보라 그들이 멸망을 피하여 갈지라도 애굽은 그들을 모으고 놉은 그들을 장사하리니 그들의 은은 귀한 것이나 찔레가 덮을 것이요 그들의 장막 안에는 가시덩굴이 퍼지리라...(6-7)

• 옛적에 내가 이스라엘을 만나기를 광야에서 포도를 만남 같이 하였으며 너희...(10-17)

이스라엘이 바알에게 풍요를 빌며 초막절을 지키는 것을 보신 하나님은 더 이상 제사를 받지 않을 것을 선언하십니다.(1~4절) 바알에게 절기를 지키는 자들에게 심판이 선고되는데, 이스라엘은 하나님의 영에 감동된 사람(=선지자)을 미친 사람 취급하고 하나님이 세운 파수꾼(=선지자)을 잡기 위해 함정을 파 놓는 등 심히 부패했습니다.(5~9절) 하나님은 광야에서 포도송이를 발견한 것 같은 기쁨으로 이스라엘을 사랑했으나 그들은 하나님의 사랑을 거절하고 말씀도 거부했습니다.(10절) 하나님을 거부한 이스라엘은 더 이상 은혜와 복을 누리지 못하고 저주를 받게 될 것이며 특히 자녀에게 임할 것입니다.(11~14절) 하나님의 말씀을 듣지 않는 그들은 버림받아 떠도는 자가 될 것입니다.(15~17절)

시편 126-128편 : 세우시고 지키시는 여호와의 주권에 관한 교훈

• 여호와께서 시온의 포로를 돌려 보내실 때에 우리는 꿈꾸는 것 같았도다...(126:1-3)
• 여호와께서 집을 세우지 아니하시면 세우는 자의 수고가 헛되며 여호와께서 성을...(127:1-5)
• 여호와를 경외하며 그의 길을 걷는 자마다 복이 있도다...(128:1-6)

(126편) 이방나라의 포로로 있다가 다시 고국으로 돌아가게 된 것은 꿈만 같은 일입니다.(1~3절) 시인은 바사(=페르시아)의 고레스(=키루스) 칙령으로 예루살렘으로 돌아온 때를 회상하며 하나님이 큰 기쁨을 주셨다고 고백합니다. 물론 폐허가 된 예루살렘을 재건해야 하는 중대한 과업이 주어지긴 했지만 눈물을 흘리며 씨를 뿌리는 자는 기쁨으로 단을 거둘 것입니다.(4~6절)
(127편) 집을 세우고 성을 지킨다는 표현은 많은 의미를 내포한 것으로 국가의 성립과 존속으로부터 한 개인의 일상에 이르기까지의 모든 범위를 아우르고 있습니다.(1~2절) 우리의 계획이 완벽하고 최선의 노력을 다한다 해도 하나님의 도우심이 없다면 헛되며 평안히 잘 수도 없습니다. 이스라엘 백성들이 각 지파별로 받은 토지가 하나님의 소유이자 선물인 것처럼 자녀 역시 하나님의 소유이자 허락하신 선물입니다.(3절) 많은 자녀는 화살통에 화살이 많은 것과 같이 복된 것입니다.(4~5절) 성문 앞 광장은 통상 재판 장소로 쓰이는데 아버지가 소송에 패하지 않도록 자녀들이 나서서 적극적으로 변호하는 모습을 연상하시면 본문이 이해가 됩니다.
(128편) 여호와를 경외하는 자가 받을 복입니다.(1~4절) 첫째, 수고한 대로 먹는 것입니다. 내가 일한 만큼 소득을 얻는 것은 하나님이 주신 복입니다. 둘째, 평범한 일상입니다. 아내와 자녀들과 함께 식탁에 둘러앉아 있을 수 있다면 얼마든지 감사할 수 있습니다. 하나님을 경외하는 나라가 받을 복은 번영과 평안입니다.(5~6절)

이방신의 제단을 예루살렘 성전에 설치한 아하스 시절 백성들의 영적 타락은 극심했습니다. 언제나 신앙적인 바른 결단을 내릴 수 있는 용기를 주시옵소서. 하나님이 나와 함께 하심이 주는 의미를 깊이 깨닫게 하시고 지체들을 경건과 일절 깨끗함으로 대하게 하옵소서.

11/4

본문 열왕기하 17장 | 디도서 3장 | 호세아 10장 | 시편 129-131편
주제 **열매** (일의 좋은 결과를 비유적으로 이르는 말)

식물은 맛있고 풍성한 열매를 맺어야 하고 사람은 아름답고 성숙한 열매를 맺어야 한다. 하나님은 이런 열매를 맺도록 은혜를 베푸셨으나 인간은 불법과 다툼과 정욕과 교만으로 악취나는 썩은 열매를 맺는다.

열왕기하 17장 : 이주와 혼합종교정책으로 불법적인 열매를 맺음

- 유다의 왕 아하스 제십이년에 엘라의 아들 호세아가 사마리아에서 이스라엘 왕이...(1-18)
- 여호와께서 그의 종 모든 선지자를 통하여 하신 말씀대로 드디어 이스라엘을...(23-24)
- 그들이 또 여호와를 경외하여 자기 중에서 사람을 산당의 제사장으로 택하여...(32-33)
- 이 여러 민족이 여호와를 경외하고 또 그 아로새긴 우상을 섬기니 그들의 자자 손손이...(41)

우상을 섬기고 불의를 행하며, 선지자의 계속되는 경고까지 무시하던 북이스라엘은 앗수르에게 바치던 조공을 중단하고 애굽과 연합하여 앗수르에 대항하다가 호세아 9년(B.C 722년)에 마침내 하나님의 심판으로 멸망하게 됩니다.(1~23절) 백성들의 상당수는 앗수르로 끌려갔으며 북이스라엘의 땅에는 이방인들이 강제이주로 들어오게 됩니다.(24~26절) 제사장이 세워져서 제사를 집전하고 율례를 가르치기는 했지만 이주해 온 다양한 민족들이 자기들의 신을 그대로 섬기게 되면서 북이스라엘 땅은 다양한 종교가 섞이는 종교 혼합의 형태가 더욱 심화되었습니다.(=여로보암의 죄, 27~33절) 여로보암의 죄로 인해 나라가 망하였음에도 불구하고 회개는커녕 여전히 하나님과 우상을 함께 섬겼습니다.(34~41절)

디도서 3장 : 다툼과 정욕을 버리고 성령 안에서 열매 맺음

- 너는 그들로 하여금 통치자들과 권세 잡은 자들에게 복종하며 순종하며 모든 선한 일...(1-8)
- 이단에 속한 사람을 한두 번 훈계한 후에 멀리하라(10)
- 또 우리 사람들도 열매 없는 자가 되지 않게 하기 위하여 필요한 것을 준비하는 좋은 일에 힘쓰기를 배우게 하라(14)

바울은 디도에게 그가 전에 가르쳤던 내용(=권세에 순복, 선행, 비방 & 다툼금지, 온유함)을 성도들이 기억하게 하라고 명합니다.(1~2절) 우리는 전에 죄인이었으나 삼위일체 하나님의 구원사역으로 인하여 영생의 상속자가 되었습니다.(3~7절) 우리는 전에 불의와 악독함과 정욕과 투기 등 많은 죄 가운데 있었음을 항상 기억하여 영적, 도덕적 우월감이나 교만함에 빠지지 말아야 합니다. 오직 주의 긍휼에 힘입어 영생의 상속자가 되었음을 담대하게 전하되 복음의 본질과 상관없는 변론이나 족보 논쟁은 피하고 이단은 멀리해야 합니다.(8~11절) 마지막으로 바울은 아데마와 두기고를 그레데로 보내기로 하면서 디도를 자신이 있는 곳으로 부르는데, 그전에 세나와 아볼로를 급히 먼저 보내겠다고 전하며 글을 마칩니다.(12~15절)

호세아 10장 : 주가 주신 무성한 열매로 주상과 제단을 꾸밈

- 이스라엘은 열매 맺는 무성한 포도나무라 그 열매가 많을수록 제단을 많게 하며...(1-2)
- 그들이 헛된 말을 내며 거짓 맹세로 언약을 세우니 그 재판이 밭이랑에 돋는 독초...(4-7)
- 이스라엘아 네가 기브아 시대로부터 범죄하더니 지금까지 죄를 짓는구나...(9-10)
- 너희가 자기를 위하여 공의를 심고 인애를 거두라 너희 묵은 땅을 기경하라 지금이 곧 여호와를 찾을 때니 마침내 여호와께서 오사 공의를 비처럼 너희에게 내리시리라(12)

두 마음을 품은 이스라엘은 하나님이 복을 더하실수록 우상제단을 더 많이 만들었습니다.(1~3절) 거짓 맹세로 언약을 세우고 독초 같은 재판으로 공의를 무너뜨리는 북이스라엘은 앗수르에 의해 멸망당함으로써 그들이 의지하던 금송아지 제단은 옮겨지고 그들은 수치를 당하게 될 것입니다.(4~11절) 그들은 본래 타작마당에서 곡식을 밟는 일을 위해 부름 받았으나(=은혜 안에 부르심을 입음), 목에 무거운 멍에를 메고 밭을 갈게 될 것입니다.(=심판으로 더 힘겨운 삶을 살게 됨) 하나님을 떠나 자기 길을 고집하며 자신의 힘을 의지하는 것이 곧 악을 밭 갈아 죄를 거두는 행위이며 결과를 패망입니다.(13~15절) 삶을 공의로 세워나갈 때 인애(=언약 백성에게 나타나는 하나님의 친절과 긍휼과 은혜)를 경험하게 될 것입니다. 참고로 살만은 이스라엘을 속국으로 삼은 앗수르의 살만에셀 3세 혹은 이스라엘을 멸망시킨 살만에셀 5세를 가리킵니다.

시편 129-131편 : 교만과 오만을 버리고 주를 바라며 열매 맺음

- 여호와께서는 의로우사 악인들의 줄을 끊으셨도다...(129:4-5)
- 여호와여 내가 깊은 곳에서 주께 부르짖었나이다...(130:1-8)
- 여호와여 내 마음이 교만하지 아니하고 내 눈이 오만하지 아니하오며 내가 큰 일과 감당하지 못할 놀라운 일을 하려고 힘쓰지 아니하나이다...(131:1-2)

(129편) 성전을 올라가며 부르는 노래입니다. 이스라엘은 이집트의 종살이를 포함하여 이웃나라들로부터 끊임없이 괴롭힘을 당했지만 대적들은 완전한 승리를 얻지 못했습니다.(1~2절) 등에 고랑이 파일 정도로 괴롭힘을 당했지만 결국 하나님이 대적들의 줄을 끊으셨습니다.(3~4절) 대적들은 점차 쇠퇴하여 물러나게 될 것입니다.(5~8절)
(130편) 시인은 자신의 죄로 인한 괴로움 가운데 하나님의 용서와 구원을 바라며 하나님 앞으로 나아갑니다.(1~4절) 아침이 온다는 확신으로 밤새 성읍을 지키는 파수꾼처럼 시인은 하나님의 용서를 확신하며 베푸실 은혜를 기다립니다.(5~8절)
(131편) 죄는 평안과 안식을 깨뜨립니다. 어머니의 품에 안긴 아이처럼 주의 평안 가운데 거하는 시인은 죄를 멀리하고 교만을 경계하며 겸손하길 다짐합니다.(1~3절)

행위가 아니라 오직 중생의 씻음과 성령의 새롭게 하심으로 우리를 구원하셨으니 큰 일을 행하신 하나님을 찬송합니다. 그러나 여전히 내 길을 고집하며 하나님의 뜻보다 내 뜻을 내세우려고 하니 나를 불쌍히 여겨 주옵소서. 아침을 기다리는 파수꾼의 마음으로 주의 긍휼과 은혜를 기다리니 날마다 채워주옵소서.

11/5

본문 열왕기하 18장 | 빌레몬서 1장 | 호세아 11장 | 시편 132-134편

주제 의뢰 (依賴, 남에게 의지하고 부탁함. 하나님을 의지함)

히스기야 왕은 다윗처럼 모든 일에 하나님을 의뢰하였다. 바울도 오직 예수 그리스도를 의뢰함으로 모든 사역을 펼쳤다. 반면 타락한 자들은 우상을 의뢰하였다. 이제 성도는 오직 주님만을 의뢰하여야 한다.

열왕기하 18장 : 앗수르의 침략을 물리쳐 주실 하나님을 의뢰함

- 히스기야가 그의 조상 다윗의 모든 행위와 같이 여호와께서 보시기에 정직하게 행하여...(3-8)
- 히스기야 왕 제십사년에 앗수르의 왕 산헤립이 올라와서 유다 모든 견고한 성읍들을...(13-33)
- 민족의 모든 신들 중에 누가 그의 땅을 내 손에서 건졌기에 여호와가 예루살렘을...(35-36)

유다 왕 히스기야는 우상의 제단을 깨뜨리고 백성들이 신성시하던 모세의 놋뱀을 제거하는 등 신앙회복 운동을 일으켜 하나님을 기쁘시게 하였지만 북이스라엘은 계속해서 불순종의 길로 가다가 앗수르의 살만에셀 5세에 의해 완전히 멸망당합니다.(1~12절) 그 후 앗수르의 산헤립은 반앗수르 정책을 펴는 히스기야의 유다왕국을 대대적으로 침공합니다.(13~16절) 앗수르의 압도적인 군사력 앞에 히스기야는 항전을 포기하고 평화협상을 진행하려 했으나 그들은 공격을 멈추지 않았으며 애굽이나 하나님도 도울 수 없다며 조롱하기에 이릅니다.(17~25절) 그들은 일부로 유대의 언어로 조롱하며 백성들의 항전의지를 꺾고자 했으나 히스기야는 백성들이 동요하지 않도록 단속합니다.(26~37절)

빌레몬서 1장 : 도망자 오네시모를 용납해 줄 빌레몬을 의뢰함

- 내가 항상 내 하나님께 감사하고 기도할 때에 너를 말함은...(4-7)
- 도리어 사랑으로써 간구하노라 나이가 많은 나 바울은 지금 또 예수 그리스도를...(9-14)
- 이 후로는 종과 같이 대하지 아니하고 종 이상으로 곧 사랑 받는 형제로 둘 자라...(16-18)
- 오 형제여 나로 주 안에서 너로 말미암아 기쁨을 얻게 하고 내 마음이 그리스도...(20-21)

빌레몬서는 철저한 신분제 사회에서 오직 복음으로만 가능한 놀라운 역사를 전해 줍니다. 복음을 전하다가 옥에 갇히게 된 바울은 빌레몬과 압비아, 아킵보 및 빌레몬의 집에 있는 교회에 편지합니다.(1~3절) 바울은 빌레몬의 성도에 대한 사랑과 믿음에 감사하면서 사도의 권위가 아닌 사랑의 마음으로 오네시모의 신변에 관한 부탁을 합니다.(4~14절) 무익한 자라는 표현에서 오네시모가 주인에게 잘못을 저지르고 도망간 종임을 유추할 수 있습니다. 그러나 오네시모는 바울을 통해 복음을 접하고 지금은 바울의 중요한 동역자가 되어 있습니다. 바울은 오네시모와 함께 사역할 수 있도록 빌레몬에게 허락을 구합니다.(15~19절) 바울은 빌레몬의 결정이 자신에게 기쁨과 평안을 줄 것을 확신합니다.(20~25절)

호세아 11장 : 구원을 베풀 바알과 아로새긴 우상을 의뢰함

- 이스라엘이 어렸을 때에 내가 사랑하여 내 아들을 애굽에서 불러냈거늘...(1-5)
- 내 백성이 끝끝내 내게서 물러가나니 비록 그들을 불러 위에 계신 이에게로 돌아오라...(7-11)

하나님은 이스라엘을 향해 내 아들이라 부르며 사랑을 쏟았으나 돌아온 것은 그들의 패역함과 외면이었습니다.(1~4절) 사랑으로 길러 주신 하나님을 떠난 그들은 이방의 지배를 받게 될 것이며 그들이 아무리 위에 계신 이(=바알)에게 부르짖어도 한명도 구원받지 못할 것입니다.(5~7절) 그러나 하나님은 백성들을 심판하심으로 모든 것을 끝내시려 해도 백성들을 향한 긍휼이 불타올라서 견딜 수 없다고 말씀하십니다.(8~9절) 백성은 하나님을 거짓으로 대했지만 하나님은 사자같이 소리를 내시며 백성들의 회복을 위해 전면에 나설 것입니다.(10~12절) 사냥을 갔다 돌아온 어미가 새끼를 애타게 부르면 곳곳에 숨어 있던 새끼들이 모여드는 것을 연상하면 이해가 될 것입니다. 하나님의 소리를 듣고 우상에게로 갔던 백성들이 돌아올 것입니다.

시편 132-134편 : 여호와의 처소 찾기를 도우실 하나님을 의뢰함

- 여호와여 다윗을 위하여 그의 모든 겸손을 기억하소서...(132:1-5)
- 보라 형제가 연합하여 동거함이 어찌 그리 선하고 아름다운고...(133:1-3)
- 보라 밤에 여호와의 성전에 서 있는 여호와의 모든 종들아 여호와를 송축하라...(134:1-3)

(132편) 성전에 올라가며 부르는 노래 중에서 성전 건립의 과정과 성전의 의미가 잘 나타나는 시입니다. 블레셋과의 전쟁에서 패한 이스라엘은 사울 왕이 죽고 언약궤도 빼앗겼습니다. 언약궤를 가져간 블레셋에서 연이어 재앙이 일어나자 그들은 언약궤를 기럇여아림의 아비나답의 집으로 옮겨 놓았습니다. 다윗은 하나님의 언약궤를 왕궁으로 모시겠다는 계획을 세웁니다.(1~5절) 언약궤가 돌아오는 날 다윗은 백성들과 함께 기뻐하며 춤을 춥니다.(6~9절) 시인은 하나님이 다윗을 기억하셔서 그의 왕조를 지켜 주실 것을 확신합니다.(10~12절) 하나님은 성전건축을 계획한 다윗을 축복하셔서 시온을 거처로 삼으시고 백성을 축복하시고 다윗의 권위를 더하여 주실 것입니다.(13~18절)
(133편) 형제의 연합은 보배로운 기름이 아론의 머리에서 수염을 타고 옷깃까지 흘러내리는 모습 같고 헐몬의 이슬이 모여 요단으로 흘러 내려가는 모습과 같습니다. 위로부터 은혜가 임할 때 공동체의 연합이 이루어집니다.
(134편) 성전에 올라가는 노래의 마지막편입니다. 여호와의 종은 제사장과 레위인일 수도 있고 여호와의 임재를 바라며 제사하는 사람들일 수도 있습니다. 늦은 밤에 성전에서 제사가 이루어지고 있는 가운데 시인은 손을 들고 송축하며 적극적으로 제사에 참여하라고 촉구합니다. 송축은 여호와의 종들의 마땅한 행위입니다.

내 마음과 삶에 신앙개혁이 일어나게 하셔서 우상의 찌꺼기들이 사라지게 하옵소서. '내가 너를 사랑하는 마음이 너무 커서 불 붙는 것 같다'는 주님의 음성을 듣는 이 시간이 참으로 행복합니다. 그 사랑을 힘입어 사랑의 지경이 넓어지게 하시고 위로부터 임하는 주의 은혜가 가정과 교회에 넘치게 하옵소서.

11/6

본문 열왕기하 19장 | 히브리서 1장 | 호세아 12장 | 시편 135-136편

주제 존귀 (尊貴, 지위나 신분이 높고 귀함)

창조주이시고 구원자이시며 전능자이신 하나님과 예수 그리스도는 천지만물 뿐만이 아니라 그 위에 가장 존귀하시다. 모든 피조물은 존귀하신 성부와 성자께 찬송해야 하며 또 감사해야 한다.

열왕기하 19장 : 존귀하신 주 여호와를 비방한 산헤립의 최후

- 히스기야 왕이 듣고 그 옷을 찢고 굵은 베를 두르고 여호와의 전에 들어가서...(1-4)
- 앗수르 왕은 구스 왕 디르하가가 당신과 싸우고자 나왔다 함을 듣고 다시 히스기야에게 사자를 보내며 이르되...(9-11)
- 여호와께서 앗수르 왕에게 대하여 이같이 말씀하시기를 처녀 딸 시온이 너를 멸시하며 너를 비웃었으며 딸 예루살렘이 너를 향하여 머리를 흔들었느니라...(21-25)
- 내가 나와 나의 종 다윗을 위하여 이 성을 보호하여 구원하리라 하셨나이다 하였더라...(34-37)

앗수르의 지휘관 랍사게가 예루살렘을 겹겹이 에워싼 채 항복을 종용하는 상황에서 히스기야는 이사야 선지자에게 기도를 요청하였는데 이사야는 예루살렘의 구원과 앗수르 왕 산헤립의 죽음을 예언합니다.(1~7절) 이때 유다의 요새 라기스성 근처에 있는 립나를 공격하고 있던 산헤립은 애굽의 군대가 자신을 치러 온다는 소식을 듣고 서둘러 유다의 항복을 받아내기 위해 히스기야에게 항복을 권하는 협박편지를 보냅니다.(8~13절) 산헤립의 편지를 들고 성전에서 기도하던 히스기야는 기도의 응답을 확신하게 됩니다.(14~20절) 하나님은 산헤립의 교만을 책망하시며 그의 비참한 운명을 예고하십니다.(21~28절) 하나님은 하룻밤 사이에 아시리아 대군을 멸하셨으며 쓸쓸히 본국으로 돌아간 산헤립은 결국 모반으로 인해 최후를 맞게 됩니다.(29~37절)

히브리서 1장 : 존귀하신 예수 그리스도는 천사보다 뛰어남

- 옛적에 선지자들을 통하여 여러 부분과 여러 모양으로 우리 조상들에게 말씀하신 하나님이...(1-5)
- 아들에 관하여는 하나님이여 주의 보좌는 영영하며 주의 나라의 규는 공평한 규이니이다...(8-9)
- 그것들은 멸망할 것이나 오직 주는 영존할 것이요 그것들은 다 옷과 같이 낡아지리니(11)

구약의 모든 예언은 한 분에게로 집약되며, 한 분을 통하여 성취되었는데 그가 바로 예수 그리스도이십니다.(1~2절) 하나님의 본체의 형상이신 예수님은 하나님의 영광을 직접 보여 주셨고, 만물을 창조하셨고 유지하고 계시며, 죄를 정결케 하고, 하나님 보좌 우편에서 다스리시는 분이십니다.(3~4절) 기름 부음 받은 하나님의 아들 예수 그리스도는 천사와 비교할 수 없는 지위를 가지고 계십니다.(5~9절) 그는 창조주이시지만 천사들은 그리스도 및 그리스도인을 섬기는 영들입니다.(10~14절)

호세아 12장 : 존귀하신 만군의 하나님께 돌아오길 호소함

- 에브라임은 바람을 먹으며 동풍을 따라가서 종일토록 거짓과 포학을 더하여 앗수르와 계약을 맺고 기름을 애굽에 보내도다...(1-6)
- 에브라임이 말하기를 나는 실로 부자라 내가 재물을 얻었는데 내가 수고한 모든 것 중에서 죄라 할 만한 불의를 내게서 찾아 낼 자 없으리라 하거니와...(8-10)
- 야곱이 아람의 들로 도망하였으며 이스라엘이 아내를 얻기 위하여 사람을 섬기며...(12-13)

이스라엘은 앗수르와 애굽 사이에서 줄타기 외교를 통해 생존을 구걸했으며 신실하신 하나님께는 거짓과 속임수로 나아갔습니다.(1~2절) 그러나 하나님은 속임수와 거짓에 능했던 그들의 조상 야곱을 벧엘에서 만나주셨음을 언급하며 다시 돌아오기를 촉구하십니다.(3~6절) 야곱이 형을 피해 아람에서 도피생활 할 때나 이스라엘 백성들이 애굽에서 종살이할 때에 함께 하신 하나님은 선지자를 보내 거짓과 불의로 가득한 이스라엘 백성들에게 회개를 촉구하시지만 오히려 하나님을 멀리하고 길르앗과 길갈에서는 수송아지 제단까지 만들어 숭배하는 등 하나님을 진노케 하므로 그들은 결국 수치를 당하게 될 것입니다.(7~14절)

시편 135-136편 : 모든 신들보다 존귀하신 여호와를 감사 찬송함

- 할렐루야 여호와의 이름을 찬송하라 여호와의 종들아 찬송하라...(135:1-3)
- 그가 애굽의 처음 난 자를 사람부터 짐승까지 치셨도다(135:8)
- 이스라엘 족속아 여호와를 송축하라 아론의 족속아 여호와를 송축하라...(135:19-21)
- 여호와께 감사하라 그는 선하시며 그 인자하심이 영원함이로다...(136:1-4)
- 큰 왕들을 치신 이에게 감사하라 그 인자하심이 영원함이로다(136:17)
- 우리를 비천한 가운데에서도 기억해 주신 이에게 감사하라 그 인자하심이...(136:23-25)

(135편) 시인은 성전 뜰에 서 있는 자들에게 하나님이 이스라엘 역사 가운데 행하신 일들을 찬양할 것을 촉구합니다.(1~4절) 모든 신들 위에 뛰어나신 하나님은 세상을 만드셨으며, 애굽을 심판하셨고, 대적들을 물리치시고 땅을 기업으로 주셨습니다.(5~12절) 판단(=심판)과 위로(=구원)의 하나님은 영원하십니다.(13~14절) 생명 없는 우상을 의지하는 자는 우상과 같은 처지가 될 것입니다. (15~18절) 시인은 성전에 모인 자들에게 다시 한번 여호와를 송축하라고 외칩니다.(19~21절)
(136편) 역사시편이면서 동시에 모든 구절에 "여호와께 감사하라 그 인자하심이 영원함이로다"라는 문구가 반복되는 감사시편입니다. 시인은 창조의 역사(4~9절), 출애굽의 구원의 역사(10~15절), 가나안 땅에 대한 약속의 성취(16~22절) 등 과거의 역사적 사실과 경험 그리고 현재의 역사(23~26절)에서 감사의 내용을 찾아 고백합니다.

히스기야의 간절한 기도에 응답하신 구원의 하나님을 찬양합니다. 위기에서 하나님을 붙드는 그 신앙을 배우게 하옵소서. 무엇과도 비교할 수 없는 영광과 우월함을 가지신 예수 그리스도를 찬양합니다. 만물은 그의 것입니다. 또한 그의 인자하심의 영원함을 찬양합니다. 내 평생에 주를 찬양할 것을 결단합니다. 언제나 인자와 성실을 베풀어 주옵소서.

11/7

본문 열왕기하 20장 | 히브리서 2장 | 호세아 13장 | 시편 137-138편

주제 보응 (報應, 착한 일과 악한 일이 그 원인과 결과에 따라 대갚음을 받음)

하나님께서는 각 사람에게 그 행한 대로 보응하신다. 또한 하나님만이 공의로우시며 공정한 재판장이시기에 피조물이요, 구원받은 성도는 이를 기억하고 기도함과 선한 일에 힘써야 한다.

열왕기하 20장 : 전심으로 기도하는 히스기야에게 보응하심

- 그 때에 히스기야가 병들어 죽게 되매 아모스의 아들 선지자 이사야가 그에게 나아와서 그에게 이르되 여호와의 말씀이 너는 집을 정리하라 네가 죽고 살지 못하리라 하셨나이다...(1-3)
- 그 때에 발라단의 아들 바벨론의 왕 브로닥발라단이 히스기야가 병 들었다 함을 듣고 편지와 예물을 그에게 보낸지라...(12-15)
- 여호와의 말씀이 날이 이르리니 왕궁의 모든 것과 왕의 조상들이 오늘까지 쌓아...(17-19)

히스기야는 어려운 일이 생길 때마다 늘 하나님을 찾았습니다. "나의 도움은 천지를 지으신 여호와에게서로다"(시 121:2) 이번에는 기도로 개인의 운명이 바뀐 이야기입니다. 하나님 앞에 선하게 행한 것을 기억해 달라는 히스기야의 기도에 응답하신 하나님은 앗수르의 위협으로부터의 구원과 질병의 치유를 약속하셨고, 이를 입증하는 징표도 보여주셨습니다.(1~11절) 바벨론과 동맹을 맺고 반앗수르 정책을 펴나가던 히스기야는 예루살렘을 방문한 바벨론 사신에게 주요 시설들을 다 보여주었는데, 하나님은 훗날 바벨론이 예루살렘을 점령하고 약탈할 것을 미리 알려주십니다.(12~18절) 히스기야는 하나님의 주권과 그의 선하심을 인정합니다.(19~21절)

히브리서 2장 : 구원을 등한히 여기는 성도에게 보응하심

- 그러므로 우리는 들은 것에 더욱 유념함으로 우리가 흘러 떠내려가지 않도록 함이...(1-4)
- 그러나 누구인가가 어디에서 증언하여 이르되 사람이 무엇이기에 주께서 그를 생각하시며 인자가 무엇이기에 주께서 그를 돌보시나이까...(6-10)
- 자녀들은 혈과 육에 속하였으매 그도 또한 같은 모양으로 혈과 육을 함께 지니심은...(14-18)

하나님 보좌 우편에 앉아 만유를 다스리시는 아들 예수 그리스도의 존재(1장)와 복음의 메시지가 흘러 떠내려가지 않도록 들은 것에 더욱 유념해야 합니다.(1절) 천사를 통해 전해진 말씀을 어기는 것에 보응이 있음을 안다면 아들을 통해 전해진 말씀에 대한 불신은 더욱 큰 보응이 있음을 생각해야 하기 때문입니다.(2~4절) 하나님은 십자가의 고난을 위해 잠시 천사보다 못한 존재가 되게 하셨던 예수 그리스도께 장차 오게 될 하나님 나라를 온전히 맡기셨습니다.(5~9절) 예수님은 많은 아들들을 이끌어 영광(=죄 사함과 구원)에 들어가게 하시기 위해 혈과 육을 가지고 이 땅에 오셔서 고난을 받으셨습니다.(10~17절) 그러나 예수님은 시험을 받아 고난을 당하였으되 죄는 없으시기 때문에 우리를 능히 도우실 수 있습니다.(18절)

호세아 13장 : 바알과 우상을 숭배한 에브라임에게 보응하심

- 에브라임이 말을 하면 사람들이 떨었도다 그가 이스라엘 중에서 자기를 높이더니 바알로 말미암아 범죄하므로 망하였거늘...(1-6)
- 이스라엘아 네가 패망하였나니 이는 너를 도와 주는 나를 대적함이니라...(9-11)

한때 북이스라엘은 강성하여 주변 민족들에게 두려움을 주었으나 점차 바알신앙에 물들게 되었습니다.(1~3절) 그들은 광야에서 인도하신 하나님이 주신 제 1계명(나 외 다른 신들을 네게 두지 말지니라)을 어겼습니다.(4~6절) 하나님을 거부하고 인간 왕을 구했던 조상들과 같이 하나님이 아닌 우상에게 구원을 의뢰하여 언약을 파기한 그들에게 하나님은 맹수같이 진노를 발할 것입니다.(7~11절) 하나님은 잊은 그들에게 심판이 확정되었습니다.(12~16절)

시편 137-138편 : 감사와 찬송으로 예배하는 자에게 보응하심

- 이는 우리를 사로잡은 자가 거기서 우리에게 노래를 청하며 우리를 황폐하게 한 자가 기쁨을 청하고 자기들을 위하여 시온의 노래 중 하나를 노래하라 함이로다...(137:3-4)
- 여호와여 예루살렘이 멸망하던 날을 기억하시고 에돔 자손을 치소서 그들의 말이 헐어 버리라 헐어 버리라 그 기초까지 헐어 버리라 하였나이다...(137:7-8)
- 내가 전심으로 주께 감사하며 신들 앞에서 주께 찬송하리이다...(138:1-3)
- 내가 환난 중에 다닐지라도 주께서 나를 살아나게 하시고 주의 손을 펴사 내 원수들의 분노를 막으시며 주의 오른손이 나를 구원하시리이다...(138:7-8)

(137편) 시인이 속한 공동체가 바벨론 포로 시절에 시온을 생각하며 울었다고 고백합니다.(1~4절) 이는 바벨론 사람들이 유대인들에게 시온의 노래(=예배찬송)를 자신들의 유흥을 위해 부르도록 강요했기 때문입니다. 시인은 만약 자신이 예루살렘을 사모하지 않았다면 자신의 오른손이 그 기능을 잃고 혀가 입천장에 붙었을 것이라고 말합니다.(5~6절) 바벨론의 포로로 있던 하나님의 백성들은 예루살렘을 잊을 수 없었습니다. 시인은 유다를 멸망시킨 바벨론과 바벨론 침공 당시 유다의 멸망을 이용하여 이득을 챙긴 에돔에 대한 하나님의 심판을 요청합니다.(7~9절)
(138편) 다윗의 신앙고백을 바탕으로 한 개인 감사시입니다. 큰 어려움을 겪은 다윗이 기도응답을 받고 전심으로 감사하며, 특별히 신들 앞에서의 찬송을 결단합니다.(1~3절) 여기서 말하는 신은 우상을 가리키는 것으로 우상에 비교할 수 없는 탁월하신 하나님의 역사는 이방 민족 가운데 더욱 크게 드러나게 될 것입니다.(4~5절) 낮은 자를 살피시는 하나님은 환난 중에 붙드십니다.(6~8절)

나의 도움은 오직 하나님으로부터 옴을 고백합니다. 내 앞에 다른 신을 두지 않고 여호와 하나님만을 경외하게 하옵소서. 십자가 고난을 통해 하나님을 아버지라 부르는 참 형제가 되게 하신 예수님을 찬양하게 하옵소서.

11/8

본문 열왕기하 21장 | 히브리서 3장 | 호세아 14장 | 시편 139편

주제 **불의** (不義, 정의롭지 못하고 도리에 어긋남. 하나님의 뜻을 거역함)

하나님의 은혜와 사랑을 풍성히 받았으면서도 하나님의 뜻과 법을 어기며 불의를 행한 남왕국 유다의 왕과 출애굽한 백성들, 북왕국 이스라엘의 백성들과 다윗을 해롭게 한 원수들은 모두 멸망을 당하였다.

열왕기하 21장 : 불의한 므낫세 왕이 아버지의 업적을 무너뜨림

- 므낫세가 왕이 될 때에 나이가 십이 세라 예루살렘에서 오십오 년간 다스리니라 그의 어머니의 이름은 헵시바더라...(1-9)
- 므낫세가 유다에게 범죄하게 하여 여호와께서 보시기에 악을 행한 것 외에도 또 무죄한 자의 피를 심히 많이 흘려 예루살렘 이 끝에서 저 끝까지 가득하게 하였더라(16)
- 아몬이 왕이 될 때에 나이가 이십이 세라 예루살렘에서 이 년간 다스리니라 그의 어머니의 이름은 므술레멧이요 욧바 하루스의 딸이더라...(19-24)

남유다 최장수 왕인 므낫세는 55년간 통치하면서 온갖 악행을 저질렀습니다.(1~7절) 아버지 히스기야와는 정반대의 길을 간 므낫세로 인해 백성들도 다시 우상을 숭배하며 악을 행하게 되었습니다.(8~9절) 무죄한 자의 피도 많이 흘린 므낫세와 유다에게 하나님의 심판이 선고됩니다.(10~18절) 므낫세의 아들 아몬 역시 악한 왕이었는데 결국 신복들에게 암살당하고 어린 요시야가 왕위를 잇게 됩니다.(19~26절)

히브리서 3장 : 불의한 출애굽 백성이 주의 안식에 못 들어감

- 그러므로 함께 하늘의 부르심을 받은 거룩한 형제들아 우리가 믿는 도리의 사도이시며 대제사장이신 예수를 깊이 생각하라...(1-3)
- 또한 모세는 장래에 말할 것을 증언하기 위하여 하나님의 온 집에서 종으로서 신실하였고...(5-6)
- 형제들아 너희는 삼가 혹 너희 중에 누가 믿지 아니하는 악한 마음을 품고 살아 계신 하나님에게서 떨어질까 조심할 것이요...(12-14)
- 듣고 격노하시게 하던 자가 누구냐 모세를 따라 애굽에서 나온 모든 사람이 아니냐...(16-19)

하늘의 부름을 받은 거룩한 형제인 우리들은 모세와 같이 하나님 앞에 신실함을 나타내신 대제사장 예수 그리스도를 깊이 생각해야 합니다.(1~2절) 모세와 예수님은 신실함이라는 공통점을 가지고 있지만 집을 지은 자(=창조주)와 집(피조물)이라는 큰 차이가 있으며, 무엇보다 예수님은 만물을 지으신 하나님과 동등하신 분이십니다.(3~4절) 또한 모세가 종으로서 신실함을 보였다면 예수님은 아들로서 신실함을 나타내셨습니다.(5~6절) 하나님의 말씀에 대해 거역을 일삼으며 완고히 행하다가 멸망당한 조상들이 그랬던 것처럼 신실한 아들 예수 그리스도 앞에 완고한 마음을 가져서는 안 될 것이며 진리의 복

음을 끝까지 붙잡는 자가 되어야 할 것입니다.(7~19절)

호세아 14장 : 불의한 이스라엘이 회개하고 돌아오길 호소함

- 이스라엘아 네 하나님 여호와께로 돌아오라 네가 불의함으로 말미암아 엎드러졌느니라...(1-3)
- 내가 그들의 반역을 고치고 기쁘게 그들을 사랑하리니 나의 진노가 그에게서 떠났음이니라...(4-7)
- 누가 지혜가 있어 이런 일을 깨달으며 누가 총명이 있어 이런 일을 알겠느냐 여호와의 도는 정직하니 의인은 그 길로 다니거니와 그러나 죄인은 그 길에 걸려 넘어지리라(9)

하나님은 심판의 기간이 지나고 나면 다시 회복하시겠다는 뜻을 나타내십니다.(4절) 이스라엘 백성들은 불의를 인정하고 용서를 구하며 자신을 온전히 드리겠다는 각오를 가지고 하나님께 돌아와야 합니다.(1~3절) 이스라엘 백성들은 이슬같이 임하는 하나님으로 인해 다시 견고하게 뿌리를 내려 자라나게 될 것이며 아름다운 향을 낼 것입니다.(5~6절) 우상을 섬기던 그들은 하나님으로부터 나오는 열매를 얻게 될 것입니다.(7~8절) 심판 이후 회복하시는 하나님의 지혜를 깨닫고 하나님의 길로 나아가야 합니다.(9절)

시편 139편 : 불의한 자를 미워하는 다윗을 다 아시는 여호와

- 여호와여 주께서 나를 살펴 보셨으므로 나를 아시나이다...(1-5)
- 거기서도 주의 손이 나를 인도하시며 주의 오른손이 나를 붙드시리이다(10)
- 내 형질이 이루어지기 전에 주의 눈이 보셨으며 나를 위하여 정한 날이 하루도 되기 전에 주의 책에 다 기록이 되었나이다...(16-17)
- 내게 무슨 악한 행위가 있나 보시고 나를 영원한 길로 인도하소서(24)

시인은 악인으로 인해 매우 심각한 위기를 겪은 것으로 보입니다.(19절) 시인은 자신이 얼마나 처절하고 궁핍한 상황에 처해 있는지 하나님이 아신다고 생각합니다.(1~6절) 금방이라도 무너질 것 같은 처지에 놓여 있지만 하나님은 그의 오른손으로 시인을 붙들고 계십니다.(7~12절) 하나님은 생명체가 사람의 형체를 갖추기 전인 뱃속에서부터, 아니 잉태할 때부터 우리를 너무 잘 아시기에 이것을 깨닫게 되면 인간의 유한함과 비교되는 무한하신 창조주의 능력에 경이로움을 갖게 됩니다.(13~16절) 시인은 자신을 향한 하나님의 생각이 심히 크고 깊다고 고백합니다.(17~18절) 시인은 자신의 힘겨운 상황을 토로하면서 악인에 대한 심판을 요청하고 거룩한 삶을 결단합니다.(19~24절)

심판은 잠깐이지만 은총은 영원토록 베푸시는 하나님께서 능력의 오른손으로 나를 굳건히 붙들고 계심을 믿습니다. 악한 길로 달려가다가 후손과 백성들의 인생 모두를 망친 므낫세의 인생을 통해 가지 말아야 할 길에 대한 지혜를 얻습니다. 거룩한 길로 행하게 하옵소서.

11/9

본문 열왕기하 22장 | 히브리서 4장 | 요엘 1장 | 시편 140-141편

주제 결부 (結付, 일정한 사물이나 현상을 서로 끌어 붙여 연관시킴)

올바른 결부는 아름다운 열매를 맺지만 그릇된 결부는 자기 합리화에 빠져 핑계와 변명으로 추한 결과를 낳는다. 그러므로 하나님이 주시는 모든 것을 우리의 인생에 바로 결부시켜 승리하는 자가 되어야 한다.

열왕기하 22장 : 율법책을 백성통치에 결부시켜 나라를 세움

- 요시야가 왕위에 오를 때에 나이가 팔 세라 예루살렘에서 삼십일 년간 다스리니라 그의 어머니의 이름은 여디다요 보스갓 아다야의 딸이더라...(1-8)
- 또 서기관 사반이 왕에게 말하여 이르되 제사장 힐기야가 내게 책을 주더이다 하고...(10-17)
- 내가 이 곳과 그 주민에게 대하여 빈 터가 되고 저주가 되리라 한 말을 네가 듣고...(19)

요시야가 8세에 왕위에 오릅니다.(1~2절) 재임기간 하나님을 사랑하고 정직하게 행한 요시야의 지시로 성전을 수리하던 중 여호와의 율법책 곧 신명기가 발견되어 서기관이 그 내용을 왕 앞에서 읽던 중 요시야는 옷을 찢으며 회개합니다.(3~11절) 요시야는 유다가 거듭되는 불순종으로 인하여 큰 위기에 봉착해 있음을 깨닫고 제사장과 신하를 여선지자 훌다에게로 보냅니다.(12~13절) 훌다는 말씀에 기록된 대로 재앙이 임할 것을 선포하며 요시야가 깨달은 내용이 틀림없음을 확증해 줍니다.(14~17절) 그러나 하나님은 말씀 앞에 겸비한 요시야가 율법에 기록된 끔찍한 심판을 겪지 않을 것이라고 말씀하십니다.(18~20절)

히브리서 4장 : 들은 복음을 믿음에 결부시켜 안식에 들어감

- 그러므로 우리는 두려워할지니 그의 안식에 들어갈 약속이 남아 있을지라도...(1-2)
- 그러면 거기에 들어갈 자들이 남아 있거니와 복음 전함을 먼저 받은 자들은 순종하지 아니함으로 말미암아 들어가지 못하였으므로...(6-16)

여호수아와 갈렙을 제외한 출애굽 1세대들은 안식(=약속의 땅)에 들어갈 약속이 있었음에도 불구하고 들어가지 못했습니다. 만약 우리가 여호수아와 갈렙처럼 약속의 말씀에 믿음을 결부한 자가 된다면 하나님이 세상을 창조할 때부터 존재했던 안식을 누릴 수 있습니다.(1~3절) 예수 그리스도는 우리보다 앞서서 이 안식을 누리고 계십니다. 영원한 안식에 대한 하나님의 약속은 우리에게 약속의 말씀을 받은 자로서의 온전한 믿음과 순종을 요구합니다.(4~11절) 우리는 4장에서 예수 그리스도를 구주로 영접한 유대인 중에 믿음을 저버리고 영원한 안식에 이르지 못할 자가 혹 생길까 걱정하는 저자의 마음을 읽을 수 있습니다. 안식에 대한 약속을 이루시는 하나님의 말씀은 살아 있고 활력이 있으며 말씀 앞에 모든 것이 숨김없이 드러나게 됩니다.(12~13절) 우리의 연약함을 도우시는 대제사장 예수 그리스도의 존재는 하나님의 약속의 성취를 보증합니다.(14~16절)

요엘 1장 : 심판의 교훈을 회개에 결부시켜 후손에게 전함

- 브두엘의 아들 요엘에게 임한 여호와의 말씀이라...(1-7)
- 소제와 전제가 여호와의 성전에서 끊어졌고 여호와께 수종드는 제사장은 슬퍼하도다...(9-15)
- 씨가 흙덩이 아래에서 썩어졌고 창고가 비었고 곳간이 무너졌으니 이는 곡식이..(17-18)

선지자 이름인 요엘은 '여호와'와 '엘'의 합성어로 여호와는 하나님이시다라는 뜻입니다. 요엘에게 임한 하나님의 말씀은 다양한 계층을 소환합니다. 먼저, 늙은 자(=말 그대로 나이가 많은 사람)에게 이제껏 본적 없는 메뚜기 재앙이 임할 것을 경고합니다.(2~4절) 두 번째로, 술 취한 자(=포도주를 마시며 유흥에 빠져 있는 자)에게는 재앙이 임할 것이므로 즐기던 것을 멈추고 깨어나 울어야 할 때가 올 것을 경고합니다.(5~7절) 세 번째로, 모든 백성에게 성전제사가 끊어지며 양식이 바닥나고 생산이 멈추는 날이 이를 것이므로 약혼자를 잃은 처녀와 같이 슬퍼할 때가 올 것을 경고합니다.(8~12절) 하나님과의 관계 중단과 삶의 붕괴를 경고한 것입니다. 여호와의 날 곧 심판의 날이 이를 것이므로 지도자들은 물론 모든 백성들이 함께 모여 금식하며 회개로 나아가야 할 것입니다.(13~20절)

시편 140-141편 : 악의 시험과 의의 책망을 성숙에 결부시켜 기도함

- 여호와여 악인에게서 나를 건지시며 포악한 자에게서 나를 보전하소서(140:1)
- 내가 여호와께 말하기를 주는 나의 하나님이시니 여호와여 나의 간구하는 소리에...(140:6)
- 나의 기도가 주의 앞에 분향함과 같이 되며 나의 손 드는 것이 저녁 제사 같이...(141:2-5)
- 주 여호와여 내 눈이 주께 향하며 내가 주께 피하오니 내 영혼을 빈궁한 대로...(141:8-10)

(140편) 악한자로부터 고통당하는 다윗의 개인 탄원시입니다. 다윗은 매일 계속되는 악인의 모함과 공격으로부터 자신을 지켜 달라고 기도합니다.(1~6절) 더 나아가 악인의 소원을 끊으시고 자신을 향한 그들의 저주가 그들에게로 돌아가게 해 달라고 기도하며 악인에 대한 하나님의 심판을 촉구합니다.(7~11절) 그는 하나님이 올바른 재판관이 되어 주실 것을 신뢰합니다.(12~13절)

(141편) 다윗은 악인의 공격으로부터 건져 주시길 바라며 드리는 기도가 마치 분향과 저녁 제사와 같다고 고백합니다.(1~2절) 그는 악인의 음모에 가담하지 않기를, 의인의 책망을 겸허히 들을 수 있기를, 자신을 책망하는 의인이 고난 당하지 않도록 자신이 기도할 수 있기를 바라고 있습니다.(3~5절) 악인의 편에 선 재판관들에 대한 하나님의 심판이 있을때에야 비로소 사람들은 시인의 말을 달게 들을 것입니다. 그러나 현재 시인의 형편은 스올 앞에 흩어진 해골과 같은 상황입니다.(6~7절) 시인은 악인이 쳐 놓은 그물에 그들이 걸리고, 자신은 벗어나기를 탄원합니다.(8~10절)

말씀에 대하여 어떻게 반응하느냐에 따라 구원과 심판이 결정됩니다. 말씀 앞에 겸비한 요시야와 같은 마음을 늘 갖게 하여 주시고 영원한 안식을 약속받은 자로서 참된 믿음을 가지고 순종하며 살아가게 하옵소서. 공의의 하나님을 재판관 삼을 수 있도록 하나님 앞에 늘 정직히 행하게 하옵소서.

11/10

본문 열왕기하 23장 | 히브리서 5장 | 요엘 2장 | 시편 142편
주제 온전 (穩全, 결점이 없고 완전함)

성경에서 온전은 성삼위일체 하나님과 사람에게 사용되었다. 물론 하나님의 온전하심과 인간의 온전함은 다르다. 하나님의 형상을 따라 지음을 받은 인간은 피조물로서의 최선의 온전함을 의미한다.

열왕기하 23장 : 요시야 왕의 온전한 종교개혁과 유월절 지킴

- 왕이 보내 유다와 예루살렘의 모든 장로를 자기에게로 모으고...(1-6)
- 또한 이스라엘에게 범죄하게 한 느밧의 아들 여로보암이 벧엘에 세운 제단과 산당을...(15-16)
- 전에 이스라엘 여러 왕이 사마리아 각 성읍에 지어서 여호와를 격노하게 한 산당을...(19-21)
- 요시야 당시에 애굽의 왕 바로 느고가 앗수르 왕을 치고자 하여 유브라데 강으로...(29)
- 여호야김이 왕이 될 때에 나이가 이십오 세라 예루살렘에서 십일 년간 다스리니라...(36-37)

요시야가 주도하는 종교개혁이 시작됩니다. 먼저 백성들에게 율법을 선포하고 하나님 앞에 언약을 체결하게 합니다.(1~3절) 이어서 우상숭배에 사용된 가증한 도구들을 불사르고, 산당과 산당 제사장을 모두 폐합니다.(4~9절) 인신제사 및 태양신 숭배를 금하고 예루살렘 성전 마당에 있는 제단을 헐고 이방신전도 허뭅니다.(10~15절) 이방신전은 외교관계를 위해 세워 놓은 것이기에 외교적 마찰까지 각오한 강력한 개혁을 진행합니다. 북이스라엘의 초대 왕 여로보암이 벧엘에 불법제단을 만든 것 때문에 유다로부터 온 한 무명의 선지자가 벧엘 제단에 대한 심판을 선언한 적이 있습니다.(왕상13:1~3) 벧엘, 사마리아 등 북이스라엘의 일부 지역을 탈환한 요시야가 벧엘 제단을 파괴하면서 그 예언이 성취됩니다.(16~20절) 유월절까지 재개한 요시야였지만 오랜 기간 지속된 유다의 죄에 대한 심판 자체는 취소되지 않습니다.(21~28절) 애굽의 군대와의 전투에서 전사하면서 하나님을 경외한 왕 요시야의 생애는 끝이 납니다.(29~30절) 애굽의 바로 느고는 요시야의 뒤를 이은 여호아하스를 폐위시킨 후 애굽으로 끌고 갔으며 여호야김을 왕으로 옹립하여 친애굽 정권을 세웁니다.(31~37절)

히브리서 5장 : 온전한 예수 그리스도의 순종과 영원한 구원

- 대제사장마다 사람 가운데서 택한 자이므로 하나님께 속한 일에 사람을 위하여...(1-9)
- 때가 오래 되었으므로 너희가 마땅히 선생이 되었을 터인데 너희가 다시 하나님의 말씀의 초보에 대하여 누구에게서 가르침을 받아야 할 처지이니 단단한 음식은 못 먹고...(12-14)

영원한 대제사장 예수 그리스도와 인간 대제사장을 비교하여 설명합니다. 예수 그리스도는 죄가 없으신 하나님의 아들의 신분이지만 인간 대제사장은 연약에 휩싸인 자 즉, 죄인이기에 자신의 속죄를 위한 제사가 반드시 필요합니다.(1~3절) 예수님은 스스로 영광을 취할 충분한 자격이 있으시지만 오직 하나님의 뜻에 따라 멜기세덱의 반차를 따르는 제사장이 되셨습니다.(4~6절) "율법 후에 하신 맹세의 말씀은 영원히 온전하게 되

신 아들을 세우셨느니라"(히7:28) 고난을 거절하지 않으시고 순종의 길을 가셨으며 죄인인 우리를 대변하여 심한 통곡과 눈물의 간구를 드린 예수님은 대제사장으로서의 충분한 자격이 있으십니다.(7~10절) 저자는 영적으로 둔하고 진리에 관한 열망이 부족하며 여전히 유대교의 유혹에 흔들리고 있는 이들을 책망하면서 하나님은 어린아이 같은 믿음이 아니라 연단을 통해 단련되어 유혹을 이겨내는 장성한 믿음을 원하신다고 강조합니다.(11~14절)

요엘 2장 : 백성의 온전한 회개와 여호와의 풍성한 회복

- 시온에서 나팔을 불며 나의 거룩한 산에서 경고의 소리를 질러 이 땅 주민들로 다...(1-6)
- 여호와께서 그의 군대 앞에서 소리를 지르시고 그의 진영은 심히 크고 그의 명령을...(11-19)
- 시온의 자녀들아 너희는 너희 하나님 여호와로 말미암아 기뻐하며 즐거워할지어다...(23-32)

요엘은 여호와의 날에 대하여 좀 더 자세하게 설명합니다. 여호와의 날은 재앙의 날이요 심판의 날입니다.(1~3절) '많고 강한 백성'이라는 표현으로 보건데 여호와의 날은 이방민족을 통한 심판의 날이 될 것입니다.(4~6절) 이방민족이 여호와의 군대가 되어 이스라엘을 거침없이 공격할 날이 도둑같이 임할 것입니다.(7~9절) 그들이 하나님 대신 섬기던 일월성신이 빛을 잃을 정도로 크고 두려운 날이 될 것입니다.(10~11절) 확정된 심판에 대해 하나님의 백성이 할 수 있는 일은 모든 백성 심지어 신혼부부까지 다 나아와 금식하며 마음을 찢는 회개를 하는 것입니다.(12~17절) 회개로 나아간다면 하나님은 그들을 불쌍히 여기셔서 모든 것을 회복하시되 풍족한 은혜를 베푸시고, 두려움을 거두시고 기쁨을 주실 것이며, 그들의 하나님이 되어 주실 것입니다.(18~27절) 무엇보다 한시적으로 나타나던 하나님의 영의 임재가 모든 백성에게 나타날 것을 예언하는데 오순절 성령강림 사건(행2장)을 통해 성취됩니다.(28~32절)

시편 142편 : 다윗의 온전한 부르짖음과 여호와의 보호하심

- 내가 소리 내어 여호와께 부르짖으며 소리 내어 여호와께 간구하는도다 내가 내 원통함을 그의 앞에 토로하며 내 우환을 그의 앞에 진술하는도다...(1-7)

표제어를 통해 시의 배경을 확인할 수 있는데 사울에게 쫓겨 굴에 숨어 있는 비참한 상황에 있는 다윗이 하나님께 드리는 탄원입니다. 원통함과 우환으로 인한 고통에 시달리는 다윗은 자신의 편에 선 자들이 보이지 않는 상황에서 자신의 길을 아시는 하나님께 소리 내어 부르짖습니다.(1~4절) 시인은 피난처요 분깃(=유산)이 되시는 하나님을 향한 신뢰를 고백하며 자신의 영혼을 건져 주심으로 인하여 감사하며 의인들과 함께할 날을 소망하고 있습니다.(5~7절)

재앙과 심판이 예고되어 있더라도 회개를 통해 피할 길을 주시는 사랑과 긍휼의 하나님을 알게 하옵소서. 우상에 대해 단호하게 개혁하는 요시야의 결단력을 배우게 하옵소서. 나를 위해 눈물의 기도와 간구를 드리며 십자가의 길을 걸어가신 영원한 대제사장 되시는 예수님을 배우게 하옵소서.

11/11

본문 열왕기하 24장 | 히브리서 6장 | 요엘 3장 | 시편 143편

주제 맹세 (盟誓, 임무나 약속을 시행하거나 목표를 이룰 것을 굳게 다짐함)

성경은 맹세의 문제를 매우 중요하게 다룬다. 누구에게 맹세를 할 것인가의 문제로부터 무엇을 맹세할 것인가를 다룬다. 하나님은 자신에게 맹세하고 인간은 하나님께 맹세하되 진실과 결단의 문제를 다룬다.

열왕기하 24장 : 주 하나님이 유다를 멸하실 것을 맹세하심

- 여호야김 시대에 바벨론의 왕 느부갓네살이 올라오매 여호야김이 삼 년간 섬기다가 돌아서 그를 배반하였더니...(1-4)
- 여호야긴이 왕이 될 때에 나이가 십팔 세라 예루살렘에서 석 달간 다스리니라 그의 어머니의 이름은 느후스다요 예루살렘 엘라단의 딸이더라...(8-10)
- 그가 여호와의 성전의 모든 보물과 왕궁 보물을 집어내고 또 이스라엘의 왕 솔로몬이...(13-19)

애굽에 의해 왕으로 추대된 여호야김은 친애굽에서 친바벨론으로, 친바벨론에서 다시 친애굽으로 외교노선을 변경합니다.(23:36~24:1) 여호야김의 친애굽 노선은 바벨론의 침략을 불러와 그는 사로잡혀 바벨론으로 끌려가게 되었고 여호야긴이 왕위에 오르게 됩니다.(대하 36:6,2~7절) 하나님이 아닌 강대국을 의존하는 정책은 유다에게 올무가 되었습니다. 여호야긴 역시 악행을 일삼다 3개월 만에 바벨론의 침략을 받아 바벨론으로 사로잡혀 갔습니다.(8~16절) 유다의 마지막 왕이 된 시드기야는 여호와 보시기에 악을 행하며, 외교적으로는 반바벨론 노선을 선택함으로써 유다의 멸망을 재촉합니다.(17~20절)

히브리서 6장 : 주가 기업을 받는 자에게 약속을 맹세하심

- 그러므로 우리가 그리스도의 도의 초보를 버리고 죽은 행실을 회개함과 하나님께...(1-2)
- 한 번 빛을 받고 하늘의 은사를 맛보고 성령에 참여한 바 되고...(4-6)
- 사랑하는 자들아 우리가 이같이 말하나 너희에게는 이보다 더 좋은 것 곧 구원에...(9-13)
- 하나님은 약속을 기업으로 받는 자들에게 그 뜻이 변하지 아니함을 충분히 나타내시려고 그 일을 맹세로 보증하셨나니...(17-20)

5장에서 언급한 장성한 자에 이르려면 죽은 행실에 대한 회개와 하나님에 대한 믿음, 세례교리, 안수(=성령임재), 부활과 심판 등의 기초 교리를 다시 닦지 말고 즉, 기초 교리에만 머무르지 말고 성숙한 경지로 나아가야 하는데 우리의 연약함을 도우시며 따라야 할 모범이 되시는 예수님으로 인해 그것이 가능해질 것입니다.(1~3절) 은사와 성령과 말씀을 받은 자가 그리스도를 떠난다면 그것 자체로 이미 저주를 받은 것입니다.(4~6절) 그리스도인은 절대로 그런 삶으로 나아갈 수 없으며, 은혜의 비를 맞으면 못된 열매(=엉겅퀴)가 아닌 좋은 열매(=채소)를 맺게 됩니다.(7~8절) 저자는 히브리서의 1차 독자들 대부분이 믿음의 선한 증거와 열매를 보이고 있다고 위로하면서 동시에 영

적으로 더욱 분발할 것을 촉구합니다.(9~12절) 아브라함이 인내함으로 약속의 성취를 맛보았듯이 고난 가운데 있는 히브리서 독자들 역시 인내가 필요합니다.(13~15절) 맹세로써 약속에 대해 보증하시는 하나님의 신실함이 우리의 소망이 됩니다.(16~20절)

요엘 3장 : 여호와가 이방민족을 멸할 것을 맹세하심

- 보라 그 날 곧 내가 유다와 예루살렘 가운데에서 사로잡힌 자를 돌아오게 할 그 때에...(1-3)
- 곧 너희가 내 은과 금을 빼앗고 나의 진기한 보물을 너희 신전으로 가져갔으며...(5-8)
- 여호와께서 시온에서 부르짖고 예루살렘에서 목소리를 내시리니 하늘과 땅이 진동하리로다 그러나 여호와께서 그의 백성의 피난처, 이스라엘 자손의 산성이 되시리로다...(16-18)
- 내가 전에는 그들의 피흘림 당한 것을 갚아 주지 아니하였거니와 이제는 갚아 주리니 이는 여호와께서 시온에 거하심이니라(21)

사로잡혔던 유다 백성들은 다시 돌아오게 될 것이며 이스라엘을 흩어 버리고 하나님의 땅을 취하였던 열국은 심판을 당하게 될 것입니다.(1~3절) 특히 하나님은 유다와 예루살렘의 진기한 보물을 탈취하고 유다 자손을 헬라 족속에게 팔아 이익을 챙긴 두로와 시돈과 블레셋의 죄를 물어 심판하실 것입니다.(4~8절) 하나님은 이스라엘을 괴롭힌 민족들을 심판하시기 위해 전쟁을 준비하여 여호사밧 골짜기로 올라오라고 명령하십니다.(9~15절) 악이 가득한 그들에게 심판의 때가 왔습니다. 이방 민족에게 심판자가 되신 하나님이 당신의 백성들에게는 영원한 구원을 약속하십니다.(16~21절)

시편 143편 : 다윗이 종으로서 영혼을 주께 드림을 맹세함

- 여호와여 내 기도를 들으시며 내 간구에 귀를 기울이시고 주의 진실과 의로 내게 응답하소서...(1-4)
- 주를 향하여 손을 펴고 내 영혼이 마른 땅 같이 주를 사모하나이다 (셀라)...(6-10)
- 주의 인자하심으로 나의 원수들을 끊으시고 내 영혼을 괴롭게 하는 자를 다 멸하소서 나는 주의 종이니이다(12)

전형적인 개인 탄원시입니다. 고난의 대한 언급, 하나님께 도움 요청, 하나님에 대한 신뢰의 표현이 모두 등장합니다. 원수의 핍박으로 죽은 지 오래된 자 같은 처지에 놓인 다윗은 자신이 당하는 고난이 죄에 대한 심판이 아니기를 바라며 긍휼을 구합니다.(1~4절) 기도자는 탄원을 드리는 가운데 이전에 행하셨던 하나님의 일들을 떠올리며 은혜를 사모하기 시작합니다.(5~6절) 침묵하시는 하나님에 대한 탄식이 등장하긴 하지만 시인은 구원을 요청하며 하나님을 향한 신뢰를 고백합니다.(8~10절) 마지막으로 원수에 대한 심판과 주의 종인 자신을 건져달라는 기도로 마칩니다.(11~12절)

정치에 능하고 권모술수에 능한 것보다 하나님을 경외하고 하나님을 나의 방패로 삼는 것이 승리의 비결임을 알게 하옵소서. 최후의 날에 심판과 구원을 행하실 주님이심을 항상 기억하며 살게 하옵소서. 하나님이 은혜를 주실 때 열매 맺게 하시며 그리스도의 장성한 자의 분량에 이르게 하옵소서.

11/12

본문 열왕기하 25장 | 히브리서 7장 | 아모스 1장 | 시편 144편
주제 목자 (牧者, 양을 치는 사람, 영혼을 돌보는 자를 가리킴)

성경은 하나님을 목자로, 우리를 양으로 비유한다. 또한 하나님은 자신의 종인 왕과 제사장과 선지자와 사도와 목사를 모든 백성들의 목자로 파송하신다. 선한 목자의 유무에 따라 백성의 삶은 좌우된다.

열왕기하 25장 : 목자를 잃어버린 유다가 범죄로 멸망을 당함

- 시드기야 제구년 열째 달 십일에 바벨론의 왕 느부갓네살이 그의 모든 군대를...(1-13)
- 시위대장 느부사라단이 그들을 사로잡아 가지고 리블라 바벨론 왕에게 나아가매...(20-22)
- 그달리야가 그들과 그를 따르는 군사들에게 맹세하여 이르되 너희는 갈대아 인을 섬기기를 두려워하지 말고 이 땅에 살며 바벨론 왕을 섬기라 그리하면 너희가 평안하리라 하니라(24)
- 유다의 왕 여호야긴이 사로잡혀 간 지 삼십칠 년 곧 바벨론의 왕 에윌므로닥이...(27-30)

예루살렘을 함락한 바벨론 군대는 시드기야 왕을 붙잡은 후 그가 보는 앞에서 그의 아들들을 죽였으며, 이후 그의 두 눈을 뽑아 장님으로 만든 후 포로로 끌고 갔습니다.(1~7절) 예루살렘은 불타고 성전 기물은 모두 탈취 당하였고 유력한 자들은 모두 포로로 끌려갔습니다.(8~17절) 정치, 종교 지도자들은 죽임을 당했으며 유다는 바벨론의 식민지가 되어 그달리야가 1대 총독으로 세워졌는데 이스마엘이 그달리야를 암살한 후 애굽으로 도망갑니다.(18~26절) 유다가 망한지 37년이 지나고 바벨론 왕은 사로잡아간 여호야긴의 지위를 높여 줍니다.(27~30절) 이는 다윗 왕조가 완전히 무너지지 않았으며 하나님의 은혜와 긍휼로 회복될 것을 예표하는 것입니다.

히브리서 7장 : 목자이신 대제사장 예수께서 언약을 이루심

- 이 멜기세덱은 살렘 왕이요 지극히 높으신 하나님의 제사장이라 여러 왕을 쳐서 죽이고 돌아오는 아브라함을 만나 복을 빈 자라...(1-6)
- 또한 십분의 일을 받는 레위도 아브라함으로 말미암아 십분의 일을 바쳤다고 할 수 있나니(9)
- 우리 주께서는 유다로부터 나신 것이 분명하도다 이 지파에는 모세가 제사장들에...(14-26)
- 율법은 약점을 가진 사람들을 제사장으로 세웠거니와 율법 후에 하신 맹세의 말씀은...(28)

창세기 14장에 등장하는 멜기세덱은 예수 그리스도의 그림자입니다. 시작과 끝을 알 수 없으며 족보도 없는 멜기세덱은 전쟁에서 승리하고 돌아오는 아브라함에게서 전리품의 십분의 일을 받고 그를 축복하였는데 히브리서 저자는 그가 예수 그리스도를 예표하는 인물이라고 선언합니다.(1~4절) 그림자에 불과한 멜기세덱이 아브라함에게서 십일조를 받고 그를 축복하는 우월한 지위에 있었다면 실체가 되시는 예수 그리스도는 비교할 수 없을 만큼 우월한 지위에 있는 분이 될 것입니다.(5~10절) 레위 지파 제사장이 우리를 온전케 하지 못하기 때문에 하나님은 레위 지파가 아닌 한 제사장을 별도로 세우셨습니다.(11~15절) 생명의 능력을 가지신 예수님은 우리를 거룩케 하셔서 능히 하

나님 앞으로 인도하실 수 있으므로 율법이 가지는 연약함과 무익함을 극복하는 소망이 되십니다.(16~19절) 또한 하나님이 맹세로써 예수 그리스도의 영원한 대제사장직을 보증하시기 때문에 그는 더 좋은 언약의 보증이 되십니다.(20~22절) 예수 그리스도는 우리의 구원의 확실한 보증입니다. 단번에 자기를 드려 제사를 드리신 예수 그리스도는 영원히 살아 계셔서 우리를 위해 친히 간구하십니다.(23~28절)

아모스 1장 : 목자이신 여호와께서 이방민족을 징벌하심

- 유다 왕 웃시야의 시대 곧 이스라엘 왕 요아스의 아들 여로보암의 시대 지진 전 이년에 드고아 목자 중 아모스가 이스라엘에 대하여 이상으로 받은 말씀이라(1)
- 여호와께서 이와 같이 말씀하시되 다메섹의 서너 가지 죄로 말미암아 내가 그 벌을...(3-6)
- 여호와께서 이와 같이 말씀하시되 암몬 자손의 서너 가지 죄로 말미암아 내가...(13)

북이스라엘의 전성기인 여로보암 2세가 통치하던 때에 아모스 선지자에게 엄위하신 하나님의 계시가 임했습니다.(1~2절) 아모스는 이스라엘 주변 열방에 대한 하나님의 심판을 선언하면서 그 이유에 대해 설명합니다. 다메섹(=아람의 수도로 통상 아람을 지칭)은 북이스라엘을 수시로 괴롭힌 나라로 특히 길르앗을 침공하여 백성들을 살해했습니다.(3~5절) 블레셋의 대표 도시인 가사는 유다 왕 여호람 때 침공하여 왕의 아내와 자녀들을 사로잡아 갔으며 백성들을 에돔에 팔아 넘겼습니다.(6~8절) 두로는 이스라엘에 바알신앙을 전파했으며 이스라엘 주민을 에돔에 팔아 넘겼습니다.(9~10절) 에돔은 출애굽한 이스라엘 백성들에게 긍휼을 베풀지 않았으며 오랜 기간 이스라엘과 적대관계에 있었습니다.(11~12절) 암몬은 이스라엘 백성에게 잔혹한 행위를 저질렀습니다.(13~15절)

시편 144편 : 목자이신 주 여호와께서 다윗의 산성이 되심

- 여호와는 나의 사랑이시요 나의 요새이시요 나의 산성이시요 나를 건지시는 이시요 나의 방패이시니 내가 그에게 피하였고 그가 내 백성을 내게 복종하게 하셨나이다...(2-4)
- 위에서부터 주의 손을 펴사 나를 큰 물과 이방인의 손에서 구하여 건지소서...(7-10)
- 우리 아들들은 어리다가 장성한 나무들과 같으며 우리 딸들은 궁전의 양식대로 아름답게 다듬은 모퉁잇돌들과 같으며...(12-15)

전쟁에서 승리한 왕이 드리는 감사의 기도와 승전 이후 풍성한 복을 기원하는 내용입니다. 다윗은 승리를 주신 하나님을 송축하며 인간의 유한함과 인간을 도우시는 하나님의 긍휼하심을 고백합니다.(1~4절) 전쟁은 여호와께 속한 것임을 믿는 다윗은 용사이신 여호와가 전쟁터에서 행하실 일들을 바라봅니다.(5~8절) 구원의 은혜를 베푸시는 하나님은 평화와 번영을 더하여 주실 것입니다.(9~15절)

심판으로 끝내지 않으시고 회복으로 이끄시는 하나님의 무한하신 긍휼을 보게 하심을 감사드립니다. 죄에 대한 하나님의 엄위하신 심판을 보며 거룩을 더욱 소망하게 하시고 승리의 삶으로 영광을 돌리게 하옵소서.

11/13

본문 역대상 1-2장 | 히브리서 8장 | 아모스 2장 | 시편 145편

주제 선택 (選擇, 여럿 가운데서 필요한 것을 골라 뽑음)

하나님의 다스리심은 선택의 역사다. 선택한 자를 통해 민족을 이루시고 민족을 통해 세계를 구원하신다. 선택에 순종하는 자는 사명과 아울러 상을 받고 선택을 거역한 자는 그에 따른 심판과 벌을 받는다.

역대상 1-2장 : 야곱의 열 두 아들 중에 유다를 선택하심

- 아담, 셋, 에노스, 게난, 마할랄렐, 야렛, 에녹, 므두셀라, 라멕, 노아, 셈, 함과 야벳은...(1:1-4)
- 바드루심과 가슬루힘과 갑도림을 낳았으니 블레셋 종족은 가슬루힘에게서...(1:12-15)
- 이스라엘 자손을 다스리는 왕이 있기 전에 에돔 땅을 다스린 왕은 이러하니라 브올의 아들 벨라니 그의 도성 이름은 딘하바이며(1:43)
- 이스라엘의 아들들은 이러하니 르우벤과 시므온과 레위와 유다와 잇사갈과 스불론과...(2:1-4)
- 람은 암미나답을 낳고 암미나답은 나손을 낳았으니 나손은 유다 자손의 방백이며...(2:10-15)
- 야베스에 살던 서기관 종족 곧 디랏 종족과 시므앗 종족과 수갓 종족이니 이는 다 레갑 가문의 조상 함맛에게서 나온 겐 종족이더라(2:55)

(1장) 역대기에서 족보에 관한 기록은 1~9장에 이르기는 방대한 분량입니다. 족보는 최초의 인류인 아담으로부터 시작되는데 이는 창조주 하나님에 의해 인간의 역사가 시작되었음을 말해줍니다. 또한 이스마엘과 에돔의 족보도 잠깐 등장합니다.(29~54절) 그들은 이스라엘의 주변 민족이지만 아브라함을 공통조상으로 하고 있으며 언젠가는 하나님께로 돌아와야 할 대상들입니다.

(2장) 저자는 이스라엘 12지파 중에 유다 지파를 먼저 기록하고 있으며 특히, 다윗과 관련된 계보에 더욱 집중합니다.(9~17절) 저자가 다윗을 강조하는 이유는 장차 오실 메시아가 다윗의 후손 가운데 오시면서 동시에 다윗 이전에 이미 존재하고 계셨으며 다윗과 비교할 수 없을 만큼 위대한 왕이시기 때문입니다. 마태 역시 예수님의 계보를 소개하며 아브라함과 함께 다윗을 거론합니다. "아브라함과 다윗의 자손 예수 그리스도의 계보라"(마 1:1)

히브리서 8장 : 선민 중에 새 언약을 받을 백성을 선택하심

- 지금 우리가 하는 말의 요점은 이러한 대제사장이 우리에게 있다는 것이라 그는 하늘에서 지극히 크신 이의 보좌 우편에 앉으셨으니...(1-7)
- 또 주께서 이르시기를 이 언약은 내가 그들의 열조의 손을 잡고 애굽 땅에서 인도하여 내던 날에 그들과 맺은 언약과 같지 아니하도다 그들은 내 언약 안에 머물러 있지 아니하므로 내가 그들을 돌보지 아니하였노라...(9-13)

우리에게는 하나님의 보좌 우편에 앉아 계시며 사람이 세운 장막이 아닌 하늘의 장막에서 우리를 위해 중보하시는 새 언약의 실체이신 예수 그리스도가 계십니다.(1~6절)

예수님은 자신의 몸을 단번에 드림으로 완전한 제사를 드리셨으며, 하나님 보좌 우편에서 완전한 중보자가 되셨습니다. 이스라엘 백성들이 언약을 깨뜨리고 우상 숭배를 일삼다가 결국 실패했기에 하나님은 예수 그리스도를 통해 새 언약을 주셨습니다.(7~13절) 하나님이 새 언약을 돌판이 아닌 마음에 새겨 놓으셨으니 곧 성령님이 임하셔서 진리 가운데로 인도하시는 역사입니다. 우리의 불의를 긍휼히 여기고 죄를 다시 기억하지 않겠다는 약속이 예수 그리스도를 통해 이루어졌습니다.

아모스 2장 : 서너 가지 죄를 지은 벌할 민족을 선택하심

- 여호와께서 이와 같이 말씀하시되 모압의 서너 가지 죄로 말미암아 내가 그 벌을 돌이키지 아니하리니 이는 그가 에돔 왕의 뼈를 불살라 재를 만들었음이라...(1-4)
- 여호와께서 이와 같이 말씀하시되 이스라엘의 서너 가지 죄로 말미암아 내가...(6-8)
- 그러나 너희가 나실 사람으로 포도주를 마시게 하며 또 선지자에게 명령하여 예언하지 말라 하였느니라...(12-16)

열방을 향한 심판이 이어지고 있습니다. 모압에 대해서는 에돔 왕의 뼈를 불살라 재로 만든 사건을 언급하며 심판을 선언합니다.(1~3절) 모압이 이스라엘에 대하여 저지른 죄악이 분명 있음에도 이 사건을 언급하는 이유는 그들의 잔혹함을 드러내기 위한 것으로 보입니다. 이제 하나님의 심판은 율법을 멸시한 유다를 향합니다.(4~5절) 북이스라엘은 힘없는 자에게 행한 불의와 착취, 영적타락(=우상숭배), 성적타락 등으로 인해 심판이 선고됩니다.(6~16절) 이러한 죄들은 하나님의 신실하신 역사(9~12절)와 대비됩니다.

시편 145편 : 하나님을 찬송하고 선포할 성도를 선택하심

- 왕이신 나의 하나님이여 내가 주를 높이고 영원히 주의 이름을 송축하리이다...(1-4)
- 사람들은 주의 두려운 일의 권능을 말할 것이요 나도 주의 위대하심을 선포하리이다(6)
- 여호와는 은혜로우시며 긍휼이 많으시며 노하기를 더디 하시며 인자하심이 크시도다...(8-10)
- 주의 나라는 영원한 나라이니 주의 통치는 대대에 이르리이다...(13-20)

다윗은 찬양을 서원하며 하나님의 위대하심과 행하신 일을 생각합니다.(1~7절) 또한 하나님의 성품(은혜, 긍휼, 인내, 인자하심)을 찬양합니다.(8~9절) 지음받은 모든 피조물들은 하나님의 위대하심을 찬양함이 마땅하며 그의 영원한 통치를 기뻐하고 특히, 그의 업적과 영광을 선포해야 합니다.(10~13절) 의로우시며 은혜로우신 하나님은 연약한 자를 붙드십니다.(14~17절) 당신을 경외하는 자들의 부르짖음을 들으시고 구원하십니다.(18~21절)

이스라엘의 지속적인 범죄와 반역으로 계보 단절의 위기가 여러 번 있었음에도 불구하고 메시아의 탄생까지 역사가 이어진 것은 오직 하나님의 신실하심 덕분입니다. 아브라함과 다윗의 자손으로 오신 예수 그리스도께서 행하신 위대한 일은 내 평생의 자랑, 내 노래의 제목, 내가 살아가야 할 이유가 됨을 고백합니다.

11/14

본문 역대상 3-4장 | 히브리서 9장 | 아모스 3장 | 시편 146-147편
주제 현현 (顯現, 명백하게 나타나거나 나타냄)

창조주 하나님께서는 피조물인 인간에게 여러 가지 방법과 모양으로 자신을 나타내셨다. 우리는 성경 말씀을 통해서 현현하심의 여러 형태인 성막과 환상, 율법과 증거, 기적과 사건 등을 알게 된다.

역대상 3-4장 : 다윗의 족보를 통해 하나님의 구속사가 현현됨

- 다윗이 헤브론에서 낳은 아들들은 이러하니 맏아들은 암논이라 이스르엘 여인...(3:1-8)
- 솔로몬의 아들은 르호보암이요 그의 아들은 아비야요 그의 아들은 아사요...(3:10-16)
- 유다의 아들 셀라의 자손은 레가의 아버지 에르와 마레사의 아버지 라아다와...(4:21-23)
- 여기 기록된 것들은 그들의 종족과 그들의 가문의 지도자들의 이름이라 그들이...(4:38-43)

(3장) 3장은 다윗과 솔로몬의 후손들이 등장하는데 주로 유다왕의 계보라고 할 수 있습니다.(1~16절) 또한 유다의 멸망 이후 바벨론의 포로로 끌려갔다가 다시 돌아온 후손들도 등장합니다.(17~24절) 이새의 여덟 아들 중에 막내인 다윗을 선택하셔서 이스라엘의 주권자로 삼으신 하나님은 예수 그리스도를 우리의 왕이요 교회의 머리로 세우셨습니다.

(4장) 유다의 후손들과(1~23절)와 시므온의 후손들이 등장합니다.(24~43절) 시므온 지파는 가나안 정착 시 유다지파 바로 아래에 자리 잡았는데 점차 유다에 흡수된 것으로 보입니다. 저자는 유다지파 자손들을 소개하면서 동시에 야베스의 기도를 소개합니다.(9~10절) 야베스는 그 이름의 뜻처럼 힘겨운 인생을 살아 왔지만 하나님은 그의 기도에 응답하셔서 그의 지경을 넓혀 주시고 근심이 없게 하셨습니다. 야베스의 기도는 자신들도 복을 받아 그 지경이 넓어지기를 바라는 포로에서 귀환한 공동체의 염원이기도 합니다.

히브리서 9장 : 예수님의 희생을 통해 하나님의 구원이 현현됨

- 첫 언약에도 섬기는 예법과 세상에 속한 성소가 있더라...(1-3)
- 이 모든 것을 이같이 예비하였으니 제사장들이 항상 첫 장막에 들어가 섬기는 예식을...(6-7)
- 하물며 영원하신 성령으로 말미암아 흠 없는 자기를 하나님께 드린 그리스도의 피가...(14-15)
- 그러므로 하늘에 있는 것들의 모형은 이런 것들로써 정결하게 할 필요가 있었으나...(23-28)

옛 언약인 성막에는 하나님이 정하신 제사장의 직무와 규칙이 있습니다.(1절) 반드시 비치해야 할 기물들이 있고(2~5절) 첫 장막(=성소)과 둘째 장막(=지성소)이 있으며 두 공간을 구별하는 휘장이 있습니다.(6~7절) 특히 지성소는 대제사장만이 일 년에 한 번 들어갈 수 있을 만큼 죄인은 함부로 하나님 앞에 나아갈 수 없었는데 성막은 언약의 실체이신 예수 그리스도가 오시기까지만 필요했습니다.(8~10절) 예수 그리스도는 단번에 영원한 속죄를 이루심으로 우리를 깨끗하게 하셔서 영원한 기업을 얻게 하셨습니다.(11~15절) 제물이 죽어 그 피가 뿌려져야 죄 사함의 효력이 발생하는데 그리스도 언약의 피 흘림으로 영원한 죄 사함의 효력이 발생했습니다.(16~22절) 인간의 죄는 반성이 아니라 죄값의 지불로 해결됩니다. 예수 그리스도는 자기 몸을 제물 삼아 하늘의 성소로 들어가 속죄의 제사를 완성하신 영원한 대제사장이십니다.(23~26절) 우리 대신 죽음과 심판을 당하심으로 우리는 그 효력 아래 영원히 있게 되었으며 다시 오실 주님을 만날 수 있게 되었습니다.(27~28절)

아모스 3장 : 선지자들의 선포를 통해 하나님의 말씀이 현현됨

- 이스라엘 자손들아 여호와께서 너희에 대하여 이르시는 이 말씀을 들으라 애굽...(1-2)
- 주 여호와께서는 자기의 비밀을 그 종 선지자들에게 보이지 아니하시고는 결코...(7-8)
- 그러므로 주 여호와께서 이와 같이 말씀하시되 이 땅 사면에 대적이 있어 네 힘을...(11-15)

하나님은 모든 민족 가운데 이스라엘에 대해 특별대우를 하셨는데 특별히 사랑한 만큼 징계도 분명하게 하십니다.(1~2절) 이스라엘을 향한 심판의 선언은 백성들의 강한 반발을 불러올 것이기에 아모스는 그가 심판의 선언을 할 수밖에 없는 이유를 예를 들어 설명합니다.(3~8절) 심판의 이유가 분명한 데다가 하나님이 그렇게 선포하라고 하는데 누가 거역할 수 있겠습니까? 아모스는 사마리아 즉, 북이스라엘의 죄에 대해 고소하며 하나님의 율법을 전혀 알지도 못하는 블레셋과 애굽을 증인으로 초청합니다.(9~15절) 이방 민족이 보기에도 사마리아에서 자행되는 죄들은 분노를 일으키기에 충분했습니다.

시편 146-147편 : 곤고한 자들의 회복을 통해 하나님의 사랑이 현현됨

할렐루야 내 영혼아 여호와를 찬양하라...(146:1-3)
여호와는 말의 힘이 세다 하여 기뻐하지 아니하시며 사람의 다리가 억세다 하여...(147:10-11)
그의 말씀을 보내사 그것들을 녹이시고 바람을 불게 하신즉 물이 흐르는도다...(147:18-19)

(146편) 시인은 하나님을 찬양할 것을 결단하며 흙으로 돌아갈 사람을 의지하는 것이 헛된 것임을 고백합니다.(1~4절) 반면 천지를 창조하신 전능하신 하나님, 영원히 신실하신 하나님, 악인을 심판하시고 연약한 자를 돌보시는 하나님께 소망을 두는 자는 복이 있다고 선언합니다.(5~10절)
(147편) 하나님의 위대하심(별을 세시는 분)과 자비로우심(고치시고 싸매시는 분)을 찬양하는 것은 마땅한 것입니다.(1~6절) 풀을 자라게 하시며 짐승들을 먹이시는 은혜의 하나님은 당신을 경외하며 감사함으로 찬양하는 자를 기뻐하십니다.(7~11절) 시인은 하나님이 당신의 백성에게 풍성한 복을 베푸시는 장면을 예루살렘을 지켜 주시고, 백성들을 배불리 먹이시며, 철마다 눈과 서리와 우박과 바람과 물을 주시는 것으로 묘사합니다.(12~18절) 특히 다른 민족에게 주시지 않은 언약의 말씀을 주셨습니다.(19~20절)

나의 인생을 도우시며 삶의 지경을 넓혀 주시는 하나님께 소망을 두고 살아갈 것을 다짐합니다. 나를 사랑하시는 주님이 때로 징계를 허락하시는 것은 내 인생을 향한 특별한 개입임을 알게 하옵소서. 나를 대신하여 죽음과 심판을 당하심으로 영원히 속죄의 은혜 아래 살게 하신 예수님을 알게 하옵소서.

11/15

본문 역대상 5-6장 | 히브리서 10장 | 아모스 4장 | 시편 148-150편
주제 거룩 (하나님의 속성을 표현하는 말로 성결하고 깨끗하며 성스러움을 뜻함)

거룩은 성결함과 깨끗함을 뜻한다. 즉 더러운 죄와 악이 없는 성스러운 상태를 말한다. 그러므로 거룩한 분은 하나님밖에 없다. 단지 그 하나님과 연관되어 일하는 자나 기구나 지역이 거룩함을 입는 것이다.

역대상 5-6장 : 거룩하신 여호와의 직무를 담당하는 레위 자손

- 이스라엘의 장자 르우벤의 아들들은 이러하니라 (르우벤은 장자라도 그의...(5:1-3)
- 레위의 아들들은 게르손과 그핫과 므라리요...(6:1-4)

(5장) 가나안 정착 때에 르우벤 지파(가장 남쪽), 갓 지파(중간), 므낫세 반 지파(가장 북쪽)는 요단강 동편에 자리 잡았습니다. 르우벤은 야곱의 첫째 아들이었으나 서모 빌하와의 간통으로 장자의 명분을 잃었으며(1절) 요단 동편 지파들은 한때 강력한 군대의 힘으로 세력을 떨쳤으나 우상을 숭배하다가 결국 앗수르에 의해 멸망 당하고 말았습니다.(2~26절)

(6장) 다른 지파와 달리 하나님의 뜻에 따라 이스라엘 전역에 흩어져 살아야 했던 레위 족속이지만 하나님을 온전히 섬겼기에 그들의 명맥은 끊어지지 않고 포로기에도 계속 이어지게 되었습니다.(1~30절) 레위 자손 가운데 찬양대 가문의 목록과(31~47절) 제사장 아론의 직무와 후손 그리고 그들이 거하는 도시가 소개됩니다.(48~60절) 레위 자손의 거주지도 소개됩니다.(61~81절)

히브리서 10장 : 거룩하신 하나님께 단번의 제사를 드린 예수

- 율법은 장차 올 좋은 일의 그림자일 뿐이요 참 형상이 아니므로 해마다 늘 드리는...(1-6)
- 그러므로 형제들아 우리가 예수의 피를 힘입어 성소에 들어갈 담력을 얻었나니...(19-25)

매번 반복되어야 하는 이전의 제사는 장차 올 좋은 일의 그림자이며 우리로 하여금 죄를 기억하게는 하지만 우리를 온전케 할 수는 없습니다.(1~4절) 하나님은 근원적인 한계를 가지고 있는 구약의 제사를 폐하시고 그리스도께서 자기의 몸으로 드린 참된 제사를 통해 우리를 거룩하게 하셨습니다.(5~10절) 그리스도는 영원한 효력을 발휘하는 제사를 단번에 드리셨으며 그가 하나님 보좌 우편에 앉은 것은 하나님이 그의 제사를 열납 하셨음을 의미합니다.(11~14절) 아버지께서 모든 원수를 발등상 되게 하실 때까지 예수 그리스도는 보좌 우편에서 기다리십니다. 새 언약은 성령님을 통해 우리의 마음과 생각에 깊이 새겨집니다.(15~18절) 그리스도께서 자신의 육체를 찢으심으로 하나님과 사람 사이의 막힌 담을 허무셨기에 우리는 성소에 들어갈 수 있게 되었습니다.(19~22절) 하늘성전에 들어갈 은혜를 입은 자들은 사랑과 선행을 격려하는 지상의 공동체를 만들어 나가야 합니다.(23~25절) 그리스도를 영접한 후에 배교하는 것은 하나님의 아들을 짓밟는 일이므로 율법에 명시한대로 더 큰 형벌을 내리실 것입니다.(26~30절) 우리

를 거룩하게 하는 그리스도의 피를 부정하는 자에게는 불의 심판이 임할 것입니다. 박해자들이 재산과 목숨을 빼앗는다 해도 영구한 소유를 빼앗지는 못하므로 지금껏 견뎌온 것처럼 담대함과 인내로 끝까지 경주해야 합니다.(31~39절)

아모스 4장 : 거룩하신 여호와께 돌아오지 않는 이스라엘

- 사마리아의 산에 있는 바산의 암소들아 이 말을 들으라 너희는 힘 없는 자를...(1-2)
- 두 세 성읍 사람이 어떤 성읍으로 비틀거리며 물을 마시러 가서 만족하게 마시지...(8-11)

사마리아 지도층의 형식적 종교의식과 불의한 행위에 대한 책망입니다. 바산의 암소는 높은 사회적 신분과 화려한 치장, 사치스런 생활양식을 보이는 상류층 여자를 향한 것으로 보이는데 그들의 호화로운 생활은 가난한 자에 대한 착취의 결과입니다.(1~3절) 아모스는 불의를 일삼으면서도 희생제사에 열심인 자들을 비판합니다.(4~5절) 하나님은 백성들을 돌이키기 위해 여러 번 심판하셨지만 그들은 하나님의 경고를 외면했습니다.(6~11절) 회개할 줄 모르는 이스라엘은 이제 하나님의 심판을 마주할 준비를 해야 합니다.(12~13절)

시편 148-150편 : 거룩하신 여호와께 모든 것으로 찬양하는 성도

- 할렐루야 하늘에서 여호와를 찬양하며 높은 데서 그를 찬양할지어다...(148:1-2)
- 할렐루야 새 노래로 여호와께 노래하며 성도의 모임 가운데에서 찬양할지어다...(149:1-2)
- 할렐루야 그의 성소에서 하나님을 찬양하며 그의 권능의 궁창에서 그를...(150:1-3)

(148편) 모든 피조물은 하나님의 명령으로 지음을 받았습니다.(5절) 시인은 하나님이 창조하신 피조물들을 소환하여 하나님을 찬양할 것을 명령합니다. 특히 천사, 하늘, 해 등 주로 하늘의 영역에 속한 피조물들을 먼저 부르고(1~6절) 그 다음으로 땅에 속한 피조물들을 부릅니다.(7~12절) 여기에는 자연(=산, 나무, 동물 등), 현상(=안개, 광풍), 그리고 사람까지 포함됩니다. 마지막으로 우상을 섬기는 민족들 가운데서 홀로 하나님을 섬기는 이스라엘에게 하나님을 찬양하라고 선포합니다.(13~14절) 하나님은 그들의 이름을 높여 주실 것입니다.

(149편) 이스라엘에 대하여 찬양할 것을 권고합니다.(1~3절) 우리는 자기 백성을 기뻐하시며 구원하시는 하나님, 승리를 주신 하나님('두 날 가진 칼'은 승리의 기쁨으로 흔들고 있는 장면임, 6절)을 어디서든지 심지어 침상에서조차 기뻐해야 합니다.(4~6절) 하나님은 뭇 나라를 율법대로 심판하실 것입니다.(7~9절)

(150편) 성도는 성소(=성전)에서 그리고 권능의 궁창(=일상의 영역)에서 동일하게 하나님이 행하신 능하신 일들을 찬양하되 활용할 수 있는 모든 도구들을 가지고 찬양해야 합니다.(1~5절) 호흡이 있는 모든 자들 곧 모든 피조물이 하나님을 찬양하는 것은 지극히 당연한 것입니다.(6절)

하나님! 성전에서 그리고 삶의 현장에서 동일하게 예배하는 자가 되게 하옵소서. 그리하여 아름다운 신앙의 계보가 후손에게 잘 전수되게 하옵소서. 영원히 효력을 발휘하는 거룩한 산제사를 단번에 드리신 예수님을 알게 하옵소서.

11/16

본문 역대상 7-8장 | 히브리서 11장 | 아모스 5장 | 누가복음 1장 1~38절
주제 **생육** (生育, 생물이 나서 자람)

하나님은 천지만물을 창조하신 후 당신의 형상대로 사람을 지으셨다. 그리고 복을 주시며 생육하고 번성하여 땅에 충만하라고 말씀하셨다. 그러므로 우리가 주 안에 있을 때 생육하고 번성하며 충만하게 된다.

역대상 7-8장 : 야곱의 일곱 지파가 대를 이어 생육함

- 잇사갈의 아들들은 돌라와 부아와 야숩과 시므론 네 사람이며...(7:1-2)
- 납달리의 아들들은 야시엘과 구니와 예셀과 살룸이니 이는 빌하의 손자더라...(7:13-15)
- 베냐민이 낳은 자는 맏아들 벨라와 둘째 아스벨과 셋째 아하라와(8:1)
- 그들은 다 가문의 우두머리이며 그들의 족보의 우두머리로서 예루살렘에...(8:28)

(7장) 7장에는 잇사갈(1~5절), 베냐민(6~12절), 납달리(13절), 므낫세(14~19), 에브라임(20~29절), 아셀(30~40절) 지파의 계보가 기록되어 있습니다. 특히 요셉지파 즉 에브라임과 요단 서편의 므낫세 지파는 비옥한 땅을 차지하여 경제적으로 번성했습니다.(28~29절) 이 장에 언급된 지파들은 솔로몬 사후 나라가 나뉘었을 때에 북이스라엘을 구성하는 지파들로서 한때 강성하였으나 앗수르에 의해 유다보다 먼저 멸망 당했으며 포로 귀환 때에도 소수만이 돌아오게 됩니다. 12지파 중 스불론과 단 지파는 기록에서 빠져 있으며 납달리 지파는 한절로만 소개되고 있는데 정확한 이유는 알 수 없습니다.
(8장) 베냐민 지파만 따로 소개되어 있는데 지파의 전체 족보와(1~28절) 이스라엘의 초대왕인 사울 가문의 족보로(29~40절) 나뉘어 있습니다. 역대기 저자는 유다지파 만큼이나(2~4장) 베냐민 지파를 자세하게 기록합니다. 이는 포로귀환이 바벨론에 의해 멸망한 남유다 백성들 즉, 유다와 베냐민 지파 그리고 성전을 섬기던 레위지파 위주로 이루어졌기 때문입니다.

히브리서 11장 : 사라의 후손이 해변의 모래같이 생육함

- 믿음은 바라는 것들의 실상이요 보이지 않는 것들의 증거니(1)
- 믿음으로 모든 세계가 하나님의 말씀으로 지어진 줄을 우리가 아나니 보이는 것은...(3-11)
- 믿음으로 기생 라합은 정탐꾼을 평안히 영접하였으므로 순종하지 아니한 자와 함께...(31-33)

믿음으로 하나님을 기쁘시게 한 구약의 의인들이 수없이 등장하는 믿음 장입니다. 믿음은 바라는 것 곧 하나님의 약속, 나를 향한 하나님의 목적을 이루기 위한 실상(=보증, 증거)입니다.(1~2절) 하나님의 창조는 존재하는 것을 통해 이루어진 것이 아니라 전적으로 무에서 유로의 창조입니다.(3절) 아벨은 믿음으로 의롭게 되었으며 에녹은 믿음으로 죽음을 이기고 노아는 믿음으로 자기 집을 구원하고 의의 상속자가 되었습니다.(4~7절) 믿음은 우리의 인격과 삶이 하나님을 향하도록 만들기에 믿음이 없이는 하나님을 기쁘시게 할 수 없습니다. 아브라함은 믿음으로 약속의 후손을 기다렸으며 믿음으로 더 나

은 본향을 사모했습니다.(8~16절) 아브라함, 이삭, 야곱, 요셉, 홍해를 건너고 여리고를 정복한 이스라엘 백성, 라합 모두 하나님을 불신하는 세상 속에서 믿음으로 행했던 사람입니다.(17~31절) 믿음으로 불가능한 전투에서 승리하고 불의가 가득한 세상에서 의를 행하며, 악한 세력을 이기고 죽은 자의 다시 살아남을 보며, 핍박 가운데에서 승리하는 등 세상은 그들을 감당할 수 없었습니다.(32~38절) 그러나 그들은 하나님이 우리를 위해 예비하신 언약의 실체이신 예수 그리스도를 알지 못하니 우리가 예수 그리스도를 아는 것이 얼마나 놀라운 은혜입니까?

아모스 5장 : 창조주 여호와를 다시 찾음으로 생육함

- 처녀 이스라엘이 엎드러졌음이여 다시 일어나지 못하리로다 자기 땅에 던지움이여...(2-6)
- 너희는 살려면 선을 구하고 악을 구하지 말지어다 만군의 하나님 여호와께서 너희의...(14-15)
- 오직 정의를 물 같이, 공의를 마르지 않는 강 같이 흐르게 할지어다(24)

이스라엘의 영적상태는 장송곡을 불러야 할 만큼 심각합니다.(1~3절) 이스라엘은 종교적 위선행위를 멈추고 하나님을 전심으로 찾아야 합니다.(4~6절) 이스라엘 백성들은 자연세계를 다스리시는 하나님의 권능을 기억하며 특히 재판을 왜곡하여 가난한 자를 억울하게 만들므로 정의와 공의를 무너뜨리는 행위를 멈춰야 합니다.(7~13절) 그들이 살 길은 악을 버리고 선을 찾는 것입니다.(14~15절) 피할 수 없는 어둠의 날인 여호와의 날이 임할 것입니다.(16~20절) 아모스의 핵심 선포내용은 "오직 정의를 물같이 공의를 마르지 않는 강같이 흐르게 할지어다"입니다.(24절) 하나님과의 공의로운 관계, 사회에서의 정의가 바로 서지 않는 한 그들의 예배는 헛될 뿐입니다.(21~27절)

누가복음 1장 1-38절 : 청결한 엘리사벳과 마리아가 생육함

- 그 모든 일을 근원부터 자세히 미루어 살핀 나도 데오빌로 각하에게 차례대로...(3-8)
- 천사가 그에게 이르되 사가랴여 무서워하지 말라 너의 간구함이 들린지라...(13-17)
- 다윗의 자손 요셉이라 하는 사람과 약혼한 처녀에게 이르니 그 처녀의 이름은...(27-33)

예수 그리스도에 관한 이 글은 역사적인 사건과 이에 대한 증인들의 확실한 증언에 근거한 기록입니다.(1~2절) 나이가 많은 경건한 제사장 부부에게 찾아온 천사는 하나님의 특별한 사명을 가진 아이가 태어날 것을 예고합니다.(3~17절) 그러나 아들의 탄생에 대한 천사의 고지를 불신한 사가랴는 아이의 탄생까지 말을 하지 못하는 벌을 받게 됩니다.(18~23절) 천사가 고지한대로 엘리사벳은 잉태하였는데, 천사가 이번에는 마리아를 찾아가 메시아의 잉태를 예고합니다.(24~38절) 처녀의 몸인 자신의 잉태소식에 놀란 마리아에게 천사는 나이가 많아 아이를 가질 수 없는 친족 엘리사벳의 잉태소식을 전해줍니다. 이는 엘리사벳과 마리아의 잉태가 하나님의 크신 뜻에 따라 이루어진 것임을 알리고자 함입니다.

하나님! 믿음의 거인들의 발자취를 잘 따라가게 하시고 공의와 정의가 흐르는 삶으로 하나님이 받으실 만한 삶의 예배를 드리게 하옵소서.

11/17

본문 역대상 9-10장 | 히브리서 12장 | 아모스 6장 | 누가복음 1장 39~80절

주제 성직 (聖職, 교회에 의해 규정된 규범에 따라 봉사하는 거룩한 직분)

거룩하신 하나님은 사람을 통해 구속사를 이끌어 가신다. 구약에서는 제사장과 선지자에게, 신약에서는 예수 그리스도와 사도 및 제자들에게 성직을 주시고 복음의 말씀을 전하게 하심으로 구속의 역사를 이루신다.

역대상 9-10장 : 성전에서 제사를 집례하는 레위 자손의 성직

- 이는 문지기의 우두머리 된 레위 사람 넷이 중요한 직분을 맡아 하나님의 성전...(9:26-33)
- 블레셋 사람들과 이스라엘이 싸우더니 이스라엘 사람들이 블레셋 사람들 앞에서...(10:1-4)
- 이튿날에 블레셋 사람들이 와서 죽임을 당한 자의 옷을 벗기다가 사울과 그의...(10:8-14)

(9장) 바벨론에서 포로생활 하던 중 예루살렘으로 돌아온 사람들의 명단으로써 유다와 베냐민, 에브라임과 므낫세 지파를 소개하고 있으며 이어서 제사장, 레위인, 성전 봉사자 순으로 소개합니다. 역대기의 족보는 1장부터 9장에 걸쳐 길게 등장하는데 마지막 장에 포로귀환자를 소개하는 것은 새로운 신앙공동체, 새로운 예배공동체의 출발을 알리는 의미가 담겨 있습니다. 역사적으로 시련을 겪었지만 메시아의 탄생까지 족보는 계속 이어집니다. 족보의 마지막에 사울의 족보가 등장하는 것은 사울 가문의 이야기를 거쳐 다윗 가문으로 그 중심이 넘어가기 때문입니다.(35~44절)

(10장) 족보 이야기가 끝나고 10장부터는 역사 이야기로 접어드는데 사울이 죽는 장면부터 시작됩니다.(1~6절) 사울의 죽음으로 이스라엘 백성들은 흩어지고 그의 머리는 블레셋으로 옮겨져 모욕과 수치를 당하게 됩니다.(7~10절) 길르앗 야베스 사람들이 사울의 시신을 수습해 주었는데 저자는 사울의 처참한 죽음이 그의 죄로 인한 것이라고 평가합니다.(11~14절)

히브리서 12장 : 주의 뜻을 받들어 감당한 예수의 대속적 성직

- 이러므로 우리에게 구름 같이 둘러싼 허다한 증인들이 있으니 모든 무거운 것과...(1-3)
- 주께서 그 사랑하시는 자를 징계하시고 그가 받아들이시는 아들마다 채찍질하심이라...(6-16)
- 그러므로 우리가 흔들리지 않는 나라를 받았은즉 은혜를 받자 이로 말미암아...(28-29)

믿음의 경주를 잘 마치기 위해서는 우리의 시선이 믿음의 창시자요 종결자이신 예수 그리스도에게로 고정되어야 합니다.(1~4절) 우리가 하나님의 자녀임을 보여주는 증거 중 하나가 징계임을 깊이 생각한다면 영적 기쁨 가운데 인내할 수 있으며 의와 평강의 열매를 맺을 수 있습니다.(5~11절) 우리가 믿음의 경주를 완주하기 위해서는 곧은 길(=믿음의 주를 따르는 길)을 가되 화평함과 거룩함으로 따르고, 저는 다리(=연약한 지체)도 공동체에서 실족하지 않고 고침을 받게 해야 합니다.(12~14절) 하나님의 은혜를 거슬러 살면 쓴 뿌리가 나서 많은 사람을 괴롭게 할 수 있으며 음행과 망령된 행위를 일삼게 되어 에서처럼 회복의 은혜를 누리지 못할 수도 있습니다.(15~17절) 시내산에서의 하나님의 임재는 이스라엘 백성들이 접근금지구역 설정과 각종 절차들을 준수하며 두려움

과 떨림으로 참여한 결과였습니다.(18~21절) 그러나 신약의 성도들은 이미 하늘의 도성에 이른 자로서 하나님과 천사들과 의인들과 예수, 보혈의 피와 함께 합니다.(22~24절) 하늘과 땅을 진동케 할 심판이 예정되어 있으므로 말씀하신 이를 거역하지 말아야 합니다.(25~27절) 하나님은 합당치 않은 모든 것을 불태우실 것이지만 영원히 변치 않는 나라를 약속받은 우리는 심판이 두렵지 않습니다.(28~29절)

아모스 6장 : 이스라엘을 경책한 아모스의 선지자적 성직

- 화 있을진저 시온에서 교만한 자와 사마리아 산에서 마음이 든든한 자 곧 백성들의...(1-6)
- 만군의 하나님 여호와의 말씀이니라 주 여호와가 당신을 두고 맹세하셨노라...(8-10)
- 말들이 어찌 바위 위에서 달리겠으며 소가 어찌 거기서 밭 갈겠느냐 그런데 너희는...(12-14)

아모스의 예언은 지도층을 향합니다. 현재의 태평성대가 자기들 덕분이라고 착각하며, 타인의 고통에는 관심 없고 사치에만 몰두하고 있는 그들은 곧 포로로 끌려갈 운명에 처해질 것입니다.(4~7절) 하나님이 자기 자신을 두고 심판을 맹세할 정도로 그들을 향한 하나님의 진노는 피할 수 없게 되었습니다.(8~11절) 하나님은 정의와 공의를 찾아볼 수 없는 그들을 심판할 한 나라를 예비하십니다.(12~14절)

누가복음 1장 39-80절 : 구속사를 위한 사가랴와 마리아의 중보적 성직

- 이 때에 마리아가 일어나 빨리 산골로 가서 유대 한 동네에 이르러...(39-42)
- 그 종 이스라엘을 도우사 긍휼히 여기시고 기억하시되...(54-58)
- 이 아이여 네가 지극히 높으신 이의 선지자라 일컬음을 받고 주 앞에 앞서 가서 그 길을... (76-77)

천사로부터 친족 엘리사벳의 임신 사실을 전해들은 마리아는 엘리사벳을 찾아갔는데 그녀의 태중에 있던 아이(=세례 요한)가 자신의 뱃속에 있는 아이(=예수)로 인해 기뻐 뛰는 장면이 연출됩니다.(39~41절) 엘리사벳은 성령에 크게 감동하여 마리아를 향해 내 주의 어머니라 부르며 마리아와 태중의 아기를 축복합니다.(42~45절) 이어 마리아가 자신에게 큰 일을 행하신 하나님을 기뻐하며 교만하고 권세 있는 자를 낮추시고 비천하고 두려워하는 자를 높이시고 구원하시는 하나님을 찬양합니다.(46~56절) 세례요한의 탄생은 하나님이 당신의 백성을 긍휼히 여기신 결과입니다.(57~58절) 출생 직후 사가랴가 원래 하나님이 지어주신 이름인 요한으로 명명하자 즉시 그의 혀가 풀렸으며, 요한의 삶에는 주의 손이 함께 하셨습니다.(59~66절) 사가랴는 성령 충만함으로 오실 메시아에 대해 예언하는데 메시아는 모든 대적의 손에서 백성을 구원하시며(67~73절) 우리로 하여금 성결과 의로 주를 섬기게 하시고(74~75절) 죄 사함을 얻게 하실 것을 선포합니다.(76~80절)

죄로 인한 심판 뒤에 회복의 은혜로 역사를 이어가시는 긍휼이 풍성하신 하나님! 세례요한과 예수님의 탄생 속에 담긴 하나님의 세밀한 역사를 찬송합니다. 나의 믿음을 창조하시고 영원에 이르기까지 완성 시키실 예수 그리스도께 나의 시선을 고정하고 믿음의 경주를 완주하게 하옵소서.

11/18

본문 역대상 11-12장 | 히브리서 13장 | 아모스 7장 | 누가복음 2장

주제 충성 (忠誠, 하나님, 왕, 윗사람, 나라 등을 위해 몸과 마음을 다함)

맡은 자에게 구할 것은 충성이다. 하나님은 각 사람에게 능력에 따라 은사를 주시고 주어진 사명을 감당토록 하신다. 그러므로 주의 종이요, 일꾼들은 마음과 뜻과 힘과 정성과 목숨을 다하여 충성해야 한다.

역대상 11-12장 : 다윗과 그의 나라를 세우는 용사들의 충성

- 온 이스라엘이 헤브론에 모여 다윗을 보고 이르되 우리는 왕의 가까운 혈족이니이다...(11:1-6)
- 다윗이 기스의 아들 사울로 말미암아 시글락에 숨어 있을 때에 그에게 와서 싸움을...(12:1-3)

(11장) 이스라엘의 2대 왕이 된 다윗은 먼저 예루살렘을 정복하여 수도로 삼았는데 하나님이 그의 나라를 점점 강성하게 하셨습니다.(1~9절) 이어서 다윗의 삼십 용사들이 소개됩니다.(10~47절) 동일본문인 사무엘하 23장과 비교하면 일부 인원은 일치하지 않거나 이름표기에 있어서 약간의 차이를 보입니다. 블레셋과의 전투에서 홀로 분전한 도도의 아들 엘르아살(11~14절), 목숨을 걸고 다윗을 위해 물을 길어온 세 용사(15~19절), 용사 중 둘째 그룹에 속했으나 시위대장(=경호대장)으로 임명받은 브나야(22~25절) 등은 특별하게 소개됩니다.

(12장) 12장 역시 다윗을 지지했던 용사들의 명단이 등장합니다. 다윗이 블레셋으로 망명했던 시글락(=다윗이 블레셋으로 망명했을 때 가드 왕 아기스가 다윗에게 하사한 성읍) 시절에 그와 함께 한 용사들이 베냐민 지파 출신과(1~7절) 갓 지파 출신(8~15절)으로 구별되어 소개됩니다. 베냐민과 유다 지파의 용사들도 다윗에게로 모였으며 다윗을 지지하는 므낫세 지파의 용사들도 소개됩니다.(16~22절) 다윗에게로 모여든 용사들은 마치 하나님의 군대와 같았습니다. 다윗을 위한 12지파의 군대가 헤브론에 모였는데 유다 지파의 6,800명으로부터 요단동편 지파의 120,000명에 이르기까지 큰 규모의 군대였습니다.(23~37절) 그들은 다윗을 기뻐했습니다.(38~40절)

히브리서 13장 : 하나님의 말씀으로 인도하는 자들의 충성

- 형제 사랑하기를 계속하고...(1-2)
- 양들의 큰 목자이신 우리 주 예수를 영원한 언약의 피로 죽은 자 가운데서...(20-21)

형제 사랑, 손님 대접, 박해받는 자에 대한 돌봄, 결혼, 돈 등에 관해 실제적인 권면이 담겨 있습니다.(1~5절) 박해 속에서도 하나님을 신뢰하고 말씀을 가르치는 자의 행실을 보고 배우되 무엇보다 변함없으신 예수 그리스도를 본받아야 합니다.(6~8절) 저자는 유대교(=다른 교훈)로서의 회귀를 경계하면서 성찬식(=우리에게 있는 제단)에 제사를 고집하는 자들(=장막에서 섬기는 자들)은 참여할 수 없다고 선언합니다.(9~11절) 예수님이 성문 밖에서 고난을 받으셨듯이 예수님을 따르는 이들이 성전 제사 밖으로 나가야 하는 즉, 유대교로부터 벗어나야 하는 이유는 성전이 영원하지 않기 때문입니다.(이 땅에

영구한 도성은 없음, 12~14절) 이제는 성전 제사가 아니라 진정한 찬양과 예배를 드려야 하며 현재 말씀을 가르치는 이에게 순종해야 합니다.(15~17절) 마지막으로 수신자에게 기도를 부탁하고 그들을 축복하며 투옥에서 풀려난 디모데와 함께 방문할 것을 약속하면서 끝을 맺습니다.(18~25절)

아모스 7장 : 이스라엘에 내린 재앙을 막는 아모스의 충성

- 주 여호와께서 내게 보이신 것이 이러하니라 왕이 풀을 벤 후 풀이 다시 움돋기...(1-8)
- 때에 벧엘의 제사장 아마샤가 이스라엘의 왕 여로보암에게 보내어 이르되...(10-17)

아모스의 다섯 가지 환상 중 세 가지가 등장합니다. 첫 번째는 메뚜기 재앙으로 메뚜기가 땅의 풀을 먹어 치우는 환상을 본 그가 백성들을 위해 간청하니 하나님은 그의 기도를 들으시고 뜻을 돌이키셨습니다.(1~3절) 두 번째는 불의 재앙으로 불이 큰 바다를 삼키고 육지마저 삼키는 환상을 본 그는 이번에는 중보기도를 드렸고 하나님은 그의 기도를 들으셨습니다.(4~6절) 세 번째는 다림줄 환상입니다.(7~9절) 다림줄은 건물의 수평이나 수직을 잡아주는 도구로 여기서는 하나님의 공의를 상징하는데 하나님이 북이스라엘의 죄를 계수하고 계심을 보여주는 환상입니다.(7~9절) "다시는 용서하지 않겠다"는 하나님의 강력한 의지로 인해 아모스는 더 이상 중보기도를 하지 않습니다. 벧엘의 제사장 아마샤는 아모스의 심판 예언을 북이스라엘에 대한 정치적 반란으로 규정하고 북이스라엘을 떠날 것을 종용하는데 이에 대해 아모스는 평범한 농부인 자신이 예언하는 것은 하나님의 강권하심 때문이라고 말합니다.(10~17절) 그는 아마샤와 북이스라엘에 대한 심판을 선언합니다.

누가복음 2장 : 메시야를 기다리던 시므온과 안나의 충성

- 모든 사람이 호적하러 각각 고향으로 돌아가매...(3-14)
- 아기가 자라며 강하여지고 지혜가 충만하며 하나님의 은혜가 그의 위에 있더라...(40-49)

예수 그리스도의 베들레헴 탄생의 직접적인 배경은 로마황제 아우구스투스의 호적에 관한 칙령이었습니다.(미 5:2의 성취, 1~7절) 메시아의 탄생은 예루살렘의 유력자들이 아니라 평범한 목자들에게 전해진 큰 기쁨의 소식이었습니다.(8~14절) 목자들은 구유에 누인 아기를 보고 약속대로 구주가 오셨음을 증언하였고, 태어난 아기의 이름은 천사의 고지대로 예수로 지어졌으며 할례와 정결예식을 준행하였습니다.(15~24절) 죽기 전에 메시야를 보게 된 시므온은 예수 그리스도가 많은 사람을 흥하거나 패하게 하실 것을 예언합니다.(25~35절) 믿는 자는 구원을, 믿지 않는 자는 정죄를 받게 될 것입니다.(막 16:16) 평생을 금식과 기도로 산 여선지자 안나 역시 메시야를 보는 영광을 누립니다.(36~38절) 하나님의 지혜를 가지신 예수님은 하나님과 사람에게 사랑받으셨습니다.(39~52절)

하나님이 다윗 왕국을 세워가십니다. 하나님이 성을 지켜 주셔야 파수꾼의 수고가 헛되지 않음을 고백합니다. 하나님의 강권하시는 은혜 가운데 사망의 권세 아래 있는 자들을 향한 중보기도가 멈추지 않게 하시고 복음증거의 삶을 살아가게 하옵소서.

11/19

본문 역대상 13-14장 | 야고보서 1장 | 아모스 8장 | 누가복음 3장
주제 **시련** (試鍊, 겪어 내기 힘든 고난이나 어려움)

시련은 성도를 단련하고 새롭게 무장하는 과정이다. 믿는 자에게는 복과 평안만 있는 것이 아니다. 오히려 세상과 악의 영에 대하여 씨름하므로 더 큰 시련을 만난다. 이때 주님이 함께하심을 체험하게 된다.

역대상 13-14장 : 하나님의 궤를 옮기다가 생긴 시련

- 다윗이 천부장과 백부장 곧 모든 지휘관과 더불어 의논하고...(13:1-4)
- 다윗이 온 이스라엘을 거느리고 바알라 곧 유다에 속한 기럇여아림에 올라가서...(13:6-14)
- 두로 왕 히람이 다윗에게 사신들과 백향목과 석수와 목수를 보내 그의 궁전을...(14:1-2)
- 다윗이 기름 부음을 받아 온 이스라엘의 왕이 되었다 함을 블레셋 사람들이 듣고...(14:8-10)

(13장) 하나님을 사랑하는 마음은 있으나 바른 지식을 갖지 못함으로 인해 벌어진 비극적인 사건이 소개됩니다. 언약궤를 예루살렘으로 옮기기로 한 것은 좋은 결정이었으나 고핫 자손들이 어깨에 매어 이동하게 되어 있는 규정을 무시하고 소가 끄는 수레에 싣는 치명적인 실수를 범한 결과 결국 웃사가 죽는 참사가 벌어집니다.(1~12절) 왕이 직접 주관하는 행사이니만큼 최고 수준으로 제작된 수레, 잘 훈련된 운송 책임자와 경호팀, 최고의 찬양대가 준비된 화려한 축제였을 텐데 결과는 참담했습니다. 마음과 정성을 다한 헌신도 중요하지만 열정이 말씀을 앞서지 않아야 합니다. 웃사 사건 이후 두려움이 생긴 다윗은 언약궤를 오벧에돔의 집으로 옮겨 놓는데 하나님은 그의 집에 복을 주십니다.(13~14절)

(14장) 웃사가 죽는 사건이 있었지만 하나님이 다윗의 선한 의도를 아셨기 때문에 그의 나라를 점점 강성케 하십니다.(1~7절) 특히 오랜 원수인 블레셋과의 전쟁에서 다윗은 연이어 승리합니다.(8~17절) 전쟁의 주권이 하나님께 있음을 아는 다윗은 하나님의 뜻을 묻고 순종하며 전쟁을 수행합니다.

야고보서 1장 : 신앙생활 중에 만나는 믿음의 시련

- 내 형제들아 너희가 여러 가지 시험을 당하거든 온전히 기쁘게 여기라...(2-8)
- 자유롭게 하는 온전한 율법을 들여다보고 있는 자는 듣고 잊어버리는 자가 아니요...(25-27)

예루살렘 교회의 핵심 인물인 예수님의 동생 야고보 사도가 정통 유대인으로부터 핍박을 받고 있는 개종한 유대 그리스도인에게 쓴 편지입니다. 야고보는 여러 가지 시험을 당하고 있지만 이를 기쁘게 여기며 인내하라고 가르칩니다.(1~4절) 그는 고난을 이기려면 욥과 같은 지혜가 있어야 하기에 하나님께 지혜를 구하되 하나님의 응답 외에 다른 세상적인 방법을 구하는 자(=의심하는 자)는 "주께 얻기를 기대하지 말라"고 단호하게 말합니다.(5~8절) 낮은 자(=가난한 자)는 자신이 하나님의 나라에서 높은 자임을 알고 또한 부유한 자는 자신이 낮아질 수 있음을 아는 것이 지혜입니다.(9~11절) 하나님은 죄나 죄의 원인을 창조하시는 분이 아니며 시험을 받지도, 시험 하시지도 않으

십니다.(12~13절) 시험의 원인은 자기 욕심에 이끌려 미혹되는 것이니 속지 말아야 합니다.(14~16절) 진리의 말씀으로 우리를 낳으신 하나님은 영원히 변치 않으시며 모든 좋은 은사와 선물을 주시는 분이십니다.(17~18절) 하나님의 의를 이루기 위해 분노를 더디 하고 듣기를 잘하며, 더러움과 악은 버려야 합니다.(19~21절) 또한 말씀을 듣고 행하는 자가 되어야 합니다.(22~25절) 참된 경건은 바른 언어 사용, 약한 자를 긍휼히 여김, 세속에 물들지 않음과도 연관되어 있습니다.(26~27절)

아모스 8장 : 외식과 범죄로 당하는 심판적 시련

- 그가 말씀하시되 아모스야 네가 무엇을 보느냐 내가 이르되 여름 과일 한...(2-11)
- 사마리아의 죄된 우상을 두고 맹세하여 이르기를 단아 네 신들이 살아 있음을 두고...(14)

아모스의 네 번째 환상인 여름 과일 환상입니다.(1~3절) 여름 과일(히: 카이츠)과 끝(히: 케츠)은 원어상 발음이 비슷합니다. 하나님이 여름 과일을 보여주신 것은 여름이 지나 곧 겨울(=심판, 끝)이 온다는 것을 말씀하고자 함입니다. 아모스는 지도층의 패역함에 대해 다시 경고하며 절기가 애통으로, 모든 노래가 애곡으로 바뀌는 심판의 날이 도래할 것을 선포합니다.(4~10절) 하나님은 기근을 통해 이스라엘을 징계하시기도 했는데 이번에는 가장 무서운 기근인 하나님의 말씀을 듣지 못하는 기갈이 있을 것입니다.(11~13절) 하나님이 이스라엘 가운데 계시지 않기에 어디에서도 말씀을 들려줄 사람을 찾을 수 없습니다. 심판의 날에 하나님의 말씀을 구해도 응답이 없어 그들은 곧 쓰러지게 될 것입니다.(14절)

누가복음 3장 : 회개와 정의를 외치다가 당한 시련

- 모든 육체가 하나님의 구원하심을 보리라 함과 같으니라...(6-9)
- 분봉 왕 헤롯은 그의 동생의 아내 헤로디아의 일과 또 자기가 행한 모든 악한 일로...(19-23)

세례 요한이 활동할 당시의 로마 황제와 여러 왕들, 대제사장이 소개되는데 진정한 왕이자 진정한 대제사장은 바로 예수 그리스도이십니다.(1~2절) 요한은 "주의 길을 준비하라"고 선포하며 회개의 세례를 베풀었는데 특히 형식적으로 회개하고 세례를 받으려는 자에게 "회개에 합당한 열매를 맺으라"고 선포합니다.(3~14절) 요한은 자신을 그리스도로 여기는 사람들에게 자신은 그분과 결코 비교될 수 없으며 그는 성령과 불로 세례를 베푸실 분이라고 소개합니다.(15~17절) 동생의 아내를 빼앗은 일로 요한에게 책망을 받은 헤롯은 요한을 옥에 가둡니다.(18~20절) 예수님이 요한에게 세례를 받으실 때 성령이 임하셨으며 하늘에서 음성이 나서 그의 정체성을 확인시켜 줍니다.(21~22절) 예수님은 법적으로 마리아와 정혼한 요셉의 아들이며 요셉은 다윗의 후손이고 그의 족보는 아브라함과 아담에까지 이어집니다.(23~38절) 실제로 혈연으로 맺어진 족보가 아니기에 예수님의 족보의 첫 출발은 하나님이십니다.(38절) 그는 참 하나님이시며 참 사람이십니다.

하나님 아버지! 하나님을 아는 바른 지식에 거하게 하시고 하나님 앞에 겸손히 구함으로 세상을 이길 참된 지혜를 얻게 하옵소서.

11/20

본문 역대상 15장 | 야고보서 2장 | 아모스 9장 | 누가복음 4장

주제 **경배** (敬拜, 경의나 공경의 뜻을 나타내기 위하여 공손히 절함)

십계명의 첫 계명은 나 외에 다른 신을 네게 있게 하지 말라 이다. 오직 하나님만 경배하라고 명령하셨다. 하나님의 백성이요 예수 그리스도를 믿고 자녀가 된 성도는 오직 하나님께 경배와 찬양을 올려야 한다.

역대상 15장 : 다윗과 백성이 언약궤 앞에서 여호와를 경배함

- 다윗이 다윗 성에서 자기를 위하여 궁전을 세우고 또 하나님의 궤를 둘 곳을 마련하고 그것을 위하여 장막을 치고...(1-4)
- 다윗이 제사장 사독과 아비아달을 부르고 또 레위 사람 우리엘과 아사야와 요엘과 스마야와 엘리엘과 암미나답을 불러...(11-13)
- 다윗이 레위 사람의 어른들에게 명령하여 그의 형제들을 노래하는 자들로 세우고 비파와 수금과 제금 등의 악기를 울려서 즐거운 소리를 크게 내라 하매(16)
- 노래하는 자 헤만과 아삽과 에단은 놋제금을 크게 치는 자요...(19-26)
- 여호와의 언약궤가 다윗 성으로 들어올 때에 사울의 딸 미갈이 창으로 내다보다가 다윗 왕이 춤추며 뛰노는 것을 보고 그 마음에 업신여겼더라(29)

다윗의 소원은 다윗성(=예루살렘)에 하나님의 궤를 모시는 것입니다.(1절) 전에 규정대로 언약궤를 옮기지 않았다가 참사를 경험했던 다윗은 고핫 자손들로 하여금 언약궤를 어깨에 메고 운반하게 합니다.(출 25:14, 2~15절) 언약궤의 이동시 기쁨의 예배를 드리기 위해 다윗은 찬양대를 조직합니다.(16~24절) 찬양대의 대표자와 두 번째 서열에 속한 자들, 악기 담당자들, 심지어 찬양대와 함께 이동하면서 궤를 지키는 자도 소개됩니다. 언약궤가 돌아온 날 다윗은 기뻐 춤을 추며 맞이하지만 그의 아내 미갈은 춤을 추는 다윗을 업신여깁니다.(25~29절)

야고보서 2장 : 행함이 있는 믿음으로 예수 그리스도를 경배함

- 내 형제들아 영광의 주 곧 우리 주 예수 그리스도에 대한 믿음을 너희가 가졌으니 사람을 차별하여 대하지 말라...(1-5)
- 너희가 만일 성경에 기록된 대로 네 이웃 사랑하기를 네 몸과 같이 하라 하신 최고의 법을 지키면 잘하는 것이거니와...(8-10)
- 긍휼을 행하지 아니하는 자에게는 긍휼 없는 심판이 있으리라 긍휼은 심판을 이기고...(13-17)
- 네가 하나님은 한 분이신 줄을 믿느냐 잘하는도다 귀신들도 믿고 떠느니라(19)
- 우리 조상 아브라함이 그 아들 이삭을 제단에 바칠 때에 행함으로 의롭다 하심을...(21-26)

믿음과 행함의 일치를 위해서는 어떻게 해야 할까요? 야고보는 먼저 공동체 안에서의 차별의 문제를 언급하는데 차별이 악한 이유는 최고의 법인 "네 이웃을 네 몸과 같이 사랑하라"를 어기기 때문입니다.(1~9절) 가난한 자를 차별하는 것은 율법을 어기는 것이며 긍휼을 베풀지 않은 자에게는 긍휼 없는 심판이 있을 것입니다.(10~13절) 야고보는 믿음이 있다고 하

면서 가난한 자를 차별하고 그들에게 자비를 베풀지 않는 자들을 책망합니다.(14~17절) 배고픈 자를 말로만 위로하는 것이 아무 소용없듯이 행함이 없는 믿음은 아무 소용이 없습니다. 행함으로 믿음이 증명되며 믿음이 온전케 됩니다.(18~26절) 예수님이 우리의 구원을 위한 의지만 표명한 것이 아니라 실제로 십자가를 지셨음을 기억하시기 바랍니다.

아모스 9장 : 범죄한 이스라엘이 회복되어 여호와를 경배함

- 내가 보니 주께서 제단 곁에 서서 이르시되 기둥 머리를 쳐서 문지방이 움직이게 하며 그것으로 부서져서 무리의 머리에 떨어지게 하라 내가 그 남은 자를 칼로 죽이리니 그 중에서 한 사람도 도망하지 못하며 그 중에서 한 사람도 피하지 못하리라...(1-4)
- 보라 주 여호와의 눈이 범죄한 나라를 주목하노니 내가 그것을 지면에서 멸하리라 그러나 야곱의 집은 온전히 멸하지는 아니하리라 여호와의 말씀이니라...(8-15)

아모스의 다섯 번째 환상인 무너지는 제단 환상인데 하나님의 철저한 심판이 강조됩니다.(1~4절) 누구도 하나님의 심판에서 자유로울수 없습니다. 하나님은 심판을 위하여 온 우주를 창조하시고 운행하시는 당신의 지혜와 능력을 능히 사용하실 수 있습니다.(5~6절) 이스라엘만이 구원받는다는 선민의식을 버려야 하며 하나님은 구스나 블레셋, 아람의 주권자도 되신다는 사실도 알아야 하지만 무엇보다 야곱의 집을 온전히 멸하지 않으신다는 것을 알아야 합니다.(7~8절) 하나님이 심판의 체질(=체로 치거나 거르는 일)을 하실 때 어느 누구도 빠져나갈 수 없습니다.(9~10절) 그러나 하나님은 철저한 회복의 약속을 주십니다.(11~15절) 회복의 주체는 하나님이십니다. 구원의 모든 과정은 하나님이 행하셨습니다.

누가복음 4장 : 가르침과 병고침을 받은 자들이 주를 경배함

- 예수께서 성령의 충만함을 입어 요단 강에서 돌아오사 광야에서 사십 일 동안...(1-9)
- 예수께서 대답하여 이르시되 주 너의 하나님을 시험하지 말라 하였느니라(12)
- 예수께서 성령의 능력으로 갈릴리에 돌아가시니 그 소문이 사방에 퍼졌고...(14-19)
- 또 이르시되 내가 진실로 너희에게 이르노니 선지자가 고향에서는 환영을 받는...(24-29)
- 회당에 더러운 귀신 들린 사람이 있어 크게 소리 질러 이르되...(33-36)
- 예수께서 이르시되 내가 다른 동네들에서도 하나님의 나라 복음을 전하여야 하리니...(43-44)

40년간의 광야 생활 가운데 여러 가지 시험이 있었으나 이스라엘 백성들은 실패했습니다. 그러나 예수 그리스도는 40일 금식 후에 찾아온 마귀의 세 가지 시험에서 승리하셨습니다.(1~15절) 진정한 안식에 관한 예언의 말씀(사 61:1~2=18~19절)을 인용하신 예수님은 당신 자신을 두고서 이 말씀의 성취를 선포하십니다.(16~21절) 그러나 사람들은 예수님을 그저 요셉의 아들로만 취급하며 믿지 않았으며 예수님은 사렙다 과부와 아람의 나아만 장군을 언급하며 복음이 믿지 않는 이스라엘을 떠나 이방에서 더욱 편만하게 전파될 것을 미리 예언하십니다.(22~30절) 죄와 저주에서 우리를 자유케 하시는 예수님의 능력은 더러운 귀신을 내어 쫓고 병든 사람을 치유하는 것을 통해 나타납니다.(31~41절) 예수님은 잃어버린 영혼을 찾아 가십니다.(42~44절)

주님! 다윗처럼 하나님을 높이고자 하는 열망에 사로잡히게 하시고 위선을 버리고 참 신앙인이 되게 하시며 잃어버린 영혼을 예수님의 마음으로 보게 하옵소서.

11/21

본문 역대상 16장 | 야고보서 3장 | 오바댜 1장 | 누가복음 5장

주제 준수 (遵守, 규칙과 명령 등을 그대로 좇아 지킴)

하나님은 율법을 준수하는 자에게 땅과 자손의 복을 주셨고 예수님의 가르침을 준수하는 자에게 기적과 능력을 베풀어 주셨다. 우리가 믿음으로 주의 말씀을 준수할 때 복과 기적의 은혜를 경험할 수 있다.

역대상 16장 : 온 백성들이 다윗의 명령대로 준수함

- 하나님의 궤를 메고 들어가서 다윗이 그것을 위하여 친 장막 가운데에 두고 번제와 화목제를 하나님께 드리니라...(1-6)
- 너희는 여호와께 감사하며 그의 이름을 불러 아뢰며 그가 행하신 일을 만민 중에...(8-10)
- 온 땅이여 여호와께 노래하며 그의 구원을 날마다 선포할지어다...(23-27)
- 하늘은 기뻐하고 땅은 즐거워하며 모든 나라 중에서는 이르기를 여호와께서...(31-33)
- 다윗이 아삽과 그의 형제를 여호와의 언약궤 앞에 있게 하며 항상 그 궤 앞에서...(37-42)

언약궤를 안치한 후 번제와 화목제를 드린 다윗은 백성을 축복합니다.(1~3절) 레위 사람들은 하나님의 궤 앞에서 찬양하고 제사장은 나팔을 불어서 하나님의 존재를 인식하도록 백성들을 일깨웠습니다.(4~6절) 다윗은 아삽과 그의 형제들을 세워 하나님을 찬양하게 했는데 그 내용은 하나님의 이름(7~10절), 하나님이 행하신 역사(11~17절), 이스라엘이 하나님과 맺은 언약입니다.(18~22절) 하나님의 백성들은 하나님의 창조주 되심(23~27절), 하나님의 통치하심(28~33절), 하나님의 영원한 구원(34~36절)을 찬양해야 합니다. 아삽과 그의 형제들은 언약궤를 섬기는 일에 부름 받았고 오벧에돔과 그의 형제들은 언약궤를 지키는 일을 맡았습니다.(37~38절) 제사장 사독과 그의 형제들은 기브온 성막에서 섬겼습니다.(39~40절) 헤만과 여두둔 및 여두둔의 아들들 역시 하나님의 영광을 위하여 찬양하며 성막을 지키는 일에 부름을 받았습니다.(41~43절)

야고보서 3장 : 성도들이 선생의 가르침대로 준수함

- 우리가 다 실수가 많으니 만일 말에 실수가 없는 자라면 곧 온전한 사람이라 능히 온 몸도 굴레 씌우리라(2)
- 혀는 능히 길들일 사람이 없나니 쉬지 아니하는 악이요 죽이는 독이 가득한 것이라...(8-12)
- 오직 위로부터 난 지혜는 첫째 성결하고 다음에 화평하고 관용하고 양순하며 긍휼과 선한 열매가 가득하고 편견과 거짓이 없나니...(17-18)

믿음과 행함에 있어서 차별의 문제를 먼저 다룬 야고보는 이어서 말에 관한 문제를 다룹니다. 큰 배를 작은 키가 조정하는 것처럼 또한 작은 불씨가 많은 나무를 태우는 것처럼 말은 우리의 모든 행동을 제어하는 강력한 힘을 가지고 있는데 혀를 길들이기란 웬만한 동물을 길들이는 것보다도 더 어렵습니다.(1~8절) 한 입에서 가장 고결한 말인 찬송과 가장 더러운 말인 저주가 함께 나갈 수 있습니다.(9~12절) 그러므로 지혜와 총명이 있는 자는 말이 아닌 선행과 행함으로 증명하라고 말합니다.(13절) 참된 지혜는 논쟁에서의 승리로 드러나는 것

이 아니라 행함으로 드러납니다. 위로부터 내려오는 신령한 지혜를 구하는 성도는 성결, 화평, 관용, 양순, 긍휼, 선한 열매를 거둘 것입니다.(14~18절)

오바댜 1장 : 구원 받은 자들이 주의 말씀대로 준수함

- 오바댜의 묵시라 주 여호와께서 에돔에 대하여 이와 같이 말씀하시니라 우리가 여호와께로 말미암아 소식을 들었나니 곧 사자가 나라들 가운데에 보내심을 받고 이르기를 너희는 일어날지어다 우리가 일어나서 그와 싸우자 하는 것이니라(1)
- 네가 네 형제 야곱에게 행한 포학으로 말미암아 부끄러움을 당하고 영원히 멸절되리라(10)
- 여호와께서 만국을 벌할 날이 가까웠나니 네가 행한 대로 너도 받을 것인즉 네가 행한 것이 네 머리로 돌아갈 것이라...(15-16)
- 야곱 족속은 불이 될 것이며 요셉 족속은 불꽃이 될 것이요 에서 족속은 지푸라기가 될 것이라 그들이 그들 위에 붙어서 그들을 불사를 것인즉 에서 족속에 남은 자가 없으리니...(18-21)

선지자 오바댜의 에돔을 향한 심판 선언입니다. 에돔의 조상은 야곱의 형인 에서입니다. 이스라엘을 번번이 괴롭혀 온 에돔은 결정적으로 BC 587년 바벨론에 의해 예루살렘이 함락당할 때 유다에 대한 약탈을 자행했습니다. 에돔은 자신들이 안전한 지대에 거한다고 확신했으나 하나님은 그들을 끌어내어 철저하게 심판하실 것입니다.(1~9절) 에돔이 심판받는 이유는 유다의 멸망을 방관한 것 곧 형제 야곱의 환난을 틈타 재물을 탈취한 악행 때문입니다.(10~14절) 에돔에는 여호와의 심판이 임하고 시온에는 구원이 임하게 될 것이며, 야곱이 회복되어 에돔을 심판하게 될 것입니다.(15~21절)

누가복음 5장 : 제자들이 예수님의 말씀대로 준수함

- 예수께서 한 배에 오르시니 그 배는 시몬의 배라 육지에서 조금 떼기를 청하시고...(3-11)
- 한 중풍병자를 사람들이 침상에 메고 와서 예수 앞에 들여놓고자 하였으나...(18-24)
- 그 후에 예수께서 나가사 레위라 하는 세리가 세관에 앉아 있는 것을 보시고 나를...(27-32)

베드로의 배 위에서 말씀을 가르치신 예수님은 베드로에게 "깊은 데로 가서 그물을 내리라" 고 명하셨는데 순종한 베드로가 많은 고기를 잡게 됩니다.(1~7절) 예수님이 자신과는 근본적으로 다른 신적 존재임을 깨달은 베드로는 자신의 죄인 됨을 고백하였으며 야고보, 요한과 함께 예수를 따르는 제자로 부름을 받게 됩니다.(8~11절) 한 나병환자는 예수님의 구원과 치유의 능력을 의지하여 깨끗함을 얻었으며 지붕을 뚫고 침상에 누인 채 예수님을 만나게 된 중풍병자 역시 친구들의 순전한 믿음으로 인하여 고침 받게 됩니다.(12~26절) 예수님은 치유의 기적을 통해 죄 사함의 권세가 있음을 선포하십니다. 세리, 창녀, 나병환자, 혈루증 여인 등 누구든 만나 주시는 예수님은 세리 레위(=마태)를 제자로 부르시고 그가 초대하는 잔치에 참여하셔서 당시 사회에서 죄인으로 취급되어 배척당하는 사람들과 함께 하십니다.(27~35절) 예수님으로 인하여 누구든 천국에 초대받을 수 있는 새로운 시대가 열렸습니다.(36~39절)

하나님의 이름을 높이고 구원의 역사를 노래하며 지금까지 하나님이 행하신 모든 일의 선함을 찬양합니다. 위로부터 오는 신령한 지혜로써 성결, 화평, 관용, 긍휼의 열매를 맺게 하시고 혀를 잘 제어하도록 은혜를 베풀어 주옵소서.

11/22

본문 역대상 17장 | 야고보서 4장 | 요나 1장 | 누가복음 6장

주제 계시 (啓示, 하나님이 인간을 깨우치기 위해 열어 보여주시는 말씀과 환상)

하나님은 그의 사랑하는 백성들에게 직접 또는 선지자와 사도를 통해 계시하신다. 말씀과 계시를 듣고 믿음으로 순종하면 그에 따른 영광을 누리게 된다. 반면 불신하고 거역하면 그에 따른 벌을 받는다.

역대상 17장 : 성전을 건축하려던 다윗에게 주신 말씀과 계시

- 다윗이 그의 궁전에 거주할 때에 다윗이 선지자 나단에게 이르되 나는 백향목 궁에 거주하거늘 여호와의 언약궤는 휘장 아래에 있도다...(1-14)
- 하나님이여 주께서 이것을 오히려 작게 여기시고 또 종의 집에 대하여 먼 장래까지 말씀하셨사오니 여호와 하나님이여 나를 존귀한 자들 같이 여기셨나이다...(17-19)
- 주께서 주의 백성 이스라엘을 영원히 주의 백성으로 삼으셨사오니 여호와여 주께서...(22-27)

초라한 장막에 놓여 있는 언약궤를 생각하며 다윗은 성전 건축의 비전을 갖게 되었으나 하나님은 다윗이 직접 성전을 건축하는 것을 반대하십니다.(1~6절) 그러나 다윗의 마음을 받으신 하나님은 그의 아들 중 하나가 성전을 건축할 것이며 다윗 왕국이 영원할 것을 약속하십니다.(7~15절) 유다는 바벨론에게 멸망 당했지만 다윗의 자손인 예수 그리스도의 왕국은 영원토록 무너지지 않습니다. 나단 선지자를 통해 자신의 왕국에 관한 축복의 말씀을 들은 다윗은 하나님을 찬양합니다. 자신은 이러한 영광과 축복을 누릴 자격이 없음에도 택하신 백성을 위해 큰 일을 행하셨으니 하나님과 같은 분이 없습니다.(16~20절) 하나님은 이스라엘을 구속하시고 견고하게 하셨으며, 왕조를 이루게 하시고 복을 주셨습니다.(21~27절)

야고보서 4장 : 정욕을 멀리하고 하나님을 가까이 하라는 계시

- 너희 중에 싸움이 어디로부터 다툼이 어디로부터 나느냐 너희 지체 중에서 싸우는 정욕으로부터 나는 것이 아니냐...(1-4)
- 그런즉 너희는 하나님께 복종할지어다 마귀를 대적하라 그리하면 너희를 피하리라...(7-14)
- 그러므로 사람이 선을 행할 줄 알고도 행하지 아니하면 죄니라(17)

초대교회는 교회 내에 개인주의와 분리주의(=선호하는 영적 스승에 따라 분파 형성)의 팽배로 인해 다툼이 잦았습니다. 야고보는 다툼의 원인을 정욕으로 보고 정욕으로 구한 것은 잘못(=원어 의미로는 악한) 구하는 것이므로 받지 못한다고 강조합니다.(1~3절) 그리스도를 떠나 세상으로 나간 하나님과 원수 된 자들이 있는데 성령께서 말할 수 없는 탄식으로 간구하시며 하나님과의 교제가 계속되도록 도우십니다.(4~5절) 하나님은 겸비한 자에게 은혜를 베푸십니다.(6절) 하나님께 복종하는 것이 곧 마귀를 대적하는 것인데 이를 위해서는 늘 하나님을 가까이 하고(하나님께 예속된 삶), 손(=외적 행위)을 깨끗이 하며, 마음(=내적 동기와 생각)을 성결하게 해야 합니다.(7~8절) 또한 죄에 대해서는 진실한 마음으로 회개하고 겸손해야 합니다.(9~10절) 다툼을 일으키는 비방을 중단하고 미래에 대한 헛된 망상을 자랑하지 말아야 하며 선을 알고도 행하지 않는 것이 죄라는 것도 알아야 합니다.(11~17절)

요나 1장 : 악독이 심한 니느웨에 심판을 선포하라는 계시

- 여호와의 말씀이 아밋대의 아들 요나에게 임하니라 이르시되...(1-4)
- 선장이 그에게 가서 이르되 자는 자여 어찌함이냐 일어나서 네 하나님께 구하라...(6-9)
- 바다가 점점 흉용한지라 무리가 그에게 이르되 우리가 너를 어떻게 하여야 바다가...(11-15)
- 여호와께서 이미 큰 물고기를 예비하사 요나를 삼키게 하셨으므로 요나가 밤낮...(17)

북이스라엘의 여로보암 2세 때 활동했던 요나 선지자는 앗수르의 수도 니느웨로 가서 회개의 메시지를 전하라는 사명을 받았지만 혹 이스라엘을 침략한 원수의 나라가 회개하여 복을 받게 되는 것이 싫어서 다시스(=지금의 스페인지역)로 도망가던 중 큰 폭풍을 만나게 됩니다.(1~5절) 그는 사명보다 민족적인 감정을 우선했습니다. 사람들의 온갖 노력도 소용이 없어서 원인을 찾기 위해 제비를 뽑았는데 요나가 선정되었습니다.(6~10절) 자초지종을 말한 요나가 자신을 바다에 던질 것을 요청하여 그대로 하니 비로소 폭풍은 잠잠해졌습니다.(11~16절) 그러나 하나님은 요나와 요나에게 주신 사명을 포기하지 않으십니다.(17절)

누가복음 6장 : 새로운 마음과 행동으로 생활하라는 주의 계시

- 안식일에 예수께서 밀밭 사이로 지나가실새 제자들이 이삭을 잘라 손으로 비비어...(1-2)
- 이 때에 예수께서 기도하시러 산으로 가사 밤이 새도록 하나님께 기도하시고...(12-13)
- 예수께서 그들과 함께 내려오사 평지에 서시니 그 제자의 많은 무리와 예수의 말씀도...(17-23)
- 그러나 너희 듣는 자에게 내가 이르노니 너희 원수를 사랑하며 너희를 미워하는 자를...(27-31)
- 선한 사람은 마음에 쌓은 선에서 선을 내고 악한 자는 그 쌓은 악에서 악을 내나니...(45)

안식일에 예수님의 제자들이 밀 이삭을 잘라 먹은 일과 관련하여 다윗 일행이 안식일에 진설병을 먹은 일이 용납되었듯이 제자들의 상황도 용납될 수 있음을 말씀하신 예수님은 자신이 곧 안식일의 주인임을 선포하십니다.(1~5절) 또한 안식일에 손 마른 자를 치유하심으로 당신이 진정한 안식을 주기 위해 이 땅에 온 분임을 선포하십니다.(6~11절) 예수님이 12제자를 선택하실 때 밤새 기도하셨다는 사실은 우리에게 시사하는 바가 큽니다.(12~16절) 예수님이 기도로 낳은 12제자는 처음에는 부족해 보였지만 훗날 사도로서 하나님 나라 확장에 큰 공헌을 합니다. 가르침과 치유사역을 병행하시는 예수님은 사복(=가난한 자, 주린 자, 우는 자, 핍박받는 자. 이러한 상황이 예수님을 의지하게 함)과 사화(=부요한 자, 배부른 자, 웃는 자, 칭찬받는 자. 부족함 없는 상황으로 인해 영적 빈곤을 깨닫지 못함)에 대해 말씀하십니다.(17~26절) 하나님 나라 백성은 손해를 보더라도 사랑하고, 내 것을 내어주며, 대접받고자 하는 대로 남을 대접하고, 원수를 사랑하는 등 아버지의 자비하심을 닮아야 합니다.(27~36절) 용서하고 또한 주는 자가 되면 주께서 채워주십니다.(37~38절) 영원으로 인도할 수 없는 맹인을 따르지 말고 참된 선생님이신 예수님을 따라야 합니다.(39~40절) 형제 사랑은 자기 눈 속의 들보를 먼저 보는 것에서 시작됩니다.(41~42절) 참된 신자는 좋은 열매를 맺으며 말씀을 듣고 행합니다.(43~49절)

다윗처럼 하나님을 향한 선한 마음을 갖기를 소원합니다. 정욕으로 구하는 기도가 아닌 하나님의 뜻을 구하는 기도를 올리게 하시고 하나님의 자비하심을 닮아가는 은혜를 주시옵소서. 주안에서는 궁핍함도 복이 됨을 믿으며, 좋은 열매 맺는 참된 신자가 되게 하옵소서.

11/23

본문 역대상 18장 | 야고보서 5장 | 요나 2장 | 누가복음 7장

주제 정성 (精誠, 온갖 힘을 다하려는 진실되고 성실한 마음)

사람은 형식적으로 행동하는 모습과 정성을 다하는 모습을 가지고 있다. 하나님과 사람 앞에 정성을 다하는 자의 행동은 놀라운 결과를 얻게 된다. 왜냐하면 하나님은 중심을 보시고 역사하시기 때문이다.

역대상 18장 : 전쟁에 승리한 다윗이 정성을 다해 드린 예물

- 그 후에 다윗이 블레셋 사람들을 쳐서 항복을 받고 블레셋 사람들의 손에서 가드와 그 동네를 빼앗고...(1-3)
- 다메섹 아람 사람이 소바 왕 하닷에셀을 도우러 온지라 다윗이 아람 사람 이만 이천 명을 죽이고...(5-8)
- 다윗 왕이 그것도 여호와께 드리되 에돔과 모압과 암몬 자손과 블레셋 사람들과 아말렉 등 모든 이방 민족에게서 빼앗아 온 은금과 함께 하여 드리니라(11)
- 다윗이 에돔에 수비대를 두매 에돔 사람이 다 다윗의 종이 되니라 다윗이 어디로 가든지 여호와께서 이기게 하셨더라...(13-17)

하나님은 다윗의 군대와 함께 하셔서 블레셋, 모압, 소바 그리고 소바와 아람 연합군과의 계속되는 전투에서 승리하게 하십니다.(1~8절) 소바와 치열한 경쟁을 벌이던 하맛 왕 도우는 다윗이 소바를 이겼다는 소식을 듣고 예물을 보냈으며 다윗은 도우가 가져온 예물을 포함한 모든 전리품들을 다 하나님께 드립니다.(9~11절) 에돔을 정복한 다윗은 공의로운 통치자가 됩니다.(12~14절) 다윗 정부의 주요 관리들이 소개됩니다.(15~17절)

야고보서 5장 : 고난을 당하는 자가 정성을 다해 드린 기도

- 들으라 부한 자들아 너희에게 임할 고생으로 말미암아 울고 통곡하라...(1-5)
- 그러므로 형제들아 주께서 강림하시기까지 길이 참으라 보라 농부가 땅에서 나는 귀한 열매를 바라고 길이 참아 이른 비와 늦은 비를 기다리나니...(7-10)
- 너희 중에 고난 당하는 자가 있느냐 그는 기도할 것이요 즐거워하는 자가 있느냐...(13-16)
- 내 형제들아 너희 중에 미혹되어 진리를 떠난 자를 누가 돌아서게 하면...(19-20)

야고보는 자신의 소유를 자랑하면서 가난한 자를 차별하는 부유한 자들에 대한 심판을 선언합니다.(1~6절) 이는 수탈과 핍박의 대상이 되는 가난한 자들에 대한 위로의 말씀이기도 합니다. 착취와 방종에 대해 하나님이 보응하실 것입니다. 주의 재림이 가까이 왔으니 성도들은 선지자들의 인내를 본받아 농부가 가을을 기다리듯이 끝까지 견뎌야 합니다.(7~11절) 야고보는 맹세 금지를 강조하는데 이는 종말의 때를 살아가는 성도는 맹세가 필요 없을 만큼 정직하게 살아야 한다는 의미입니다.(12절) 성도는 고난에 처하면 기도로, 즐거운 일이 생기면 찬송으로 늘 하나님을 찾아야 합니다.(13절) 특히 믿음으로 드리는 의인의 기도는 영적, 육적 치유의 기적을 낳습니다.(14~18절) 마지막으로 야고보 사도는 신앙을 포기한 자들이 공동체로 돌아오는 일에 관심을 가질 것을 촉구합니다.(19,20절)

요나 2장 : 물고기 뱃속에서 요나가 정성을 다해 드린 기도

- 요나가 물고기 뱃속에서 그의 하나님 여호와께 기도하여...(1-4)
- 내가 산의 뿌리까지 내려갔사오며 땅이 그 빗장으로 나를 오래도록 막았사오나...(6-7)
- 나는 감사하는 목소리로 주께 제사를 드리며 나의 서원을 주께 갚겠나이다...(9-10)

하나님은 물고기를 미리 준비하셔서 바다로 던져지는 요나를 집어 삼키게 하셨습니다.(1절) 사명을 피해 도망가던 요나는 고난을 당하게 되자 기도하기 시작합니다.(2~3절) 물론 이 고난은 하나님의 명령을 거역한 그가 자초한 것입니다. 그러나 그의 기도를 살펴보면 자신의 죄에 대한 정확한 자백과 앞으로의 사명에 대한 다짐 등은 보이지 않습니다. 도리어 "내가 받는 고난", "주의 목전에서 쫓겨났을지라도"라는 표현들은 마치 그가 욥과 같은 수준의 고난을 받는 사람처럼 착각하게 만듭니다. 비록 부족한 기도일지라도 하나님은 그 기도를 들으시고 다시 한번 사명을 감당할 수 있는 길을 가도록 은혜를 주십니다.(4~10절)

누가복음 7장 : 죄를 지은 한 여자가 정성을 다해 향유를 부음

- 어떤 백부장의 사랑하는 종이 병들어 죽게 되었더니...(2-16)
- 그들이 예수께 나아가 이르되 세례 요한이 우리를 보내어 당신께 여쭈어 보라고 하기를 오실 그이가 당신이오니이까 우리가 다른 이를 기다리오리이까 하더이다 하니(20)
- 바리새인과 율법교사들은 그의 세례를 받지 아니함으로 그들 자신을 위한 하나님의...(30-34)
- 한 바리새인이 예수께 자기와 함께 잡수시기를 청하니 이에 바리새인의 집에...(36-48)
- 예수께서 여자에게 이르시되 네 믿음이 너를 구원하였으니 평안히 가라 하시니라(50)

예수님이 말씀만 하셔도 종의 병이 나을 것을 믿고 나아온 백부장은 그의 믿음대로 되는 경험을 하였는데 예수님은 이스라엘에게서 볼 수 없었던 큰 믿음이라고 칭찬하십니다.(1~10절) 백부장 같은 수많은 이방인들이 믿음을 갖고 하나님 나라 백성이 될 것을 예고하는 대목입니다. 예수님은 나인성 과부의 죽은 아들을 살리심으로 죽음의 권세를 깨뜨리시는 능력이 있음을 나타내셨습니다.(11~17절) 투옥된 세례요한이 제자를 보내 예수님의 정체성에 대해 묻자 질병과 고통, 귀신 들린 자를 고치시며 맹인을 치유하신 사건을 언급하시며 메시아가 오셔서 하실 일들이 이루어지고 있음을 확신시켜 주십니다.(18~23절) 메시아의 오심을 증언하며 회개의 세례를 전파한 세례 요한은 옛 언약에 속한 자 중 가장 큰 자이지만 이제 메시아가 오셨기에 그를 통해 하나님 나라에 들어가게 된 자는 요한보다 더 큰 복을 받은 자입니다.(24~28절) 그러나 백성들과 세리들은 복음에 반응한 반면 종교지도자들은 예수님을 배척합니다.(29~35절) 한 여인이 예수님께 향유를 붓고 눈물로 발을 적시며 죄 사함의 기쁨과 감사, 예수님에 대한 사랑을 표현합니다.(36~50절) 시몬은 손님을 초대했을 때의 기본적인 예의도 지키지 않았지만 여인은 그가 할 수 있는 최선의 방법으로 용서받은 자의 기쁨과 감사를 표현하며 예수님을 맞이합니다.

나는 부족하고 내가 드리는 기도도 부족합니다. 그러나 부족한 자의 기도에 귀 기울여 들어 주시는 주님이 계셔서 얼마나 감사한지요. 믿음의 기도로 병든 자를 일으키며, 주의 능력을 나타내게 하옵소서. 백부장의 순전한 믿음을 갖게 하시고 향유옥합을 깨뜨린 여인처럼 주님께 늘 최고의 것을 드리는 마음을 갖게 하옵소서.

11/24

본문 역대상 19-20장 | 베드로전서 1장 | 요나 3장 | 누가복음 8장
주제 **의심** (疑心, 믿지 못하거나 확실히 알 수 없어서 의아하게 여김)

성경은 믿음의 책이다. 하나님을 믿고 그의 아들 독생자를 믿는다. 또한 성삼위일체가 행하신 모든 일을 믿는다. 그러나 믿지 못하고 의심하는 자는 불안과 두려움 속에 빠져 결국은 구원을 얻지 못하게 된다.

역대상 19-20장 : 다윗의 나하스왕 조문을 의심하는 암몬 신하들

- 그 후에 암몬 자손의 왕 나하스가 죽고 그의 아들이 대신하여 왕이 되니...(19:1-8)
- 이르되 만일 아람 사람이 나보다 강하면 네가 나를 돕고 만일 암몬 자손이 너보다 강하면 내가 너를 도우리라...(19:12-19)
- 해가 바뀌어 왕들이 출전할 때가 되매 요압이 그 군대를 거느리고 나가서 암몬 자손의 땅을 격파하고 들어가 랍바를 에워싸고 다윗은 예루살렘에 그대로 있더니 요압이 랍바를 쳐서 함락시키매...(20:1-7)

(19장) 활발한 정복전쟁을 통해 주변의 많은 민족들을 복속시킨 다윗은 암몬은 정복하지 않았는데 이는 암몬의 왕 나하스와 동맹관계에 있었기 때문입니다. 그러던 중 나하스의 사망으로 다윗이 보낸 사절단에게 나하스의 아들 하눈이 모욕적인 일을 자행합니다.(1~5절) 이후 암몬은 용병까지 고용하며 다윗의 군대에게 맞섰지만 그의 동맹군과 함께 크게 패하고 맙니다.(6~19절)
(20장) 다윗은 다시 군대를 일으켜 암몬의 수도 랍바(=요르단의 수도 암만)을 쳐서 함락시킵니다.(1~3절) 그 뒤 블레셋과의 여러 번의 전투에서 다윗은 모조리 승리합니다.(4~8절)

베드로전서 1장 : 그리스도 보배 피로 대속받음을 의심하지 않음

- 너희는 말세에 나타내기로 예비하신 구원을 얻기 위하여 믿음으로 말미암아 하나님의 능력으로 보호하심을 받았느니라...(5-15)
- 외모로 보시지 않고 각 사람의 행위대로 심판하시는 이를 너희가 아버지라 부른즉 너희가 나그네로 있을 때를 두려움으로 지내라...(17-19)
- 너희는 그를 죽은 자 가운데서 살리시고 영광을 주신 하나님을 그리스도로 말미암아 믿는 자니 너희 믿음과 소망이 하나님께 있게 하셨느니라...(21-23)
- 오직 주의 말씀은 세세토록 있도다 하였으니 너희에게 전한 복음이 곧 이 말씀이니라(25)

우리는 예수님의 부활로 인하여 거듭난 산 소망을 가진 자이며 영원히 썩지 않는 유업을 받은 택하심을 받은 나그네입니다.(1~5절) 우리는 불 속에서 단련된 순금보다도 더 귀한 믿음의 소유자로서 선지자와 사도가 전한 복음을 그대로 믿고 구원에 이르게 되었습니다.(6~12절) 성도가 다시 오실 그리스도를 기다리며 나그네의 때를 거룩함과 두려움으로 근신하는 삶을 살아야 하는 것은 흠 없는 어린 양 예수 그리스도의 보배로운 피로 구원받았기 때문입니다.(13~21절) 그리스도의 구원에 대한 확고한 믿음과 다시 오실 그리스도에 대한 소망을 갖게 된 성도는 형제를 사랑하며 영원히 살아있는 말씀의 사람이어야 합니다.(22~25절)

요나 3장 : 요나의 멸망선포를 의심하지 않고 회개한 백성

- 일어나 저 큰 성읍 니느웨로 가서 내가 네게 명한 바를 그들에게 선포하라 하신지라 요나가 여호와의 말씀대로 일어나서 니느웨로 가니라 니느웨는 사흘 동안 걸을 만큼 하나님 앞에 큰 성읍이더라...(2-10)

물고기 뱃속에서 나온 요나에게 전과 동일한 하나님의 말씀이 임합니다.(1~2절) 하나님은 요나를 통해 이방인 백성들에게 회개의 기회를 주길 원하셨습니다. 요나는 단 하루 동안만 회개의 메시지를 전했는데 아직도 니느웨 백성들에게 대한 편견과 미움을 완전히 떨쳐 버리지 못했음을 알 수 있습니다.(3~4절) 그런데 요나의 반쪽짜리 선포에도 불구하고 왕으로부터 백성에 이르기까지 자발적인 회개운동이 일어남으로 하나님은 뜻을 돌이켜 재앙을 내리시지 않습니다.(5~10절) 사람을 변화시키는 힘은 논리와 감동이 아니라 하나님의 말씀 그 자체에 있습니다.

누가복음 8장 : 야이로 외딸의 다시 살아남을 의심하는 사람들

- 그 후에 예수께서 각 성과 마을에 두루 다니시며 하나님의 나라를 선포하시며 그 복음을 전하실새 열두 제자가 함께 하였고...(1-3)
- 씨를 뿌리는 자가 그 씨를 뿌리러 나가서 뿌릴새 더러는 길 가에 떨어지매 밟히며 공중의 새들이 먹어버렸고...(5-8)
- 이르시되 하나님 나라의 비밀을 아는 것이 너희에게는 허락되었으나 다른 사람에게는 비유로 하나니 이는 그들로 보아도 보지 못하고 들어도 깨닫지 못하게 하려 함이라...(10-16)
- 어떤 이가 알리되 당신의 어머니와 동생들이 당신을 보려고 밖에 서 있나이다...(20-25)
- 사람들이 그 이루어진 일을 보러 나와서 예수께 이르러 귀신 나간 사람이 옷을 입고 정신이 온전하여 예수의 발치에 앉아 있는 것을 보고 두려워하거늘...(35-37)
- 이에 회당장인 야이로라 하는 사람이 와서 예수의 발 아래에 엎드려 자기 집에 오시기를 간구하니...(41-55)

예수님의 사역에는 12제자 뿐 아니라 치유의 능력을 몸소 경험한 여인들이 함께 했습니다.(1~3절) 복음의 씨가 뿌려지면 마귀에게 말씀을 빼앗기거나 시련이나 인생의 염려와 재물과 향락 추구로 인해 복음을 빼앗길 위기가 찾아오지만 말씀을 최고의 가치로 여기고 굳게 붙드는 자는 인내로서 100배의 결실을 맺습니다.(4~15절) 복음의 비밀은 때가 되면 반드시 드러나게 되어 있으며 주의 깊게 듣는 사람은 하나님 나라를 얻게 됩니다.(16~18절) 말씀을 듣고 행하는 자가 하나님 나라의 백성입니다.(19~21절) 우리는 예수님이 행하신 일을 보고 그가 누구인지 정확히 알아야 합니다.(22~25절) 예수님은 사탄이 활개 치는 세상에 오셔서 그 세력을 멸하시고 생명의 역사를 일으키십니다.(26~39절) "하나님의 아들이 나타나신 것은 마귀의 일을 멸하려 하심이라"(요일 3:8) 그는 질병과 죽음 그리고 절망의 정복자이십니다.(40~56절)

하나님! 내게 주신 사명을 위한 발걸음을 좀 더 내딛게 하시고 영원히 변하지 않는 말씀을 최고의 가치로 여기며 살아감으로 열매를 맺게 하옵소서. 예수 그리스도에 대한 참된 믿음과 소망을 갖게 하시고 형제를 사랑하는 진실한 성도가 되게 하옵소서.

11/25

본문 역대상 21장 | 베드로전서 2장 | 요나 4장 | 누가복음 9장
주제 **실수** (失手, 부주의로 잘못을 저지르거나 언행이 예의에 어긋남)

인간은 연약성을 가지고 있다. 마귀는 인간의 연약성과 부패성을 자극하여 실수를 유도하고 죄를 짓게 만든다. 그러므로 성도는 전신갑주를 입고 성령 충만하여 자신을 지키고 항상 깨어 사명을 감당해야 한다.

역대상 21장 : 다윗이 사단의 충동을 받아 인구조사하는 실수

- 사탄이 일어나 이스라엘을 대적하고 다윗을 충동하여 이스라엘을 계수하게 하니라...(1-8)
- 갓이 다윗에게 나아가 그에게 말하되 여호와의 말씀이 너는 마음대로 택하라...(11-24)
- 다윗이 거기서 여호와를 위하여 제단을 쌓고 번제와 화목제를 드려 여호와께...(26-27)
- 옛적에 모세가 광야에서 지은 여호와의 성막과 번제단이 그 때에 기브온 산당에...(29-30)

백성의 수를 계수할 때는 속전을 드리게 되어 있음에도 속전도 드리지 않은 채 시행한 다윗의 인구조사에 대하여 성경은 사탄의 충동에 마음을 빼앗겨 강행한 것으로 평가합니다.(출 30:12, 2~6절) 하나님은 다윗의 교만에 대한 심판을 선언하시고 다윗은 자신의 죄에 대해 회개합니다.(7~8절) 그러나 회개가 죄의 대가에 대한 면피가 될 수는 없습니다. 다윗은 하나님이 제시하신 3가지 심판 중 3일간의 전염병을 선택합니다.(9~14절) 하나님은 예루살렘을 심판하러 천사를 보냈는데 천사에게 재앙을 거두라 명하시고 다윗으로 하여금 천사를 보게 하셔서 회개하게 하십니다.(15~17절) "재앙 내림을 뉘우치사"라는 표현은 하나님이 마음을 바꾸셔서 진노를 멈추게 하셨다는 의미입니다. 하나님이 죄를 자백하는 다윗에게 오르난의 타작마당에 여호와를 위한 제단을 쌓으라고 명령하심으로 다윗은 그곳을 정당한 값을 치르고 구매한 후 제단을 쌓고 번제와 화목제를 드립니다.(18~27절) 훗날 여기에 솔로몬이 성전을 세움으로써(대하 3:1) 다윗의 범죄로 인해 발생한 전염병 사건은 하나님이 성전을 세울 터전으로 다윗을 이끌어주신 사건으로 결론 맺게 됩니다.(28~30절)

베드로전서 2장 : 육체의 정욕과 부당한 고난중에 실수하지 않음

- 그러므로 모든 악독과 모든 기만과 외식과 시기와 모든 비방하는 말을 버리고...(1-5)
- 또한 부딪치는 돌과 걸려 넘어지게 하는 바위가 되었다 하였느니라 그들이 말씀을...(8-12)
- 곧 선행으로 어리석은 사람들의 무식한 말을 막으시는 것이라...(15-17)
- 부당하게 고난을 받아도 하나님을 생각함으로 슬픔을 참으면 이는 아름다우나...(19-25)

구원받은 자는 버려야 할 것(=악독, 기만, 외식, 시기, 비방)과 취할 것(=말씀)을 구별하여 행함으로 계속 성장해 나가야 합니다.(1~3절) 성도는 예수님으로 말미암아 신령한 집(=성전)과 제사장으로 세워집니다.(4~6절) 예수님은 믿는 자에게는 보배이지만 믿지 않는 자에게는 부딪히는 돌입니다.(7~8절) 성도는 긍휼을 얻은 하나님의 소유된 백성이며, 택하신 족속, 왕 같은 제사장입니다.(9~10절) 즉 마귀의 종으로 끌려다니는 인생이 아니라 세상을 다스리는 왕과 같은 권세를 가지고 세상과 하나님을 중재하는 제사장입니다. 또한 성도는 육체의 정욕을 제어하고 선한 행실로 하나님께 영광으로 돌리며, 세상의 지도체제에 주를 위하여 순응

하고 사람 공경, 형제 사랑, 하나님 경외, 왕에 대한 존대함으로 비방의 빌미를 주지 말아야 합니다.(11~17절) 종들은 부당하게 고난을 받더라도 주인에게 순종해야 하며 성도는 자신을 위해 고난을 참으신 그리스도를 본받아 인내로써 승리하는 삶을 살아야 합니다.(18~25절)

요나 4장 : 요나가 니느웨의 구원을 보고 성을 내는 실수

- 요나가 매우 싫어하고 성내며 여호와께 기도하여 이르되 여호와여 내가 고국에 있을 때에 이러하겠다고 말씀하지 아니하였나이까 그러므로 내가 빨리 다시스로 도망하였사오니...(1-11)

니느웨의 회개에 대해 요나는 분노합니다.(1~3절) 하나님의 은혜와 자비는 이스라엘 백성만이 누리는 특권이길 원했기 때문입니다. "네가 무슨 권한으로 화를 내느냐"라고 질문하시는 하나님은 요나가 지은 초막 위로 박 넝쿨이 자라게 하셨습니다.(4~6절) 박 넝쿨이 제공하는 그늘에서 편히 쉬던 요나는 박 넝쿨이 시들고 뜨거운 동풍을 불어오자 자제력을 잃고 죽기를 간청합니다.(7~8절) 하나님은 요나에게 자기가 은혜(=그늘)를 누리는 것은 당연하게 생각하고 니느웨가 하나님의 은혜(=심판의 유보)를 누리는 것에는 분노하는 태도를 책망하시며 이스라엘 백성이나 니느웨 백성이나 동일하게 하나님의 은혜가 필요한 존재임을 알게 하십니다.(9~11절)

누가복음 9장 : 제자들이 귀신제어능력을 쓰지 못하는 실수

- 예수께서 열두 제자를 불러 모으사 모든 귀신을 제어하며 병을 고치는 능력과 권위를...(1-4)
- 예수께서 이르시되 너희는 나를 누구라 하느냐 베드로가 대답하여 이르되 하나님의...(20-24)
- 제자 중에서 누가 크냐 하는 변론이 일어나니...(46-48)
- 예수께서 승천하실 기약이 차가매 예루살렘을 향하여 올라가기로 굳게 결심하시고...(51-55)

12제자가 보냄을 받아 복음을 전하며 병을 고치자 세상은 놀라게 됩니다.(1~9절) 복음과 함께 나타나는 능력들은 복음의 진정성을 보증하는 증거가 됩니다. 하나님 나라 만찬의 예고편인 오병이어의 기적은 예수님이 온 백성에게 구원의 양식을 풍성히 먹이실 구원자이심을 보여줍니다.(10~17절) 그리스도는 오직 한 분이십니다.(18~20절) 베드로의 신앙고백 이후 예수님은 십자가의 고난과 죽음을 예고하시면서 자기 십자가를 지고 죽기까지 자신을 따르는 제자도에 대해 말씀하십니다.(21~27절) 변화산에서 예수님이 본래 가지고 있는 영광스런 모습을 나타내실 때 모세와 엘리야는 예수님이 별세하실 것을 전합니다.(28~36절) 전에 귀신을 제어하며 병을 고치는 사역을 행했던 제자들이 불신으로 귀신을 내어 쫓지 못하자 예수님은 그들의 믿음 없음을 책망하시고 귀신을 꾸짖어 내어 쫓으십니다.(37~43절) 예수님의 2차 수난예고가 있었지만 제자들은 누가 큰 자인가라는 논쟁을 벌이고 있었으며 예수님은 어린아이 하나를 세우고 낮아짐으로써 높아지는 원리를 가르칩니다.(44~50절) 사마리아인은 예수님을 배척했으며 예루살렘 사람 역시 크게 다르지 않습니다.(51~53절) 제자들은 길이 참으시는 하나님을 기억하고 성급한 심판자가 되지 말아야 합니다.(54~56절) 복음 전파의 시급함과 중요성은 모든 것에 우선합니다.(57~62절)

다윗이 범죄 했을 때 회개로 이끄시고 성전을 세울 터전으로 그를 이끌어 주신 하나님의 놀라운 은혜를 봅니다. 하나님의 마음을 읽을 줄 아는 성도가 되게 하시고 내 몫의 십자가를 지고 주를 따르게 하옵소서.

11/26

본문 역대상 22장 | 베드로전서 3장 | 미가 1장 | 누가복음 10장
주제 **확산** (擴散, 흩어져 널리 퍼짐)

겨자씨 한 알이 땅에 떨어져 자라면 나무가 되어 새들이 깃들고, 한 알의 밀이 떨어져 죽으면 많은 열매를 맺는다. 선과 악, 의와 불의, 복과 화의 모든 씨는 결국 시간이 흐름에 따라 자라서 확산된다.

역대상 22장 : 다윗으로 인해 성전건축의 사역이 확산됨

- 다윗이 명령하여 이스라엘 땅에 거류하는 이방 사람을 모으고 석수를 시켜 하나님의 성전을 건축할 돌을 다듬게 하고...(2-5)
- 다윗이 솔로몬에게 이르되 내 아들아 나는 내 하나님 여호와의 이름을 위하여...(7-12)
- 내가 환난 중에 여호와의 성전을 위하여 금 십만 달란트와 은 백만 달란트와 놋과...(14-15)
- 이제 너희는 마음과 뜻을 바쳐서 너희 하나님 여호와를 구하라 그리고 일어나서...(19)

오르난의 타작마당은 하나님의 성전 터가 됩니다.(1절) 다윗은 재임기간에 성전을 건축할 만반의 준비를 하며 솔로몬에게 성전 건축의 임무를 부여합니다.(2~11절) 또한 하나님이 명령하신 모든 규례와 법도를 잘 지켜 행할 것을 주문합니다.(12~13절) 다윗은 성전 건축을 위한 구체적인 준비를 하면서 이스라엘의 모든 지도자들에게는 솔로몬을 도와 성전을 완공할 것을 명령합니다.(14~19절) 다윗은 성전 건축에 모든 국가적 역량을 집중할 것을 주문합니다.

베드로전서 3장 : 베드로로 인해 의와 선을 행함이 확산됨

- 아내들아 이와 같이 자기 남편에게 순종하라 이는 혹 말씀을 순종하지 않는 자라도 말로 말미암지 않고 그 아내의 행실로 말미암아 구원을 받게 하려 함이니...(1-4)
- 남편들아 이와 같이 지식을 따라 너희 아내와 동거하고 그를 더 연약한 그릇이요 또 생명의 은혜를 함께 이어받을 자로 알아 귀히 여기라 이는 너희 기도가 막히지 아니하게...(7-9)
- 또 너희가 열심으로 선을 행하면 누가 너희를 해하리요...(13-19)
- 물은 예수 그리스도께서 부활하심으로 말미암아 이제 너희를 구원하는 표니 곧 세례라 이는 육체의 더러운 것을 제하여 버림이 아니요 하나님을 향한 선한 양심의 간구니라(21)

베드로의 권면이 이어집니다. 아내는 순종함으로 남편을 구원으로 인도하며 외적 치장보다 내면의 아름다움 즉 온유하고 안정된 심령을 추구하고, 남편은 아내를 생명의 유업을 함께 받을 자로 알아 귀히 여겨야 합니다.(1~7절) 공동체를 위한 5가지 교훈과 보복하지 말 것과 진실한 말을 할 것, 선을 행하고 화평을 구할 것을 권면합니다.(8~12절) 대적자들이 주는 두려움을 두려워하지 말고 고난 가운데 선을 행함으로 대적자들을 부끄럽게 하며 소망의 이유를 묻는 자에게 온유와 두려움으로 대답해야 합니다.(13~17절) 그리스도께서 의인으로서 불의한 우리를 대신하신 것은 우리를 하나님 앞으로 인도하려 하심입니다.(18절) 부활하신 그리스도는 노아 때에 심판의 메시지를 믿지 않았던 악한 영들에게 승리를 선포하십니다.(19~20절) 그는 하나님 보좌 우편에 계신 그리스도께서 천사들과 권세들과 능력들을 통

치하며 보이는 세계와 보이지 않는 세계를 온전히 다스리십니다.(21~22절)

미가 1장 : 사마리아와 예루살렘의 죄로 재앙이 확산됨

- 유다의 왕들 요담과 아하스와 히스기야 시대에 모레셋 사람 미가에게 임한 여호와의 말씀 곧 사마리아와 예루살렘에 관한 묵시라...(1-2)
- 이는 다 야곱의 허물로 말미암음이요 이스라엘 족속의 죄로 말미암음이라 야곱의 허물이 무엇이냐 사마리아가 아니냐 유다의 산당이 무엇이냐 예루살렘이 아니냐...(5-7)
- 이는 그 상처는 고칠 수 없고 그것이 유다까지도 이르고 내 백성의 성문 곧 예루살렘에도 미쳤음이니라...(9-16)

미가는 유다 왕 요담과 아하스, 히스기야에 걸쳐 약 40년 동안 선지자로 활동했습니다.(1절) 이 시기 북이스라엘은 앗수르의 팽창정책으로 인해 극심한 생존의 위협을 겪다가 BC 722년에 멸망하고 맙니다. 먼저 북이스라엘에 대한 심판의 메시지가 등장하는데 이는 곧 예루살렘에게 전하는 경고의 메시지이기도 합니다.(2~7절) 예루살렘(=남유다)은 사마리아(=북이스라엘)의 멸망에서 교훈을 얻어야 합니다. 사마리아의 멸망으로 앗수르와 직접 국경을 맞닿게 되면서 유다에게 큰 위기가 찾아왔습니다. 미가는 유다의 성읍들에 닥치게 될 재앙을 미리 내다 보며 탄식합니다.(8~16절) 여기에 언급된 성들은 지중해의 적들이 해안 길에서 예루살렘을 공격할 때 주로 만나게 되는 성읍들로 전쟁의 피해를 많이 겪은 성들입니다. 미가는 고통의 상처를 고칠 수 없다고 선언하는데 이는 하나님의 진노의 심판은 이미 돌이키기 힘들다는 것을 의미합니다.(9절)

누가복음 10장 : 칠십인의 전파로 천국의 복음이 확산됨

- 그 후에 주께서 따로 칠십 인을 세우사 친히 가시려는 각 동네와 각 지역으로 둘씩...(1-3)
- 어느 집에 들어가든지 먼저 말하되 이 집이 평안할지어다 하라...(5-7)
- 화 있을진저 고라신아, 화 있을진저 벳새다야, 너희에게 행한 모든 권능을 두로와...(13-21)
- 어떤 율법교사가 일어나 예수를 시험하여 이르되 선생님 내가 무엇을 하여야...(25-42)

복음을 위해 많은 일꾼이 필요한 가운데 예수님은 70제자를 파송하십니다.(1~3절) 그들은 이리 가운데 보내진 어린 양과 같으나 복음을 전하는 그들을 이길 자가 없습니다. 복음은 완전한 죄 사함과 평안을 주기에 복음을 받는 자는 참된 안식을 누리게 됩니다.(4~9절) 심판의 날에는 결코 하나님의 진노를 피할 수 없습니다.(10~16절) 복음의 능력으로 귀신이 항복하는 것은 놀라운 기쁨을 주지만 그보다 더 큰 기쁨은 이름이 하늘나라에 기록된 것입니다.(17~20절) 하나님을 계시할 수 있는 분은 오직 예수님뿐이며 어린아이와 같이 예수님을 신뢰하고 믿는 자에게만 하나님 나라의 복과 권능이 허락됩니다.(21~24절) 영생은 율법을 지키는 자에게 주어지는 보상 정도로 생각하는 한 율법교사가 영생에 대해 질문합니다.(25~37절) 그는 사마리아인에 대한 배타적인 태도를 드러냄으로써 이웃 사랑에 있어서 매우 큰 흠이 있음을 드러냅니다. 섬김은 중요하지만 주의 말씀을 배우며 주와 함께 하는 것보다 더 중요할 수는 없습니다.(38~42절)

하나님의 성전을 향한 다윗의 열심을 배우게 하시고 심판과 구원에 관한 하나님의 말씀을 주의 깊게 듣는 귀를 주시옵소서. 마지막 때를 살아가는 참된 지혜가 있게 하옵소서.

11/27

본문 역대상 23장 | 베드로전서 4장 | 미가 2장 | 누가복음 11장
주제 감수 (甘受, 어려운 상황이나 고통 따위를 달게 받아 들임)

하나님의 백성과 그리스도인에게는 늘 사명과 그에 따른 고난이 있다. 하나님은 그 사명과 고난을 온전히 감수할 수 있도록 능력과 은사를 주신다. 결국 승리한 자는 영원한 면류관과 상급을 받게 된다.

역대상 23장 : 레위 사람들이 변경된 성전에 직무를 감수함

- 다윗이 나이가 많아 늙으매 아들 솔로몬을 이스라엘 왕으로 삼고...(1-6)
- 아므람의 아들들은 아론과 모세이니 아론은 그 자손들과 함께 구별되어 몸을 성결하게 하여 영원토록 심히 거룩한 자가 되어 여호와 앞에 분향하고 섬기며 영원토록 그 이름으로...(13-15)
- 이는 다 레위 자손이니 그 조상의 가문을 따라 계수된 이름이 기록되고 여호와의...(24-26)
- 그 직분은 아론의 자손을 도와 여호와의 성전과 뜰과 골방에서 섬기고 또 모든...(28-32)

다윗의 중요한 업적은 성전 건축을 준비한 것과 성전에서 섬길 레위인을 구체적으로 준비시켰다는 것입니다. 다윗은 솔로몬을 왕으로 세운 뒤 성전 일을 맡을 레위인을 계수하고 역할에 따라 그들을 재편성했습니다.(1~5절) 왕위를 넘겨주기 전에 레위 자손을 세워 성전을 섬기게 한 것입니다. 레위의 아들들(=게르손, 그핫, 므라리)에 따른 각각의 계보가 소개됩니다.(6~24절) 이제 솔로몬에 의해 성전이 세워지면 성막의 모든 기구는 이동할 필요가 없어질 것입니다.(25~26절) 20세 이상의 모든 레위인은 제사장을 도와 제사와 찬송의 일을 하게 될 것입니다.(27~32절)

베드로전서 4장 : 성도가 마지막 때에 그리스도의 고난을 감수함

- 그리스도께서 이미 육체의 고난을 받으셨으니 너희도 같은 마음으로 갑옷을 삼으라 이는 육체의 고난을 받은 자는 죄를 그쳤음이니...(1-14)
- 만일 그리스도인으로 고난을 받으면 부끄러워하지 말고 도리어 그 이름으로...(16-19)

십자가 고난은 영원한 생명과 승리를 가져오기 위한 과정입니다. 그러므로 예수 그리스도를 따르는 자는 이전의 방탕한 삶을 버리고 그리스도와 같은 마음으로 갑옷을 입어야 합니다.(1~3절) 기꺼이 십자가를 지기로 결단해야 합니다. 불신자들이 성도들을 비방하고 핍박하는 이유는 자신들과는 다른 성도들의 구별된 삶 즉 방탕에 달음질하지 않는 삶을 살기 때문입니다.(4절) 그들은 심판의 날이 되어서야 하나님 앞에 자기들의 죄를 고백하게 될 것입니다.(5절) 그리스도를 믿다가 죽은 사람들은 비록 육신은 죽었지만 영으로는 살아있으며 그리스도께서 다시 오시는 날 부활하게 될 것입니다.(6절) 마지막 때가 가까웠으니 근신하여 기도하고, 뜨겁게 사랑하며, 대접하기를 원 없이 하고, 주신 은사대로 봉사하되 하나님이 공급하시는 힘으로 하는 것 같이 해야 합니다.(7~11절) 불같은 시험을 당해도 기뻐할 수 있는 이유는 그리스도인이라는 이유로 당하는 고난은 하나님께 영광이 되기 때문입니다.(12~16절) 복음에 순종하지 않는 자에게는 심판이 기다리고 있는 반면 하나님의 뜻대로 고난을 받는 자는 자신의 영혼을 신실하신 창조주에게 의탁할 수 있습니다.(17~19절)

미가 2장 : 구원받을 백성들이 권력자들의 횡포를 감수함

- 그들이 침상에서 죄를 꾀하며 악을 꾸미고 날이 밝으면 그 손에 힘이 있으므로 그것을...(1-3)
- 그러므로 여호와의 회중에서 분깃에 줄을 댈 자가 너희 중에 하나도 없으리라...(5-9)
- 야곱아 내가 반드시 너희 무리를 다 모으며 내가 반드시 이스라엘의 남은 자를...(12-13)

미가는 자신의 권력을 이용하여 백성들의 집과 밭을 빼앗는 악한 권력자들에 대한 심판을 선언합니다.(1~5절) 권력자들은 '하나님이 다윗 왕조를 영원히 붙들어 주신다'는 다윗언약에 근거하여 그들에 대해 심판을 선언한 미가의 예언을 그저 욕하는 말 수준으로 여기면서 하나님의 경고와 심판을 하나님의 성급하심으로 해석합니다.(6~7절) 미가는 권력자들의 착취 행위를 다시 고발하며 하나님의 심판의 확실성을 선언합니다.(8~10절) 미가는 포도주와 독주에 대하여 예언하는 자들 곧 사람들을 방탕함으로 이끄는 거짓 선지자들에게 열광하는 백성들을 비판합니다.(11절) 그러나 목자 되시는 하나님은 심판이 끝나면 반드시 흩어진 이스라엘의 남은 자를 불러 모으실 것입니다.(12~13절) 보스라는 에돔의 강력한 요새로써 강성함의 상징입니다.

누가복음 11장 : 예수가 서기관과 바리새인들의 박해를 감수함

- 예수께서 이르시되 너희는 기도할 때에 이렇게 하라 아버지여 이름이 거룩히 여김을...(2-14)
- 나와 함께 하지 아니하는 자는 나를 반대하는 자요 나와 함께 모으지 아니하는 자는...(23-26)
- 예수께서 이르시되 오히려 하나님의 말씀을 듣고 지키는 자가 복이 있느니라...(28-32)
- 주께서 이르시되 너희 바리새인은 지금 잔과 대접의 겉은 깨끗이 하나 너희 속에는...(39-42)
- 화 있을진저 너희 율법교사여 너희가 지식의 열쇠를 가져가서 너희도 들어가지 않고...(52-54)

예수님은 기도를 가르쳐 달라는 요청에 대해 기도의 내용(주기도문 = 하나님의 이름과 나라를 위한 간구 + 자신을 위한 간구)과 태도를 가르쳐 주십니다.(1~8절) 구하고 찾고 두드리는 자에게 좋은 것 곧 성령을 주셔서 최선의 기도가 드려지게 하시고 최선의 응답을 받게 하십니다.(9~13절) 하나님의 성령을 힘입어 귀신을 쫓아내면 이미 하나님의 나라가 임한 것입니다.(14~23절) 그러나 귀신이 더 악한 귀신을 대동해 다시 올 수 있으므로 하나님의 말씀으로 채워야 귀신을 막을 수 있습니다.(24~28절) 귀신은 말씀으로 무장된 사람을 사로잡을 수 없습니다. 요나가 니느웨 백성들의 운명을 결정하는 표적이었던 것처럼 예수님은 이 시대의 표적입니다.(29~30절) 요나의 선포를 듣고 회개한 자가 심판을 면했듯이 예수님의 선포를 듣고 믿는 자는 심판에 이르지 않습니다. 솔로몬이나 요나보다 더 크신 예수님을 믿지 않는 것은 이방인들 즉 남방 여왕이나 니느웨 백성이 하나님의 말씀을 믿었던 것과 크게 대비됩니다.(31~32절) 말씀을 듣고 받아들인 자는 눈(=영적 안목)을 갖게 됩니다.(33~36절) 위선자가 되지 말고 마음을 다해 구제하는 자가 되어야 하며 율법의 정신을 뒤로 한 채 외양만 추구하는 모든 행위로부터 돌아서야 합니다.(37~54절)

다윗이 최선을 다해 하나님을 섬기듯 마음과 정성을 다하여 하나님을 경외하길 결단합니다. 불신자에게 구별된 삶을 통해 말하게 하시고 말씀으로 인해 고난이 찾아오면 감사함으로 고난 가운데 승리하게 하옵소서. 말씀을 빛을 내게 비추어 주옵소서.

11/28

본문 역대상 24-25장 | 베드로전서 5장 | 미가 3장 | 누가복음 12장

주제 본분 (本分, 의무적으로 마땅히 지켜 행하여야 할 책임과 의무)

구원받은 성도는 제자요 하나님 나라의 백성이라는 신분을 갖게 된다. 그 신분을 가진 우리는 예수님께서 다시 오실 때까지 헌신과 충성으로 주어진 본분에 충실히 임해야 한다.

역대상 24-25장 : 제사장과 찬송을 맡을 자들의 본분

- 아론 자손의 계열들이 이러하니라 아론의 아들들은 나답과 아비후와 엘르아살과...(24:1-3)
- 이와 같은 직무에 따라 여호와의 성전에 들어가서 그의 아버지 아론을 도왔으니 이는 이스라엘의 하나님 여호와께서 명하신 규례더라(24:19)
- 다윗이 군대 지휘관들과 더불어 아삽과 헤만과 여두둔의 자손 중에서 구별하여 섬기게 하되 수금과 비파와 제금을 잡아 신령한 노래를 하게 하였으니 그 직무대로 일하는 자의...(25:1-8)

(24장) 아론의 자손이 제사장직을 수행하던 중 아론의 첫째 아들 나답과 둘째 아들 아비후가 하나님이 명하지 않은 불을 사용하다가 죽게 되어 남은 두 아들 엘르아살과 이다말의 후손들이 제사장직을 이어갑니다.(1~6절) 엘르아살의 후손이 숫자적으로 더 많았지만 공평하게 두 집안에서 각각 12명씩 도합 24명이 제사장 직무를 감당합니다.(7~19절) 제사장과 함께 성전에서 섬길 레위인 역시 공평하게 제비를 뽑아 선발함으로써 어느 한 집안이 독점하지 못하게 했습니다.(20~31절) 투명하게 절차를 진행하고 공평하게 직무를 분배한 것은 오늘날의 교회가 본받을 점입니다.

(25장) 다윗은 찬양대를 매우 중요하게 생각하여 군대 지휘관만큼의 비중을 두었습니다.(1절) 다윗이 구별하여 세운 아삽과 헤만 그리고 여두둔 가문의 사람들이 소개되는데 그들의 지휘 아래 288명의 찬양대가 구성됩니다.(2~7절) 찬양대는 24개 반으로 구성되어 있으며 순서는 제비뽑기로 결정되었습니다.(8~31절) 순서는 중요하지 않습니다. 자기에게 주어진 역할과 임무에 최선을 다하면 됩니다. 전문성과 더불어 질서와 조화가 이루어질 때 아름다운 찬양대가 될 수 있습니다.

베드로전서 5장 : 주의 양 무리를 쳐야 할 장로들의 본분

- 너희 중 장로들에게 권하노니 나는 함께 장로 된 자요 그리스도의 고난의 증인이요 나타날 영광에 참여할 자니라 너희 중에 있는 하나님의 양 무리를 치되 억지로 하지 말고...(1-11)

베드로는 장로들(=교회의 지도자들)과 젊은 자에게 권고합니다. 장래 영광에 참여할 자로서 양 무리를 치되 자원하는 마음으로 하고 개인의 이익을 위해서 하지 말아야 하며, 주장하는 자세보다 솔선수범의 자세로 목양을 해야 합니다.(1~4절) 젊은이들은 지도자에게 순복하고 하나님이 겸손한 자에게 은혜를 주신다는 사실을 기억하며 겸손히 행해야 합니다.(5~7절) 마지막 때가 가까이 왔으므로 근신하고 깨어 있어야 하며 굳건한 믿음으로 마귀를 대적하여 승리해야 합니다.(8~9절) 잠깐의 고난은 있겠지만 주께서 더욱 온전케 하실 것이기

에 이미 영원한 생명과 영광을 약속받은 자임을 기억하며 은혜 위에 더욱 견고히 서야 합니다.(10~14절)

미가 3장 : 정의를 외쳐야 할 통치자들의 본분

- 내가 또 이르노니 야곱의 우두머리들과 이스라엘 족속의 통치자들아 들으라 정의를...(1-4)
- 야곱 족속의 우두머리들과 이스라엘 족속의 통치자들 곧 정의를 미워하고 정직한...(9-12)

미가는 계속해서 정의와 선을 버린 권력자들에 대해 고발합니다. 자신의 사욕을 위해 백성을 착취한 자들은 하나님이 그 행위대로 갚으실 것입니다.(1~4절) 선지자들은 사례의 많고 적음에 따라 예언의 내용을 달리함으로써 예언을 자신의 수익 창출의 수단으로 전락시켰습니다.(5~6절) 자기 마음대로 전쟁과 평화를 선포하던 선지자들은 그들의 선포가 빗나감으로 인해 권위를 잃게 될 것이지만 미가는 하나님이 말씀하신 이스라엘의 죄, 통치자들의 죄에 대해 단호하게 선포합니다.(7~12절) 여호와가 함께 하시므로 우리에게 재앙이 임하지 않는다는 것은 착각입니다.(11절) 지도자의 타락은 파급효과가 크기에 지도자들은 자신의 영적 책임을 인식하고 하나님을 두려워해야 합니다.

누가복음 12장 : 기다리며 깨어 있어야 할 제자들의 본분

- 그 동안에 무리 수만 명이 모여 서로 밟힐 만큼 되었더니 예수께서 먼저 제자들에게...(1-12)
- 이르시되 이 사람아 누가 나를 너희의 재판장이나 물건 나누는 자로 세웠느냐 하시고...(14-15)
- 또 제자들에게 이르시되 그러므로 내가 너희에게 이르노니 너희 목숨을 위하여...(22-34)
- 너희는 마치 그 주인이 혼인 집에서 돌아와 문을 두드리면 곧 열어 주려고 기다리는...(36-40)

곧 만천하에 드러나게 될 바리새인의 누룩(=위선)을 조심하고, 핍박을 당할지라도 영생을 빼앗지 못하는 자들을 두려워하지 말며 오직 성령님을 의지하여 담대하게 복음을 전해야 합니다.(1~12절) 유산문제의 조종을 요청받은 예수님은 그 부탁을 거부하시면서 당신은 생명을 주시기 위해 이 땅에 오셨다고 말씀하십니다.(13~14절) 그러므로 탐심을 물리치고 세상이 아닌 하나님께 대하여 부요한 자가 되어야 합니다.(15~21절) 염려는 문제를 해결해 주지 못할 뿐 아니라 하나님의 돌보심에 대한 불신에서 비롯된 것이기에 한날 들풀까지도 입히시는 하나님을 신뢰하며 그의 나라를 구해야 합니다.(22~32절) 그의 나라를 구하는 자는 소유에 집착하지 않으므로 나누는 삶을 살 수 있습니다.(33~34절) 주의 재림을 기억하여 늘 준비된 종으로 살아가면 주의 복에 참여하게 됩니다.(35~40절) 재림을 기다리는 자는 주님이 맡기신 사람을 돌보고 지혜로운 청지기의 삶을 살아가며 나태함에 빠지지 않습니다.(41~48절) 그리스도를 믿는 자와 믿지 않는 자는 충돌할 수밖에 없습니다.(49~53절) 고발자와 화해하는 것이 재판을 피하는 방법인 것처럼 예수 그리스도를 믿음으로 하나님과 화해하는 것이 심판을 피하는 방법입니다.(54~59절)

나에게 주어진 영적 책임의 범위가 있습니다. 더욱 겸손히 행하게 하시고 본을 보이게 하옵소서. 하나님을 굳건히 신뢰함으로 염려를 물리치고 담대하게 복음을 전하게 하옵소서. 주의 다시 오심을 소망하며 늘 준비된 자로 살아가게 하시고 우리 교회가 질서와 조화 가운데 하나님을 찬양하며 예배하게 하옵소서.

11/29

본문 역대상 26-27장 | 베드로후서 1장 | 미가 4장 | 누가복음 13장
주제 **흡족** (洽足, 모자람 없이 아주 넉넉하여 만족함)

하나님이 주시는 모든 복과 은혜는 풍성하다. 그것을 어떻게 관리하고 개발하느냐에 따라 결과는 달라진다. 다윗은 조직을 통해 베드로는 성품 훈련을 통해 예수님은 복음전파를 통해 흡족한 열매를 추구하셨다.

역대상 26-27장 : 다윗왕국의 모든 조직이 흡족하게 배치됨

- 고라 사람들의 문지기 반들은 이러하니라 아삽의 가문 중 고레의 아들 므셀레먀라(26:1)
- 이상은 다 문지기의 반장으로서 그 형제처럼 직임을 얻어 여호와의 성전에서...(26:12-16)
- 이스라엘 자손의 모든 가문의 우두머리와 천부장과 백부장과 왕을 섬기는 관원들이...(27:1)
- 이스라엘 지파를 관할하는 자는 이러하니라 르우벤 사람의 지도자는 시그리의 아들...(27:16)

(26장) 성전 문지기의 직무는 고라, 므라리, 오벧에돔 등 세 가문이 담당했는데 정통 레위인이 아닌 오벧에돔이 포함되어 있습니다.(1~11절) 언약궤를 수레에 싣고 옮기려다가 웃사가 죽는 사고가 발생한 후 다윗이 오벧에돔의 집에 언약궤를 잠시 맡겼었는데 하나님이 그의 집에 복을 주셔서 레위인만 맡을 수 있는 성전 문지기의 직무를 맡게 된 것입니다. 제비뽑기를 통해 구체적인 직무를 배정합니다.(12~19절) 성전에는 하나님의 전 곳간과 성물 곳간이 있으며 각각 게르손의 후손들과 모세의 후손, 그중 고핫 자손이 맡았습니다.(20~26절) 성물 곳간은 주로 군 지휘관이 구별하여 드린 전리품들을 보관했으며 성전관리 및 보수에 쓰였습니다.(27~28절) 그 밖에 레위인은 성전 밖에서 일어나는 행정, 사법에 관한 직무를 맡았고 헤브론의 자손 하사뱌와 그의 동족 용사들은 요단 서쪽 제의와 왕을 섬기는 일을 주관하였고 헤브론 자손 여리야와 그의 형제들은 요단 동편 지역의 제의와 행정의 직임을 감당했습니다.(29~32절)
(27장) 이스라엘의 군대는 12개 반으로 구성되어 있으며 각 반은 24,000명씩 배정되어 1개월씩 로테이션으로 직무를 수행했습니다.(1절) 각 반의 지휘관과 각 지파의 지도자를 소개합니다.(2~22절) 다윗의 인구조사를 보면 20세 이하를 계수하지 않은 것은 긍정적으로 보이지만 군대의 수를 과시하고자 했던 동기의 악함으로 인해 하나님의 진노가 임하게 됩니다.(23~24절) 왕실 소유의 농장과 목장의 관리자, 왕의 모사를 소개합니다.(25~34절)

베드로후서 1장 : 신성한 성품의 요소가 흡족하게 갖추어짐

- 예수 그리스도의 종이며 사도인 시몬 베드로는 우리 하나님과 구주 예수 그리스도의...(1)
- 그의 신기한 능력으로 생명과 경건에 속한 모든 것을 우리에게 주셨으니...(3-11)
- 내가 힘써 너희로 하여금 내가 떠난 후에라도 어느 때나 이런 것을 생각나게 하려...(15-21)

예수 그리스도는 생명과 경건에 관한 모든 것을 우리에게 주셔서 정욕 가운데 썩어져 갈 것들을 피하고 신성한 성품에 참여하게 하셨습니다.(1~4절) 우리는 주의 부르심과 택하심을 확신하며 믿음, 덕, 지식, 절제, 인내, 경건, 형제 우애, 사랑 등의 신성한 성품을 날마다 더해가야 합니다.(5~11절) 자신이 떠날 때가 가까이 왔음을 직감한 베드로는 성도들이 진리위에

견고히 서기를 소망합니다.(12~15절) 예수님의 크신 위엄을 직접 보고 하나님의 음성을 직접 들은 베드로이기에 그가 선포한 내용은 교묘히 지어낸 이야기가 아닙니다.(16~18절) 그러나 자신의 경험보다 더욱 확실한 것은 예언 즉 성경이며 그래서 해석에 더욱 주의하고 사사로이 풀어서는 안 됩니다.(19~21절)

미가 4장 : 여호와의 통치로 평화가 흡족하게 이루어짐

- 끝날에 이르러는 여호와의 전의 산이 산들의 꼭대기에 굳게 서며 작은 산들 위에...(1-4)
- 여호와께서 말씀하시되 그 날에는 내가 저는 자를 모으며 쫓겨난 자와 내가 환난 받게...(6-8)
- 딸 시온이여 해산하는 여인처럼 힘들여 낳을지어다 이제 네가 성읍에서 나가서 들에...(10-13)

미가는 마지막 때에 세워질 완전한 하나님 나라에 대하여 선포합니다. 메시아가 다스리는 때가 되면 여호와의 전이 있는 시온산이 모든 산 위에 우뚝 설 것이며 수많은 이방 사람들이 여호와의 전을 찾아올 것입니다.(1~4절) 이스라엘은 하나님의 구원 약속을 믿고 모든 민족이 걷게 될 구원의 길을 미리 앞서서 걸어야 합니다.(5절) 하나님이 친히 이스라엘의 흩어진 자들을 다시 불러 직접 통치하실 것을 약속하십니다.(6~8절) 비록 하나님의 백성들은 고난(=바벨론 포로) 가운데 있지만 하나님은 거기서 구원해 주실 것이며 시온을 치러 올라온 민족들을 심판하실 것입니다.(9~13절)

누가복음 13장 : 복음이 흡족하게 전파되지 않아 안타까움

- 그 때 마침 두어 사람이 와서 빌라도가 어떤 갈릴리 사람들의 피를 그들의 제물에...(1-9)
- 그러므로 예수께서 이르시되 하나님의 나라가 무엇과 같을까 내가 무엇으로...(18-21)
- 어떤 사람이 여짜오되 주여 구원을 받는 자가 적으니이까 그들에게 이르시되...(23-30)
- 이르시되 너희는 가서 저 여우에게 이르되 오늘과 내일은 내가 귀신을 쫓아내며...(32-34)

죄가 더 많아서 불행한 죽음을 맞이한다고 생각하는 사람들에게 예수님은 누구든지 회개하지 않으면 멸망 당하므로 회개하여 죽음을 피하라고 말씀하십니다.(1~5절) 지금은 심판이 유예된 은혜의 때입니다.(6~9절) 예수님이 안식일에 18년간 귀신들렸던 여인을 고치신 일로 회당장이 분노했으나 예수님의 성경적인 탁월한 변호에 그는 더 이상 할 말이 없었습니다.(10~17절) 그에게 겨자씨만한 믿음만 있었어도 분노하지 않았을 것이며 예수님의 의도를 조금이나마 깨달았다면 누룩이 가루 서말을 부풀리게 만들 듯이 하나님 나라가 그에게 움텄을 것입니다.(18~21절) 말씀대로 사는 것은 좁은 문으로 들어가는 것입니다. 자기 마음대로 살면서 좁은 문으로 갈 수 없습니다. 우리는 좁은 문으로 들어가야 하며 이 문이 언젠가 닫힌다는 사실도 기억해야 합니다.(22~30절) 한 바리새인으로부터 헤롯이 자신을 죽이려 한다는 소식을 들은 예수님은 지금까지도 선지자를 죽여 온 예루살렘이 마지막으로 하나님의 아들인 자신도 죽일 것을 암시하면서 그들이 구원의 복을 누리지 못할 것을 말씀하십니다.(31~35절)

오늘 말씀을 통해 성전을 향한 다윗의 열심을 보게 됩니다. 주의 전을 사모하게 하시고 주를 향한 성도의 헌신으로 주의 전이 더욱 풍성하게 하옵소서. 이 땅에 사는 날 동안 신성한 성품이 날마다 더하여지게 하시고 마지막 날에 있을 영광을 바라보며 승리의 삶을 살아가게 하옵소서.

11/30

본문 역대상 28장 | 베드로후서 2장 | 미가 5장 | 누가복음 14장

주제 설명 (說明, 어떤 일이나 대상의 내용을 상대편이 잘 알 수 있도록 밝히 말함)

성경은 하나님의 말씀과 약속을 여러 사람의 설명으로 기록한 책이다. 하나님의 뜻과 계획은 왕이나 선지자 같은 사람을 통해 설명되어지거나 예수님께서 직접 설명해 주시기도 하셨다.

역대상 28장 : 다윗이 솔로몬에게 성전 건축에 대해 설명함

- 이에 다윗 왕이 일어서서 이르되 나의 형제들, 나의 백성들아 내 말을 들으라 나는 여호와의 언약궤 곧 우리 하나님의 발판을 봉안할 성전을 건축할 마음이 있어서 건축할 재료를 준비하였으나...(2-13)
- 다윗이 이르되 여호와의 손이 내게 임하여 이 모든 일의 설계를 그려 나에게 알려 주셨느니라...(19-21)

솔로몬에게 왕위를 계승하는 시점에 다윗은 지도자들을 소집합니다.(1절) 그는 자신이 성전 건축을 계획했으나 건축할 수 없는 이유를 말하면서 하나님의 선택으로 솔로몬이 왕위를 잇게 되었음을 상기시킵니다.(2~7절) 다윗은 솔로몬에게 형통의 여부가 하나님의 계명을 준수하는 것에 있다고 강조하며 성전건축을 당부합니다.(8~10절) 다윗은 성전 설계도를 솔로몬에게 전달하면서 이 모든 설계가 하나님의 계시임을 전합니다.(11~19절) 솔로몬이 성전 건축을 담대하게 진행할 때 많은 준비된 일꾼들이 그를 도울 것입니다.(20~21절)

베드로후서 2장 : 베드로가 성도들에게 거짓 선생에 대해 설명함

그러나 백성 가운데 또한 거짓 선지자들이 일어났었나니 이와 같이 너희 중에도 거짓 선생들이 있으리라 그들은 멸망하게 할 이단을 가만히 끌어들여 자기들을 사신 주를 부인하고 임박한 멸망을 스스로 취하는 자들이라...(1-7)
그러나 이 사람들은 본래 잡혀 죽기 위하여 난 이성 없는 짐승 같아서 그 알지 못하는 것을 비방하고 그들의 멸망 가운데서 멸망을 당하며...(12-14)
만일 그들이 우리 주 되신 구주 예수 그리스도를 앎으로 세상의 더러움을 피한 후에 다시 그 중에 얽매이고 지면 그 나중 형편이 처음보다 더 심하리니...(20-21)

베드로는 거짓 교사의 출현을 경고하는데 그들은 도덕적, 성적 타락을 조장하고 성도를 이득의 도구로 여기며 탐심으로 헛된 가르침을 지어냅니다.(1~3절) 죄를 범한 천사의 추방, 노아 시대의 불의한 자에 대한 홍수 심판, 소돔과 고모라의 무법한 자들에 대한 심판에서 보듯이 하나님은 거짓 교사들을 심판하실 것입니다.(4~8절) 하나님은 경건한 자를 구원하시고 불의한 자를 심판하십니다.(9~11절) 거짓 교사들은 육적 본능을 따르는 이성 없는 짐승과 같으며 불의와 쾌락, 음란함으로 범죄하며 굳세지 못한 영혼을 유혹합니다.(12~16절) 허탄한 자랑과 정욕으로 유혹하는 멸망의 종에 불과한 그들은 해갈을 기대하고 찾아오는 사람에게 물을 줄 수 없는 속이는 자들입니다.(17~19절) 베드로는 배교의 위험성을 경고합니

다.(20~22절)

미가 5장 : 미가가 에브라다에게 메시야에 대해 설명함

베들레헴 에브라다야 너는 유다 족속 중에 작을지라도 이스라엘을 다스릴 자가 네게서 내게로 나올 것이라 그의 근본은 상고에, 영원에 있느니라...(2-6)
여호와께서 이르시되 그 날에 이르러는 내가 네 군마를 네 가운데에서 멸절하며 네 병거를 부수며...(10-15)

왕이 모욕을 당할 정도로 백성들은 고난과 치욕 가운데 놓여 있습니다.(1절) 하나님은 이전에 볼 수 없었던 새로운 통치자를 보낼 것인데 그는 잠시 고난의 기간을 보내야 하지만 철저하게 여호와의 위엄과 능력을 의지하며 통치할 것입니다.(2~4절) 새로운 통치자는 이스라엘에 평강을 줄 것이며 모든 대적을 물리치고 백성을 구원할 것입니다.(5~6절) 야곱의 남은 자들 곧 구원받은 백성들은 이방 민족에게 복의 근원이 될 것이며 이방 민족을 호령하게 될 것이며 원수를 진멸할 것입니다.(7~9절) 하나님이 세우신 새로운 통치자는 곧 예수 그리스도를 의미합니다. 하나님은 이스라엘이 하나님 대신 의존하였던 군사 시설을 파괴하시고 우상과 관련된 모든 것을 멸하실 것이며 순종하지 않는 민족들을 심판하실 것입니다.(10~15절)

누가복음 14장 : 예수님이 제자들에게 비유로 진리를 설명함

청함을 받은 사람들이 높은 자리 택함을 보시고 그들에게 비유로 말씀하여 이르시되...(7-11)
이르시되 어떤 사람이 큰 잔치를 베풀고 많은 사람을 청하였더니...(16-24)
무릇 내게 오는 자가 자기 부모와 처자와 형제와 자매와 더욱이 자기 목숨까지 미워하지 아니하면 능히 내 제자가 되지 못하고...(26-35)

자신을 엿보는 바리새인들에게 안식일에 병 고침을 통해 안식을 주는 것이 합당한지 물으신 예수님은 수종병 환자를 고치십니다.(1~6절) 이는 율법에 매여 근본정신을 잃어버린 바리새인들을 가르치신 것입니다. 스스로를 높이는 자는 낮아지며 자신을 낮추는 자는 높아지게 될 것입니다.(7~11절) 내가 베푼 호의에 대해 갚을 수 없는 자들을 섬기는 것이 더 아름답습니다.(12~14절) 예수님을 통해 건설된 하나님 나라에 언약 백성인 이스라엘이 먼저 초대받았으나 그들이 다양한 이유로 거절하므로 자격 없는 자들 즉 이방인들을 초대하기에 이릅니다.(15~24절) 하나님 나라는 자격 없는 자들이 은혜로 초대받아 들어가는 곳입니다. 예수님을 가장 사랑하는 사람만이 참다운 제자가 되어 십자가를 지고 예수님을 따르게 됩니다.(25~27절) 예수님은 망대 건축과 전쟁 비유를 통해 적당히 따르면 된다는 식의 사고를 버리고, 제자로서 확실하게 결단하고 자신의 모든 소유를 걸고 따라야 함을 말씀하십니다.(28~33절) 제자의 맛을 잃어버린 자는 맛잃은 소금처럼 버려지게 될 것입니다.(34~35절) 소유보다 그리스도를 따르는 것이 우선입니다.

하나님! 하나님의 전을 향한 다윗의 진실한 마음과 열심을 닮게 하시고 영적으로 혼탁한 시기에 다른 교훈에 끌리지 않고 진리의 말씀에 철저히 매여 살아가게 하옵소서. 주님의 제자로서 대가를 치르는 것을 두려워하지 않게 하옵소서.

December

12월

12/1

본문 역대상 29장 | 베드로후서 3장 | 미가 6장 | 누가복음 15장

주제 사모 (思慕, 우러러 받들며 마음 속 깊이 따름)

하나님은 사람을 향하여 사람은 하나님을 향하여 간절히 사모하는 것이 있다. 하나님은 사람이 죄와 불순종을 멀리하고 거룩하고 경건하고 온전하기를 사모하고 인간은 하나님이 구원과 복 베푸시기를 사모한다.

역대상 29장 : 다윗과 백성을 성전건축을 즐거워하며 사모함

- 다윗 왕이 온 회중에게 이르되 내 아들 솔로몬이 유일하게 하나님께서 택하신 바 되었으나 아직 어리고 미숙하며 이 공사는 크도다 이 성전은 사람을 위한 것이 아니요 여호와 하나님을 위한 것이라...(1-6)
- 백성들은 자원하여 드렸으므로 기뻐하였으니 곧 그들이 성심으로 여호와께 자원하여 드렸으므로 다윗 왕도 심히 기뻐하니라(9)
- 나와 내 백성이 무엇이기에 이처럼 즐거운 마음으로 드릴 힘이 있었나이까 모든 것이 주께로 말미암았사오니 우리가 주의 손에서 받은 것으로 주께 드렸을 뿐이니이다(14)
- 또 내 아들 솔로몬에게 정성된 마음을 주사 주의 계명과 권면과 율례를 지켜 이 모든 일을 행하게 하시고 내가 위하여 준비한 것으로 성전을 건축하게 하옵소서 하였더라(19)
- 그가 나이 많아 늙도록 부하고 존귀를 누리다가 죽으매 그의 아들 솔로몬이 대신하여 왕이 되니라...(28-29)

다윗이 성전 건축을 위해 온 힘을 다하자 지도자들과 백성들도 즐거이 함께 동참합니다.(1~9절) 다윗은 온 회중 앞에서 하나님을 찬양합니다. 천지가 다 주의 것이며 지금 누리는 모든 것들이 다 주께로부터 왔음을 고백합니다.(10~12절) 그러므로 그가 드리는 것은 하나님께 받은 것을 다시 돌려드리는 것일 뿐입니다.(13~16절) 다윗은 자신과 백성들이 자원하여 드린 것을 주께서 기억하여 주시고, 솔로몬으로 하여금 주의 법을 지키며 주의 전을 세우게 해 달라고 기도합니다.(17~19절) 다윗은 회중에게 여호와를 송축할 것을 명하며 기쁨으로 제사를 드렸습니다.(20~21절) 하나님은 솔로몬을 왕으로 세우시고 온 이스라엘로 그에게 복종하게 하셨습니다.(22~25절) 다윗은 40년간 유다와 이스라엘을 통치했습니다.(26~30절)

베드로후서 3장 : 베드로와 성도는 주의 날 임함을 간절히 사모함

- 곧 거룩한 선지자들이 예언한 말씀과 주 되신 구주께서 너희의 사도들로 말미암아 명하신 것을 기억하게 하려 하노라...(2-4)
- 이제 하늘과 땅은 그 동일한 말씀으로 불사르기 위하여 보호하신 바 되어 경건하지 아니한 사람들의 심판과 멸망의 날까지 보존하여 두신 것이니라...(7-15)
- 그러므로 사랑하는 자들아 너희가 이것을 미리 알았은즉 무법한 자들의 미혹에 이끌려 너희가 굳센 데서 떨어질까 삼가라...(17-18)

베드로는 구약의 선지자(그리스도의 오심)와 사도들(그리스도의 다시 오심)이 전한 말씀을 상기시키기 위해 이 글을 씁니다.(1~2절) 베드로는 재림을 부정하는 거짓 교사들에게 하나님이 세상을 창조하시고 물로 심판하신 것처럼 불로 심판하실 것이라고 선포합니다.(3~7절) 다만 재림이 지연되는 것은 하나님이 택하신 자들이 모두 회개하고 돌아오지 못했기 때문입니다.(8~9절) 주의 재림과 심판은 예고 없이 찾아올 것이며 이로써 종말과 함께 새로운 창조가 시작될 것입니다.(10~13절) 주의 백성들은 평강 가운데 주의 재림을 기다려야 합니다.(14~16절) 성도는 거짓 교사들의 잘못된 가르침으로부터 자신을 지키며 그리스도의 은혜와 그를 아는 지식에서 자라가야 합니다.(17~18절)

미가 6장 : 여호와가 백성의 정의와 인자와 겸손을 사모함

- 너희 산들과 땅의 견고한 지대들아 너희는 여호와의 변론을 들으라 여호와께서 자기 백성과 변론하시며 이스라엘과 변론하실 것이라...(2-8)
- 악인의 집에 아직도 불의한 재물이 있느냐 축소시킨 가증한 에바가 있느냐...(10-16)

하나님이 여러 가지를 요구하여 자신들을 귀찮게 만든다고 생각하는 이스라엘 백성들의 배은망덕한 사고에 대해 하나님은 내가 무엇으로 힘들게 했는지 말해보라고 하십니다.(1~5절) 예물로 하나님을 만족시킬 수 있다고 생각하는 것은 위선자들은 하나님이 진정 무엇을 원하시는지 생각해야 합니다.(6~8절) 미가는 하나님이 매를 드셨다는 선언과 함께 정의를 잃어버린 삶을 고발하는데 이는 저울을 속이고 부당 이익을 취하는 등의 경제행위의 불의함과 부자들의 강포와 백성들의 거짓을 말하는 것입니다.(9~12절) 이로 인해 하나님의 심판이 임하게 되었습니다.(13~16절)

누가복음 15장 : 예수님이 한 영혼의 돌아옴을 애타게 사모함

- 너희 중에 어떤 사람이 양 백 마리가 있는데 그 중의 하나를 잃으면 아흔아홉 마리를 들에 두고 그 잃은 것을 찾아내기까지 찾아다니지 아니하겠느냐...(4-10)
- 또 이르시되 어떤 사람에게 두 아들이 있는데...(11-32)

예수님이 세리와 죄인들과 가까이 하는 것이 못내 불편한 바리새인과 서기관들에게 예수님은 읽은 양의 비유와 잃은 드라크마의 비유를 통해 잃어버린 영혼을 다시 찾는 것의 기쁨과 가치를 말씀하십니다.(1~10절) 특히 탕자의 비유는 잃어버린 영혼을 향한 아버지의 긍휼과 사랑을 잘 보여주고 있습니다.(11~32절) 아버지의 기쁨에 동참하는 것이 바로 아버지의 뜻입니다. 그들 또한 아버지의 무한한 사랑과 긍휼의 대상임을 잊지 말아야 합니다.

내가 주님께 드린 것은 주께서 내게 주신 것의 일부를 다시 드렸을 뿐입니다. 은혜를 망각한 위선적인 예배자가 되지 않게 하시고 받은 복을 헤아릴 줄 아는 지혜가 있게 하옵소서. 잃은 영혼에 대한 아버지의 마음을 갖게 하시고 다시 오실 주님을 소망하며 주를 아는 지식 안에서 날마다 자라나게 하옵소서.

12/2

본문 역대하 1장 | 요한일서 1장 | 미가 7장 | 누가복음 16장

주제 미쁨 (실하고 믿음직하게 여기는 마음)

우리는 성경 속의 많은 증언들을 통해 미쁘신 하나님을 만나볼 수 있다. 진실하고 믿음직한 주님의 미쁘심은 기록된 말씀을 초월하여 우리의 삶 속에 나타나며 함께 하신다.

역대하 1장 : 솔로몬에게 지혜와 지식을 주신 미쁘신 하나님

- 다윗의 아들 솔로몬의 왕위가 견고하여 가며 그의 하나님 여호와께서 그와 함께 하사 심히 창대하게 하시니라...(1-3)
- 여호와 앞 곧 회막 앞에 있는 놋 제단에 솔로몬이 이르러 그 위에 천 마리 희생으로 번제를 드렸더라...(6-13)

다윗은 늘 하나님을 찾았습니다. 솔로몬은 아버지 다윗이 그러했듯이 신하 및 온 회중과 함께 기브온 산당을 찾았습니다.(1~6절) 언약궤는 예루살렘으로 모셔왔지만 회막과 나머지 기구들은 아직 기브온에 남아 있었습니다. 그가 다윗처럼 늘 하나님께 묻는 왕이 된다면 그는 성공적인 통치를 하게 될 것입니다. 솔로몬은 다윗 왕조를 영원히 견고하게 하시겠다는 다윗의 언약을 언급하며 하나님이 맡기신 백성의 바른 치리를 위한 지혜를 구했는데 이를 기뻐하신 하나님은 그가 구하지 않은 것까지 주시겠다는 약속을 하십니다.(7~13절) 하나님의 약속대로 솔로몬 시대의 이스라엘은 엄청난 경제적 번영을 누리게 됩니다.(14~17절)

요한일서 1장 : 성도의 죄를 깨끗하게 해주시는 미쁘신 하나님

- 태초부터 있는 생명의 말씀에 관하여는 우리가 들은 바요 눈으로 본 바요 자세히 보고 우리의 손으로 만진 바라...(1-3)
- 우리가 그에게서 듣고 너희에게 전하는 소식은 이것이니 곧 하나님은 빛이시라 그에게는 어둠이 조금도 없으시다는 것이니라...(5-10)

원래부터 아버지와 함께 있었던 생명의 말씀이신 예수님이 육신으로 오셨습니다.(1~2절) 요한이 복음을 전하는 이유는 듣는 자가 아버지와 아들 그리고 전하는 자와 사귐이 있게 함이며 또한 기쁨이 충만케 하기 위함입니다.(3~4절) 하나님은 빛이시기에 하나님과 교제하는 사람은 어둠 가운데 행할 수 없으며 빛 가운데 행할 때에 죄 사함과 참다운 사귐이 증명될 것입니다.(5~7절) 우리가 죄를 자백하면 하나님이 깨끗하게 하시며 의롭게 하십니다.(9절) 그러나 죄가 없다고 말하는 자는 스스로를 속이고 하나님을 거짓말하는 존재로 만드는 것입니다.(8,10절)

미가 7장 : 이스라엘의 빛이 되어 주시는 미쁘신 하나님

- 재앙이로다 나여 나는 여름 과일을 딴 후와 포도를 거둔 후 같아서 먹을 포도송이가 없으며 내

마음에 사모하는 처음 익은 무화과가 없도다...(1-10)
- 주와 같은 신이 어디 있으리이까 주께서는 죄악과 그 기업에 남은 자의 허물을 사유하시며 인애를 기뻐하시므로 진노를 오래 품지 아니하시나이다...(18-20)

미가는 부패한 사회상 즉, 경건한 자와 선한 자가 없으며 권세자들은 탐욕에 취하고 가정과 사회는 불신과 반목을 거듭하는 상황을 고발합니다.(1~6절) 선지자는 유일한 소망이신 구원의 하나님을 바라봅니다.(7절) 하나님이 예루살렘에 구원의 빛을 비추어 죄에 대한 진노 이후 다시 인도하실 것이며 대적들은 수치를 당할 것입니다.(8~10절) 하나님이 예루살렘을 구원하시는 날에 영토가 회복되고 많은 사람들이 돌아올 것이며 악한 행위로 땅을 황폐화시킨 이방 민족은 징계를 받을 것입니다.(11~13절) 죄로 인한 심판으로 고난 가운데 있는 공동체가 탄원의 기도를 드립니다. 기도의 내용은 백성들에 대한 돌봄 요청과 하나님의 약속(14~15절), 자신들을 위협하는 이방 민족에 대한 굴복(16~17절), 죄 사함과 인애(18~20절)입니다. 하나님은 언약에 대하여 성실하십니다.(20절)

누가복음 16장 : 제자들에게 가르침을 주시는 미쁘신 예수님

- 또한 제자들에게 이르시되 어떤 부자에게 청지기가 있는데 그가 주인의 소유를 낭비한다는 말이 그 주인에게 들린지라...(1-13)
- 예수께서 이르시되 너희는 사람 앞에서 스스로 옳다 하는 자들이나 너희 마음을 하나님께서 아시나니 사람 중에 높임을 받는 그것은 하나님 앞에 미움을 받는 것이니라...(15-17)
- 한 부자가 있어 자색 옷과 고운 베옷을 입고 날마다 호화롭게 즐기더라...(19-31)

주인 대신 소작농을 관리하는 청지기가 주인의 소유를 함부로 낭비한다는 사실이 알려져 해고 위기에 놓이게 되었습니다.(1~2절) 청지기는 해고당하기 전에 자기 임의로 주인에게 빚진 자들의 빚을 줄여 줌으로써 채무자들이 주인에게 은혜를 입게 합니다.(3~7절) 주인의 재산을 낭비한 일과 자기 임의로 빚을 탕감해 준 행위는 분명 잘못된 것입니다. 이제 주인은 선택해야 합니다. 청지기가 자신이 시키지 않은 일을 벌였음을 공지하고 채무자들의 빚을 원래대로 돌려놓거나 아니면 이미 벌어진 일을 수용하고 사람들로부터 인자한 주인이라는 칭찬을 듣는 것으로 사태를 수습하는 것입니다. 청지기는 주인의 인자함에 대한 확신이 있었고 이에 주인은 청지기를 칭찬하게 됩니다.(8절) 우리는 재물의 위험성을 알아야 하며 또한 주인되신 하나님이 맡겨 주신 것들을 주인의 뜻에 맞게 잘 사용해야 합니다.(9~13절) 돈을 좋아하며 사람들 앞에 의로운척 하는 바리새인들은 예수님의 교훈을 비웃었습니다.(14~15절) 율법과 선지자의 가르침은 요한까지이지만 하나님 나라가 완성될 때까지 여전히 유효합니다.(16~18절) 돈을 사랑하는 것은 영적 간음입니다. 재물에 취해 살던 부자에게 임한 심판은 우리로 하여금 재물의 유혹에 대한 철저한 경계와 회개의 삶으로 인도합니다.(19~31절)

어두운 세상 가운데 소망은 오직 주께 있습니다. 다윗과 같이 늘 하나님을 의뢰하는 인생이 되게 하시고 날마다 하나님과 진실한 사귐이 있게 하옵소서. 재물이 아니라 하나님을 섬기는 자가 되게 하옵소서.

12/3

본문 역대하 2장 | 요한일서 2장 | 나훔 1장 | 누가복음 17장
주제 마련 (준비하거나 헤아려 갖춤)

모든 일에 좋은 결과를 얻기 위해 관련된 것을 마련하는 것이 필요하듯 하나님의 일도 주께 영광되기 위해 온전히 마련하는 것이 매우 중요하다. 하나님도 자신의 계획을 이루시기 위해 선지자를 예비하셨다.

역대하 2장 : 솔로몬이 성전 건축을 위해 자재를 마련함

- 솔로몬이 여호와의 이름을 위하여 성전을 건축하고 자기 왕위를 위하여 궁궐 건축하기를 결심하니라(1)
- 솔로몬이 사절을 두로 왕 후람에게 보내어 이르되 당신이 전에 내 아버지 다윗에게 백향목을 보내어 그가 거주하실 궁궐을 건축하게 한 것 같이 내게도 그리 하소서...(3-9)
- 두로 왕 후람이 솔로몬에게 답장하여 이르되 여호와께서 자기 백성을 사랑하시므로 당신을 세워 그들의 왕을 삼으셨도다...(11-14)

솔로몬이 성전 건축을 결심하고 건축에 동원될 사람들을 준비시키고 두로 왕 후람에게 건축 기술자와 건축 재료인 백향목을 요청합니다.(1~10절) 두로 왕 후람은 솔로몬 왕의 등극을 축하하며 솔로몬이 요청한 건축기술자와 목재들에 대해 적극 협력할 것을 약속합니다.(11~16절) 솔로몬은 건축을 위한 주된 인력으로 이스라엘에 거주하는 이방인들을 활용합니다.(17~18절)

요한일서 2장 : 성도가 마지막 때를 위해 답할 진리를 마련함

- 나의 자녀들아 내가 이것을 너희에게 씀은 너희로 죄를 범하지 않게 하려 함이라 만일 누가 죄를 범하여도 아버지 앞에서 우리에게 대언자가 있으니 곧 의로우신 예수 그리스도시라...(1-2)
- 아이들아 지금은 마지막 때라 적그리스도가 오리라는 말을 너희가 들은 것과 같이 지금도 많은 적그리스도가 일어났으니 그러므로 우리가 마지막 때인 줄 아노라...(18-29)

요한은 예수 그리스도를 대언자(=천상에서 죄인을 위해 변호하시고 중보하시는 분)요 화목제물로 소개합니다.(1~2절) 예수님을 참으로 아는 자는 그의 계명을 지킵니다.(3~6절) 예수님을 안다고 하면서 그의 계명을 지키지 않는 자는 거짓말하는 자입니다. 특히 하나님의 참 빛이 임하는 사람은 형제를 사랑합니다.(7~11절) 사랑은 옛 계명임과 동시에 예수님이 몸소 본을 보이신 새 계명입니다. 죄 사함을 받고 하나님의 말씀이 임한 사람은 세상에 있는 것을 사랑하지 않습니다.(12~17절) 세상을 사랑하는 자는 아버지의 사랑이 그 안에 없습니다. 마지막 때(=예수님의 초림~재림 사이 기간)에 나타날 적그리스도는 예수님의 그리스도 되심, 하나님의 아들 되심을 부인합니다.(18~27절) 성도는 처음부터 들은 것 곧 사도로부터 들은 복음을 잘 지키고 성령의 역사로 깨닫게 된 진리의 말씀 안에 거해야 합니다. 예수님 안에 거하는 자는 의로운 삶을 살아갑니다.(28~29절)

나훔 1장 : 니느웨 멸망의 묵시와 피할 처소를 마련하심

- 여호와는 질투하시며 보복하시는 하나님이시니라 여호와는 보복하시며 진노하시되 자기를 거스르는 자에게 여호와는 보복하시며 자기를 대적하는 자에게 진노를 품으시며...(2-8)
- 나 여호와가 네게 대하여 명령하였나니 네 이름이 다시는 전파되지 않을 것이라 내가 네 신들의 집에서 새긴 우상과 부은 우상을 멸절하며 네 무덤을 준비하리니 이는 네가 쓸모 없게 되었음이라(14)

나훔은 이스라엘을 포함한 많은 나라들을 압제했던 앗수르에 대한 하나님의 공의로운 심판 선언입니다. 하나님은 온 우주의 통치자요 그의 원수들을 철저히 심판하시는 분이시며(1~8절) 동시에 노하기를 더디하시며 선하시며 환난 날의 피난처가 되시는 분입니다. 니느웨의 파멸과 유다에 대한 위로와 구원에 관한 메시지가 함께 선포됩니다.(9~15절)

누가복음 17장 : 주가 제자들의 복음사역을 위해 기틀을 마련함

- 주께서 이르시되 너희에게 겨자씨 한 알만한 믿음이 있었더라면 이 뽕나무더러 뿌리가 뽑혀 바다에 심기어라 하였을 것이요 그것이 너희에게 순종하였으리라...(6-10)
- 한 마을에 들어가시니 나병환자 열 명이 예수를 만나 멀리 서서...(12-19)
- 또 제자들에게 이르시되 때가 이르리니 너희가 인자의 날 하루를 보고자 하되 보지 못하리라...(22-35)

실족하게 하는 죄를 짓지 않고, 죄를 지은 형제에게 경고하여 바로 잡아 주며, 잘못을 회개할 경우에는 용서하는 것은 참 믿음을 가졌을 때에야 가능하기에 믿음을 더해 달라고 기도해야 합니다.(1~6절) 주께서 우리에게 이미 많은 은혜를 베푸셨기에 우리가 주를 위해 아무리 많은 일을 한다 해도 그것을 마땅히 해야 할 일로 여겨야 합니다.(7~10절) 나병환자의 회복 판정은 제사장이 하게 됩니다. 예수님은 자신을 찾아온 열 명의 나병환자를 제사장에게로 보냈는데 그들은 가던 중 고침을 받게 되었습니다.(11~19절) 그러나 다시 돌아와 감사의 고백을 한 사람은 단 한 명이었습니다. 구원받은 사람의 마땅한 반응은 감사입니다. 예수님의 사역을 통해 하나님 나라가 이미 임했음에도 바리새인들은 깨닫지 못하고 있습니다.(20~21절) 십자가의 고난이 지나면 부활과 승천 그리고 영광스런 재림이 차례로 이어집니다. 재림은 어느 한정된 지역이 아니라 모든 사람이 알 수 있도록 이루어질 것입니다.(22~25절) 그러나 주의 재림의 날에도 사람들은 여전히 자기 일에 바쁠 것입니다.(26~30절) 주께서 다시 오시는 날 소유에 생명을 건 자와 주님께 생명을 건 자의 운명은 완전히 갈리게 될 것입니다.(31~37절)

성전 건축에 모든 역량을 집중하는 솔로몬처럼 이 땅에서 하나님 나라 건설을 위해 내게 주신 시간과 은사들을 사용하게 하옵소서. 아무리 강한 세력이라도 주 앞에 심판의 대상일 뿐이므로 담대하게 하옵소서. 주의 재림을 기다리며 날마다 구원의 은혜에 감사하게 하옵소서.

12/4

본문 역대하 3-4장 | 요한일서 3장 | 나훔 2장 | 누가복음 18장
주제 기둥 (건축물이나 공동체에서 중심을 잡아 세우는 역할)

건축물에서 기둥의 역할은 몹시 중요한 것처럼, 신앙공동체인 교회에서 기둥의 역할도 몹시 중요하다. 구원받은 성도는 제자라는 기둥이 되어 하나님의 나라가 임할 때까지 교회 공동체를 세워나가야 한다.

역대하 3-4장 : 보석과 예물들로 성전의 기둥을 세움

- 솔로몬이 예루살렘 모리아 산에 여호와의 전 건축하기를 시작하니 그 곳은 전에 여호와께서 그의 아버지 다윗에게 나타나신 곳이요 여부스 사람 오르난의 타작 마당에 다윗...(3:1-8)
- 지성소 안에 두 그룹의 형상을 새겨 만들어 금으로 입혔으니(3:10)
- 솔로몬이 또 놋으로 제단을 만들었으니 길이가 이십 규빗이요 너비가 이십 규빗이요...(4:1-10)
- 솥과 부삽과 고기 갈고리와 여호와의 전의 모든 그릇들이라 후람의 아버지가 솔로몬 왕을 위하여 빛나는 놋으로 만들 때에...(4:16-22)

(3장) 솔로몬이 성전을 세운 장소는 아브라함이 이삭을 제물로 바치려 했던 모리아 산(창 22:2)이자 다윗이 인구조사 후 회개의 제사를 드렸던 오르난의 타작마당(대상 21:15~28)입니다.(1~2절) 아브라함과 다윗이 동일하게 제사를 드렸던 바로 그 장소에 성전을 세우게 하신 것입니다. 하나님은 아브라함과 맺은 언약, 다윗과 맺은 언약을 성취해 나가십니다. 성전의 지대와 낭실(=현관), 대전(=성소)과 지성소, 성전의 두 기둥에 대해 설명합니다.(3~17절) 성전의 지대를 포함하여 설계와 건축의 모든 과정이 하나님의 뜻대로 이루어집니다.
(4장) 성전 건축과 함께 만들어진 각종 기물들 - 놋 제단과 놋 바다(=번제에 속한 물건과 제사장들이 씻을 물을 담는 곳, 1~5절), 물두멍(6절), 금 등잔대와 금상(7~8절), 뜰의 문(9절), 놋 기물(10~18절), 금 기물(19~22절) - 이 소개됩니다.

요한일서 3장 : 행함과 진실함으로 사랑의 기둥을 세움

- 사랑하는 자들아 우리가 지금은 하나님의 자녀라 장래에 어떻게 될지는 아직 나타나지 아니하였으나 그가 나타나시면 우리가 그와 같을 줄을 아는 것은 그의 참모습 그대로...(2-3)
- 자녀들아 아무도 너희를 미혹하지 못하게 하라 의를 행하는 자는 그의 의로우심과...(7-8)
- 우리는 형제를 사랑함으로 사망에서 옮겨 생명으로 들어간 줄을 알거니와 사랑하지...(14-18)
- 그의 계명은 이것이니 곧 그 아들 예수 그리스도의 이름을 믿고 그가 우리에게 주신...(23-24)

우리는 예수님이 재림하시는 날에 그의 참 모습과 함께 예수님과 같이 거룩한 존재가 된 우리 자신을 보게 될 것이기에 이 소망 안에서 깨끗하게 살아가야 합니다.(1~3절) 하나님의 자녀는 죄를 미워하고 형제를 사랑하지만 마귀에 속한 자는 불법을 행하며 죄를 짓습니다.(4~12절) 세상이 그리스도인을 미워하더라도 그리스도인은 사랑하며 살아가는 존재입니다.(13~16절) 형제를 사랑하는 것은 우리가 사망에서 생명으로 옮겨진 존

재임을 증명합니다. 우리는 행함과 진실함으로 참 사랑을 나타내야 합니다.(17~20절) 아들 예수 그리스도를 믿고 그 안에 거하며 서로 사랑할 때 구하는 것을 응답받게 됩니다.(21~24절)

나훔 2장 : 니느웨가 멸망함으로 영광의 기둥을 세움

- 여호와께서 야곱의 영광을 회복하시되 이스라엘의 영광 같게 하시나니 이는 약탈자들이 약탈하였고 또 그들의 포도나무 가지를 없이 하였음이라(2)
- 니느웨는 예로부터 물이 모인 못 같더니 이제 모두 도망하니 서라 서라 하나 돌아보는...(8-10)
- 만군의 여호와의 말씀에 내가 네 대적이 되어 네 병거들을 불살라 연기가 되게 하고 네 젊은 사자들을 칼로 멸할 것이며 내가 또 네 노략한 것을 땅에서 끊으리니 네 파견자의 목소리가 다시는 들리지 아니하리라 하셨느니라(13)

하나님이 앗수르의 수도 니느웨에 파괴하는 자를 보낼 것입니다.(1절) 여기서 파괴하는 자는 바벨론을 가리키는데 나훔은 여러 가지 이미지를 통해 니느웨의 멸망을 묘사합니다.(2~12절) 니느웨는 바벨론에 맞서보지만 그들의 노력은 무위로 돌아가게 될 것입니다. 니느웨의 실질적인 대적은 여호와 하나님이십니다.(13절)

누가복음 18장 : 자신을 낮춤으로 교회의 기둥을 세움

- 또 자기를 의롭다고 믿고 다른 사람을 멸시하는 자들에게 이 비유로 말씀하시되...(9-17)
- 네가 계명을 아나니 간음하지 말라, 살인하지 말라, 도둑질하지 말라, 거짓 증언 하지 말라, 네 부모를 공경하라 하였느니라...(20-25)
- 예수께서 열두 제자를 데리시고 이르시되 보라 우리가 예루살렘으로 올라가노니 선지자들을 통하여 기록된 모든 것이 인자에게 응하리라...(31-33)

하나님이 들으시는 기도는 겸손하게 포기하지 않고 끝까지 드리는 기도이며 듣지 않으시는 기도는 교만한 기도입니다.(1~14절) 예수님은 어린아이를 용납하라고 말씀하십니다.(15~17절) 어린아이들은 세리처럼 겸손히 주님께 나아오는 자를 대변합니다. 철저히 율법을 지켰다고 자부하는 한 부자가 예수님께 나아와 영생에 대해 질문하는데 그가 재물에 매여 있음을 간파한 예수님의 질문에 그는 떠나고 말았습니다.(18~27절) 우리는 자신이 정해 놓은 믿음의 한계를 뛰어 넘어야 합니다. 부자와 달리 제자들은 예수님을 온전히 따랐으며 예수님은 그들에게 현세의 보상과 내세의 영생을 약속하십니다.(28~30절) 선지자를 통해 기록된 말씀을 성취하기 위해 예수님은 고난과 죽음이 기다리는 예루살렘으로 올라가시지만 제자들은 그 의미를 알지 못합니다.(31~34절) 예수님으로부터 고침을 받은 맹인은 즉시 예수님을 따릅니다.(35~43절) 주저하며 예수님을 떠난 부자 관원과는 다른 모습입니다.

영원히 변치 않는 십자가의 언약을 붙들게 하시고 구원과 심판에 대한 하나님의 주권을 신뢰하게 하옵소서. 겸손한 마음으로 기도하되 포기하지 않는 기도로 주님께 나아가게 하시며 행함과 진실함으로 사랑하게 하옵소서.

12/5

본문 역대하 5-6장 1~11절 | 요한일서 4장 | 나훔 3장 | 누가복음 19장
주제 **거류** (居留, 어떤 곳에 잠시 머물러 사는 것 혹은 있는 것)

하나님은 족장시대로부터 왕정시대까지 다양한 모습으로 이스라엘 중에 거하셨다. 이러한 하나님의 거하심은 독생자 예수 그리스도의 구속적 희생을 믿음으로 말미암아 성도 안에서도 누릴 수 있게 되었다.

역대하 5-6장 1~11절 : 성전에 여호와의 영광이 가득히 거함

- 솔로몬이 여호와의 전을 위하여 만드는 모든 일을 마친지라 이에 솔로몬이 그의 아버지 다윗이 드린 은과 금과 모든 기구를 가져다가 하나님의 전 곳간에 두었더라...(5:1-10)
- 노래하는 레위 사람 아삽과 헤만과 여두둔과 그의 아들들과 형제들이 다 세마포를...(5:12-14)
- 그 때에 솔로몬이 이르되 여호와께서 캄캄한 데 계시겠다 말씀하셨사오나...(6:1-2)
- 왕이 이르되 이스라엘 하나님 여호와를 송축할지로다 여호와께서 그의 입으로...(6:4-6)
- 이제 여호와께서 말씀하신 대로 이루셨도다 내가 여호와께서 말씀하신 대로...(6:10-11)

(5장) 성전 완공 후 솔로몬은 언약궤를 지성소로 옮깁니다.(1~5절) 회중들은 많은 제물로 제사를 드리고 제사장들은 언약궤를 지성소로 안치하는데 언약궤는 그룹(=두 날개를 가진 천사)의 형상 두 개가 궤와 그 채를 덮었고 궤 안에는 십계명 돌 판이 들어 있습니다.(7~10절) 자기 순번이 아닌 제사장들까지 모두 나와 각종 악기와 노래로 하나님께 감사와 영광의 찬송을 올렸습니다.(11~14절)
(6장 1~11절) 솔로몬은 자신이 왕위에 오른 것과 성전을 건축한 것은 하나님의 뜻(=그의 손으로 이루심, 4절)이 이루어진 것이라고 선언합니다. 솔로몬은 봉헌식에서 백성을 축복하며 성전을 건축하게 된 배경을 설명합니다.

요한일서 4장 : 성도 안에 삼위일체 하나님이 거하심

- 사랑하는 자들아 영을 다 믿지 말고 오직 영들이 하나님께 속하였나 분별하라...(1-3)
- 우리는 하나님께 속하였으니 하나님을 아는 자는 우리의 말을 듣고 하나님께 속하지 아니한 자는 우리의 말을 듣지 아니하나니 진리의 영과 미혹의 영을 이로써 아느니라(6)
- 하나님의 사랑이 우리에게 이렇게 나타난 바 되었으니 하나님이 자기의 독생자를...(9-11)
- 누구든지 예수를 하나님의 아들이라 시인하면 하나님이 그의 안에 거하시고 그도...(15-21)

하나님께 속한 영은 예수 그리스도께서 성육신하신 하나님이심을 시인하지만 적그리스도의 영은 예수님의 성육신과 그리스도 되심을 부인합니다.(1~6절) 그러므로 영을 잘 분별해야 합니다. 사랑은 하나님께 속한 것이기에 사랑하는 자는 하나님께로부터 난 자입니다.(7~8절) 하나님이 우리를 먼저 사랑하셔서 화목제물로 아들을 보내주셨습니다.(9~10절) 성령님이 우리로 하여금 예수님을 하나님의 아들로 고백하게 하시고 하나님의 사랑을 알게 하셨으며 우리가 서로 사랑하게 하셨습니다.(11~16절) 그리스도의 제자는 온전한 사랑을 하며 심판을 두려워하지 않습니다.(17~18절) 하나님을 사랑하는

자는 마땅히 형제를 사랑합니다.(19~21절) 형제를 미워하며 하나님을 사랑하는 자는 거짓말하는 자입니다.

나훔 3장 : 니느웨의 멸망으로 누구도 거하지 못함

- 화 있을진저 피의 성이여 그 안에는 거짓이 가득하고 포악이 가득하며 탈취가 떠나지 아니하는도다...(1-4)
- 네가 어찌 노아몬보다 낫겠느냐 그는 강들 사이에 있으므로 물이 둘렸으니 바다가 성루가 되었고 바다가 방어벽이 되었으며...(8-10)
- 네가 네 상인을 하늘의 별보다 많게 하였으나 느치가 날개를 펴서 날아감과 같고...(16-17)

많은 나라를 미혹하여 넘어지게 했던 니느웨는 수치와 모욕을 당하며 멸망에 처해지게 될 것이며 그를 도울 자가 없을 것입니다.(1~7절) 한때 애굽의 수도였던 테베는 그들의 속국인 붓과 루빔의 지원을 받으면서도 니느웨에 의해 점령당했습니다.(8~10절) 그것은 하나님이 이집트에 대한 심판을 결정하셨기 때문입니다. 이제는 테베가 그러했듯이 니느웨가 심판을 당할 차례입니다.(11~19절) 나훔은 풍자와 조롱을 통해 니느웨가 받을 심판을 표현합니다.

누가복음 19장 : 삭개오의 집에 예수님이 거하심

- 삭개오라 이름하는 자가 있으니 세리장이요 또한 부자라...(2-8)
- 그들이 이 말씀을 듣고 있을 때에 비유를 더하여 말씀하시니 이는 자기가 예루살렘에 가까이 오셨고 그들은 하나님의 나라가 당장에 나타날 줄로 생각함이더라...(11-27)
- 이르되 찬송하리로다 주의 이름으로 오시는 왕이여 하늘에는 평화요 가장 높은...(38-40)
- 성전에 들어가사 장사하는 자들을 내쫓으시며...(45-48)

예수님이 세리장인 삭개오와 만날 때 백성들은 수군거렸습니다.(7절) 그러나 예수님을 만난 후 동족에게 세금을 수탈하는 악질 죄인인 삭개오는 회개에 이은 변화의 삶을 예고합니다.(1~10절) 열 므나의 비유는 다시 오실 것을 약속하시며 승천하실 예수님이 맡기실 사명에 충성을 다할 것을 교훈합니다.(11~19절) 게으르고 악한 종들은 심판을 받을 것이며 처음부터 왕을 반대했던 자들은 더 큰 심판을 받게 됩니다.(20~27절) 예수님은 고난과 십자가가 기다리는 예루살렘에 입성할 준비를 하십니다. 나귀를 타신 겸손의 왕을 수많은 무리들이 환영합니다.(슥 9:9, 28~38절) 그들이 외치는 내용처럼 예수님은 십자가에서 죽으심으로 참된 평화를 이루실 영광의 왕이십니다. 그의 존재와 그의 사명과 그가 가진 영광과 권세를 누구도 막을 수 없습니다.(39~40절) 예수님은 예루살렘의 멸망을 내다보며 애통해 하신 예수님은 성전을 정화하시고 성전에서 가르치십니다.(41~48절) 실제로 AD 70년 로마에 의해 예루살렘은 파괴됩니다.

예루살렘 성전을 완공하고 영광이 가득한 제사가 드려졌던 것처럼 우리가 예배할 때 하나님의 영광이 더욱 충만하게 하옵소서. 성령님이 내게 임하셔서 예수님의 성육신과 그리스도 되심에 대한 비밀을 알게 하였습니다. 내게 임한 성령님의 역사를 찬양하게 하옵소서.

12/6

본문 역대하 6장 12~42절 | 요한일서 5장 | 하박국 1장 | 누가복음 20장
주제 이름 (어떤 사물이나 단체를 다른 것과 구별하여 부르는 존재적 칭호)

이름은 실존하는 존재를 규정짓는 표현양식이다. 그 이름이 존재에 관하여 모든 것을 말해 주지는 않는다. 하지만 그 이름을 통해 사귐과 나눔과 사역과 관계를 가짐으로 많은 것을 알아 가며 결실할 수 있다.

역대하 6장 12-42절 : 성전에 계신 주의 이름 여호와

- 그러나 나의 하나님 여호와여 주의 종의 기도와 간구를 돌아보시며 주의 종이...(19-26)
- 그들이 사로잡혀 간 땅에서 스스로 깨닫고 그들을 사로잡은 자들의 땅에서 돌이켜...(37-38)
- 나의 하나님이여 이제 이 곳에서 하는 기도에 눈을 드시고 귀를 기울이소서...(40-41)

성전 봉헌식 가운데 솔로몬의 봉헌기도가 드려집니다. 솔로몬의 기도는 철저히 하나님이 다윗에게 주신 언약에 근거하고 있습니다.(12~17절) 지상의 성전에 하나님을 모신다는 것은 애초에 불가능하지만 "내 이름을 두리라"는 약속이 있었기에 솔로몬은 그 약속을 붙들고 기도합니다.(18~20절) 공동체의 정의와 재판(21~23절), 전쟁에서의 실패(24~25절), 가뭄(26~27절), 재앙(28~31절), 이방인의 기도(32~33절), 전쟁(34~35절), 포로(36~40절) 등의 다양한 상황 속에서 주를 향하여 간절히 기도할 때 응답해 주시기를 간구합니다. 다윗에게 베푸신 은총을 기억하사 은혜 베푸시기를 기도합니다.(41~42절)

요한일서 5장 : 영생 얻게 하는 자의 이름 예수

- 예수께서 그리스도이심을 믿는 자마다 하나님께로부터 난 자니 또한 낳으신 이를...(1-4)
- 이는 물과 피로 임하신 이시니 곧 예수 그리스도시라 물로만 아니요 물과 피로...(6)
- 만일 우리가 사람들의 증언을 받을진대 하나님의 증거는 더욱 크도다 하나님의 증거는...(9-15)
- 모든 불의가 죄로되 사망에 이르지 아니하는 죄도 있도다...(17-20)

하나님께로부터 난 자는 다음과 같은 특징이 있습니다. ① 먼저, 예수님이 그리스도이심을 믿습니다.(1a절) ② 하나님께로부터 난 또 다른 이(=형제,자매)를 사랑합니다.(1b절) ③ 하나님의 계명을 지킵니다.(2절) 하나님을 사랑한다고 하면서 그의 계명을 지키지 않는 것은 거짓말 하는 것입니다. ④ 믿음으로 세상을 이깁니다.(4절) ⑤ 예수님이 하나님의 아들이심을 믿습니다.(5절) 이 믿음을 갖게 되면 잘못된 교리와 세상의 유혹을 능히 물리칠 수 있습니다. ⑥ 하나님이 주신 믿음의 증거인 물과 피와 성령을 갖습니다.(6~9절) 물과 피는 예수님의 성육신(=물과 피를 가진 인간이 되심) 및 십자가에서 죽으심(=물과 피를 다 쏟으심)을 의미합니다. 성령님은 예수님의 그리스도 되심을 알게 하십니다. ⑦ 예수님이 주신 생명을 소유합니다.(10~12절) 아들 안에 생명이 있음을 내적으로 확신합니다. 하나님의 아들의 이름을 믿는 자에게는 영생이 있고(13절) 영생을 얻은 자는 간구할 때 응답받으며(14~17절) 하나님의 보호하십니다.(18절)

하박국 1장 : 심판하시는 주의 이름 여호와

- 선지자 하박국이 묵시로 받은 경고라...(1-4)
- 보라 내가 사납고 성급한 백성 곧 땅이 넓은 곳으로 다니며 자기의 소유가 아닌...(6-11)
- 선지자가 이르되 여호와 나의 하나님, 나의 거룩한 이시여 주께서는 만세 전부터...(12-17)

하박국은 바벨론이 강력한 제국으로 성장하여 유다를 심각하게 위협하던 시기에 활동했습니다. 하박국은 강포, 죄악, 패역, 겁탈, 분쟁 등으로 표현되어 있는 유다의 죄에 대해 고발하며 하나님이 속히 임하셔서 고쳐 주시길 기도합니다.(1~4절) 그러나 하나님은 그들을 고치시기 전에 먼저 갈대아 사람(=바벨론)을 통해 유다를 심판하실 것을 말씀하십니다.(5~11절) 이에 하박국은 어떻게 악인을 통해 의인을 심판하실 수 있는지를 묻습니다.(12~17절)

누가복음 20장 : 상속자이신 분의 이름 예수

- 하루는 예수께서 성전에서 백성을 가르치시며 복음을 전하실새 대제사장들과...(1-4)
- 이에 그들이 엿보다가 예수를 총독의 다스림과 권세 아래에 넘기려 하여 정탐들을...(20-28)
- 일곱이 다 그를 아내로 취하였으니 부활 때에 그 중에 누구의 아내가 되리이까...(33-36)
- 긴 옷을 입고 다니는 것을 원하며 시장에서 문안 받는 것과 회당의 높은 자리와...(46-47)

20장에는 예수님과 종교지도자들 간에 벌어진 다섯 가지 논쟁이 등장합니다. 첫째, 예수님의 권위의 출처에 관한 논쟁으로 세례요한에 대한 공식입장을 묻는 예수님의 역질문에 대하여 그들이 답변을 회피함으로써 예수님도 그들의 질문에 답하지 않으셨습니다.(1~8절) 세례요한을 제대로 판단할 수 없다면 예수님도 제대로 판단할 수 없습니다. 둘째, 예수님은 포도원 농부의 비유를 통해 유대 종교지도자들이 조상들의 죄를 답습하고 있음을 비판하며 당신이 새로운 성전의 기초(=모퉁이의 머릿돌)가 되심을 선포합니다.(9~18절) 셋째, 세금에 관한 논쟁으로 예수님은 그들의 악한 의도를 파악하시고 세상의 통치 질서뿐 아니라 그보다 더 큰 하나님의 통치에 순응해야 함을 말씀하십니다.(19~26절) 넷째, 부활논쟁으로 예수님은 형사취수법을 빙자해 부활의 부당함을 주장하는 사두개인들에게 부활의 삶은 이 세상에서 경험하는 삶과 전혀 다른 차원의 삶을 사는 것으로서 하나님이 함께하는 사람은 영원히 사는 것이며 현재도 부활을 누리며 사는 것이라고 말씀하십니다.(27~40절) 아브라함과 이삭과 야곱은 부활의 능력 가운데 지금도 살아 있습니다. 다섯째, 예수 그리스도의 이중관계에 관한 것으로 예수님은 다윗의 자손임과 동시에 다윗의 주가 되십니다.(41~47절) 예수님은 시편 110:1절 말씀을 인용하시면서 당신이 다윗보다 더 큰 존재임을 선포하십니다.

예수님의 정체성을 바로 아는 은혜를 주심을 감사드립니다. 십자가의 언약으로 인해 주께서 내 기도에 귀를 기울이시고 응답하여 주시는 줄 믿습니다. 다 헤아릴 수는 없지만 세상을 움직이는 하나님의 보이지 않는 선한 손길을 신뢰합니다.

12/7

본문 역대하 7장 | 요한이서 1장 | 하박국 2장 | 누가복음 21장
주제 성수 (聖守, 규칙과 명령 등을 그대로 쫓아 거룩히 지킴)

세상의 역사를 주관하시는 하나님께서 예수님의 재림을 통해 이 땅에 다시 오실 때까지 성도는 믿음으로 자신의 자리를 성수해야 한다. 그 믿음에는 마음가짐과 더불어 실천적인 행동이 수반된다.

역대하 7장 : 솔로몬이 찬송을 드리기 위해 절기를 성수함

- 솔로몬이 기도를 마치매 불이 하늘에서부터 내려와서 그 번제물과 제물들을 사르고 여호와의 영광이 그 성전에 가득하니...(1-3)
- 솔로몬 왕이 드린 제물이 소가 이만 이천 마리요 양이 십이만 마리라 이와 같이 왕과 모든 백성이 하나님의 전의 낙성식을 행하니라...(5-10)
- 밤에 여호와께서 솔로몬에게 나타나사 그에게 이르시되 내가 이미 네 기도를 듣고 이 곳을 택하여 내게 제사하는 성전을 삼았으니...(12-22)

솔로몬의 기도가 끝나고 하나님은 불로써 응답하십니다.(1절) 하나님의 영광이 가득한 성전에서 레위인과 제사장의 찬양이 이어집니다.(2~7절) 기쁨과 영광 가운데 봉헌식과 8일간 지속된 장막절 축제가 끝납니다.(8~10절) 솔로몬의 기도를 들으신 하나님은 언약 백성이 불순종의 길에서 돌이켜 회개하면 은혜를 베푸셔서 그들의 죄를 사하실 것을 약속하십니다.(11~14절) 하나님의 백성은 언약에 충실하여 하나님의 율례와 법규를 지켜야 합니다.(15~18절) 반면 언약을 버리고 우상을 숭배하며 말씀을 버린다면 성전마저 버리실 것이라고 말씀하십니다.(19~22절) 성전 그 자체보다 하나님 앞에 신실한 언약 백성이 되는 것이 더 중요합니다.

요한이서 1장 : 성도가 온전한 상을 받기 위해 계명을 성수함

- 너의 자녀들 중에 우리가 아버지께 받은 계명대로 진리를 행하는 자를 내가 보니 심히 기쁘도다 부녀여, 내가 이제 네게 구하노니 서로 사랑하자 이는 새 계명 같이 네게 쓰는 것이 아니요 처음부터 우리가 가진 것이라...(4-11)

하나님의 택하심을 받은 자들은 진리 가운데 거하며 서로 사랑함으로 진리를 확증합니다.(1~6절) 요한이 살던 시대에는 영지주의 이단이 성도를 미혹했습니다. 영지주의는 거룩한 영이신 하나님이 더러운 육체를 입고 이 땅에 오실 수 없다고 주장했습니다. 그러므로 예수 그리스도의 성육신을 부인하는 자에게 속지 않도록 주의해야 합니다.(7~11절) 마지막으로 같은 신앙을 고백하는 수신자에게 인사합니다.(12~13절) 성도는 진리를 부인하는 자들과 함께할 수 없습니다.

하박국 2장 : 하박국이 말씀을 듣기 위해 자리를 성수함

- 내가 내 파수하는 곳에 서며 성루에 서리라 그가 내게 무엇이라 말씀하실는지 기다리고 바라

보며 나의 질문에 대하여 어떻게 대답하실는지 보리라 하였더니...(1-4)

- 그 무리가 다 속담으로 그를 평론하며 조롱하는 시로 그를 풍자하지 않겠느냐 곧 이르기를 화 있을진저 자기 소유 아닌 것을 모으는 자여 언제까지 이르겠느냐 볼모 잡은 것으로...(6)
- 피로 성읍을 건설하며 불의로 성을 건축하는 자에게 화 있을진저...(12-15)
- 새긴 우상은 그 새겨 만든 자에게 무엇이 유익하겠느냐 부어 만든 우상은 거짓 스승이라 만든 자가 이 말하지 못하는 우상을 의지하니 무엇이 유익하겠느냐...(18-20)

응답을 기다리는 하박국에게 하나님은 말씀하신 대로 반드시 이루실 것을 천명하십니다.(1~3절) 하나님은 악인을 심판하시고 의인을 살리십니다.(4절) 하박국이 궁금한 것은 하나님이 유다와 바벨론 중에 누구를 구원하고 누구를 심판하는지에 대한 것으로 그는 악인(=바벨론)으로 의인(=유다)을 심판하시는 것이 맞는 것인지를 물었습니다.(1장) 그러나 하나님은 죄인을 벌하고 의인을 구원하시며, 하나님 앞에서 어느 민족이 더 의로운지에 대한 비교는 무의미합니다.(5~8절) 우리가 구원받는 것 역시 유대인이냐 이방인이냐가 아닌 복음을 믿는지 안 믿는지의 여부에 따라 달라질 것입니다. 의인을 구원하시고 악인을 심판하시는 하나님이시기에 하박국은 악인(=폭력을 행하는 자, 방탕히 행하는 자, 우상숭배자)에 대해 저주를 선언합니다.(9~19절) 지금은 악인이 활개를 치지만 심판하실 하나님의 권능 앞에 그들은 잠잠하게 될 것입니다.(20절)

누가복음 21장 : 성도가 인자의 오실 날을 위해 경건을 성수함

- 이르시되 미혹을 받지 않도록 주의하라 많은 사람이 내 이름으로 와서 이르되 내가...(8-19)
- 이 날들은 기록된 모든 것을 이루는 징벌의 날이니라...(22-23)
- 사람들이 세상에 임할 일을 생각하고 무서워하므로 기절하리니 이는 하늘의...(26-27)
- 너희는 스스로 조심하라 그렇지 않으면 방탕함과 술취함과 생활의 염려로 마음이..(34-36)

두 렙돈은 노동자 하루 품삯인 한 데나리온의 2/100에 해당되는 금액으로 극빈자인 과부는 마음을 다한 헌금으로 예수님의 칭찬을 받습니다.(1~4절) 웅장하고 아름다웠던 헤롯 성전은 곧 무너지게 될 것이며 예수님은 십자가에서 죽으시고 부활하심으로 새로운 성전을 세울 것입니다.(5~6절) 마지막 때가 가까울수록 두려움을 조장하며 예수 그리스도에게서 떠나게 만드는 미혹에 더욱 주의해야 합니다.(7~9절) 마지막 때가 오면 천재지변과 전쟁, 복음전도자에 대한 극심한 박해가 얼어날 것입니다.(10~13절) 박해의 때에 하나님은 당신의 종들에게 할 말을 주실 것이며 박해받는 백성들의 영혼을 보호하십니다.(14~19절) 예루살렘은 결국 멸망하게 되고 예루살렘처럼 이 세상도 예수님의 재림과 함께 하나님의 심판을 받게 될 것입니다.(20~28절) 무화과나무를 통해 계절의 변화를 예측하듯 종말에 관한 징조들을 보며 항상 깨어 준비하는 삶을 살아야 합니다.(29~36절) 예수님은 체포되시기 전까지 부지런히 백성들에게 말씀을 가르치십니다.(37~38절)

복음의 진리에 응답하게 하신 주님을 찬양합니다. 주님 오실 날이 가까이 오고 있으니 시대를 분별하는 지혜가 있게 하시고 거짓 교훈에 미혹을 당하지 않게 하옵소서. 주의 말씀에 순종하는 자가 받는 복을 누리게 하옵소서.

12/8

본문 역대하 8장 | 요한삼서 1장 | 하박국 3장 | 누가복음 22장
주제 **부흥** (復興, 쇠퇴하였던 것이 다시 일어남)

하나님은 부흥케 하시고 흥왕케 하시는 분이시다. 그러므로 나라나 교회나 개인은 주 뜻 안에서 부흥할 수 있다. 오직 여호와를 경외하고 그 계명을 지키며 영혼을 사랑할 때 그 부흥의 역사는 나타난다.

역대하 8장 : 솔로몬이 온 성을 건축하며 나라를 부흥케 함

- 솔로몬이 여호와의 전과 자기의 궁궐을 이십 년 동안에 건축하기를 마치고(1)
- 솔로몬이 가서 하맛소바를 쳐서 점령하고...(3-6)
- 곧 이스라엘 자손이 다 멸하지 않았으므로 그 땅에 남아 있는 그들의 자손들을...(8-9)
- 솔로몬이 바로의 딸을 데리고 다윗 성에서부터 그를 위하여 건축한 왕궁에 이르러...(11-14)
- 후람이 그의 신복들에게 부탁하여 배와 바닷길을 아는 종들을 보내매 그들이 솔로몬의...(18)

솔로몬이 하나님을 경외하는 동안 크게 번영한 이스라엘은 국고성과 병거성을 건축했습니다.(1~6절) 솔로몬은 가나안 땅에 남아 있는 원주민들을 건축에 동원했으며 정략결혼으로 데려온 바로의 딸을 다윗성에 살지 못하도록 조치했습니다.(7~11절) 모세의 율법대로 절기와 성전제사를 지켰으며 찬양대를 조직하여 하나님을 찬양하도록 했습니다.(12~14절) 성전은 결점 없이 완성되었습니다.(15~16절) 그의 통치기간 동안 해상무역도 활발하게 이루어졌습니다.(17~18절)

요한삼서 1장 : 가이오가 영혼을 돌봄으로 교회를 부흥케 함

- 사랑하는 자여 네 영혼이 잘됨 같이 네가 범사에 잘되고 강건하기를 내가 간구하노라...(2-3)
- 사랑하는 자여 네가 무엇이든지 형제 곧 나그네 된 자들에게 행하는 것은 신실한...(5-11)

사도 요한은 교회의 지도자인 가이오에게 보내는 편지에서 그의 영적 자녀들이 진리 안에서 행하고 있음을 크게 기뻐한다고 말합니다.(1~4절) 그는 가이오의 영혼과 범사의 잘됨과 강건하기를 기도합니다. 강건함의 의미는 육신의 건강일 수도 있고 신앙의 강건함일 수도 있습니다. 특히 요한은 가이오가 순회 복음 전도자들을 적극적으로 환대하고 잘 섬긴 사실을 기뻐합니다.(5~8절) 반대로 디오드레베는 요한의 일행에 대해 악한 말로 비방하고 나그네(=순회전도자)를 영접하지 않았으며 나그네를 섬기려는 성도들마저 교회에서 내쫓았습니다.(9~12절) 요한은 디오드레베의 악행을 경고하면서 가이오에게 선한 것을 본받으라고 권면합니다. 마지막으로 평강을 기원하며 문안인사를 합니다.(13~15절)

하박국 3장 : 여호와가 모든 위엄을 가지시고 부흥케 하심

- 시기오놋에 맞춘 선지자 하박국의 기도라...(1-3)
- 그가 서신즉 땅이 진동하며 그가 보신즉 여러 나라가 전율하며 영원한 산이 무너지며...(6)
- 산들이 주를 보고 흔들리며 창수가 넘치고 바다가 소리를 지르며 손을 높이 들었나이다(10)

- 주께서 노를 발하사 땅을 두르셨으며 분을 내사 여러 나라를 밟으셨나이다...(12-14)
- 비록 무화과나무가 무성하지 못하며 포도나무에 열매가 없으며 감람나무에 소출이...(17-19)

'시기오놋'은 '식가욘'의 복수형으로 애가 혹은 탄식기도를 의미합니다.(1절) 하박국은 유다에 대한 심판이 불가피하다면 그 일이 속히 이루어지길 간구하면서 동시에 유다를 향한 긍휼도 잊지 마시길 간청합니다.(2절) 하나님은 영광과 찬송 가운데 온 세계에 임하시지만 당장 보이는 것은 심판이라는 것을 하박국은 잘 알고 있습니다.(3~7절) 하박국은 환상을 통해 하나님이 악인을 강력하게 심판하시는 모습을 보게 됩니다.(8~16절) 하나님이 보여주신 환난에 관한 환상은 하박국에게 창자와 입술이 떨리고 뼈가 썩고 몸이 떨리는 것과 같은 두려움을 주었습니다. 그럼에도 하박국은 하나님을 찬양합니다.(17~19절) 아무것도 남지 않은 최악의 상황일지라도 구원의 하나님을 기뻐하고 즐거워할 것을 다짐합니다. 하나님은 그를 신뢰하는 자의 발을 사슴 같게 하사 처참한 현실을 딛고 더 높은 곳으로 오르게 하실 것입니다.

누가복음 22장 : 유다와 베드로는 배반과 부인으로 부흥치 못함

- 유월절이라 하는 무교절이 다가오매...(1-5)
- 이르시되 내가 고난을 받기 전에 너희와 함께 이 유월절 먹기를 원하고 원하였노라...(15-21)
- 앉아서 먹는 자가 크냐 섬기는 자가 크냐 앉아서 먹는 자가 아니냐 그러나 나는...(27-32)
- 예수께서 나가사 습관을 따라 감람 산에 가시매 제자들도 따라갔더니...(39-46)
- 이르되 네가 그리스도이거든 우리에게 말하라 대답하시되 내가 말할지라도 너희가...(67-70)

예수님을 죽이려는 지도자들과 사탄의 유혹으로 예수님을 팔려는 유다의 마음이 하나가 되므로 십자가의 고난이 성큼 다가오게 되었습니다.(1~6절) 유월절 어린양으로 오신 예수님은 유월절 최후의 만찬을 준비하게 하십니다.(7~13절) 유월절 만찬을 통해 당신의 죽음의 의미를 가르쳐 주시며 기념하게 하십니다.(14~20절) 또한 당신을 파는 자에게 화가 있을 것을 선언하십니다.(21~23절) 높아지려고만 하는 제자들에게 섬기는 자가 큰 자임을 가르쳐 주시며 제자들을 위해 친히 기도하십니다.(24~34절) 예수님은 섬김을 받으려 함이 아니라 도리어 섬기러 오셨습니다.(막10:45) 이제는 복음의 진리를 놓고 본격적인 영적 전쟁이 벌어질 것이기에 영적 싸움을 준비하라고 말씀하십니다.(35~38절) 감람 산 곧 겟세마네에서 십자가의 길을 놓고 사력을 다한 기도를 올린 예수님은 어떤 능력도 발휘하지 않으시고 마땅히 가야 할 길을 가십니다.(39~53절) 그러나 베드로는 제자의 길을 끝까지 가지 못하고 주를 부인하였으며 닭 울음소리와 함께 통곡하며 회개합니다.(54~62절) 죄가 정해지지도 않은 상태에서 조롱과 매질을 당하신 예수님은 당신의 정체성 곧 권능으로 만물을 다스리시는 하나님의 아들이심을 선언하십니다.(63~71절) 산헤드린 공회는 예수님의 자기 선언을 거부하고 신성모독이라는 결론을 내립니다.

주님! 말씀에 순종하는 자에게 주시는 복을 누리게 하시되 영혼이 잘 되고 범사가 잘 되며 강건하게 하옵소서. 하나님이 행하시는 모든 일들을 신뢰하오며 내 삶에 결핍이 있다 하더라도 나의 구원의 하나님을 찬양하는 믿음을 갖게 하옵소서.

12/9

본문 역대하 9장 | 유다서 1장 | 스바냐 1장 | 누가복음 23장

주제 대답 (對答, 물음이나 요구 등에 응하여 말하거나 어떤 태도를 보임)

모든 대답은 두 가지다. 진실과 거짓이다. 하나님과 그의 자녀, 예수님과 그의 제자는 어떤 상황 속에서도 진실을 말하여 생명을 얻는다. 반면 사단과 마귀와 어둠의 인간들은 거짓을 말하여 멸망에 이른다.

역대하 9장 : 솔로몬이 스바 여왕의 묻는 말에 대답함

- 스바 여왕이 솔로몬의 명성을 듣고 와서 어려운 질문으로 솔로몬을 시험하고자 하여...(1-5)
- 솔로몬의 세입금의 무게가 금 육백육십육 달란트요...(13-17)
- 솔로몬 왕이 마시는 그릇은 다 금이요 레바논 나무 궁의 그릇들도 다 순금이라 솔로몬의 시대에 은을 귀하게 여기지 아니함은...(20-24)
- 솔로몬이 예루살렘에서 온 이스라엘을 다스린 지 사십 년이라...(30-31)

솔로몬의 명성은 남방에까지 널리 알려졌으며 솔로몬을 직접 찾아온 스바(=오늘날 아라비아 반도 끝에 있는 예멘지역에 있었던 고대왕국으로 추정) 여왕은 그의 지혜와 솔로몬 궁의 화려함에 감탄하며 많은 예물을 드립니다.(1~12절) 솔로몬 시기의 세입과 나라의 부유함을 나타내는 금 방패, 후람과의 해상 무역, 열 왕의 방문, 국방력 등 솔로몬 왕국의 화려한 영화에 대해 자세히 기록합니다.(13~29절) 그는 40년간 통치하였으며 그 뒤로 르호보암이 왕위를 이어갑니다.(30~31절)

유다서 1장 : 유다가 부르심을 받은 교회에게 대답함

- 예수 그리스도의 종이요 야고보의 형제인 유다는 부르심을 받은 자 곧 하나님 아버지 안에서 사랑을 얻고 예수 그리스도를 위하여 지키심을 받은 자들에게 편지하노라(1)
- 사랑하는 자들아 우리가 일반으로 받은 구원에 관하여 내가 너희에게 편지하려는...(3-4)
- 이 사람들은 무엇이든지 그 알지 못하는 것을 비방하는도다 또 그들은 이성 없는 짐승 같이...(10-13)

저자로 소개되는 야고보의 형제 유다는 성경에서 단 한사람 예수님의 동생밖에 없습니다. 그러나 저자는 철저히 자신을 예수 그리스도의 종이라고 고백합니다.(1절) 유다가 이 글을 쓴 이유는 교회 안에 가만히 침투한 거짓 교사들 때문입니다.(3~4절) 그들은 부도덕하고 방탕한 삶을 사는 자들로 사실상 예수 그리스도를 부인하는 자들입니다. 유다는 하나님을 거역했던 자들이 받았던 심판의 사례 세 가지를 들면서 음행을 저지르고 예수 그리스도의 권위를 부인하며 영광의 천사를 비방한 거짓 교사들의 멸망을 예고합니다.(5~10절) 유다는 가인과 고라와 발람 같은 존재인 거짓 교사의 실체를 드러내면서 심판을 선언합니다.(11~16절) 육에 속한 자요, 성령이 없는 자인 거짓 교사들을 경계하고 거룩한 믿음 위에 자신을 세워나가야 합니다.(17~23절) 하나님은 거짓 교리로부터 당신의 백성을 지키십니다.(24~25절)

스바냐 1장 : 주가 유다의 범죄에 대해 멸절로 대답하심

- 여호와께서 이르시되 내가 땅 위에서 모든 것을 진멸하리라...(2-6)
- 여호와의 희생의 날에 내가 방백들과 왕자들과 이방인의 옷을 입은 자들을 벌할...(8-9)
- 그 때에 내가 예루살렘에서 찌꺼기 같이 가라앉아서 마음속에 스스로 이르기를..(12-16)
- 그들의 은과 금이 여호와의 분노의 날에 능히 그들을 건지지 못할 것이며 이 온 땅이...(18)

1장 내용은 하나님의 백성에 대한 심판의 선언입니다. 선지자는 하나님을 버리고 우상을 숭배한 자들에게 여호와의 날 곧 심판의 날이 가까이 왔음을 알립니다.(1~9절) 여호와는 복도 저주도 내리지 않을 것이라는 안일한 생각에 사로잡혀 있는 자들이 심판을 받을 것이며 그들의 부르짖는 소리가 들릴 것입니다.(10~13절) 선지자는 여호와의 날이 가까이 왔음을 다시 강조하면서 여호와의 진노 앞에 그들이 의존했던 은과 금은 무용지물이 될 것이라고 말합니다.(14~18절)

누가복음 23장 : 예수가 빌라도의 심문적 질문에 대답하심

- 무리가 다 일어나 예수를 빌라도에게 끌고 가서...(1-4)
- 헤롯이 예수를 보고 매우 기뻐하니 이는 그의 소문을 들었으므로 보고자 한 지...(8-15)
- 빌라도는 예수를 놓고자 하여 다시 그들에게 말하되...(20-26)
- 예수께서 돌이켜 그들을 향하여 이르시되 예루살렘의 딸들아 나를 위하여 울지 말고...(28)
- 또 다른 두 행악자도 사형을 받게 되어 예수와 함께 끌려 가니라...(32-34)
- 달린 행악자 중 하나는 비방하여 이르되 네가 그리스도가 아니냐 너와 우리를...(39-43)
- 예수께서 큰 소리로 불러 이르시되 아버지 내 영혼을 아버지 손에 부탁하나이다...(46-56)

총독 빌라도는 예수님의 무죄를 알고 있습니다.(1~7절) 빌라도는 예수님을 잠시 헤롯 안티파스에게로 보냈으나 헤롯은 이적을 기대하며 잠시 호기심을 보일 뿐 희롱하기 위해 빛난 옷을 입힌 채 다시 빌라도에게 보냅니다.(8~12절) 빌라도는 무리들의 강경한 요구에 결국 굴복하여 십자가형을 선고합니다.(13~25절) 이미 혹독한 고난으로 인해 힘이 잃은 예수님 대신 구레네 사람 시몬이 십자가를 지게 되었는데, 예수님은 슬퍼하며 뒤따르는 여인들에게 그들 자신과 자녀들을 위해 울라고 말씀하시며 예루살렘에 임할 심판을 예고하십니다.(26~31절) 예수님과 함께 두 행악자도 십자가형을 언도받고 함께 끌려갔습니다.(32절) 십자가에 달린 예수님은 계속 모욕을 당하셨지만 죄인을 위하여 간구하셨습니다.(33~38절) 예수님은 당신의 의로움을 고백한 한 행악자에게 구원을 약속하셨습니다.(39~43절) 예수님이 운명하셨을 때에 위에서 아래로 찢어진 휘장은 인간이 하나님께 나아갈 길이 열렸음을 보여줍니다.(44~46절) 누구든지 의로우신 예수님을 통해 죄 사함을 얻게 되었습니다.(47~49절) 예수님을 통해 임할 하나님 나라를 소망하던 아리마대 요셉은 정중하게 예수님의 장례를 치러줍니다.(50~56절)

솔로몬이 누린 부요함보다 예수 그리스도를 통하여 주시는 구원의 은혜가 더 큰 복임을 고백합니다. 입술로는 예수 그리스도를 고백하면서 삶으로는 부정하는 자 되지 않게 하옵소서. 나의 죄를 사하시고 하나님께 나아갈 길을 열어주신 예수님을 따르게 하옵소서.

12/10

본문 역대하 10장 | 요한계시록 1장 | 스바냐 2장 | 누가복음 24장
주제 **도래** (到來, 어떤 기회나 시기가 닥쳐옴)

역사는 하나님이 직접 주관하신다. 정치와 경제, 종교와 문화 등 모든 영역을 감찰하시고 돌보신다. 특별히 하나님은 인간에게 통치권과 권력을 주셔서 그 선악 간에 행하게 하시고 그 행한 대로 심판하신다.

역대하 10장 : 르호보암이 다스리는 폭정의 시대가 도래함

- 르호보암이 세겜으로 갔으니 이는 온 이스라엘이 그를 왕으로 삼고자 하여 세겜에 이르렀음이더라...(1-4)
- 르호보암 왕이 그의 아버지 솔로몬의 생전에 그 앞에 모셨던 원로들과 의논하여 이르되 너희는 이 백성에게 어떻게 대답하도록 권고하겠느냐 하니...(6-7)
- 함께 자라난 젊은 신하들이 왕께 말하여 이르되 이 백성들이 왕께 아뢰기를 왕의 아버지께서 우리의 멍에를 무겁게 하였으나 왕은 우리를 위하여 가볍게 하라 하였은즉 왕은 대답하시기를 내 새끼 손가락이 내 아버지의 허리보다 굵으니...(10-11)
- 르호보암 왕이 역군의 감독 하도람을 보냈더니 이스라엘 자손이 저를 돌로 쳐 죽인지라 르호보암 왕이 급히 수레에 올라 예루살렘으로 도망하였더라...(18-19)

이스라엘의 3대 왕으로 등극한 르호보암은 원로들의 조언을 무시하고 젊은 신하들의 조언을 받아들여 조세와 부역을 감해달라는 여로보암과 10개 지파의 대표들의 요구를 거절합니다.(1~14절) 이에 르호보암에게서 마음이 돌아선 10개 지파가 배신함으로써 이스라엘은 두 개의 나라로 분열되고 말았습니다.(15~19절) 선지자 아히야의 예언이 이루어졌습니다.(15절)

요한계시록 1장 : 요한이 예언한 종말과 재림의 시대가 도래함

- 예수 그리스도의 계시라 이는 하나님이 그에게 주사 반드시 속히 일어날 일들을 그 종들에게 보이시려고 그의 천사를 그 종 요한에게 보내어 알게 하신 것이라...(1-6)
- 주 하나님이 이르시되 나는 알파와 오메가라 이제도 있고 전에도 있었고 장차 올 자요 전능한 자라 하시더라...(8-13)
- 그의 오른손에 일곱 별이 있고 그의 입에서 좌우에 날선 검이 나오고 그 얼굴은 해가 힘있게 비치는 것 같더라...(16-20)

계시록은 요한이 예수 그리스도께 받은 반드시 일어날 일들에 관한 계시로써 이 말씀을 읽고 듣고 지키는 자는 복을 받습니다.(1~3절) 피 흘리기까지 우리를 사랑하사 구원하시고 제사장 삼으신 영원하신 예수 그리스도는 곧 다시 오실 전능하신 하나님이십니다.(4~8절) 그리스도의 고난에 동참하는 자 요한은 성령에 감동되어 환상을 보았는데 일곱 금 촛대 사이에 계신 인자같은 이를 보았습니다.(9~16절) 이는 일곱 교회와 함께 하시는 예수 그리스도입니다. 예수 그리스도는 요한에게 전에 죽으셨던 사실을 언급하

며 사망과 음부의 열쇠를 가지신 분으로서 보여주는 계시의 내용을 기록하라고 명령하십니다.(17~20절) 사망과 음부의 열쇠를 가지신 예수 그리스도는 오늘 우리에게 말씀하십니다.

스바냐 2장 : 스바냐가 예언한 구원과 멸망의 시대가 도래함

- 수치를 모르는 백성아 모일지어다 모일지어다...(1-5)
- 그 지경은 유다 족속의 남은 자에게로 돌아갈지라 그들이 거기에서 양 떼를 먹이고 저녁에는 아스글론 집들에 누우리니 이는 그들의 하나님 여호와가 그들을 보살피사 그들이 ...(7-13)
- 이는 기쁜 성이라 염려 없이 거주하며 마음속에 이르기를 오직 나만 있고 나 외에는 다른 이가 없다 하더니 어찌 이와 같이 황폐하여 들짐승이 엎드릴 곳이 되었는고 지나가는 자마다 비웃으며 손을 흔들리로다(15)

선지자는 심판의 날이 이르기 전에 속히 여호와 앞에 나아와 회개할 것을 촉구합니다.(1~3절) 이스라엘 백성들에게 회개를 촉구함과 동시에 이방 나라들에 대한 심판을 선언합니다. 심판의 대상은 이스라엘을 괴롭힌 블레셋(4~7절), 이스라엘을 비방하고 하나님 앞에 교만했던 모압과 암몬(8~11절), 구스(12절), 스스로 하나님처럼 높아진 앗수르입니다.(13~15절)

누가복음 24장 : 제자가 목격하고 증언한 부활의 시대가 도래함

- 안식 후 첫날 새벽에 이 여자들이 그 준비한 향품을 가지고 무덤에 가서...(1-9)
- 베드로는 일어나 무덤에 달려가서 구부려 들여다 보니 세마포만 보이는지라 그 된 일을 놀랍게 여기며 집으로 돌아가니라(12)
- 그들이 서로 이야기하며 문의할 때에 예수께서 가까이 이르러 그들과 동행하시나...(15-43)
- 또 이르시되 이같이 그리스도가 고난을 받고 제삼일에 죽은 자 가운데서 살아날...(46-49)
- 늘 성전에서 하나님을 찬송하니라(53)

안식 후 첫날 무덤을 찾아간 여인들은 빈 무덤을 보게 되는데 천사를 통해 예수님의 부활 소식을 듣게 됩니다.(1~8절) 여인들은 제자들에게 부활의 소식을 전했지만 제자들은 믿지 않았습니다.(9~12절) 제자들이 여전히 절망에 빠져 있던 가운데 두 사람이 엠마오로 가면서 예수님과 동행하게 되었지만 그들은 예수님을 알아보지 못합니다.(12~24절) 두 제자는 길에서 성경을 자세히 풀어 설명해준 분을 식사에 초대하였는데 떡을 떼며 나눌 때에야 비로소 그 분이 예수님이라는 것을 알게 됩니다.(25~32절) 이제 제자들은 확신을 가지고 예수님의 부활 소식을 전합니다.(33~35절) 예수님은 제자들이 모두 모인 가운데 부활의 몸을 보여 주십니다.(36~43절) 예수님의 부활은 말씀의 성취이며 제자들은 부활의 증인입니다.(44~48절) 부활하신 예수님은 위로부터의 능력을 약속하시며 승천하십니다.(49~53절)

하나님의 무한하신 인내를 멸시하지 않게 하시고 말씀을 더디 믿는 자가 되지 않게 하시며 생명의 말씀을 날마다 읽고 듣고 지키는 자가 되게 하여 주옵소서.

12/11

본문 역대하 11-12장 | 요한계시록 2장 | 스바냐 3장 | 요한복음 1장

주제 회개 (悔改, 죄나 잘못을 뉘우치고 마음을 고쳐먹은 후 주 안에서 삶)

회개는 범죄를 지은 인간에게 가장 중요한 회복의 과정이다. 회개란 자신의 죄를 인정하고 원상태로 돌려놓으며 다시는 그 일을 반복하지 않는 변화를 의미한다. 그러므로 세상에서 하나님께로 향하는 새로운 삶이다.

역대하 11-12장 : 르호보암이 범죄한 것을 회개하고 겸비함

- 르호보암이 예루살렘에 이르러 유다와 베냐민 족속을 모으니 택한 용사가 십팔만...(11:1-5)
- 모든 성읍에 방패와 창을 두어 매우 강하게 하니라 유다와 베냐민이 르호보암에게...(11:12-16)
- 르호보암이 스스로 겸비하였고 유다에 선한 일도 있으므로 여호와께서 노를...(12:12-14)

(11장) 10개 지파의 이탈로 인해 분노한 르호보암은 전쟁을 불사하지만 선지자 스마야는 분열이 하나님께로부터 온 것임을 알리며 전쟁준비를 중단시킵니다.(1~4절) 이후 르호보암은 요새를 건축하고 식량과 무기를 비축하는 등 내실을 다지는데 집중합니다.(5~12절) 여호와 신앙을 버린 북이스라엘의 여로보암으로 인하여 이스라엘 전역에 거주하던 제사장과 레위인들이 남유다로 모이게 되면서 남유다는 신앙적으로 더욱 강화됩니다.(13~17절) 르호보암의 가계가 소개됩니다.(18~23절)

(12장) 르호보암이 점점 변질되는 가운데 애굽의 시삭(=셰숑크 1세)이 유다를 침략합니다.(1~4절) 선지자 스마야는 애굽의 침략이 하나님의 심판임을 선포하였으며 르호보암은 즉시 하나님 앞에 겸비함을 보임으로 심판이 감하여 집니다.(6~8절) 왕의 타락으로 인해 솔로몬 시대의 영광을 상징하던 금 방패와 왕궁의 보물을 빼앗기게 됩니다.(9~16절) 신앙의 유산을 잃어버리면 소중히 여기던 다른 유산들도 잃어버리게 됩니다.

요한계시록 2장 : 주가 에베소 버가모 두아디라에게 회개를 촉구함

- 에베소 교회의 사자에게 편지하라 오른손에 있는 일곱 별을 붙잡고 일곱 금 촛대...(1-7)
- 두아디라 교회의 사자에게 편지하라 그 눈이 불꽃 같고 그 발이 빛난 주석과 같은...(18-29)

일곱 교회에 주시는 말씀입니다. 에베소 교회는 환난을 잘 견디고 거짓 사도들을 분별하여 용납하지 않음으로 인해 칭찬을 들었지만 처음 사랑을 버린 것에 대한 책망을 듣습니다.(1~7절) 교회는 이성 곧 교리적인 분별력과 사랑이 다 있어야 합니다. 모든 비밀과 지식을 안다 해도 사랑이 없으면 아무것도 아닙니다.(고전 13:2) 서머나 교회는 환난과 궁핍함 속에서도 주님으로 인해 부요했습니다.(8~11절) 고난이 지속되겠지만 믿음을 지키면 생명의 관을 주신다고 약속하십니다. 버가모 교회는 핍박 속에서 믿음을 지켰지만 니골라당의 교훈을 지키는 자들이 있다는 책망을 듣습니다.(12~16절) 우상숭배와 음행의 죄를 회개하지 않는다면 주님이 입의 검으로 그들과 싸울 것입니다. 영적 싸움에서 승리하는 자에게 만나(=영원한 양식인 예수 그리스도)와 흰 돌(=구원받은 자의 징표)을 주실 것입니다.(17절) 두아디라 교회는 처음보다 나중 행위(=사랑, 섬김, 인내 등)가 많으므로 칭찬을 받았으나 이세벨을 용납한 것에 대한 책망을 듣습니다.(18~23절)

이세벨의 유혹 역시 우상과 음행을 의미합니다. 회개하지 않는다면 거짓 선지자인 이세벨과 그를 따르는 자들에게 심판이 임할 것입니다. 이세벨의 교훈을 거부하고 이기는 자는 만국을 다스리는 권세와 새벽별 즉 생명과 승리의 왕이신 예수 그리스도를 얻게 될 것입니다.(24~29절)

스바냐 3장 : 스바냐가 예루살렘 지도자에게 회개를 촉구함

• 패역하고 더러운 곳, 포학한 그 성읍이 화 있을진저...(1-5)

• 그 때에 내가 너를 괴롭게 하는 자를 다 벌하고 저는 자를 구원하며 쫓겨난 자를 모으며...(19)

선지자는 여호와의 음성을 듣지 않고 교훈을 따르지 않으며 여호와를 의지하지 않는 예루살렘과 타락한 지도자들을 고발합니다.(1~4절) 예루살렘은 분명 심판의 대상이지만 하나님은 그들이 돌아오길 기대하십니다.(5~8절) 하나님은 심판의 때가 지나면 남은 자들 곧 믿음을 지킨 자들을 모아 이스라엘을 회복시키실 것입니다.(9~13절) 입술을 깨끗케 하신다는 것은 마음을 변화시켜 여호와의 이름으로 부르며 섬기게 하신다는 의미입니다. 이스라엘을 사랑하고 기뻐하사 구원하신 하나님 앞에 이스라엘은 기쁨의 찬양을 드리게 될 것입니다.(14~18절) 핍박과 고난을 받았던 남은 자들은 온전히 회복되어 칭찬과 명성을 얻게 될 것입니다.(19~20절)

요한복음 1장 : 세례요한이 어린양을 소개하며 회개를 외침

• 하나님께로부터 보내심을 받은 사람이 있으니 그의 이름은 요한이라...(6-7)

• 이르되 나는 선지자 이사야의 말과 같이 주의 길을 곧게 하라고 광야에서 외치는 자의...(23)

요한은 그리스철학에서 사용하는 단어를 통해 예수 그리스도를 설명합니다. 말씀으로 번역된 로고스는 본래 모든 실재에 스며있는 활동적인 이성적, 정신적 원리를 의미하지만 요한은 창조 및 창조세계 유지의 원리 또는 인간의 구원 계획을 계시하는 원리로서의 예수님을 설명하는 단어로 차용했습니다.(1~3절) 영원하신 하나님이자 로고스인 예수 그리스도께서 생명의 빛으로 이 땅에 오셔서 우리에게 하나님의 자녀가 되는 권세를 주셨습니다.(4~13절) 세례 요한은 완전한 하나님의 형상이신 예수 그리스도가 육신으로 이 땅에 오셨음을 증거합니다.(14~18절) 세례 요한은 자신의 정체성에 대해 자신은 그리스도가 아니며 그리스도를 증거 하는 역할을 할 뿐 그분과 자신은 비교의 대상이 될 수 없음을 천명합니다.(19~28절) 세상 죄를 지고 가는 하나님의 어린양이신 예수님은 성령으로 세례를 베푸실 하나님의 아들이십니다.(29~34절) 요한의 두 제자가 예수님을 따르게 되었으며 안드레 역시 예수님의 제자가 되기로 결단하고 베드로에게 예수님을 소개합니다.(35~42절) 또한 예수님을 따르기로 결단한 빌립은 나다나엘에게 예수님을 소개했는데 처음에는 회의적이었으나 결국 예수님의 메시아 되심을 믿게 됩니다.(43~50절) 예수님은 하나님과 사람의 중보자이십니다.(51절)

하나님과 점점 멀어짐으로써 신앙의 유산과 이 땅의 소산을 잃어버리지 않게 하시고 나를 사랑하시며 기뻐하시는 하나님께 날마다 기쁨의 찬양을 드리게 하옵소서. 처음 사랑을 기억하며 우상과 음행을 거부하고 믿음을 지키며 사랑으로 행하게 하옵소서.

12/12

본문 역대하 13장 | 요한계시록 3장 | 학개 1장 | 요한복음 2장

주제 책망 (責望, 허물이나 잘못에 대해 꾸짖거나 나무람)

책망은 멸망이 아니다. 멸망을 막기 위한 경고요 반성을 위한 첩경이다. 책망을 무시할 때 결국 큰 손해와 징벌을 받는다. 그러므로 책망을 달게 받고 삶의 태도와 방향을 바꾸면 새로운 결과를 얻을 수 있다.

역대하 13장 : 아비야가 싸우려고 나온 여로보암을 책망함

- 여로보암 왕 열여덟째 해에 아비야가 유다의 왕이 되고...(1-5)
- 이제 너희가 또 다윗 자손의 손으로 다스리는 여호와의 나라를 대적하려 하는도다...(8-12)
- 유다 사람이 뒤를 돌아보고 자기 앞 뒤의 적병으로 말미암아 여호와께 부르짖고...(14-18)
- 아비야 때에 여로보암이 다시 강성하지 못하고 여호와의 치심을 입어 죽었고...(20-21)

북이스라엘의 여로보암과 남유다의 아비야가 군사적으로 대치한 가운데 아비야가 북이스라엘을 향해 연설을 합니다.(1~3절) 내용은 하나님이 영원히 변하지 않을 언약을 다윗과 그의 후손들(정치적 정당성)과 맺었으며, 제사장은 아론의 후손(종교적 정당성)이어야 한다는 것입니다.(4~12절) 즉, 북이스라엘은 국가의 정통성이 없으며 현재의 제사장들은 율법에서 정한 것과 거리가 먼 부적격자라는 것입니다. 아비야의 연설 이후 이어진 전쟁에서 하나님을 의지한 아비야의 군대가 승리합니다.(13~19절) 하나님은 아비야를 강성하게 하셨습니다.(20~22절)

요한계시록 3장 : 주가 범죄한 사데와 라오디게아교회를 책망함

- 사데 교회의 사자에게 편지하라 하나님의 일곱 영과 일곱 별을 가지신 이가 이르시되...(1-6)
- 빌라델비아 교회의 사자에게 편지하라 거룩하고 진실하사 다윗의 열쇠를 가지신 이...(7-22)

사데 교회는 믿음이 있는 것 같으나 말씀을 행하지 않음으로 살았다 하는 이름은 가졌으나 죽은 자라는 책망을 듣습니다.(1~6절) 예수님은 그들에게 처음 복음을 들었을 때를 기억하며 회개할 것을 촉구하면서 옷을 더럽히지 않은 자 곧 세상과 타협하지 않은 성결한 성도가 있다고 말씀하십니다. 이기는 자에게는 순결과 승리를 상징하는 흰옷과 생명책의 기록, 하나님과 천사들 앞에서 그들의 믿음과 행위를 시인해 주실 것을 약속하십니다. 구원과 사망의 열쇠를 가지신 예수 그리스도는 빌라델비아 교회에 말씀하십니다. 빌라델비아 교회는 작은 능력을 가진 교회 즉, 사회적 지위나 힘이 없는 교회이나 끝까지 믿음을 지켰으며 고난 중에도 시험의 때를 이겼습니다.(7~13절) 그로 인해 핍박자 중에 몇 사람이 돌아오게 될 것이며 이기는 자는 하나님 성전의 기둥이 되고 하나님과 예수 그리스도 그리고 새 예루살렘에 그의 이름이 기록될 것입니다. 짐승(=사탄, 계 13:16~17)을 따르는 자는 짐승의 표를 받지만 주를 따르는 자는 주의 이름을 받게 됩니다. 라오디게아 교회는 차지도 덥지도 않다는 책망을 듣습니다.(14~22절) 물질적으로 부유했던 라오디게아 교회는 하나님과 세상을 모두 섬기는 교회로써 이제는 예수님의 고

난에 동참하는 영적인 부를 사모해야 하며 여전히 주께서 그들을 사랑하고 계심을 알고 회개하고 다시 한번 주님과 친밀한 교제를 회복해야 합니다.

학개 1장 : 학개가 전을 건축하지 않으려는 백성을 책망함

- 다리오 왕 제이년 여섯째 달 곧 그 달 초하루에 여호와의 말씀이 선지자 학개로...(1-2)
- 이 성전이 황폐하였거늘 너희가 이 때에 판벽한 집에 거주하는 것이 옳으냐...(4-6)
- 너희는 산에 올라가서 나무를 가져다가 성전을 건축하라 그리하면 내가 그것으로...(8-11)
- 그 때에 여호와의 사자 학개가 여호와의 위임을 받아 백성에게 말하여 이르되 여호와가 말하노니 내가 너희와 함께 하노라 하니라...(13-15)

학개 선지자는 포로에서 귀환한 백성들의 정치지도자인 총독 스룹바벨과 종교지도자인 제사장 여호수아에게 하나님의 뜻을 선포합니다.(1절) 하나님은 귀환한 백성들이 척박한 환경을 핑계로 지금은 성전 건축의 때가 아니라고 말하면서 성전을 폐허 상태로 방치한채 자신들의 집을 짓는 일에만 열중하는 모습을 책망하십니다.(2~6절) 하나님은 정착을 위해 애쓰지만 원하는 결과를 얻지 못하고 있는 백성들에게 우선순위를 일깨우시며 산에 올라가 나무를 가져다가 성전을 건축하라고 구체적으로 명령하십니다.(7~11절) 그들이 하나님의 일에 집중할 때 하나님은 모든 것을 더하여 주실 것입니다. 선지자의 선포에 그들은 자신들의 행위를 회개하고 하나님을 경외하기로 다짐하였으며 하나님은 임재를 약속해 주십니다.(12~15절)

요한복음 2장 : 예수님이 성전에서 매매하는 자들을 책망하심

- 사흘째 되던 날 갈릴리 가나에 혼례가 있어 예수의 어머니도 거기 계시고...(1-5)
- 예수께서 그들에게 이르시되 항아리에 물을 채우라 하신즉 아귀까지 채우니...(7-9)
- 유대인의 유월절이 가까운지라 예수께서 예루살렘으로 올라가셨더니...(13-16)
- 이에 유대인들이 대답하여 예수께 말하기를 네가 이런 일을 행하니 무슨 표적을...(18-22)
- 또 사람에 대하여 누구의 증언도 받으실 필요가 없었으니 이는 그가 친히 사람의 속에...(25)

어머니의 부탁으로 일으킨 첫 번째 표적에서 예수님은 물로 최상급의 완전한 포도주를 만드셨습니다.(1~12절) 이는 그가 이룰 구원의 완전성을 보여줍니다. 예수님의 첫 번째 표적은 혼인잔치(=구원의 잔치)가 예수님의 때(=그의 죽음과 부활하심)를 통해 이루어질 것을 예고합니다. 아버지의 집에서 장사하며 폭리를 취하던 상인들을 내쫓으신 예수님은 눈에 보이는 성전을 허물고 사흘 만에 성전을 재건하실 것을 선포하십니다.(13~22절) 이는 십자가의 죽음과 사흘만의 부활을 말하는 것인데 아무도 이해하지 못했습니다. 예수님은 표적을 보고 호기심으로 자신을 따르는 사람들의 속마음을 잘 아시기에 그들에게 자신을 의탁하지 않으십니다.(23~25절)

하나님을 진정으로 경외하게 하시고 그의 나라와 의를 구할 때 모든 것을 더하시는 복을 얻게 하옵소서. 차지도 덥지도 않으며 살았으나 실상은 죽은 믿음의 소유자가 되지 않게 하옵소서.

12/13

본문 역대하 14-15장 | 요한계시록 4장 | 학개 2장 | 요한복음 3장

주제 평안 (平安, 걱정이나 탈이 없음)

참된 평안은 오직 하나님 안에 있다. 그러므로 우상을 버리고 성전을 재건하여 예배를 회복할 때 주의 은혜가 임하여 평안을 얻게 된다. 하나님은 영원한 평안을 독생자 예수 그리스도를 통해서 이루셨다.

역대하 14-15장 : 아사 왕이 제사와 개혁으로 평안을 누림

- 아사가 그의 하나님 여호와 보시기에 선과 정의를 행하여...(14:2-6)
- 아사가 그의 하나님 여호와께 부르짖어 이르되 여호와여 힘이 강한 자와 약한 자...(14:11-12)
- 그가 나가서 아사를 맞아 이르되 아사와 및 유다와 베냐민의 무리들아 내 말을 들으라...(15:2)
- 아사가 이 말 곧 선지자 오뎃의 예언을 듣고 마음을 강하게 하여 가증한 물건들을...(15:8-15)
- 산당은 이스라엘 중에서 제하지 아니하였으나 아사의 마음이 일평생...(15:17-19)

(14장) 역대기 저자는 아사왕에 대해 3장을 할애합니다.(14~16장) 이방신의 주상을 타파하는 등 종교개혁을 단행한 아사를 기뻐하신 하나님은 그의 나라를 평안케 하십니다.(1~7절) 평화롭던 유다는 구스(=애굽 남부에 거주하던 누비아 혹은 에티오피아로 추정)의 대규모 침공을 받게 되는데 하나님의 도우심으로 아사는 승리합니다.(8~15절)
(15장) 전쟁에서 승리하고 돌아온 아사에게 아사랴는 여호와와 함께하고 여호와를 찾으라고 선포합니다.(1~2절) 하나님은 당신을 찾는 자들에게 상을 주십니다.(3~7절) 아사랴의 이 예언에 귀를 기울인 아사는 자신의 통치권이 미치는 모든 영역에서 우상을 제거하고 신앙을 굳건히 하였으며 언약을 지킬 것을 공포합니다.(8~15절) 아사는 아세라 목상을 제작한 어머니를 폐위시키고 우상을 폐합니다.(16~19절) 신실한 아사는 단호합니다.

요한계시록 4장 : 네 생물과 이십사 장로가 평안 중에 찬송함

- 내가 곧 성령에 감동되었더니 보라 하늘에 보좌를 베풀었고 그 보좌 위에 앉으신 이가...(2-5)
- 그 첫째 생물은 사자 같고 그 둘째 생물은 송아지 같고 그 셋째 생물은 얼굴이 사람...(7-8)
- 이십사 장로들이 보좌에 앉으신 이 앞에 엎드려 세세토록 살아 계시는 이에게 경배하고 자기의 관을 보좌 앞에 드리며 이르되...(10-11)

요한은 성령에 감동되어 하늘 보좌를 봅니다.(1~2절) 하나님의 영광과 위엄은 인간의 언어로 다 설명할 수 없습니다.(3절) 하나님의 보좌 주위에는 24개의 보좌가 있고 그 보좌에는 24장로가 거룩을 상징하는 흰 옷을 입고 왕의 권세를 상징하는 금관을 쓰고 있습니다.(4절) 24장로는 구원받은 하나님의 백성을 의미합니다. 하나님의 보좌 앞에는 일곱 등불이 있는데 이는 하나님의 일곱 영으로서 충만한(=7은 완전을 상징하는 숫자) 상태의 성령님을 의미합니다.(5절) 수정 같은 유리바다는 하나님의 초월적 속성을 나타냅니다.(6절) 하나님의 영광을 나타내는 영적 존재인 네 생물이 영광과 존귀와 감사를 드

리고 있으며 24장로는 하나님을 경배합니다.(7~11절)

학개 2장 : 이스라엘이 재건한 성전으로 평안을 얻음

- 너희 가운데에 남아 있는 자 중에서 이 성전의 이전 영광을 본 자가 누구냐 이제 이것이 너희에게 어떻게 보이느냐 이것이 너희 눈에 보잘것없지 아니하냐...(3-9)
- 만군의 여호와가 말하노니 너는 제사장에게 율법에 대하여 물어 이르기를...(11-19)
- 너는 유다 총독 스룹바벨에게 말하여 이르라 내가 하늘과 땅을 진동시킬 것이요...(21-23)

성전건축이 재개된 지 약 한 달이 지난 후 두 번째 하나님의 말씀이 임했습니다.(1~2절) 솔로몬 성전의 화려함을 기억하는 포로귀환자들은 현재 자신들이 짓고 있는 성전의 초라함으로 인해 낙심한 상태인데 하나님은 마음을 굳세게 하라. 내가 너희와 함께 한다라고 말씀하시며 격려하십니다.(3~5절) 온 세상의 주권자이신 하나님은 새 성전을 영광으로 충만하게 하시며 평강을 주실 것을 약속하십니다.(6~9절) 하나님의 말씀이 세 번째로 임합니다. 하나님은 질문을 통해 백성들이 부정하며 그로 인해 그들이 드리는 예물 역시 부정하다고 말씀하십니다.(10~14절) 하나님은 성전 건축의 사명을 다하지 않아 회복과 축복을 누리지 못했던 이전의 상황을 기억하라고 말씀하십니다.(15~17절) 그러나 성전 건축이 시작되면서 하나님은 그들에게 복을 약속하셨습니다.(18~19절) 하나님은 언약 백성의 회복을 위하여 스룹바벨을 지도자로 세우셨습니다.(20~22절)

요한복음 3장 : 하나님이 예수를 통해 세상에 평안을 이루심

- 예수께서 대답하여 이르시되 진실로 진실로 네게 이르노니 사람이 거듭나지 아니하면 하나님의 나라를 볼 수 없느니라...(3-8)
- 하나님이 세상을 이처럼 사랑하사 독생자를 주셨으니 이는 그를 믿는 자마다...(16-21)
- 내가 말한 바 나는 그리스도가 아니요 그의 앞에 보내심을 받은 자라고 한 것을...(28-30)
- 하나님이 보내신 이는 하나님의 말씀을 하나니 이는 하나님이 성령을 한량 없이...(34-36)

바리새인들은 통상 예수님에 대해 배타적이었는데 편견 없이 예수님을 바라보던 니고데모가 예수님을 찾아옵니다.(1~2절) 니고데모의 고민을 아셨던 예수님은 물과 성령으로 거듭나는 비밀에 대해 계시하십니다.(3~8절) 회개는 사람이 하는 것처럼 보이지만 성령의 역사로 이루어지는 것입니다. 예수님은 니고데모의 무지를 책망하시는데 이는 하나님이 구약의 선지자들을 통해 이미 거듭남에 대해 계시해 주셨기 때문입니다.(겔 36:25~38, 9~13절) 이 거듭남의 역사를 위하여 예수님은 그 옛날 모세에 의해 장대 끝에 들린 놋 뱀과 같이 십자가에 높이 달리게 될 것이며 그를 믿는 자는 영생을 얻게 될 것입니다.(14~18절) 십자가 복음에 대한 사람들의 반응은 믿음으로 구원의 빛이 되시는 예수님께 나아오는 자와 그 빛을 거부하고 여전히 악을 행하는 자로 나누어집니다.(19~21절)

나를 주의 성전으로 삼으셨으니 힘써 여호와를 찾는 자 되게 하옵소서. 거듭남의 축복을 주신 주님께 하늘의 천사들처럼 끊임없이 주를 경배하게 하옵소서.

12/14

본문 역대하 16장 | 요한계시록 5장 | 스가랴 1장 | 요한복음 4장
주제 **구주** (救主, 세상을 구원하실 참된 주인)

구약의 구주는 여호와 하나님이시고 신약의 구주는 예수 그리스도이시다. 나라의 구원과 개인의 구원을 다 이루시는 성부와 성자이시다. 그러므로 새 하늘과 새 땅에서는 오직 경배와 찬양을 받으실 것이다.

역대하 16장 : 유다를 전쟁에서 구원하실 참 구주는 여호와

- 아사 왕 제삼십육년에 이스라엘 왕 바아사가 유다를 치러 올라와서 라마를 건축하여 사람을 유다 왕 아사에게 왕래하지 못하게 하려 한지라...(1-4)
- 그 때에 선견자 하나니가 유다 왕 아사에게 나와서 그에게 이르되 왕이 아람 왕을...(7-10)
- 아사가 왕이 된 지 삼십구 년에 그의 발이 병들어 매우 위독했으나 병이 있을 때에 그가 여호와께 구하지 아니하고 의원들에게 구하였더라(12)

하나님을 의뢰하며 통치하던 아사 왕이 이전과 다른 행보를 보입니다. 그는 민족적 위기의 상황에서 하나님을 찾지 않고 돈을 주고 아람의 힘을 빌리는 쉬운 길을 선택합니다.(1~6절) 이에 선견자 하나니가 아사 왕을 찾아와 지금의 잘못된 결정을 꾸짖으며 이후로 아람이 강대해져 유다에게 군사적 위협이 될 것을 예언하였는데 아사는 선견자를 옥에 가두어 버립니다.(7~10절) 통치 말년에 병이 든 아사는 회개의 기회를 살리지 못하고 죽게 됩니다.(11~14절)

요한계시록 5장 : 경배와 찬양을 받으실 구주는 예수 그리스도

- 내가 보매 보좌에 앉으신 이의 오른손에 두루마리가 있으니 안팎으로 썼고 일곱...(1-2)
- 장로 중의 한 사람이 내게 말하되 울지 말라 유대 지파의 사자 다윗의 뿌리가 이겼으니 그 두루마리와 그 일곱 인을 떼시리라 하더라...(5-8)
- 내가 또 보고 들으매 보좌와 생물들과 장로들을 둘러 선 많은 천사의 음성이 있으니...(11-14)

요한은 오른손에 일곱 인으로 봉인된 두루마리를 들고 계시는 보좌에 앉으신 이를 보고 있습니다.(1절) 천사가 큰 음성으로 두루마리를 펴고 인을 뗄 분이 누구인지 묻지만 합당한 자가 보이지 않으므로 요한은 절망합니다.(2~4절) 이때 장로 중 한 사람이 유다 지파의 사자 다윗의 뿌리가 이겼으니 두루마리와 인을 떼실 것이므로 슬퍼하지 말라고 말합니다.(5절) 요한은 보좌와 네 생물과 장로들 사이에 서 있는 어린양을 보았는데 그는 일찍 죽임을 당한 것 같았고 능력과 권능의 상징인 일곱 뿔과 하나님의 일곱 영을 상징하는 일곱 눈을 가지고 있었습니다.(6절) 어린양이 두루마리를 취하자 금 대접(=성도의 기도)을 가지고 있는 네 생물과 이십사 장로들이 그 앞에 엎드렸습니다.(7~8절) 일찍 죽임을 당하사 각 족속과 방언과 백성과 나라 가운데서 사람들을 피로 사서 하나님께 드리시고 그들로 나라와 제사장을 삼으신 어린양에게 네 생물과 이십사 장로, 천사들, 모든 피조물이 찬양을 드립니다.(9~14절)

스가랴 1장 : 유다를 회복시키실 구주는 만군의 여호와

- 다리오 왕 제이년 여덟째 달에 여호와의 말씀이 잇도의 손자 베레갸의 아들 선지자...(1-4)
- 다리오 왕 제이년 열한째 달 곧 스밧월 이십사일에 잇도의 손자 베레갸의 아들 선지자...(7-8)
- 화석류나무 사이에 선 자가 대답하여 이르되 이는 여호와께서 땅에 두루 다니라고...(10-12)
- 내게 말하는 천사가 내게 이르되 너는 외쳐 이르기를 만군의 여호와의 말씀에 내가...(14-17)

스가랴는 학개와 동시대를 살아간 선지자로 큰 기대를 안고 귀환한 공동체가 생각보다 힘겨운 현실 속에 지쳐갈 때 백성들을 격려하며 성전 재건을 독려하였습니다. 그는 조상들처럼 주의 율례를 따르지 않으면 또다시 심판이 임할 것을 경고하면서 회개를 촉구하고, 더디게 보여도 결국 하나님은 구원의 큰 영광을 나타내실 것을 선포합니다.(1~6절) 하나님은 스가랴에게 환상을 보여주시는데 붉은 말을 탄 하나님의 천사를 보게 됩니다.(첫째 환상, 7~17절) 하나님의 천사는 세상을 감찰하며 이방 나라를 심판하고 시온의 회복을 약속합니다. 그는 두 번째 환상으로 네 뿔과 네 대장장이를 보았습니다.(18~21절) 네 뿔은 이스라엘을 괴롭힌 나라들 곧 애굽, 앗수르, 바벨론, 바사 등을 의미하며 네 대장장이는 이스라엘을 괴롭힌 열강들을 심판할 하나님의 심판도구를 의미합니다.

요한복음 4장 : 한 여자를 구원하실 구주는 예수 그리스도

- 예수께서 제자를 삼고 세례를 베푸시는 것이 요한보다 많다 하는 말을 바리새인들이...(1)
- 사마리아 여자가 이르되 당신은 유대인으로서 어찌하여 사마리아 여자인 나에게...(9-26)
- 예수께서 이르시되 나의 양식은 나를 보내신 이의 뜻을 행하며 그의 일을 온전히...(34-38)
- 갈릴리에 이르시매 갈릴리인들이 그를 영접하니 이는 자기들도 명절에 갔다가...(45-53)

예수님이 세례 요한보다 더 많은 사람을 제자 삼고 세례를 베푼다는 소식, 다시 말해 예수님을 따르는 세력이 요한의 세력보다 더 커졌다는 소식이 바리새인들에게 들린 즈음에 예수님은 유대에서 갈릴리로 가시기 위해 사마리아를 통과하십니다.(1~4절) 예수님은 수가라는 마을에서 한 사마리아 여인을 만나게 됩니다.(5~8절) 물을 달라는 질문으로 시작된 예수님과 여인의 대화 가운데 예수님은 당신이 곧 영원하도록 솟아나는 생수가 되심을 선포하십니다.(9~14절) 또한 영과 진리로 참된 예배를 드릴 때가 도래했음을 선언하십니다.(15~26절) 예수님이 메시아 되심을 확신한 여인은 예수님을 전하는 자가 되었습니다.(27~30, 39~42절) 예수님의 양식은 자신을 보내신 하나님의 뜻을 이루는 것입니다.(31~38절) 갈릴리 사람들은 예수님을 영접하긴 하나 온전히 신뢰하지 않았습니다.(43~45절) 그러나 예수님의 치유 선포를 그대로 믿은 왕의 신하는 아들의 병이 치유되는 기적을 맛봅니다.(46~54절)

포로 귀환의 역사 속에 나타나는 하나님의 신실하심을 봅니다. 지친 자에게 허락하시는 하나님의 격려를 기억하며 처음 믿음보다 나중 믿음이 더욱 굳건해지게 하옵소서. 영원한 생수가 되시며 죽임을 당하사 우리를 피로 사서 하나님께 드리신 예수님을 기억하게 하옵소서.

12/15

본문 역대하 17장 | 요한계시록 6장 | 스가랴 2장 | 요한복음 5장

주제 측량 (測量, 어떤 것의 길이, 넓이, 높이, 깊이를 재고 생각하여 헤아림)

성부와 성자와 성령의 일하심은 인간이 가히 측량할 수 없다. 주의 계명을 지키는 자에게 축복하시고 회개하는 자에게 회복을 주시며 돌아오지 않는 악인에게 재앙을 내리시는 주의 능력 또한 측량할 수 없다.

역대하 17장 : 측량할수록 넘쳐나는 하나님의 축복

- 아사의 아들 여호사밧이 대신하여 왕이 되어 스스로 강하게 하여 이스라엘을 방어하되…(1-6)
- 그들이 여호와의 율법책을 가지고 유다에서 가르치되 그 모든 유다 성읍들로 두루…(9-12)
- 그 다음은 시그리의 아들 아마시야니 그는 자기를 여호와께 즐거이 드린 자라 큰 용사 이십만 명을 거느렸고(16)
- 이는 다 왕을 모시는 자요 이 외에 또 온 유다 견고한 성읍들에 왕이 군사를 두었더라(19)

여호사밧은 히스기야, 요시야와 더불어 다윗의 길로 행한 유다의 대표적인 선왕으로 하나님은 그의 나라를 견고하게 하셨습니다.(1~5절) 특히 그는 산당과 아세라 목상을 제거하고 백성들의 신앙교육에 온 힘을 기울였습니다.(6~9절) 주변 나라들은 유다를 감히 대적하지 못했으며 조공을 바치기도 했습니다.(10~11절) 요새와 국고성이 건축되고 강한 군사력을 지닌 나라가 되었습니다.(12~19절) 이러한 부국강병은 철저한 신앙교육을 통한 하나님 경외로부터 비롯된 것입니다.

요한계시록 6장 : 측량하기 두려운 하나님의 인 재앙

- 내가 보매 어린 양이 일곱 인 중의 하나를 떼시는데 그 때에 내가 들으니 네 생물 중의 하나가 우렛소리 같이 말하되 오라 하기로…(1-8)
- 다섯째 인을 떼실 때에 내가 보니 하나님의 말씀과 그들이 가진 증거로 말미암아 죽임을 당한 영혼들이 제단 아래에 있어…(9-17)

두루마리를 펴고 일곱 인을 떼기에 합당하신 어린양 예수 그리스도께서 인을 떼기 시작합니다.(1절) 첫째부터 네 번째 인이 나타내는 재앙은 주로 전쟁과 관련되어 있습니다. 첫째 인을 떼자 활을 소유한 흰 말을 탄 자가 면류관을 받고 나아가 이기고 또 이기려 합니다.(2절) 흰 말을 탄 자는 정복자의 모습을 나타냅니다. 둘째 인을 떼자 붉은 말을 탄 자가 땅에서 화평을 제하고 서로 죽이게 하고 큰 칼을 받습니다.(3~4절) 셋째 인을 떼자 검은 말을 탄 자가 저울을 들고 있는데 이는 기근을 나타냅니다.(5~6절) 네 번째 인을 떼자 청황색 말을 탄 자가 등장하여 칼과 흉년과 사망과 땅의 짐승들로 죽이는데 그 이름은 사망입니다.(7~8절) 다섯째 인을 떼자 순교자들의 영혼이 등장하여 자신들의 피를 갚아 달라고 탄원합니다.(9~10절) 하나님은 순교자들에게 순결과 승리를 상징하는 흰 두루마리를 주시며 순교자의 수가 차기까지 기다리라고 말씀하십니다.(11절)

여섯째 인을 떼자 하늘과 땅에 이변(=자연계의 재난)이 발생합니다.(12~14절) 특히 여섯째 재앙은 어린양의 진노로써 고통이 얼마나 극심한지 차라리 산과 바위에 깔려 죽기를 원할 정도입니다.(15~17절) 어린양의 생명을 거절한 자는 어린양의 진노를 결코 피할 수 없습니다.

스가랴 2장 : 측량할 수 없는 하나님의 감탄할 회복

- 내가 또 눈을 들어 본즉 한 사람이 측량줄을 그의 손에 잡았기로...(1-2)
- 이르되 너는 달려가서 그 소년에게 말하여 이르기를 예루살렘은 그 가운데 사람과 가축이 많으므로 성곽 없는 성읍이 될 것이라 하라...(4-13)

스가랴의 세 번째 환상은 측량줄을 잡은 사람의 환상으로 이는 사람과 가축이 많아 성곽이 필요 없을 정도로 예루살렘이 회복될 것을 의미합니다.(1~5절) 하나님은 이스라엘을 가리켜 나의 눈동자라고 말씀하십니다. 이스라엘을 괴롭히는 것은 곧 하나님의 눈동자에 위해를 가하는 것이 되므로 하나님은 이스라엘의 대적들에게 심판을 선언하십니다.(6~9절) 하나님은 이스라엘과 자신을 동일시하십니다. 하나님은 성전이 재건된 시온에 임하실 것입니다.(10~13절)

요한복음 5장 : 측량할 수 없는 예수님의 완전한 사역

- 예루살렘에 있는 양문 곁에 히브리 말로 베데스다라 하는 못이 있는데 거기 행각...(2-11)
- 그 후에 예수께서 성전에서 그 사람을 만나 이르시되 보라 네가 나았으니 더 심한 것이 생기지 않게 다시는 죄를 범하지 말라 하시니...(14-32)
- 내게는 요한의 증거보다 더 큰 증거가 있으니 아버지께서 내게 주사 이루게 하시는 역사 곧 내가 하는 그 역사가 아버지께서 나를 보내신 것을 나를 위하여 증언하는 것이요...(36-44)

간헐천으로 보이는 베데스다 연못은 물이 동할 때 먼저 들어가면 병이 낫는다는 민간전승에 의해 많은 병자들이 모여 있었습니다.(1~4절) 예수님은 자신의 힘으로 못에 들어갈 수 없어 절망하고 있는 38년 된 병자를 치유하셨지만 그 날이 안식일인 것과 자신을 하나님과 동등하게 말하였다(=하나님을 아버지라 표현함)는 이유로 논쟁에 휘말리게 됩니다.(5~18절) 예수님은 치유와 회복이라는 안식일의 참된 의미를 보여 주셨으며 하나님의 아들이신 당신의 정체성도 나타내셨습니다. 더 나아가 아버지께서 자신에게 생명과 심판에 관한 권한을 위임하셨음도 선포하십니다.(19~29절) 예수님은 그의 정체성에 대해 자신이 임의로 말한 것이 아니라 세례요한의 증언과 십자가의 죽음과 부활로 대표되는 그의 사역, 그를 보내신 아버지의 증언 그리고 구약이 모두 동일하게 증거하고 있음을 확신 있게 선포하십니다.(30~40절) 예수님은 유대인의 불신을 책망하시면서 그의 정체성을 밝히는 또 다른 증인으로 모세를 제시하십니다.(41~47절)

날마다 하나님의 말씀을 배우게 하시고 다음 세대를 철저하게 신앙으로 훈육하게 하옵소서. 하나님! 나로 하여금 하나님의 충만한 임재가 넘치는 주의 전이 되게 하옵소서.

12/16

본문 역대하 18장 | 요한계시록 7장 | 스가랴 3장 | 요한복음 6장

주제 분별 (分別, 서로 다른 것을 종류에 따라 판단하여 구별하고 가려냄)

분별은 하나님이 성령을 통해 성도에게 주시는 은사다. 이 분별의 은사를 통해 죄와 세상을 이길 수 있다. 하지만 많은 사람은 인간적 지식에 의한 분별을 한다. 이로 인해 잘못된 결정을 하고 망하게 된다.

역대하 18장 : 선지자의 예언으로 전쟁여부를 분별하는 두 왕

- 여호사밧이 부귀와 영광을 크게 떨쳤고 아합 가문과 혼인함으로 인척 관계를 맺었더라...(1-7)
- 미가야를 부르러 간 사자가 그에게 말하여 이르되 선지자들의 말이 하나 같이 왕에게...(12-17)
- 이스라엘 왕이 여호사밧에게 이르되 나는 변장하고 전쟁터로 들어가려 하노니 당신은 왕복을 입으소서 하고 이스라엘 왕이 변장하고 둘이 전쟁터로 들어가니라...(29-34)

하나님 앞에 인정받는 왕 여호사밧의 최대 실수는 북이스라엘의 아합 가문과 혼인동맹을 맺은 것입니다.(1절) 아합은 유다를 끌어들여 아람에게 빼앗긴 길르앗 라못을 되찾기 위한 전쟁에 돌입하는데 그 전에 선지자들을 대거 불러 모아 승리의 가능성을 확인합니다. 시드기야를 포함한 400여명의 거짓 선지자들은 왕의 비위에 맞춰 승리를 예언하지만 이믈라의 아들 미가야 홀로 패배를 예언합니다.(2~27절) 정치적인 압박에도 불구하고 미가야는 왕이 바라는 바가 아닌 하나님이 주신 말씀을 선포합니다. 아합은 미가야의 예언이 마음에 걸리긴 했지만 그럼에도 전쟁을 강행합니다. 아람과 북이스라엘·유다 연합군과의 길르앗 라못 쟁탈전에서 아합은 왕이 아닌 척 위장을 하고 참전했으나 결국 미가야의 예언대로 전장에서 죽음을 맞게 됩니다.(28~34절)

요한계시록 7장 : 순교적 신앙으로 구원받을 자를 분별하시는 주

- 이 일 후에 내가 네 천사가 땅 네 모퉁이에 선 것을 보니 땅의 사방의 바람을 붙잡아...(1-4)
- 이 일 후에 내가 보니 각 나라와 족속과 백성과 방언에서 아무도 능히 셀 수 없는 큰...(9-17)

일곱 번째 봉인을 떼기 전에 요한은 구원받은 하나님의 백성에 관한 환상을 보게 됩니다. 땅 네 모퉁이 있는 천사들이 바람(=하나님의 진노)이 불지 못하게 붙잡고 있으며 하나님이 그의 종들을 인치시기까지 심판은 유보됩니다.(1~3절) 인침 받은 자의 수는 144,000명으로 특징적인 것은 야곱의 장자인 르우벤이 아닌 유다가 먼저 등장한다는 것입니다.(4~8절) 이는 인침을 받은 자가 유다 지파의 사자이자 다윗의 뿌리인 예수님으로 인해 새롭게 형성된 영적 이스라엘이기 때문입니다. 그러므로 144,000명을 산술적인 숫자로 보면 안 됩니다. 흰 옷을 입은 셀 수 없는 큰 무리와 천사들이 하나님과 어린양을 찬양하는데 흰 옷을 입은 무리들은 어린양의 피로 죄를 씻어 환난에서 승리한 자들입니다.(9~14절) 어린양이 친히 목자가 되어 생명수 샘으로 인도하시고 모든 눈물을 씻어 주시며 어떤 해함이나 상함도 없는 새 예루살렘에서 영원히 살게 하실 것입니다.(15~17절)

스가랴 3장 : 쓰실 대제사장을 분별하여 새롭게 입히시는 주

- 대제사장 여호수아는 여호와의 천사 앞에 섰고 사탄은 그의 오른쪽에 서서 그를 대적하는 것을 여호와께서 내게 보이시니라...(1-5)
- 여호와의 천사가 여호수아에게 증언하여 이르되...(6-10)

스가랴의 네 번째 환상으로 여호수아가 이스라엘 백성을 대표하여 죄 용서를 받고 새로운 사명과 약속을 받습니다.(1~7절) 그는 스룹바벨과 함께 유다로 돌아온 귀환공동체의 첫 번째 대제사장입니다. 사탄이 죄를 상징하는 더러운 옷을 입고 여호와의 천사 앞에 서 있는 여호수아의 죄를 고발하지만 하나님은 그의 더러운 옷을 벗기고 아름다운 옷을 입히셨습니다. 이는 죄의 용서를 상징합니다. 정결함을 입은 여호수아에게 새로운 임무와 천상의 의회에 참여할 권한이 부여됩니다. 세상을 두루 감찰하시는 하나님은 당신의 종인 싹을 나게 하실 것입니다.(8~10절) 이는 예수 그리스도께서 십자가의 죽음과 부활이라는 대제사장의 사역을 통해 하나님 나라가 도래할 것을 예고하는 것입니다.

요한복음 6장 : 자신을 생명의 떡으로 분별하도록 가르치신 주

- 마침 유대인의 명절인 유월절이 가까운지라...(4-13)
- 무리가 거기에 예수도 안 계시고 제자들도 없음을 보고 곧 배들을 타고 예수를...(24-29)
- 예수께서 이르시되 나는 생명의 떡이니 내게 오는 자는 결코 주리지 아니할 터이요...(35-40)
- 예수께서 스스로 제자들이 이 말씀에 대하여 수군거리는 줄 아시고 이르시되...(61-70)

여러 번의 표적을 본 많은 무리가 예수님을 따르는 가운데 풍성한 천국 잔치의 예고편이라 할 수 있는 오병이어의 기적이 일어납니다.(1~15절) 표적을 경험한 사람들은 세상에 오실 바로 그 선지자라고 고백합니다. 오병이어 사건 직후 갈릴리 호수를 건너던 제자들이 풍랑을 만났는데 예수님은 "내니 두려워하지 말라"고 선언하신 후 풍랑을 잠잠케 하셨습니다.(16~21절) 예수님은 두려워 떠는 제자들에게 나다(I am)라고 말씀하셨는데, 이는 하나님이 모세에게 자신을 계시할 때 하셨던 말씀인 나는 스스로 있는 자니라(=I am who I am, 출 3:14)에서 인용한 것입니다. 그 옛날 하늘에서 만나를 내려 주시고 홍해를 가르신 하나님이 인간의 몸으로 이 땅에 오셔서 오병이어의 기적으로 5,000명을 먹이시고 풍랑을 잠잠하게 하신 것입니다. 동일한 성격의 표적을 반복하심으로써 예수님이 누구인지를 보여 주십니다. 예수님은 육신의 양식을 위해 자신을 찾아온 무리들에게 영생하도록 있는 양식에 대한 이슈로 대화의 내용을 전환시키십니다.(22~29절) 이어 자신을 하늘에서 내려온 생명의 떡으로 계시하는데 그가 줄 떡은 곧 생명을 위한 그의 살과 피입니다.(30~59절) 영에 관한 말씀이 지속되자 육의 양식만 바라던 많은 사람들이 떠나갔지만 한 명을 제외한 나머지 제자들은 예수님께 참 생명이 있음을 확실히 알았습니다.(60~71절)

어린양 예수 그리스도의 피로 나의 더러움을 씻어주시고 정결하게 하신 속죄의 은총을 찬송합니다. 아합처럼 말씀을 불신하며 자기가 보고 싶은 것만 보는 어리석음을 범치 않게 하옵소서.

12/17

본문 역대하 19-20장 | 요한계시록 8장 | 스가랴 4장 | 요한복음 7장
주제 **공포** (公布, 일반 대중에게 널리 알림)

모두가 알아야 할 명령과 법률을 공포하여 반드시 지키게 하듯이 하나님의 뜻 또한 공포하여 지키게 해야 한다. 그 내용은 선민 이스라엘을 위한 율법에서부터 온 세상을 위한 복음까지 아우르는 것이다.

역대하 19-20장 : 여호사밧이 백성들에게 금식을 공포함

- 하나니의 아들 선견자 예후가 나가서 여호사밧 왕을 맞아 이르되 왕이 악한 자를...(19:2-9)
- 이르되 우리 조상들의 하나님 여호와여 주는 하늘에서 하나님이 아니시니이까...(20:6)
- 우리 하나님이여 그들을 징벌하지 아니하시나이까 우리를 치러 오는 이 큰...(20:12-13)
- 이방 모든 나라가 여호와께서 이스라엘의 적군을 치셨다 함을 듣고 하나님을...(20:29-30)

(19장) 아합 왕은 미가야의 예언을 무시했지만 여호사밧은 아합과의 동맹에 대한 선견자 예후의 책망을 즉각 수용합니다.(1~3절) 그는 백성들의 마음을 하나님께로 돌아오게 하였고 하나님의 공의가 살아 있는 나라를 만들기 위한 제도를 정비합니다.(3~11절) 그는 하나님을 경외하는 나라를 세우고자 했습니다. 그는 불의한 판결이 하나님의 진노를 불러 온다는 것을 잘 알고 정의로운 나라를 세우고자 애썼습니다.

(20장) 성공적인 신앙개혁이 진행되는 가운데 모압, 암몬, 마온의 연합군이 유다를 침략합니다.(1~2절) 여호사밧은 솔로몬이 성전을 완공한 후 드린 기도의 내용(8~9절)과 가나안 입성 과정에서 그들을 멸하지 말고 그냥 두라는 말씀에 순종하여 그들에게 은혜를 베풀었음에도 불구하고 유다를 침공해 오는 상황임을 고백하며 하나님의 구원을 요청합니다.(10~13절) 결국 전쟁은 하나님께 속한 것이라는 야하시엘의 예언을 믿고 찬양하며 나아간 유다는 하나님이 주시는 큰 승리를 맛보게 됩니다.(14~30절) 여호사밧은 여호와 보시기에 정직히 행하였으나 산당을 철폐하지 않은 것과 또 다시 아합 가문과 연합하여 무역로를 개척하려 했다는 아쉬움을 남깁니다.(31~37절)

요한계시록 8장 : 천사들이 세상에게 나팔 재앙을 공포함

- 일곱째 인을 떼실 때에 하늘이 반 시간쯤 고요하더니...(1-4)
- 첫째 천사가 나팔을 부니 피 섞인 우박과 불이 나와서 땅에 쏟아지매 땅의 삼분의 일이...(7-12)

마침내 요한은 일곱째 인을 떼는 환상을 보게 되는데 하나님이 성도의 기도에 응답하셔서 진노의 심판을 땅에 쏟으심으로써 일곱 나팔 재앙이 시작되었습니다.(1~6절) 첫째부터 넷째까지는 자연에 대한 재앙을 의미합니다. 첫째 나팔을 불자 피 섞인 우박과 불이 땅에 쏟아져 땅의 삼분의 일이 타버리고 수목과 푸른 풀도 타 버렸습니다.(7절) 둘째 나팔이 울리자 바다의 1/3이 피로 변했고 바다 생물의 1/3이 죽었습니다.(8~9절) 셋째 나팔이 울리자 쓴 쑥이라 불리는 큰 별이 하늘에서 떨어져 강과 여러 샘에 떨어졌는데 이로 인해 많은 사람이 죽게 되었습니다.(10~11절) 넷째 나팔이 울리자 해와 달과 별들의 1/3이 어두워졌습니다.(12절) 생명을 유지하기 위해 꼭 필요한 것을 하나님이 치셨습

니다. 아직 세 가지 나팔 재앙이 남아 있습니다.(13절)

스가랴 4장 : 여호와께서 이스라엘에게 은총을 공포하심

- 그가 내게 묻되 네가 무엇을 보느냐 내가 대답하되 내가 보니 순금 등잔대가 있는데...(2-3)
- 다시 그에게 물어 이르되 금 기름을 흘리는 두 금관 옆에 있는 이 감람나무 두 가지는...(12-14)

스가랴가 본 다섯 번째 환상은 순금 등잔대와 두 감람나무입니다.(1~3절) 순금 등잔대는 현재 재건중인 예루살렘 성전, 더 나아가 신약의 교회와 하나님 나라를 가리킵니다. 스가랴는 순금 등잔대와 감람나무의 의미를 묻는데 천사는 환상에 대한 의미보다는 하나님이 스룹바벨에게 하시는 말씀을 전합니다.(4~6절) 그것은 이 성전은 사람의 힘과 능력이 아닌 오직 하나님의 영으로 세워지고 은총으로 세워질 것이며 하나님이 시작하셨으니 하나님이 마치신다는 것입니다.(7~10절) 두 감람나무는 기름부음 받은 자로서 대제사장 여호수아와 총독 스룹바벨을 뜻하나 궁극적으로 영원한 대제사장이며 통치자이신 예수 그리스도를 의미합니다.(11~14절)

요한복음 7장 : 예수님께서 무리에게 교훈을 공포하심

- 그 후에 예수께서 갈릴리에서 다니시고 유대에서 다니려 아니하심은 유대인들이...(1-2)
- 명절 끝날 곧 큰 날에 예수께서 서서 외쳐 이르시되 누구든지 목마르거든 내게로...(37-39)
- 그 중의 한 사람 곧 전에 예수께 왔던 니고데모가 그들에게 말하되...(50-51)

예수님의 형제들은 유대인들의 위협을 피해 갈릴리에 머물고 있는 예수님에게 명절에 유대로 가서 자신을 나타내라고 종용합니다.(1~4절) 이런 비우호적인 태도는 불신앙에서 온 것입니다.(5절) 자신의 때가 아직 이르지 않았다고 답변하신 예수님은 형제들 몰래 예루살렘으로 올라가 명절 중간에 그 모습을 드러냅니다.(6~14절) 유대인들은 랍비 교육과정을 이수하지 않았음에도 성경을 잘 가르치는 예수님에 대하여 놀라워합니다.(15~18절) 예수님의 가르침의 출처는 바로 하나님이십니다. 38년 된 병자를 고친 사건이 논란이 되자 예수님은 안식일에 일을 했다는 외적인 사실에만 집중하는 대적자들의 행태를 지적하십니다.(19~24절) 예수님에 대하여 그저 베들레헴 출신의 한 청년으로만 아는 사람은 그가 그리스도일 리가 없다고 말합니다.(25~27절) 예수님이 자신의 출처를 하나님으로 선언하고 무리들이 예수님을 그리스도로 여기고 있기 때문에 대제사장과 바리새인들은 예수님을 체포하려 합니다.(28~32절) 이 땅에서의 사명이 끝나면 하나님께로 돌아간다는 예수님의 말씀을 들은 사람들은 예수님이 흩어진 유대인에게 가는 것으로 이해합니다.(33~36절) 영원히 목마르지 않는 생수, 곧 성령에 관한 예수님의 선포를 들은 사람들의 반응은 두 가지로 나누어집니다.(37~44절) 예수님을 체포하기 위해 당국자들이 보낸 사람들과 니고데모는 예수님을 변호합니다.(45~52절)

선견자 예후의 선포를 즉각 수용한 여호사밧처럼 늘 부드러운 마음을 갖게 하옵소서. 모든 전쟁은 하나님께 속한 것이니 죄와 싸워 이기게 하시고 악한 자와 싸워 승리하게 하옵소서. 예수님을 둘러싼 많은 논쟁을 보며 내가 예수님을 구주로 고백하는 것이 얼마나 큰 은총인지를 깨닫습니다.

12/18

본문 역대하 21장 | 요한계시록 9장 | 스가랴 5장 | 요한복음 8장

주제 불변 (不變, 사물의 모양이나 성질, 또 언약이나 약속이 변하지 않음)

세상은 끝없이 변한다. 사람도 자연도 모두 변한다. 오직 변하지 않으시는 분은 삼위일체 하나님이시다. 그 분의 말씀도 약속도 통치도 구원도 심판도 절대 변하지 않는다. 오직 인간 때문에 변할 뿐이다.

역대하 21장 : 다윗과 맺은 언약을 지키시는 불변의 여호와

• 그의 아버지가 그들에게는 은금과 보물과 유다 견고한 성읍들을 선물로 후히 주었고...(3-7)

여호사밧이 하나님을 경외했던 것과 달리 그의 아들 여호람은 형제들을 죽였으며 무엇보다 북이스라엘왕 아합의 딸 아달랴를 아내로 맞이게 되면서 유다는 영적으로 큰 위기를 맞게 됩니다.(1~6절) 훗날 아달랴에 의해 왕자 요아스를 제외한 모든 다윗의 혈통을 잇는 왕자들이 죽임을 당하게 됩니다.(22장) 여호람이 악한 길을 가면서 유다의 힘은 약화되어 에돔과 립나를 잃게 됩니다.(8~10절) 그러나 하나님이 다윗과 맺은 언약을 기억하셔서 유다에 대한 심판을 유보하십니다.(7절) 형제 살육과 온 나라를 우상숭배로 물들인 죄로 인하여 여호람은 통치 내내 이방 민족의 침략에 시달렸으며 그의 가족들을 빼앗겼고 그 자신은 병들어 죽게 됩니다.(11~20절)

요한계시록 9장 : 악한 자를 향해 심판을 행하는 불변의 천사들

• 다섯째 천사가 나팔을 불매 내가 보니 하늘에서 땅에 떨어진 별 하나가 있는데...(1-5)

다섯째 나팔이 울리자 하나님은 천사(=별)에게 무저갱(=바닥없는 구렁텅이로 사탄과 그의 짐승들이 갇혀 있는 곳)을 열게 하심으로 황충이 올라오게 하십니다.(1~10절) 황충(=악한 세력)은 하나님의 인이 없는 악인에게만 고통을 줍니다. 종말론적 재앙 중에는 악인에게만 내리는 재앙도 있습니다. 황충 재앙이 얼마나 고통스러운지 악인들은 죽고 싶어 하나 스스로 죽을 수가 없습니다. 황충들의 왕은 무저갱의 사자로 히브리어로 아바돈(=파괴라는 뜻), 헬라어로는 아볼루온(=파괴자라는 뜻)으로 불립니다.(11절) 아직 두 개의 화가 더 남았습니다.(12절) 여섯째 나팔이 울리고 유브라데에 결박되어 있던 네 천사(=악한 영)가 풀려나 상상할 수 없는 큰 세력(이만만=2억)을 거느리고 악인들의 1/3을 죽입니다.(13~19절) 다섯째 재앙이 악인들에게 큰 고통을 안겨준데 반해 여섯째 재앙은 악인들을 죽입니다. 그러나 여섯째 재앙에서 살아남은 사람들은 여전히 회개하지 않습니다.(20~21절) 회개하지 않는 것은 하나님을 대적하는 것입니다.

스가랴 5장 : 거짓말과 헛맹세한 자를 저주하시는 불변의 주

• 내가 다시 눈을 들어 본즉 날아가는 두루마리가 있더라...(1-4)

스가랴가 여섯 번째 환상인 날아다니는 두루마리를 봅니다.(1~4절) 두루마리는 경고와 심판, 저주의 메시지가 담긴 하나님의 말씀으로써 도둑질하고 거짓 맹세한 자의 집에 머무르며 심판을 선언합니다. 우리는 심판의 메시지에도 귀를 기울여 악을 멀리해야 합니다. 일곱 번째 환상은 에바(=광주리) 안에 있는 여인입니다.(5~11절) 여기서 여인은 악

을 의인화한 것입니다. 날개 달린 두 여인이 나타나 여인을 가두어 둔 에바를 시날 땅 곧 바벨론으로 옮겨 놓습니다. 하나님의 거룩한 땅에서 제하여진 악은 죄인들의 땅인 시날에서 더욱 흥왕하게 될 것입니다. 하나님은 당신의 백성들의 죄를 제거하시고 거룩을 회복하십니다.

요한복음 8장 : 유대인들에게 진리를 가르치신 불변의 예수

• 서기관들과 바리새인들이 음행중에 잡힌 여자를 끌고 와서 가운데 세우고...(3-12)

하나님 사랑, 이웃 사랑이라는 율법의 기본 정신을 잃어버리면 하나님의 뜻과 상관없는 일을 하나님의 이름으로 행하게 됩니다. 바리새인과 서기관들이 간음한 여인과 예수님을 한번에 처리하려는 계략을 꾸미지만, 예수님은 죄 없는 자가 돌로 치라는 말씀으로 저들이 정죄가 음행죄보다 더 크다는 것을 알게 하심으로서 그들 스스로 물러나게 하십니다.(1~10절) 예수님은 여인을 정죄하지 않으십니다.(11절) 예수님은 자신의 기원과 최종 목적지를 밝힘으로서, 즉 아버지께로부터 와서 아버지께로 간다는 사실을 제시함으로서 증언의 참됨을 선언하십니다.(12~20절) 예수님은 아버지께로부터 보냄 받았다는 분명한 정체성을 갖고 계십니다. '생명이냐 죽음이냐?'는 하나님께 속했는지의 여부에 달려 있습니다. 그러므로 하나님께로부터 와서 하나님께로 가실 예수님만이 참 생명을 소유하신 분입니다.(21~30절) 아들만이 아버지의 집에 영원히 거할 수 있으며, 하나님의 아들이신 예수님만이 죄의 종인 자들을 죄로부터 자유케 하셔서 하나님의 자녀가 되게 하실 수 있습니다.(31~47절) 예수님은 자신을 아브라함이 나기 전부터 있었던, 즉 영원 전부터 존재하신 하나님으로 선언하시면서 자신의 정체성을 적극적으로 드러내셨으며, 바리새인들은 그런 예수님을 귀신들린 자로 규정합니다.(48~59절) 예수님의 정체성은 곧 우리 신앙고백의 핵심입니다. 하나님 사랑, 이웃 사랑이라는 율법의 기본 정신을 잃어버리면 하나님의 뜻과 상관없는 일을 하나님의 이름으로 행하게 됩니다. 바리새인과 서기관들이 간음한 여인과 예수님을 한 번에 처리하려는 계략을 꾸미지만 예수님은 죄 없는 자가 돌로 치라는 말씀으로 저들이 정죄가 음행죄보다 더 크다는 것을 알게 하셔서 그들 스스로 물러나게 하십니다.(1~10절) 예수님은 여인을 정죄하지 않으십니다.(11절) 예수님은 자신의 기원과 최종 목적지를 밝힘으로써 자신의 증언의 참됨을 선언하십니다.(12~20절) 아버지께로부터 오신 예수님은 아버지께로 가실 것입니다. 생명과 죽음은 하나님께 속했는지의 여부에 달려 있습니다. 하나님께로부터 와서 하나님께로 가실 예수님만이 참 생명을 소유하신 분입니다.(21~30절) 아들만이 아버지의 집에 영원히 거할 수 있으며 하나님의 아들이신 예수님만이 죄의 종인 자들을 죄로부터 자유케 하심으로 하나님의 자녀가 되게 하실 수 있습니다.(31~47절) 예수님은 스스로를 영원 전부터 존재하신 하나님으로 선언하시며 그의 정체성을 적극적으로 드러내셨는데 바리새인들은 그런 예수님을 귀신들린 자로 규정합니다.(48~59절) 예수님의 정체성은 곧 우리의 신앙고백의 핵심입니다.

여호람은 죄 가운데 살다가 비참하게 죽게 되었습니다. 앞선 선조들에게서 신앙을 잘 배우고 후손들에게 잘 전수하게 하옵소서. 내 삶에 숨어 있는 죄를 제하시고 회개하지 않는 강퍅한 심령으로 하나님을 대적하지 않게 하옵소서.

12/19

본문 역대하 22-23장 | 요한계시록 10장 | 스가랴 6장 | 요한복음 9장
주제 대행 (代行, 어떤 권한이나 직무를 대신하여 행함)

하나님은 일하시는 분이시다. 예수님을 통해 또는 왕이나 선지자나 제사장이나 사도나 제자 등을 통해 구원의 일을 대행하신다. 그 결과로 하나님은 영광을 받으시고 대행한 일꾼은 면류관과 큰 상을 받는다.

역대하 22-23장 : 종교개혁을 대행하는 제사장 여호야다

- 예루살렘 주민이 여호람의 막내 아들 아하시야에게 왕위를 계승하게 하였으니...(22:1-5)
- 아하시야가 요람에게 가므로 해를 입었으니 이는 하나님께로 말미암은 것이라...(22:7-12)
- 제칠년에 여호야다가 용기를 내어 백부장 곧 여로함의 아들 아사랴와 여호하난의...(23:1-7)
- 온 국민이 바알의 신당으로 가서 그 신당을 부수고 그의 제단들과 형상들을 깨뜨리고...(23:17)

(22장) 여호람의 아들 아하시야는 재임기간은 고작 1년에 불과합니다.(1~2절) 아하시야는 그의 어머니 아달랴(=아합의 딸)의 영향으로 외조부 아합과 부친 여호람과 같이 여호와 보시기에 악을 행합니다.(3~4절) 아하시야는 전쟁 중 부상을 당한 북이스라엘 왕 요람의 병문안을 위해 북이스라엘 땅인 이스르엘을 방문했다가 때마침 일어난 예후의 쿠데타 세력에 의해 요람과 함께 제거됩니다.(5~9절) 아하시야가 죽자 유다의 실권을 차지한 그의 어머니 아달랴는 다윗의 혈통을 찾아내어 다 죽인 후 공포정치를 시행합니다.(10절) 그러나 제사장 여호야다의 아내이자 왕의 딸인 여호사브앗이 요아스를 가까스로 빼내어 몰래 양육합니다.(11~12절)
(23장) 하나님은 절체절명의 위기 속에서 다윗의 자손인 요아스를 지키셨습니다.(1~3절) 대제사장 여호야다는 다윗 왕가 복원운동을 성공적으로 주도하여 요아스를 왕위에 앉혔으며 종교개혁을 단행하여 우상 제단을 허물고 백성들의 마음을 다시 하나님께로 돌립니다.(4~21절) 아합의 딸로 결혼동맹을 통해 유다 왕국으로 시집와 최고 권력까지 차지한 아달랴는 공포정치와 바알신앙 전파에 힘쓰다가 결국엔 비참한 최후를 맞게 됩니다.

요한계시록 10장 : 하나님의 뜻을 대행하는 천사들과 요한

- 내가 또 보니 힘 센 다른 천사가 구름을 입고 하늘에서 내려오는데 그 머리 위에...(1-2)
- 일곱 우레가 말을 할 때에 내가 기록하려고 하다가 곧 들으니 하늘에서 소리가 나서...(4-11)

하나님의 권세를 부여받은 한 천사가 나타나 큰 소리로 외치자 일곱 우레가 말을 하였고 요한이 그 말을 기록하려 하자 기록하지 말고 봉인하라는 음성이 하늘에서 들립니다.(1~4절) 봉인된 말씀은 교만한 자들에게는 감추어져 있고 어린아이와 같은 자들에게는 열려져 있는 복음의 진리를 보여줍니다. 천사는 창조주 하나님께 지체하지 않겠다고 맹세합니다.(5~6절) 종말론적 심판이 곧 다가올 것이며 하나님의 구원과 심판은 곧 완성될 것입니다.(7절) 요한은 입에는 달지만(=구원) 배에는 쓴(=박해) 두루마리를 먹습니다.(8~10절) 모든 민족과 백성 가운데 두루마리에 적힌 계시 즉, 복음이 전파되어야 합

니다.(11절)

스가랴 6장 : 금 면류관 씌우는 일을 대행하는 스가랴

- 내가 또 눈을 들어 본즉 네 병거가 두 산 사이에서 나오는데 그 산은 구리 산이더라...(1-7)
- 은과 금을 받아 면류관을 만들어 여호사닥의 아들 대제사장 여호수아의 머리에...(11-13)
- 먼 데 사람들이 와서 여호와의 전을 건축하리니 만군의 여호와께서 나를 너희에게...(15)

스가랴의 여덟 번째 환상으로 구리산 사이에 네 병거가 등장합니다.(1~8절) 붉은 말, 검은 말, 흰 말, 어룽진 말이 이끄는 네 병거들은 온 땅을 두루 다니는데 네 병거는 하늘의 네 바람(=영)을 의미합니다. 네 병거가 온 사방으로 다니자 하나님의 영이 쉼을 얻습니다. 이는 하나님이 원하시는 합당한 심판이 내려졌음을 의미합니다. 이후 하나님은 대제사장 여호수아에게 씌울 면류관을 만들라는 특별한 명령을 스가랴에게 주십니다.(9~11절) 이는 예배의 회복, 하나님과 백성과의 관계 회복을 의미합니다. 장차 싹이라 불리는 사람이 나타나 여호와의 성전을 건축하고 영광을 얻으며 다스리게 될 것입니다.(12~15절) 싹은 부분적으로는 스룹바벨 혹은 여호수아를 의미할 수 있으나 궁극적으로 십자가에서 죽으시고 사흘 만에 부활하시고 승천하셨으며 하늘과 땅의 모든 권세를 가지고 다시 오실 메시아를 상징합니다. "이 성전을 헐라 내가 사흘 동안에 일으키리라"(요 2:19)

요한복음 9장 : 복음 전파를 대행하는 눈을 뜨게 된 맹인

- 예수께서 길을 가실 때에 날 때부터 맹인 된 사람을 보신지라...(1-7)
- 이에 맹인되었던 자에게 다시 묻되 그 사람이 네 눈을 뜨게 하였으니 너는 그를...(17-22)
- 창세 이후로 맹인으로 난 자의 눈을 뜨게 하였다 함을 듣지 못하였으니...(32-33)
- 예수께서 그들이 그 사람을 쫓아냈다 하는 말을 들으셨더니 그를 만나사 이르시되...(35-39)

유대인들은 질병에 대해 죄의 결과라고 생각했습니다. 그래서 제자들은 맹인을 보고서 누구의 죄로 인한 것인지를 묻습니다.(1~2절) 예수님은 오랜 편견을 거부하시고 하나님의 일을 나타내기 위함이라는 새로운 해석을 하시며 그의 눈을 뜨게 하십니다.(3~7절) 우리는 고난과 불행, 질병을 통해 오히려 세상을 감동시키고 하나님의 영광을 크게 드러낸 하나님의 손에 붙들린 사람들을 수없이 보아 왔습니다. 눈을 뜨게 된 맹인은 자신을 고치신 예수님을 전하나 바리새인들은 실제 일어난 사건을 두고서도 끝내 치유자 되시는 예수님을 인정하지 않습니다.(8~22절) 그들이야말로 눈 뜬 장님이었습니다. 맹인이었다가 눈을 뜬 사람은 예수님을 정죄하려는 바리새인들의 모순을 지적합니다.(23~34절) 맹인이었던 자는 예수님을 다시 만나 그가 하나님으로부터 온 자임을 시인하였지만 바리새인들은 예수님에게서 영적 맹인이라는 평가와 함께 심판의 선언을 듣습니다.(35~41절)

선왕을 따라 악한 길을 가던 아하시야에게 닥친 심판과 무너질 뻔한 다윗 왕가를 회복하는 하나님의 신실하신 역사를 보게 됩니다. 복음의 진리에 눈을 뜨게 하신 주님을 찬송합니다. 복음이 주는 달콤함을 맛본 만큼 복음으로 인해 감수해야 할 고난을 피하지 않게 하옵소서.

12/20

본문 역대하 24장 | 요한계시록 11장 | 스가랴 7장 | 요한복음 10장

주제 **훼방** (毁謗, 남의 일을 잘못되게 하거나 못하게 함)

그리스도인이 주 예수의 뜻을 따라 살려고 할 때 마귀와 악한 영, 그리고 그 영향을 받은 자는 끊임없이 훼방을 일삼는다. 그 때에 성령의 도우심과 신앙적 의지로 이기는 자는 그 이름이 생명책에 기록된다.

역대하 24장 : 요아스의 성전 수리를 훼방하는 악한 자들

- 제사장 여호야다가 세상에 사는 모든 날에 요아스가 여호와 보시기에 정직하게...(2-10)
- 왕과 여호야다가 그 돈을 여호와의 전 감독자에게 주어 석수와 목수를 고용하여 여호와의 전을 보수하며 또 철공과 놋쇠공을 고용하여 여호와의 전을 수리하게 하였더니...(12-13)
- 여호야다가 죽은 후에 유다 방백들이 와서 왕에게 절하매 왕이 그들의 말을 듣고...(17-22)
- 아람 군대가 적은 무리로 왔으나 여호와께서 심히 큰 군대를 그들의 손에 넘기셨으니 이는 유다 사람들이 그들의 조상들의 하나님 여호와를 버렸음이라 이와 같이 아람 사람들이 요아스를 징벌하였더라...(24-25)

어린 나이에 왕위에 오른 요아스는 대제사장 여호야다의 영적 지도로 통치 전반기에는 선정을 베풉니다.(1~3절) 특히 성전에 오는 백성들로부터 성전세를 받아 그 재원으로 하나님의 전을 재건하였습니다.(4~13절) 그러나 여호야다 사후 요아스는 완전히 다른 사람이 되었습니다.(14~18절) 급기야 그의 영적 스승이었던 대제사장 여호야다의 아들인 선지자 스가랴를 죽이기까지 합니다.(19~22절) 그의 말로는 불행했습니다. 외적으로는 아람의 침략을 받았고 내부적으로 부하들의 배신으로 생을 마감하게 됩니다.(23~27절)

요한계시록 11장 : 두 증인의 사역을 훼방하는 짐승과 악한 자들

- 또 내게 지팡이 같은 갈대를 주며 말하기를 일어나서 하나님의 성전과 제단과 그 안에서 경배하는 자들을 측량하되...(1-13)
- 일곱째 천사가 나팔을 불매 하늘에 큰 음성들이 나서 이르되 세상 나라가 우리 주와 그의 그리스도의 나라가 되어 그가 세세토록 왕 노릇 하시리로다 하니...(15-18)

"성전과 제단 및 그 안에서 경배하는 자들을 측량하라"는 것은 그들을 보호하시겠다는 의미가 담겨 있습니다.(1~2절) 두 증인은 두 감람나무(=귀환 공동체의 두 지도자 스룹바벨과 여호수아)와 두 촛대(=신약의 교회)를 의미하는데 마흔 두 달의 박해기간 동안 증인의 역할을 잘 감당했습니다.(3~4절) 두 증인이 예언하는 동안 누구도 그들을 해하지 못합니다.(5~6절) 즉, 이 땅에 복음의 증인들을 막을 자가 없습니다. 그 후 무저갱에서 올라온 짐승에 의해 두 증인은 죽임을 당하게 됩니다.(7~10절) 이는 교회가 당할 고난과 환난을 의미합니다. 그러나 두 증인은 하나님의 생기로 인하여 다시금 부활하여 승천하게 되고 그 후에 악한 성의 1/10이 파괴되며 7,000명(=많은 수)의 사람들이 죽임을 당하게 됩니다.(11~14절) 핍박받던 자들이 영광으로 얻고 핍박자들이 도리어 심판을 당하는 것을 본 남은 자들이 하나님께 영광을 돌릴 것입니다.

스가랴 7장 : 여호와의 말씀을 듣지 않고 훼방하는 백성들

- 그 때에 벧엘 사람이 사레셀과 레겜멜렉과 그의 부하들을 보내어 여호와께 은혜를 구하고...(2-7)
- 만군의 여호와가 이같이 말하여 이르시기를 너희는 진실한 재판을 행하며 서로 인애와 긍휼을 베풀며...(9-13)

예루살렘 성전이 무너진 것에 대한 애통의 의미로 시작된 금식 전통은 유대인들의 중요한 신앙적 요소로 자리 잡았습니다. 성전이 재건되는 가운데 이 금식을 꼭 해야 하는지에 대해 질문하는 사람들이 있었습니다. 이에 대해 하나님은 지금껏 먹고 마시는 것도 너희를 위한 것이었고 금식도 너희를 위한 것이었지 진정으로 나를 위한 금식이었는지를 되물으십니다.(1~7절) 즉, 금식의 진정성에 대해 물으십니다. 하나님이 진정 원하시는 것은 건물이나 제물, 종교행위가 아니라 진실과 인애와 긍휼을 베풀며 공의를 행하고 약한 자를 압제하지 않고 잘 돌보는 것입니다.(8~10절) 그러나 유다 백성들은 이러한 하나님의 뜻을 저버리고 불순종하므로 하나님의 진노를 불러일으켰습니다.(11~14절)

요한복음 10장 : 선한 목자이신 예수의 사역을 훼방한 유대인들

- 내가 진실로 진실로 너희에게 이르노니 문을 통하여 양의 우리에 들어가지 아니하고...(1-4)
- 그러므로 예수께서 다시 이르시되 내가 진실로 진실로 너희에게 말하노니 나는 양의...(7-11)
- 나는 선한 목자라 나는 내 양을 알고 양도 나를 아는 것이...(14-17)
- 유대인들이 에워싸고 이르되 당신이 언제까지나 우리 마음을 의혹하게 하려...(24-33)
- 하물며 아버지께서 거룩하게 하사 세상에 보내신 자가 나는 하나님의 아들이라...(36-38)
- 많은 사람이 왔다가 말하되 요한은 아무 표적도 행하지 아니하였으나 요한이 이 사람을 가리켜 말한 것은 다 참이라 하더라...(41-42)

예수님은 양의 문 즉, 구원에 이르는 문입니다.(1~10절) 예수님은 양으로 생명을 얻게 하지만 예수님 외에 자신을 구원의 문으로 주장하는 자는 영혼을 죽이고 멸망시킵니다. 또한 예수님은 선한 목자이십니다.(11~21절) 선한 목자는 양을 잘 알고 있으며 양을 위해 기꺼이 자신의 목숨을 버립니다. 그래서 세례 요한은 예수님을 가리켜 세상 죄를 지고 가는 하나님의 어린 양으로 소개했습니다.(1:29) 여전히 예수님을 불신하고 있는 유대인들은 정체를 밝힐 것을 요구합니다.(22~24절) 예수님은 그들에게 "내 양이 아니므로 믿지 않는다"고 말씀하시며 "만물보다 크신 하나님에게서 그의 양을 빼앗을 자 없으므로 자신에게서 양을 빼앗을 자가 없다"고 선언하십니다.(25~30절) 이 말은 예수님과 하나님이 동등하다는 의미입니다. 신성모독이라며 반발한 유대인들이 돌로 치려 했지만 예수님은 자신이 행한 표적이 곧 자신의 신분을 나타내고 있으니 행한 일을 보고 믿으라고 말씀하십니다.(31~39절) 많은 사람들이 예수님의 말씀과 표적을 보고 믿었습니다.(40~42절)

자신을 죽음의 위기에서 건져내어 양육해 주고 후에는 왕위에 앉혀 준 영적 지도자 여호야다 가문을 향한 배은망덕한 요아스의 행동은 은혜를 저버리는 자의 전형을 보여 줍니다. 이처럼 은혜를 모르는 강퍅한 자가 되지 않게 하옵소서. 의식으로서의 경건과 삶의 경건이 조화와 균형을 이루는 삶을 살게 하옵소서.

12/21

본문 역대하 25장 | 요한계시록 12장 | 스가랴 8장 | 요한복음 11장
주제 생각 (무엇을 행하기로 마음속으로 작정하거나 각오함)

하나님의 생각은 추상적이거나 행하시지 않는 공허한 관념이 아니다. 하나님은 인간과 달라 생각하심이 곧 뜻이요 행하심이며 구원과 심판 그리고 축복과 저주의 결과를 가져온다. 주의 생각은 완전한 역사다.

역대하 25장 : 선지자를 통해 모병 반대의 생각을 전하신 주

- 아마샤가 왕위에 오를 때에 나이가 이십오 세라 예루살렘에서 이십구 년 동안...(1-9)
- 아마샤가 자기와 함께 전장에 나가지 못하게 하고 돌려보낸 군사들이...(13-16)
- 네가 에돔 사람들을 쳤다고 네 마음이 교만하여 자긍하는도다 네 궁에나 있으라...(19-22)
- 또 하나님의 전 안에서 오벧에돔이 지키는 모든 금은과 그릇과 왕궁의 재물을 빼앗고...(24)

유다 왕 아마샤는 즉위 후 여호와 앞에 정직히 행하였지만 온전히 행하지는 않았습니다.(1~4절) 그는 에돔과의 전쟁을 위해 북이스라엘군 10만 명을 용병으로 고용했다가 하나님이 연합을 기뻐하지 않으신다는 선지자의 조언을 듣고 용병들을 돌려보낸 후 단독으로 전쟁을 수행하여 승리합니다.(5~12절) 그러나 에돔에 대한 약탈 기회를 상실한 북이스라엘의 용병들이 도리어 유다의 성읍을 약탈하여 큰 피해를 입게 됩니다.(13절) 악한 자와의 연합은 그 시도조차 하지 말아야 합니다. 안타깝게도 에돔과의 전쟁에서 승리한 후 아마샤는 우상숭배와 교만에 빠졌습니다. 에돔의 신상을 들여와 경배하였으며 동족인 북이스라엘에 대하여는 전쟁을 선포합니다.(14~20절) 전력상 열세에다가 북이스라엘의 왕 요아스의 거부에도 불구하고 전쟁을 고집하던 그는 결국 대패하여 왕궁의 보물과 백성들을 빼앗기게 됩니다.(21~24절) 결국 아마샤는 쿠데타로 인해 생을 마감합니다.(25~28절)

요한계시록 12장 : 요한을 통해 사단 진멸의 생각을 전하신 주

- 하늘에 큰 이적이 보이니 해를 옷 입은 한 여자가 있는데 그 발 아래에는 달이 있고...(1-6)
- 하늘에 전쟁이 있으니 미가엘과 그의 사자들이 용과 더불어 싸울새 용과 그의...(7-12)
- 용이 자기가 땅으로 내쫓긴 것을 보고 남자를 낳은 여자를 박해하는지라...(13-17)

요한은 또 하나의 큰 환상을 보았습니다. 해를 옷 입은 여자가 아이를 해산하느라 애를 쓰고 있습니다.(1~6절) 이 여자는 메시아를 낳은 이스라엘 공동체 즉, 교회 공동체를 상징하며 여자가 낳은 아이는 메시아를 의미합니다. 하나님은 철장을 가지고 만국을 다스릴 아이 곧, 메시아를 보호하셨으며 끊임없이 공격하는 사탄으로부터 교회를 보호하십니다. 하나님을 이길 수 없었던 사탄이 지상의 교회를 목표로 삼으면서 교회는 박해와 미혹을 당하게 되었습니다.(7~9절) 그러나 하늘에서 큰 음성이 나서 어린양의 피와 증언하는 말씀으로 교회(=형제들)가 사탄을 이겼다고 선언합니다.(10~12절) 그러나 땅으로 쫓겨난 용은 포기하지 않고 여자 곧 교회를 핍박하지만 하나님은 계속해서 교회로 하여금 위기를 극복하도록 도우십니다.(13~17절) 현재 우리가 이 땅에서 치르고 있는 영적 전쟁은 하늘에서 이미 패하고 이 땅에서도 패배가 결정된 사탄과의 전쟁이며 어린양의 피와 말씀으로 우리는 마침내 승리할 것입니다.

스가랴 8장 : 스가랴를 통해 선민 회복의 생각을 전하신 주

- 만군의 여호와가 이같이 말하노라 내가 시온을 위하여 크게 질투하며 그를 위하여...(2-9)
- 만군의 여호와의 말씀이니라 이제는 내가 이 남은 백성을 대하기를 옛날과 같이...(11-13)
- 이제 내가 다시 예루살렘과 유다 족속에게 은혜를 베풀기로 뜻하였나니 너희는...(15-17)
- 이 성읍 주민이 저 성읍에 가서 이르기를 우리가 속히 가서 만군의 여호와를 찾고...(21-23)

하나님은 힘겨운 생활을 이어가는 귀환공동체에게 회복을 약속하십니다.(1~8절) 하나님의 질투와 진노가 이스라엘을 괴롭힌 이방민족을 향할 것이며, 시온으로 돌아온 하나님으로 인해 평화가 찾아오고(노인과 어린이가 평화롭게 왕래) 시내산 언약(나는 너희의 하나님, 너희는 나의 백성)이 회복될 것입니다. 이방민족의 방해와 경제적 궁핍, 공동체의 분열이라는 현실 가운데 선지자는 귀환 공동체에게 더욱 견고해지라고 촉구합니다.(9~10절) 하나님은 그들에 대한 선대와 축복을 약속하시며 피차 공의와 진리와 화평을 행할 것을 주문하십니다.(11~20절) 하나님이 시온을 회복하시면 이방인들도 하나님의 은혜를 열망하며 하나님의 백성을 찾을 것입니다.(21~23절) 유대인과 이방인 모두에게 구원의 은혜를 주시겠다는 이 놀라운 예언은 예수 그리스도의 십자가의 죽음과 부활로 성취되었으며 사도행전에 나타난 교회의 역사가 그 과정을 잘 보여줍니다.

요한복음 11장 : 나사로를 통해 부활 영생의 생각을 전하신 주

- 어떤 병자가 있으니 이는 마리아와 그 자매 마르다의 마을 베다니에 사는 나사로라...(1-5)
- 그 후에 제자들에게 이르시되 유대로 다시 가자 하시니...(7-11)
- 이에 예수께서 밝히 이르시되 나사로가 죽었느니라...(14-15)
- 예수께서 와서 보시니 나사로가 무덤에 있은 지 이미 나흘이라(17)
- 마리아가 예수 계신 곳에 가서 뵈옵고 그 발 앞에 엎드리어 이르되 주께서 여기...(32-44)

예수님은 맹인을 놓고 누구의 죄로 인한 것인지를 묻는 제자들에게 누구의 죄도 아니며 하나님의 영광을 나타내려 함이라고 말씀하셨습니다.(9:2) 하나님의 손에 붙들린 사람이 겪는 질병, 환난, 고통은 영광으로 승화됩니다. 예수님은 나사로의 질병에 대해서도 하나님의 영광 및 아들로 영광을 받게 하기 위함이라고 말씀하십니다.(1~4절) 나사로를 통해 나타내실 표적을 위해 이틀을 지체하신 후 나사로의 집으로 향하시는데 제자들은 잠든 나사로를 깨우러 가는 줄 알고 있습니다.(5~16절) 예수님은 죽은 나사로를 살리실 것입니다. 이를 통해 마지막 날에 썩지 않을 육체의 부활로 우리를 다시 살리실 능력이 당신에게 있음을 증명하실 것입니다.(17~44절) 부활이요 생명이신 예수님은 죄와 질병과 죽음으로 고통당하는 우리들을 비통히 여기시며 불쌍히 여기십니다. 나사로의 부활로 많은 사람들이 믿게 되었는데 대제사장 가야바가 공회에서 한 말은 예수님의 대속의 사역을 잘 표현하고 있습니다.(45~52절) 대제사장과 바리새인들은 유월절을 위해 예수님이 예루살렘을 방문할 것으로 예상하고 그를 잡기 위한 계획을 세웁니다.(53~57절)

처음과 나중이 다른 아마샤의 일생을 보며 하나님 앞에 평생 한결같기를 간절히 소망합니다. 스가랴의 예언을 이루신 예수 그리스도와 땅 끝까지 구원의 지평을 넓혀 가시는 하나님의 놀라운 역사를 찬송합니다. 사탄은 영원한 멸망과 심판이 예정되어 있음을 선언합니다. 마음과 생각을 주께 드리며 어린양의 피와 말씀으로 승리하게 하옵소서.

12/22

본문 역대하 26장 | 요한계시록 13장 | 스가랴 9장 | 요한복음 12장

주제 **초래** (招來, 일의 결과로써 어떤 현상을 생겨나게 함)

우리의 선택과 행동이 결과를 초래하듯이 하나님의 말씀과 예수님의 생명은 온 세상에 구원을 초래한다. 우리는 말씀의 교훈을 따라 교만이 아닌 겸손으로 구원의 길을 끝까지 순종하며 따라가야 한다.

역대하 26장 : 웃시야의 교만함이 불치의 나병을 초래함

- 웃시야가 왕위에 오를 때에 나이가 십육 세라 예루살렘에서 오십이 년 간 다스리니라 그의 어머니의 이름은 여골리아요 예루살렘 사람이더라...(3-5)
- 하나님이 그를 도우사 블레셋 사람들과 구르바알에 거주하는 아라비아 사람들과...(7-8)
- 그가 강성하여지매 그의 마음이 교만하여 악을 행하여 그의 하나님 여호와께...(16-21)

아마샤의 뒤를 이어 웃시야가 왕이 됩니다.(1절) 그는 스가랴 선지자가 사는 날 동안 여호와 보시기에 정직하게 행하였습니다.(2~5절) 웃시야는 활발한 정복전쟁으로 유다의 영토를 넓혔으며 성을 정비하고 산업을 육성하는 등 나라를 더욱 부강하게 만들었습니다.(6~15절) 그러나 나라가 점차 강성해지자 교만에 빠진 웃시야는 제사장만이 할 수 있는 분향을 직접 행하여 하나님이 세운 거룩한 질서를 깨뜨리는 큰 죄를 범합니다.(16~18절) 결국 하나님의 심판으로 나병에 걸린 웃시야는 남은 평생을 격리된 채 살다가 죽게 됩니다.(19~23절)

요한계시록 13장 : 두 짐승의 미혹함과 핍박이 순교를 초래함

- 내가 보니 바다에서 한 짐승이 나오는데 뿔이 열이요 머리가 일곱이라 그 뿔에는...(1-6)
- 누구든지 귀가 있거든 들을지어다...(9-10)
- 그가 먼저 나온 짐승의 모든 권세를 그 앞에서 행하고 땅과 땅에 사는 자들을 처음...(12-15)

요한은 머리가 일곱이며 각각 왕관을 쓴 열 개의 뿔을 가진 한 짐승이 바다에서 올라오는 것을 봅니다.(1절) 다니엘 7장에 나오는 짐승들(=사자, 곰, 표범, 열 뿔 달린 짐승)을 합해 놓은 것처럼 보이는 짐승은 적그리스도를 상징하며 용(=사탄)에게서 권세를 받아 활동합니다.(2절) 짐승의 머리 하나가 상해서 죽게 되었다가 살아나자 사람들이 짐승을 따르며 경배합니다.(3~4절) 하나님을 대적하는 악한 세력 역시 능력으로 사람들을 미혹합니다. 짐승은 정해진 기간 동안 하나님과 하늘에 사는 자(=천사)를 비방하며 성도들을 대적하여 이기기도 합니다.(5~8절) 생명책에 이름이 없는 자는 짐승의 막강한 힘에 굴복하여 그를 섬깁니다. 그러나 생명책에 기록된 자는 믿음과 인내로 승리합니다.(9~10절) 이번에는 어린양처럼 두 뿔이 있고 용처럼 말하는 짐승이 땅에서 올라옵니다.(11절) 이 짐승(=거짓 선지자)은 바다에서 올라온 짐승(=적그리스도)의 모든 권세를 행하여 사람들로 하여금 적그리스도를 경배하게 만듭니다.(12절) 땅에서 온 짐승은 큰 이적을 행하며 사람들을 미혹하는데 짐승에게 경배하지 않는 자들은 죽임을 당합니다.(13~15절) 하나님의 종들이 이마에 인침을 받은 것처럼(7:3) 짐승을 따르는 자는 오른손이나 이마에 짐승의 표를 받습니다.(16~18절) 우리는 영원하신 하나님과 잠시 있다 사라질 세상 사이에서 바른 결정을 해야 합니다.

스가랴 9장 : 여호와의 말씀이 이스라엘의 구원을 초래함

- 여호와의 말씀이 하드락 땅에 내리며 다메섹에 머물리니 사람들과 이스라엘 모든 지파의 눈이 여호와를 우러러봄이니라(1)
- 두로는 자기를 위하여 요새를 건축하며 은을 티끌 같이, 금을 거리의 진흙 같이...(3-4)
- 갇혀 있으나 소망을 품은 자들아 너희는 요새로 돌아올지니라 내가 오늘도 이르노라...(12)
- 만군의 여호와께서 그들을 호위하시리니 그들이 원수를 삼키며 물맷돌을 밟을...(15-16)

아람과 두로와 시돈, 블레셋의 여러 도시들은 인간의 지혜로 단단히 방비를 하였지만 하나님의 심판을 피할 수 없을 것입니다. 그러나 예루살렘은 하나님이 친히 보호하십니다.(1~8절) 교만한 자들을 향한 하나님의 심판은 막을 수 없습니다. 시온에 들어오시는 왕은 나귀를 타시는 평화의 왕이자 승리의 왕입니다.(9~10절) 그의 통치는 예루살렘에서 땅 끝까지 이르게 될 것입니다. 이 구절은 세상 왕과는 전혀 다른 평화와 겸손 그리고 승리의 왕이신 메시아 예수 그리스도에 대한 예언이기도 합니다. 스가랴는 백성들을 구원하기 위해 전쟁을 수행하시는 하나님을 묘사합니다.(11~17절) 그러므로 하나님의 백성은 지금 갇혀 있을지라도 소망을 품은 자들입니다.(12절)

요한복음 12장 : 예수님의 생명이 온 세상의 구원을 초래함

- 거기서 예수를 위하여 잔치할새 마르다는 일을 하고 나사로는 예수와 함께 앉은 자...(2-3)
- 그 이튿날에는 명절에 온 큰 무리가 예수께서 예루살렘으로 오신다는 것을 듣고...(12-15)
- 예수께서 대답하여 이르시되 인자가 영광을 얻을 때가 왔도다...(23-28)
- 예수께서 대답하여 이르시되 이 소리가 난 것은 나를 위한 것이 아니요 너희를 위한...(30-32)
- 예수께서 외쳐 이르시되 나를 믿는 자는 나를 믿는 것이 아니요 나를 보내신 이를...(44-47)

예수님을 위한 잔치가 베다니에서 열렸을 때 마리아는 값비싼 향유를 예수님의 발에 붓고 자신의 머리털로 예수님의 발을 닦습니다.(1~3절) 가룟 유다는 마리아의 행위를 비난하지만 예수님은 여인의 행위가 영원히 기억될 것이라고 말씀하십니다.(4~8절) 대제사장들이 예수님을 제거하려는 음모를 꾸미는 가운데 나귀를 탄 예수님은 백성들의 환영을 받으며 예루살렘에 입성하십니다.(9~18절) 누구도 인류 구원을 위한 하나님의 뜻을 막을 수 없습니다.(19절) 예수님은 영광을 얻을 때가 왔다고 말씀하십니다.(20~26절) 이는 한 알의 썩는 밀알이 될 때가 왔음을 의미합니다. 예수님은 십자가의 죽음을 통해 아버지의 영광을 드러내고 많은 사람들을 구원으로 이끌 것입니다.(27~33절) 예수님이 비추시는 빛을 믿으면 빛의 아들이 됩니다.(34~36절) 그러나 많은 표적에도 불구하고 사람들은 믿지 않았습니다.(37~43절) 이는 완고함과 사람의 영광을 더 중히 여기는 마음 때문입니다. 예수님은 믿지 않는 자들을 안타까워하시며 자신을 믿는 것이 곧 하나님을 믿는 것임을 다시 한번 강조하십니다.(44~50절) 예수님은 하나님 아버지의 말씀을 그대로 전하십니다.

웃시야의 인생은 선왕인 아마샤처럼 되고 말았습니다. 나중 신앙이 처음보다 더욱 돈독해 지길 간절히 소망합니다. 성령의 인침을 받았고 생명책에 등재되었으니 나로 하여금 짐승의 미혹에 굴복하지 않게 하옵소서.

12/23

본문 역대하 27-28장 | 요한계시록 14장 | 스가랴 10장 | 요한복음 13장

주제 임박 (臨迫, 어떤 때가 가까이 닥쳐옴)

성경은 계속되는 역사와 사건 속에서 하나님의 구원과 심판이 임박하였음을 끊임없이 증거하고 있다. 우리는 이 말씀들을 길과 진리로 삼고 임박한 마지막 때에 어린 양 곁에서 경배와 영광을 올려야 한다.

역대하 27-28장 : 범죄에 대한 주님의 진노가 임박함

- 요담이 그의 아버지 웃시야의 모든 행위대로 여호와 보시기에 정직하게 행하였으나...(27:2-6)
- 아하스가 왕위에 오를 때에 나이가 이십 세라 예루살렘에서 십육 년 동안...(28:1-6)
- 이제 너희가 또 유다와 예루살렘 백성들을 압제하여 노예로 삼고자 생각하는도다...(28:10-11)
- 이 아하스 왕이 곤고할 때에 더욱 여호와께 범죄하여...(28:22-25)

(27장) 웃시야의 뒤를 이은 요담은 일평생 정직하게 행했으나 성전제사에는 소극적이었습니다.(1~9절) 그는 16년간의 통치를 무난히 마쳤습니다. 그가 성전제사에 소극적이었던 것은 아버지 웃시야가 제사장만이 할 수 있는 분향을 직접 하다가 나병에 걸린 것에 대한 두려움 때문인 것으로 보입니다. 우리는 참 신앙을 다음 세대에게 물려주어야 합니다.
(28장) 유다의 악한 왕 아하스가 등극합니다. 그는 다윗의 길을 버리고 우상을 만들고 산당에서 분향하며 인신제사를 드리는 등 가증한 행위를 일삼았습니다.(1~4절) 하나님을 버린 아하스는 아람과 북이스라엘의 침략을 연이어 받게 됩니다.(5~7절) 북이스라엘은 유다의 용사 12만 명을 죽이고 20만 명의 백성을 포로로 잡아 갔는데 하나님이 선지자 오뎃을 통해 이를 책망하므로 백성들을 다시 유다로 돌려보냅니다.(8~15절) 아하스는 언약을 파괴했지만 하나님은 아브라함과 다윗과 맺은 언약을 기억하셔서 그의 신실함을 나타내십니다. 여호와 보시기에 악을 행한 아하스는 에돔, 블레셋, 앗수르의 침략으로 인해 심각한 위기를 맞게 됩니다.(16~22절) 다메섹(=아람)의 신에게 제사하고 예루살렘 성전 문은 닫아버린 패역한 아하스가 죽고 히스기야가 왕위에 오릅니다.(23~27절)

요한계시록 14장 : 선택에 대한 주님의 심판이 임박함

- 또 내가 보니 보라 어린 양이 시온 산에 섰고 그와 함께 십사만 사천이 서 있는데...(1-13)
- 또 다른 천사가 성전으로부터 나와 구름 위에 앉은 이를 향하여 큰 음성으로 외쳐...(15-16)
- 또 불을 다스리는 다른 천사가 제단으로부터 나와 예리한 낫 가진 자를 향하여 큰...(18-20)

이마에 하나님의 이름과 어린양의 이름을 받은 어린양의 신부 144,000 즉, 구원받은 모든 성도들은 박해와 미혹에도 불구하고 영적 순결을 지켰으므로 하늘 보좌 앞과 네 생물과 장로들 앞에서 승리의 새 노래를 부릅니다.(1~5절) 첫째 천사가 땅에 거하는 모든 자에게 영원한 복음(심판의 때가 가까이 왔으니 창조주 하나님을 경배하라)을 전합니다.(6~7절) 둘째 천사는 바벨론(=우상숭배와 타락의 상징)이 무너졌음을 선포합니다.(8절) 셋째 천사는 짐승을 따르는 자(=복음을 거부하는 자)에 대한 형벌을 선언합니다.(9~11절) 성도에게는 인내가 필요하며 혹 믿음을 지키다 순교를 하게 되면 이는 복된 죽음으로써 하나님의

품에서 영원히 안식하게 될 것입니다.(12~13절) 구름 위에 앉아 있는 인자 같은 이(=메시아)가 성전에서 나온 천사의 사인을 받아 곡식(=하나님의 백성)을 거둡니다.(14~16절) 하늘 성전에 나온 또 다른 천사는 하나님의 심판을 집행합니다.(17~20절)

스가랴 10장 : 유다에 대한 주님의 구원이 임박함

- 봄비가 올 때에 여호와 곧 구름을 일게 하시는 여호와께 비를 구하라 무리에게...(1-3)
- 내가 유다 족속을 견고하게 하며 요셉 족속을 구원할지라 내가 그들을 긍휼히...(6-8)
- 내가 그들로 나 여호와를 의지하여 견고하게 하리니 그들이 내 이름으로 행하리라 나 여호와의 말이니라(12)

헛된 우상을 버리고, 비를 구할 때에는 바알이 아닌 하나님께 구해야 합니다.(1~2절) 백성들을 제대로 돌보지 못한 지도자들(=숫염소)에 대해 분노하신 하나님은 백성을 긍휼히 여기시고 친히 돌보실 것을 말씀하시며 귀환을 약속하십니다.(3~6절) 여호와 하나님으로 인한 기쁨과 즐거움이 가득할 것이며 흩어진 백성들이 약속의 땅으로 돌아오되 거할 곳이 부족할 정도로 많아질 것입니다.(7~10절) 하나님은 홍해를 마른 땅처럼 건너게 하신 출애굽의 구원사건을 다시 재현하실 것입니다.(11~12절)

요한복음 13장 : 세상에 대한 주님의 희생이 임박함

- 유월절 전에 예수께서 자기가 세상을 떠나 아버지께로 돌아가실 때가 이른 줄 아시고...(1-3)
- 그들의 발을 씻으신 후에 옷을 입으시고 다시 앉아 그들에게 이르시되 내가...(12-20)
- 제자들이 서로 보며 누구에게 대하여 말씀하시는지 의심하더라...(22-29)
- 새 계명을 너희에게 주노니 서로 사랑하라 내가 너희를 사랑한 것 같이 너희도 서로...(34-35)

아버지께로 돌아갈 때가 된 예수님은 세상에 남겨질 자신의 사람들을 끝까지 사랑하십니다.(1~2절) 사랑과 섬김으로 통치하시는 예수님은 친히 제자들의 발을 씻기심으로 그 본을 보이십니다.(3~11절) 예수님은 우리를 먼저 목욕시키시고(=우리의 원죄를 사하시고 자녀 삼으심) 이후론 우리의 발을 씻기십니다.(=자녀로서 범하는 죄를 용서하심) 제자들은 자신들이 예수님으로부터 권세와 사명을 위임받은 존재임을 늘 인식해야 하며 예수님처럼 서로 섬기는 종이 되어야 합니다.(12~17절) 예수님은 제자 중에 배신자가 있음을 말씀하시면서 당신을 영접해야 한다고 호소합니다.(18~20절) 가룟 유다의 배반에 대한 예언은 더욱 구체화되어 이를 들은 제자들은 당황하였으며 유다는 예수님을 팔 계획을 실행에 옮기기 위해 모임에서 이탈합니다.(21~30절) 가룟 유다가 왜 나갔는지 아는 예수님은 하나님과 인자가 영광을 받았다고 말씀하십니다.(31~33절) 예수님이 말씀하시는 영광은 십자가의 죽음을 통해 주어지는 것입니다. 예수님은 가장 중요한 계명인 서로 사랑하라고 말씀하십니다.(34~35절) 성도가 서로 사랑할 때 세상은 예수님의 제자라고 말할 것입니다. 예수님은 베드로의 부인을 예고하시며 지금은 따라올 수 없으나 후에는 그도 자기 십자가를 지게 될 것을 말씀하십니다.(36~38절)

아하스의 패역함이 그의 나라를 얼마나 큰 고통으로 몰아갔는지 보았습니다. 공동체를 살리는 자가 되게 하옵소서. 복음을 듣게 하신 복과 주안에서 살고 죽는 복을 허락하심을 감사드리게 하옵소서.

12/24

본문 역대하 29장 | 요한계시록 15장 | 스가랴 11장 | 요한복음 14장

주제 명령 (命令, 윗사람이나 상위 조직이 아랫사람이나 하위 조직에 무엇을 하게 함)

성경 속에서 하나님의 명령은 직접 말씀하시거나 왕과 선지자 혹은 천사들을 통해서 전해지곤 한다. 하나님 나라의 시민권자인 우리는 이러한 명령에 마땅한 순종과 경외로 임해야 한다.

역대하 29장 : 종교의 개혁을 명령하는 히스기야

- 히스기야가 그의 조상 다윗의 모든 행실과 같이 여호와 보시기에 정직하게 행하여...(2-11)
- 그들이 그들의 형제들을 모아 성결하게 하고 들어가서 왕이 여호와의 말씀대로 명령한 것을 따라 여호와의 전을 깨끗하게 할새...(15-16)
- 안으로 들어가서 히스기야 왕을 보고 이르되 우리가 여호와의 온 전과 번제단과 그 모든 그릇들과 떡을 진설하는 상과 그 모든 그릇들을 깨끗하게 하였고...(18-19)
- 왕이 레위 사람들을 여호와의 전에 두어서 다윗과 왕의 선견자 갓과 선지자 나단이 명령한 대로 제금과 비파와 수금을 잡게 하니 이는 여호와께서 그의 선지자들로 이렇게 명령하셨음이라...(25-28)
- 이 일이 갑자기 되었으나 하나님께서 백성을 위하여 예비하셨으므로 히스기야가 백성과 더불어 기뻐하였더라(36)

아하스에 의해 폐쇄되었던 예루살렘 성전은 히스기야의 등극과 함께 다시 열렸습니다.(1~11절) 히스기야는 성전에서 가증한 것을 제거한 후 성전 제사를 재개합니다. 그는 레위인들을 통해 아하스의 범죄로 더럽혀진 성전과 모든 기물들을 정결하게 합니다.(12~19절) 속죄의 제사가 드려지고 다윗 시대처럼 레위인으로 구성된 찬양대가 다시 활동을 재개하면서 온 회중이 경배합니다.(20~28절) 백성들이 가져온 제물이 너무 많아 레위인들이 제사장의 일을 분담해야 할 정도가 되었는데 왕과 백성들이 바르게 드린 제사는 그들에게 큰 기쁨을 주었습니다.(29~36절)

요한계시록 15장 : 일곱 대접의 재앙을 명령하는 네 생물 중 하나

- 또 하늘에 크고 이상한 다른 이적을 보매 일곱 천사가 일곱 재앙을 가졌으니 곧 마지막 재앙이라 하나님의 진노가 이것으로 마치리로다...(1-8)

계시록에 등장하는 마지막 재앙에 관한 환상으로 일곱 대접을 가진 일곱 천사가 등장합니다.(1절) 요한이 보고 있는 유리 바다 위에 서 있는 자들은 짐승의 박해를 이긴 자들 곧 어린 양을 따르는 자들로서 그들은 모세의 노래(=바로의 압제로부터 구원받음을 노래함)와 어린 양의 노래(=어린양을 통한 짐승의 박해로부터 구원받음을 노래함)를 부릅니다.(2~4절) 하나님의 곁에 있던 네 생물 중 하나가 하나님의 진노가 가득 담긴 금 대접 일곱 개를 일곱 천사에게 전달합니다.(5~7절) 일곱 대접 재앙은 하나님이 반드시 이행하실 심판입니다.(8절)

스가랴 11장 : 지도자들의 회개를 명령하시는 하나님

- 여호와 나의 하나님이 이르시되 너는 잡혀 죽을 양 떼를 먹이라...(4-7)
- 이에 은총이라 하는 막대기를 취하여 꺾었으니 이는 모든 백성들과 세운 언약을 폐하려 하였음이라...(10-14)

하나님을 무시하고 스스로를 높인 통치자들은 하나님이 심판하십니다.(1~3절) 하나님은 스가랴에게 통치자들에 의해 버려진 양 떼를 돌보라고 명령하십니다.(4~6절) 스가랴는 양 떼를 먹이면서 은총과 연합이라 명명한 막대기 두 개를 취합니다.(7~9절) 하나님은 양떼를 버린 엉터리 목자들을 제거하실 것입니다. 은총과 연합의 막대기도 꺾이게 되는데 이는 이스라엘의 미래가 어두울 것을 의미합니다.(10~14절) 스가랴의 품삯인 은 삼십은 매우 낮은 금액인데 이 구절은 예수 그리스도가 은 삼십에 팔리게 될 것을 예표합니다. 양떼를 버린 패역한 목자들은 하나님이 일으킬 목자에 의해 반드시 심판을 받게 될 것입니다.(15~17절)

요한복음 14장 : 제자들의 믿음을 명령하시는 예수님

- 너희는 마음에 근심하지 말라 하나님을 믿으니 또 나를 믿으라...(1-7)
- 내가 아버지 안에 거하고 아버지께서 내 안에 계심을 믿으라 그렇지 못하겠거든 행하는 그 일로 말미암아 나를 믿으라...(11-13)
- 너희가 나를 사랑하면 나의 계명을 지키리라...(15-18)
- 나의 계명을 지키는 자라야 나를 사랑하는 자니 나를 사랑하는 자는 내 아버지께 사랑을 받을 것이요 나도 그를 사랑하여 그에게 나를 나타내리라(21)
- 평안을 너희에게 끼치노니 곧 나의 평안을 너희에게 주노라 내가 너희에게 주는 것은 세상이 주는 것과 같지 아니하니라 너희는 마음에 근심하지도 말고 두려워하지도 말라(27)

"너희는 내가 가는 곳에 올 수 없다"(13:33), "베드로가 세 번 주를 부인하리라"(13:38)는 예수님의 말씀은 제자들에게 근심과 불안을 가져다주었습니다. 그러나 그들이 근심하지 말아야 할 이유는 아버지 집에 거할 곳이 많아 거처를 예비하러 가시기 때문입니다.(1~4절) 도마가 예수님이 가시는 길을 모른다고 하자 예수님은 내가 곧 길이요, 진리요, 생명이며 아버지께로 가는 유일한 길이라고 선언하십니다.(5~6절) 예수님을 알면 아버지도 알게 됩니다.(7절) 그러자 빌립이 아버지를 보여 달라고 요구하였고 예수님은 당신의 말이 곧 아버지의 말씀이며 지금까지 행하신 표적들은 아버지께서 그의 안에 계신 증거라고 말씀하십니다.(8~11절) 제자들은 예수님의 이름으로 큰 일을 행할 것입니다.(12~14절) 예수님이 떠나시면 또 다른 보혜사가 오셔서 예수님이 아버지 안에, 제자들이 예수님 안에, 예수님이 제자들 안에 있음을 알게 할 것이며 서로 사랑하라는 새 계명을 지키게 하실 것입니다.(15~24절) 성령님이 친히 제자들을 가르치고 인도할 것이며 예수님은 아버지께서 명하신 대로 행하심으로써 평안을 주실 것입니다.(25~31절) 이는 십자가의 길을 말씀하시는 것입니다.

하나님! 날마다 예배의 기쁨 가운데 살아가게 하옵소서. 심판에 이르지 않고 일평생 어린 양을 따르게 됨을 날마다 감사하게 하옵소서. 나를 위해 거처를 예비하러 가신 길이요 진리요 생명 되시는 예수님께 감사하게 하옵소서.

12/25

본문 역대하 30장 | 요한계시록 16장 | 스가랴 12-13장 1절 | 요한복음 15장

주제 기쁨 (어떤 만족감에 의해 느끼는 즐겁고 흥겨운 감정)

사람은 하나님 안에서 살 때 참된 행복과 기쁨을 얻는다. 하지만 죄와 허물로 가득찬 세상에서 하나님과 동행하는 것은 결코 쉽지 않다. 따라서 주께서 주신 절기와 계명과 관계를 잘 지킬 때 승리할 수 있다.

역대하 30장 : 유월절 절기를 다시 지킴으로 큰 기쁨을 얻음

- 히스기야가 온 이스라엘과 유다에 사람을 보내고 또 에브라임과 므낫세에 편지를...(1-5)
- 보발꾼이 에브라임과 므낫세 지방 각 성읍으로 두루 다녀서 스불론까지 이르렀으나...(10-12)
- 유다 왕 히스기야가 수송아지 천 마리와 양 칠천 마리를 회중에게 주었고...(24-26)

우상숭배를 회개하는 국가적인 속죄 제사를 드린 히스기야는 한 달 지체가 되긴 했지만 오랫동안 멈춰 있던 유월절을 다시 지키기로 결단합니다.(1~5절) 놀라운 것은 앗수르에 의해 멸망 당한 북이스라엘 지역에도 보발꾼들을 보내 예루살렘으로 올라와 유월절을 지킬 것을 촉구한 것입니다.(6~9절) 그러나 소수의 사람들만이 예루살렘으로 올라와 유월절에 참여합니다.(10~12절) 아하스 시대에 설치된 우상 제단들이 철거되고 제사장과 레위인들은 유월절이 늦어진 것과 우상 제단을 치우느라 부정해진 자신들을 부끄럽게 여겼으며, 미처 자신을 성결하게 하지 못한 백성들은 성결예식을 행하고 부정한 백성들을 위한 히스기야의 기도가 드려집니다.(13~20절) 왕의 마음이 이처럼 하나님을 향해 있었습니다. 이는 유월절(=1월 14일, 장자의 죽음이라는 재앙에서 어린양의 피로 구원받은 것을 기념)과 무교절(유월절 다음 날인 1월 15일부터 7일간, 급히 이집트를 탈출하면서 누룩 없는 빵을 먹었던 것을 기념)이 회복되는 과정을 보여줍니다. 히스기야는 절기 동안 레위인과 제사장들을 위로했고 예루살렘에는 큰 기쁨이 임하여 절기가 7일 연장되었으며 제사장의 축복기도는 하늘에 상달되었습니다.(21~27절)

요한계시록 16장 : 일곱 대접재앙 심판을 통해 의인이 기쁨을 얻음

- 첫째 천사가 가서 그 대접을 땅에 쏟으매 짐승의 표를 받은 사람들과 그 우상에게...(2-6)
- 넷째 천사가 그 대접을 해에 쏟으매 해가 권세를 받아 불로 사람들을 태우니...(8-19)
- 또 무게가 한 달란트나 되는 큰 우박이 하늘로부터 사람들에게 내리매 사람들이...(21)

짐승 곧 사탄은 어린 양을 따르는 자를 미혹하고 고통을 주며 심지어 죽이기도 합니다. 그러나 짐승을 따르는 자에 대한 하나님과 어린양의 진노의 심판은 이에 비할 수 없습니다. 짐승은 육신의 생명을 취하는 것에 불과하지만 하나님의 진노는 영벌로 이어집니다. 일곱 대접의 재앙이 시작됩니다.(1절) 첫 번째 재앙부터 짐승의 표를 받고 우상에게 경배하는 자들에게 임할 재앙임이 분명하게 드러납니다.(2절) 둘째 재앙은 바다가 피로, 셋째 재앙은 강과 물의 근원이 피로 변하는 것입니다.(3~7절) 이는 성도와 선지자들의 피 흘림에 대한 하나님의 진노입니다. 넷째 재앙은 불에 태워지는 재앙인데 불에 탄 사람들이 여전히 하나님의 이름을 비방하며 회개하지 않습니다.(8~9절) 다섯째 재앙은 어두움과 아픔, 종기로 인한 고통인

데 그들은 계속 회개를 거부합니다.(10~11절) 여섯째 대접을 쏟자 강물이 마르고 개구리처럼 생긴 세 더러운 영(=귀신의 영)이 하나님을 대적하기 위해 세상 왕들을 모읍니다.(12~16절) 천사가 일곱째 대접을 쏟자 하늘 성전으로부터 되었다라는 음성이 들립니다.(17~21절) 하나님이 큰 소리를 발하시자 하나님을 대적하기 위해 모인 무리들은 모두 파괴되어 사라집니다. 그러나 악인들은 끝까지 완고합니다.

스가랴 12-13장 1절 : 진실한 애통을 통해 큰 구원의 기쁨을 얻음

- 이스라엘에 관한 여호와의 경고의 말씀이라 여호와 곧 하늘을 펴시며 땅의 터를...(12:1-8)
- 내가 다윗의 집과 예루살렘 주민에게 은총과 간구하는 심령을 부어 주리니...(12:10)
- 그 날에 죄와 더러움을 씻는 샘이 다윗의 족속과 예루살렘 주민을 위하여 열리리라(13:1)

절대 주권을 가지신 하나님이 예루살렘을 치는 민족들로부터 예루살렘을 보호하실 것입니다.(1~4절) 예루살렘을 공격하는 민족은 예루살렘(=술잔)에 의해 취하게 될 것이며 예루살렘(=무거운 돌)을 들려다가 다치게 될 것이며 여호와께서 말과 그 탄 자를 치실 것입니다. 여호와께서 유다의 지도자들을 화로와 횃불 같게 하셔서 그들을 공격하는 자들은 모두 패할 것이며 약한 자도 다윗 같이 강하게 할 것입니다.(5~9절) 즉, 여호와께서 이방 민족을 물리치시고 유다 백성을 회복하실 것입니다. 여호와께서 은총과 간구하는 심령을 부어 주셔서 애통하게 하심으로 죄와 더러움을 씻어주실 것입니다.(10~13:1절)

요한복음 15장 : 포도나무이신 예수의 계명을 지켜 기쁨을 얻음

- 나는 참포도나무요 내 아버지는 농부라...(1-5)
- 너희는 내가 명하는 대로 행하면 곧 나의 친구라...(14-16)
- 내가 아버지께로부터 너희에게 보낼 보혜사 곧 아버지께로부터 나오시는 진리의...(26)

구약에서 이스라엘은 포도나무로 비유되어 왔습니다. 이제 예수님은 당신이 포도나무요 우리는 가지라고 선포하십니다.(1~4절) 가지는 포도나무에 붙어 있으면 열매를 맺습니다. 포도나무이신 예수님은 내 안에 거할 것을 강조하십니다.('내 안에' 반복, 5~8절) 그의 안에 거하면 많은 열매를 맺겠지만 그를 떠나면 밖에 버려져 불태워지게 될 것입니다. 예수님 안에 거하는 것은 또한 그의 사랑 안에 거하는 것이며 그것은 그의 계명을 지키는 것을 의미합니다.(9~10절) 그의 사랑 안에 거한 결과는 기쁨입니다.(11절) 제자들이 지켜야 할 계명은 서로 사랑하는 것인데 예수님은 친구를 위해 목숨을 버리는 것보다 더 큰 사랑이 없다는 말씀과 함께 제자들에게 나의 친구라고 말씀하십니다.(12~17절) 서로 사랑할 때 열매를 맺으며 구하는 것을 받게 됩니다. 세상에 속하지 않고 예수님께 속하게 되면 박해가 따를 것입니다.(18~20절) 그러나 제자를 미워하는 것은 곧 예수님과 하나님을 미워하는 것이므로 결코 그 죄를 핑계할 수 없습니다.(21~25절) 예수님은 이미 메시아의 표적을 보여주셨기에 예수님을 부인하고 제자들을 박해한 죄를 면할 수 없습니다. 진리의 성령님이 오시면 제자들을 가르치시고(14:26) 예수 그리스도를 증거할 것입니다.(26~27절)

주님! 내 안에 있는 우상을 깨뜨려 주시고 은총과 간구하는 심령을 주사 회개하게 하옵소서. 하나님의 구원의 완전함과 또한 하나님의 심판의 완전함을 믿습니다. 주의 말씀 안에, 주의 사랑 안에 늘 거하게 하옵소서.

12/26

본문 역대하 31장 | 요한계시록 17장 | 스가랴 13장 2~9절 | 요한복음 16장

주제 **직임** (職任, 직무상 맡은 임무 혹은 책임)

왕과 제사장들이 맡은 직임에 충실할 때 하나님의 큰 복과 형통을 누렸던 것처럼 제자와 성도도 맡은 직임을 충실하게 감당함으로 복을 누려야 한다. 물론 예수 그리스도도 그 직임을 위해 생명까지 내어주셨다.

역대하 31장 : 예물을 관리하고 나누어줄 제사장들의 직임

- 히스기야가 제사장들과 레위 사람들의 반열을 정하고 그들의 반열에 따라 각각...(2-4)
- 그 때에 히스기야가 명령하여 여호와의 전 안에 방들을 준비하라 하므로 그렇게...(11-15)
- 또 그 족보에 기록된 온 회중의 어린 아이들 아내들 자녀들에게 나눠 주었으니 이 회중은 성결하고 충실히 그 직분을 다하는 자며...(18-21)

유월절과 무교절이 끝나고 유다와 이스라엘 전역에서 우상 제단이 허물어졌으며 히스기야는 제사장과 레위인을 재정비하고 백성들로 하여금 번제를 위한 예물을 드리게 하되 자신이 먼저 모범을 보임으로써 백성들도 풍성하게 헌물을 드립니다.(1~8절) 히스기야는 성전에 쌓인 헌물을 잘 보관하고 관리하기 위해 헌물을 위한 방을 만들도록 지시하고 책임자를 임명합니다.(9~15절) 성전 예물은 제사장과 레위인, 성전 봉사를 위해 구별된 사람들의 아내와 자녀에게까지 율법에 기록된 대로 공정하게 분배되었습니다.(16~20절) 히스기야는 하나님 앞에 선과 정의를 진실함으로 행하였습니다.(21~22절)

요한계시록 17장 : 하나님의 구원과 심판을 전할 요한의 직임

- 또 일곱 대접을 가진 일곱 천사 중 하나가 와서 내게 말하여 이르되 이리로 오라 많은 물 위에 앉은 큰 음녀가 받을 심판을 네게 보이리라...(1-4)
- 천사가 이르되 왜 놀랍게 여기느냐 내가 여자와 그가 탄 일곱 머리와 열 뿔 가진 짐승의 비밀을 네게 이르리라...(7-8)
- 그들이 어린 양과 더불어 싸우려니와 어린 양은 만주의 주시요 만왕의 왕이시므로...(14-18)

일곱 대접의 환상이 끝나고 요한은 큰 음녀(=바벨론)가 받을 심판에 관한 계시를 받습니다.(1절) 큰 음녀는 매우 타락했으며 세상의 임금들은 음녀의 음행에 취했습니다.(2절) 계시록이 기록될 당시의 음녀는 황제를 신격화하는 로마제국을 의미합니다. 자신을 신격화하고 하나님을 비방하는 음녀는 화려하게 치장했으며 음녀의 이마에는 비밀, 큰 바벨론, 땅의 음녀들과 가증한 것의 어미라는 이름이 새겨져 있습니다.(3~5절) 요한은 예수의 증인의 피에 취해 있는 음녀의 위세에 놀라지만 천사는 결국엔 심판을 받아 멸망으로 들어갈 자라고 말해줍니다.(6~8절) 일곱 머리는 로마의 황제를 의미할 수도 있고 하나님을 대적하는 악한 세력을 의미할 수도 있습니다.(9~10절) 여덟째 왕은 일곱 중에 속한 자로 더 강한 모습으로 돌아오나 그럼에도 결국 멸망 당할 뿐입니다.(11절) 열 뿔 곧 짐승을 따르는 악한 세력이 어린 양을 대적하나 최후의 승리는 어린양의 몫입니다.(12~14절) 큰 음녀는 많은 물(=넓고 강한 세력을 의미) 위에 앉아 있으나 열 뿔과 짐승이 도리어 음녀를 공격하게 될 것입니다.(15~17

절) 하나님은 악의 세력으로 악의 세력을 치게 하십니다. 요한이 본 여자 곧 음녀는 땅의 왕을 다스리는 큰 성(=종말론적 악의 세력)입니다.(18절)

스가랴 13장 2-9절 : 하나님의 심판을 전해야 할 스가랴의 직임

- 만군의 여호와가 말하노라 그 날에 내가 우상의 이름을 이 땅에서 끊어서 기억도 되지 못하게 할 것이며 거짓 선지자와 더러운 귀신을 이 땅에서 떠나게 할 것이라(2)
- 만군의 여호와가 말하노라 칼아 깨어서 내 목자, 내 짝 된 자를 치라 목자를 치면...(7-9)

이스라엘 백성들은 하나님과 우상을 겸하여 섬겨 왔습니다. 하나님은 모든 우상과 거짓 선지자들을 완전히 사라지게 하실 것입니다.(2절) 이후로 이스라엘에서는 거짓 선지자가 철저히 미움과 외면을 받게 되어 부모라도 자식이 거짓 선지자라면 철저히 응징할 정도가 될 것입니다.(3~6절) 결국 거짓 선지자는 자신의 행위의 부끄러움으로 인해 자신의 정체를 숨기려고 할 것입니다. 하나님은 이스라엘의 종교 지도자들을 치실 것이며 목자를 잃은 백성들은 흩어져 환난을 당하게 되겠지만 이러한 일련의 과정을 통해 신실한 하나님의 백성들이 탄생하게 될 것입니다.(7~9절)

요한복음 16장 : 죄의 심판에 대해 세상을 책망할 성령의 직임

- 오직 너희에게 이 말을 한 것은 너희로 그 때를 당하면 내가 너희에게 말한 이것을...(4-12)
- 조금 있으면 너희가 나를 보지 못하겠고 또 조금 있으면 나를 보리라 하시니...(16-20)
- 지금은 너희가 근심하나 내가 다시 너희를 보리니 너희 마음이 기쁠 것이요...(22-24)
- 보라 너희가 다 각각 제 곳으로 흩어지고 나를 혼자 둘 때가 오나니 벌써 왔도다...(32-33)

예수님은 제자들이 실족하지 않도록 앞으로 닥칠 박해를 미리 예고하시는데 제자들은 예수님이 곧 떠나신다는 말씀으로 인해 근심합니다.(1~6절) 그러나 예수님의 역할을 그대로 행하실 보혜사 성령님이 오십니다.(7~11절) 성령님은 죄(=많은 표적을 보고도 하나님이 보낸 메시아를 믿지 않는 것)와 의(=십자가에서 죽으시고 부활, 승천하셔서 아버지께로 돌아간 것이 예수님의 의로움을 입증)와 심판(=죽음의 권세를 이기신 예수님이 장차 이 세상 임금인 사탄을 심판하실 것임)에 대해 세상을 책망하실 것입니다. 성령님이 오시면 아버지께 들은 것과 예수님에 관한 것을 우리에게 가르치셔서 진리 가운데로 인도하실 것입니다.(12~15절) 예수님은 제자들 곁을 잠시 떠나셨다가 다시 볼 것이라는 말씀으로 십자가의 죽음과 부활을 예고하시지만 제자들은 이 말을 이해하지 못합니다.(16~18절) 예수님의 죽음에 대해 제자들은 슬퍼하고 세상은 환호하겠지만 이로 인해 영원한 기쁨을 얻게 될 것입니다.(19~22절) 또한 구하는 것을 받음으로써 그 기쁨은 배가될 것입니다.(23~24절) 우리가 기도하면 예수님이 우리의 기도를 받아서 아버지께 대신 간구해 주시는 것이 아닙니다. 기도는 우리가 예수님의 이름으로 우리를 사랑하시는 아버지께 바로 구하는 것입니다.(25~27절) 제자들은 이제야 예수님이 사람의 물음을 기다리지 않는 신적인 분이며 아버지로부터 나오신 분임을 고백합니다.(28~30절) 십자가의 길을 가고 있는 승리하신 예수님으로 인해 제자들도 승리하게 될 것입니다.(31~33절)

히스기야처럼 하나님 앞에 선과 정의와 진실로 행하는 성도가 되게 하옵소서. 하나님의 말씀을 왜곡하는 거짓 선지자에게 속지 않게 하시고 말씀을 바르게 깨닫는 은혜를 주시옵소서. 승리하신 예수님! 내게 마지막 날에 큰 승리와 영광을 주실 줄 믿습니다.

12/27

본문 역대하 32장 | 요한계시록 18장 | 스가랴 14장 | 요한복음 17장

주제 영화 (榮華, 몸이 귀하게 되어 세상과 주의 나라에서 이름이 빛남)

영화롭게 되는 것은 금생과 내생의 영원한 소망이다. 신앙의 영웅들은 각 시대에 하나님의 뜻에 순종함으로 금생과 내생에 영화로움을 얻었다. 또한 예수님도 아버지와 같이 영화롭게 됨을 기도드렸다.

역대하 32장 : 하나님을 의지함으로 히스기야가 영화롭게 됨

- 히스기야가 산헤립이 예루살렘을 치러 온 것을 보고...(2-3)
- 히스기야가 힘을 내어 무너진 모든 성벽을 보수하되 망대까지 높이 쌓고 또 외성을...(5-8)
- 앗수르 왕 산헤립은 이같이 말하노라 너희가 예루살렘에 에워싸여 있으면서 무엇을...(10-14)
- 이러므로 히스기야 왕이 아모스의 아들 선지자 이사야와 더불어 하늘을 향하...(20-22)
- 양 떼와 많은 소 떼를 위하여 성읍들을 세웠으니 이는 하나님이 그에게 재산을 심히...(29-30)

앗수르의 대대적인 침공으로 유다는 예루살렘만 남은 상태가 되었는데 성내에 수로를 파고 성벽을 정비하는 등 만반의 준비를 하였지만 객관적으로 유다는 앗수르의 상대가 되지 못합니다.(1~5절) 그러나 히스기야는 하나님을 신뢰했습니다.(6~8절) 예루살렘을 포위한 앗수르 군대의 사령관 랍사게는 자신들의 힘을 과시하며 하나님과 히스기야를 조롱합니다.(9~19절) 결국 선지자 이사야와 함께 하나님께 기도한 히스기야는 하나님이 주시는 큰 승리를 맛보게 되었고 앗수르 왕 산헤립은 본국으로 돌아가 아들의 반란으로 생을 마감하게 됩니다.(20~23절) 병이 들었다가 기도응답으로 수명이 연장된 히스기야는 잠시 교만하기도 했지만 다시 회개합니다.(24~26절) 하나님을 신뢰한 히스기야는 어려운 국제관계 속에서도 복을 누렸으며 죽은 후 다윗의 묘실에 장사됩니다.(27~33절)

요한계시록 18장 : 바벨론을 심판하심으로 순교자들이 영화롭게 됨

- 이 일 후에 다른 천사가 하늘에서 내려 오는 것을 보니 큰 권세를 가졌는데 그의...(1-5)
- 그러므로 하루 동안에 그 재앙들이 이르리니 곧 사망과 애통함과 흉년이라 그가...(8-11)
- 그러한 부가 한 시간에 망하였도다 모든 선장과 각처를 다니는 선객들과 선원들과...(17-23)

큰 권세를 가진 천사가 바벨론 곧 악한 세력을 완전히 멸하는데 이는 우상숭배와 사치, 부에 대한 집착 그리고 이와 같은 죄를 모든 나라에게 전염시킨 죄 때문입니다.(1~3절) 스스로를 높인 바벨론은 준엄한 심판이 예정되어 있으므로 성도들은 바벨론의 죄에 참여해서는 안 됩니다.(4~8절) 바벨론의 멸망을 애통해 하는 자들이 애가를 부르는데 그들은 왕들과 상인들, 뱃사람들입니다.(9~19절) 주로 경제적인 죄와 관련된 부류로서 자신들의 이익이 끊어졌음을 슬퍼하는 것입니다. 그리스도인들은 하나님과 재물을 겸하여 섬길 수 없다는 산상수훈의 말씀을 잊지 말아야 합니다.(마 6:14) 바다에 빠진 돌이 다시 떠오를 수 없듯이 바벨론의 멸망은 돌이킬 수 없으며 하나님의 종들은 바벨론의 철저한 패망을 기뻐합니다.(20~23절) 바벨론은 만국을 미혹한 죄와 하나님의 백성을 죽인 죄로 심판을 받습니다.(23~24절)

스가랴 14장 : 여호와의 회복하심으로 예루살렘이 영화롭게 됨

- 내가 이방 나라들을 모아 예루살렘과 싸우게 하리니 성읍이 함락되며 가옥이...(2-5)
- 그 날에 생수가 예루살렘에서 솟아나서 절반은 동해로, 절반은 서해로 흐를 것이라...(8-9)
- 사람이 그 가운데에 살며 다시는 저주가 있지 아니하리니 예루살렘이 평안히...(11-14)
- 예루살렘을 치러 왔던 이방 나라들 중에 남은 자가 해마다 올라와서 그 왕 만군의...(16-17)
- 그 날에는 말 방울에까지 여호와께 성결이라 기록될 것이라 여호와의 전에 있는 모든 솥이 제단 앞 주발과 다름이 없을 것이니...(20-21)

여호와의 날 곧 심판의 날이 이르게 됩니다.(1절) 하나님은 마지막 심판을 위하여 이방 나라들을 모아 예루살렘과 싸우게 하십니다.(2~3절) 하나님의 백성의 고통은 하나님이 허락하신 범위 내에서만 이루어집니다. 이제 하나님은 이방 민족을 심판하시고 하나님의 백성을 구원하십니다.(4~6절) 예루살렘은 회복되어 생수의 근원이 될 것이며 온 천하의 왕이 되시는 여호와로 인하여 모든 대적들이 사라지게 될 것입니다.(7~11절) 여호와께서 예루살렘을 친 이방민족들을 재앙으로 심판하십니다.(12~15절) 모든 민족이 여호와를 경배하게 될 것이며 제사장의 의복에 새겼던 여호와께 성결이라는 글귀가 말방울에까지 새겨지고 모든 솥이 성물이 되는 거룩한 하나님의 나라가 완성될 것입니다.(16~21절)

요한복음 17장 : 사역완수를 통해 아버지와 아들이 영화롭게 됨

- 예수께서 이 말씀을 하시고 눈을 들어 하늘을 우러러 이르시되 아버지여 때가...(1-11)
- 지금 내가 아버지께로 가오니 내가 세상에서 이 말을 하옵는 것은 그들로 내 기쁨을...(13-15)
- 그들을 진리로 거룩하게 하옵소서 아버지의 말씀은 진리니이다...(17-22)
- 아버지여 내게 주신 자도 나 있는 곳에 나와 함께 있어 아버지께서 창세 전부터 나를...(24)

영원한 대제사장 예수님의 기도입니다. 아버지의 뜻에 따라 대속의 죽음을 감당하는 것은 아버지를 영화롭게 하는 것이며 또한 아버지가 아들을 영화롭게 하는 것입니다.(1~2절) 영생은 유일하신 참 하나님과 그가 보내신 예수 그리스도를 아는 것입니다.(3절) 안다는 것은 깊은 인격적 관계를 표현하는 것으로 계속적으로 그 관계가 이어져간다는 의미를 가지고 있습니다. 예수님은 아버지께서 그에게 주신 일 곧 대속의 죽음을 통해 아버지를 영화롭게 하며 아버지께서 그를 보내셨음을 사람들로 하여금 알게 하실 것입니다.(4~8절) 이제 예수님의 기도는 제자들을 향합니다.(9~19절) 승천 후 남겨질 제자들이 온전히 보전되고 하나가 되기를, 악에 빠지지 않기를, 진리 가운데 거룩해지기를 기도하십니다. 또한 현재와 미래의 제자들을 위해 기도하되 그들의 하나 되도록, 그들이 아버지와 아들 안에 거하도록, 예수님이 아버지가 보내신 분임을 믿도록 기도하십니다.(20~21절) 예수님은 삼위 하나님의 하나 됨같이 제자들도 하나가 되고 자신의 영광(=십자가의 죽음과 부활)을 제자들도 보게 되기를 소망하십니다.(22~24절) 그러면 제자들도 예수님의 영광에 참여하게 될 것입니다. 예수님은 아버지의 사랑과 그 자신이 제자들 안에 있기를 기원하며 기도를 마치십니다.(25~26절)

큰 위기의 순간에도 역사의 주권자이신 하나님께 모든 것을 맡기고 히스기야처럼 기도하게 하시고 주의 거룩하심과 영광으로 온 세상이 가득할 날이 다가옴을 기억하며 하나님을 온전히 경외하게 하옵소서.

12/28

본문 역대하 33장 | 요한계시록 19장 | 말라기 1장 | 요한복음 18장

주제 **행실** (行實, 실지로 드러나는 행동이나 몸가짐)

성경은 사람의 행실에 따라 무엇이 하나님의 기쁨이 되고 어떤 복을 받을 수 있는지에 대해 분명히 교훈하고 있다. 이를 위해 예수님은 자기의 행실로 우리의 본이 되어 주셨다.

역대하 33장 : 회개 후 성전을 보수한 므낫세의 겸손한 행실

- 여호와 보시기에 악을 행하여 여호와께서 이스라엘 자손 앞에서 쫓아내신 이방...(2-9)
- 여호와께서 앗수르 왕의 군대 지휘관들이 와서 치게 하시매 그들이 므낫세를...(11-13)
- 이방 신들과 여호와의 전의 우상을 제거하며 여호와의 전을 건축한 산에와...(15-17)
- 그의 아버지 므낫세의 행함 같이 여호와 보시기에 악을 행하여 아몬이 그의 아버지...(22-25)

므낫세는 55년의 재임기간동안 여호와 보시기에 악을 행하며 그의 아버지 히스기야와 정반대의 길을 걷습니다.(1~9절) 결국 므낫세는 바벨론에 끌려갔다가 돌아오는 수모를 겪으면서 다소 겸손해지긴 했지만 이때는 그의 통치 말년으로 유다는 이미 심각한 영적, 도덕적으로 심각하게 타락하여 더이상 돌이키기 어려운 지경에 이른 상태였습니다.(10~13절) 재임기간 내내 백성들의 마음을 하나님께로부터 떠나게 만든 므낫세는 짧은 기간 우상을 제거하려는 노력은 하지만 히스기야 시절로 돌이키지는 못하고 생을 마감합니다.(14~20절) 므낫세의 뒤를 이은 아몬은 2년간 악을 행하다가 반역으로 인해 죽임을 당하고 요시야가 왕으로 등극합니다.(21~25절)

요한계시록 19장 : 혼인잔치를 준비하는 성도들의 옳은 행실

- 이 일 후에 내가 들으니 하늘에 허다한 무리의 큰 음성 같은 것이 있어 이르되...(1-8)
- 또 내가 하늘이 열린 것을 보니 보라 백마와 그것을 탄 자가 있으니 그 이름은 충신과...(11-16)
- 짐승이 잡히고 그 앞에서 표적을 행하던 거짓 선지자도 함께 잡혔으니 이는 짐승의 표를 받고 그의 우상에게 경배하던 자들을 표적으로 미혹하던 자라 이 둘이 산 채로 유황불 붙는 못에 던져지고...(20-21)

허다한 무리들 곧 하늘의 천사들과 구원받은 성도들이 구원과 영광과 능력이 하나님께 있음과 그의 공의로운 심판을 찬양하고 이십사 장로들과 네 생물도 하나님께 경배를 드립니다.(1~5절) 또한 전능하신 하나님의 통치와 어린양의 혼인잔치가 선포됩니다.(6~8절) 혼인잔치의 주인공은 그리스도(=신랑)와 교회 곧 성도(=신부)이며 신부의 세마포 옷은 곧 옳은 행실입니다. 혼인 잔치에 청함을 받은 자들은 진정 복이 있습니다.(9~10절) 백마 탄 분은 재림하시는 예수님으로서 흰색은 승리의 상징입니다.(11절) 그의 이름은 충신과 진실이며 이는 그가 행하실 심판의 의롭고 진실함을 의미합니다. 그의 눈은 불꽃 같아서 심판의 준엄함을 보여주고 있으며, 피 뿌린 옷은 말씀의 검에 의해 심판받을 악인들이 흘릴 피를 보여 주는데 그에게 하늘의 군대가 따릅니다.(12~15절) 심판의 주이신 만왕의 왕 예수 그리스도에 의해 사탄과 거짓 선지자들과 악인들은 꺼지지 않는 유황불의 심판을 받게 될 것입니다.(16~21절)

말라기 1장 : 주의 이름을 멸시하는 백성들의 그릇된 행실

- 여호와께서 이르시되 내가 너희를 사랑하였노라 하나 너희는 이르기를 주께서...(2)
- 내 이름을 멸시하는 제사장들아 나 만군의 여호와가 너희에게 이르기를 아들은...(6-9)
- 만군의 여호와가 이르노라 너희가 또 말하기를 이 일이 얼마나 번거로운고 하며...(13-14)

포로기 이후 여전히 어렵게 살아가던 이스라엘 백성들은 하나님의 사랑을 의심합니다.(1~2절) 그러나 하나님은 이스라엘을 괴롭혔던 대적들을 심판하심으로 백성들에 대한 사랑을 확인시켜 주실 것이며 온 세상을 통치하시는 하나님의 위대하심을 나타내실 것입니다.(3~5절) 하나님은 눈먼 것과 병든 것으로 제사하면서 자신들이 언제 하나님을 멸시했냐고 말하는 제사장들을 책망하십니다.(6~8절) 하나님은 그들의 제사를 도저히 받으실 수 없었습니다.(9~10절) 만약 이스라엘이 회개하지 않는다면 하나님은 이스라엘을 대신하여 이방민족 곧 모든 민족으로 하여금 하나님께 참된 예배를 드리게 할 것입니다.(11~14절) 누구에게도 예배의 영광을 빼앗기지 말아야 합니다.

요한복음 18장 : 아버지의 뜻에 응하는 예수님의 겸허한 행실

- 유다가 군대와 대제사장들과 바리새인들에게서 얻은 아랫사람들을 데리고 등과 횃불과 무기를 가지고 그리로 오는지라...(3-11)
- 예수께서 대답하시되 내가 드러내 놓고 세상에 말하였노라 모든 유대인들이 모이는 회당과 성전에서 항상 가르쳤고 은밀하게는 아무 것도 말하지 아니하였거늘...(20-21)
- 그들이 예수를 가야바에게서 관정으로 끌고 가니 새벽이라 그들은 더럽힘을 받지 아니하고 유월절 잔치를 먹고자 하여 관정에 들어가지 아니하더라...(28-31)
- 이에 빌라도가 다시 관정에 들어가 예수를 불러 이르되 네가 유대인의 왕이냐...(33-38)

예수님은 기드론 시내 건너편(=겟세마네)에서 가룟 유다가 이끌고 온 무리들에게 잡히셨습니다.(1~3절) 자신이 체포당하는 상황에서도 예수님은 제자들을 보호하셨으며 불법적인 체포에 대한 베드로의 저항이 있었으나 예수님은 아버지께서 주신 잔을 마실 것을 천명하시며 순순히 붙잡혀 가십니다.(4~14절) 아이러니하게도 예수님의 체포에 대해 가장 강하게 저항하던 베드로는 그의 정체를 묻는 여종의 질문을 받고 예수님과 자신의 연관성을 강하게 부인합니다.(15~18, 25~27절) 예수님은 전 대제사장 안나스로부터 불법 심문을 받으시다가 현 대제사장 가야바에게로 보내집니다.(19~24절) 안나스의 질문에 대하여 예수님은 지금껏 은밀하게 행한 일이 없으니 증인들에게 확인하라고 대답하십니다. 예수님은 억지로 사형 판결을 이끌어 내려는 무리들에 의해 다시 빌라도 총독에게로 보내집니다.(28~32절) 빌라도는 예수님의 죄를 찾을 수 없었습니다.(33~38절) 그러나 무리들은 죄 없는 예수님이 아닌 바라바의 석방을 요구합니다.(39~40절)

하나님! 내 생에 있어서 하나님을 경외하며 충성하는 시간이 오래이기를 소망합니다. 하나님이 받으실 만한 제사로 날마다 나아가게 하시고 옳은 행실로 거룩한 세마포 옷을 입게 하옵소서. 그리고 내게 주신 잔을 기꺼이 마시게 하옵소서.

12/29

본문 역대하 34장 | 요한계시록 20장 | 말라기 2장 | 요한복음 19장

주제 미혹 (迷惑, 무엇에 홀려 정신을 차리지 못함)

사람은 하나님의 말씀 안에서 진리를 배우며 복되게 살아가는 것이 올바른 길이다. 하지만 사람들은 지위고하를 막론하고 여러 가지 미혹에 빠져 정도를 잃고 방황하며 죄를 범하여 멸망의 길로 간다.

역대하 34장 : 바알, 아세라, 태양, 우상에게 미혹된 이스라엘

- 요시야가 왕위에 오를 때에 나이가 팔 세라 예루살렘에서 삼십일 년 동안 다스리며...(1-5)
- 그 돈을 여호와의 전 공사를 감독하는 자들의 손에 넘기니 그들이 여호와의 전에...(10-12)
- 이와 같이 요시야가 이스라엘 자손에게 속한 모든 땅에서 가증한 것들을 다 제거하여...(33)

8살에 왕위에 오른 요시야는 31년의 통치기간 동안 다윗의 길을 걷습니다.(1~2절) 그는 통치 8년차인 16살 때부터 종교개혁을 적극 추진하는데 우선 모든 우상을 제거합니다.(3~7절) 그 후 성전 수리에 총력을 기울입니다.(8~13절) 예배를 회복하려는 강력한 의지를 엿볼 수 있습니다. 성전 수리 중 율법책(=신명기)이 발견되어 그 내용이 공개되었는데 유다의 죄로 인한 하나님의 진노와 심판에 관한 내용을 듣게 된 요시야는 자신의 옷을 찢으며 회개하고 여선지자 훌다에게 사람을 보내 율법책에 관한 조언을 구합니다.(19~22절) 하나님은 훌다를 통해 유다의 죄가 이미 임계점을 넘었지만 하나님 앞에 순전히 행한 요시야 때에는 재앙을 내리지 않을 것이라고 말씀하십니다.(23~28절) 심판을 향해 가는 큰 흐름을 바꾸지는 못했지만 요시야는 백성들이 하나님과의 언약을 지켜나가도록 최선을 다합니다.(29~33절)

요한계시록 20장 : 사탄, 마귀, 짐승, 거짓 선지자에게 미혹된 영혼들

- 또 내가 보매 천사가 무저갱의 열쇠와 큰 쇠사슬을 그의 손에 가지고 하늘로부터...(1-4)
- 이 첫째 부활에 참여하는 자들은 복이 있고 거룩하도다 둘째 사망이 그들을 다스리는...(6-15)

천상의 전투에서 미가엘에게 패했던 사탄은(12장) 하늘에서 내려온 천사에 의해 결박당해 무저갱에 천년동안 갇혔다가 잠깐 놓이게 될 것입니다.(1~3절) 천년왕국에 대한 의견은 전천년설(예수님의 재림 후 천년왕국이 시작됨), 후천년설(복음의 편만한 역사로 의와 평화가 가득한 세상 곧 천년왕국이 도래한 후 예수님이 재림하심), 무천년설(천년왕국이 곧 교회의 역사, 가시적인 천년왕국은 없음) 등 크게 3가지로 나뉘는데 중요한 것은 우리가 천년왕국에 참여하기에 합당한 자로 살아가는 것입니다.(4절) 살아서의 의미도 전천년설은 몸의 부활, 후천년설은 영적부활(중생), 무천년설은 죽음 이후 하늘에 올라가 그리스도와 함께 거하는 것 혹은 중생이라고 각기 다르게 해석합니다. 첫째 부활(=순교자와 성도의 부활)에 참여하는 자는 둘째 사망(=첫째 사망은 육신의 죽음이며, 둘째 사망은 영원한 불 못에 던져지는 심판을 의미)을 보지 않을 것입니다.(5~6절) 천년왕국과 관련된 주장들은 각각 미흡한 부분이 있어서 완벽한 설명은 없으며 우리는 세부적인 내용보다는 그리스도의 순결한 신부로 살아가는 것에 더욱 집중해야 합니다. 천년동안 갇혀 있던 사탄이 풀려나고 곡과 마곡(=사탄에게 미혹되어 하나님의 백성을 대적하는 땅의 세력)을 따르는 수많은 사람들이 일어납

니다.(7~8절) 그러나 악한 세력은 하나님이 내리신 불로 멸망하게 되고 크고 흰 보좌에 앉으신 하나님이 행하실 최후의 심판으로 영원한 불 못에 던져지게 됩니다.(9~15절)

말라기 2장 : 언약을 깨고 거짓으로 백성을 미혹한 제사장들

- 너희 제사장들아 이제 너희에게 이같이 명령하노라...(1-9)
- 유다는 거짓을 행하였고 이스라엘과 예루살렘 중에서는 가증한 일을 행하였으며...(11-13)
- 이스라엘의 하나님 여호와가 이르노니 나는 이혼하는 것과 옷으로 학대를 가리는...(16-17)

하나님의 말씀을 듣지 않고 마음에 새기지도 않으며 하나님을 영화롭게 하지 않는 제사장들은 수치를 당하게 될 것입니다.(1~3절) 레위 지파의 초기 제사장들은 언약에 충실하여 그들의 책임을 다하였으나 지금의 제사장들은 언약을 깨뜨리고 많은 사람들을 언약에서 떠나게 했습니다.(4~9절) 이방 신을 섬기는 여인과 결혼한 자들에게 심판이 임할 것이며 아내에게 부당한 대우를 한 그들의 제물은 거부당할 것입니다.(10~14절) 아내에 대한 학대와 이혼, 하나 됨을 깨뜨리는 행위는 거룩한 후손을 남기라는 하나님의 뜻을 거역하는 것입니다.(15~16절) 심지어 그들은 하나님이 악을 행하는 자를 좋아하고 정의를 행하지 않는다는 말로 하나님을 괴롭게 만들었습니다.(17절)

요한복음 19장 : 예수를 못 박기 위해 백성을 미혹한 제사장들

- 이에 빌라도가 예수를 데려다가 채찍질하더라...(1-4)
- 빌라도가 이르되 내게 말하지 아니하느냐 내가 너를 놓을 권한도 있고 십자가에...(10-12)
- 아리마대 사람 요셉은 예수의 제자이나 유대인이 두려워 그것을 숨기더니 이 일...(38-39)

빌라도는 죄 없는 예수님에 대해 적당히 채찍질하여 유대인들을 만족시킨 후에 석방시키려 했으나 십자가에 못 박으라는 유대인들의 요구는 더욱 거세졌습니다.(1~6절) 이에 빌라도는 예수님을 다시 심문하는데 예수님이 스스로 하나님의 아들이라는 말을 했다는 사실을 알고 두려워합니다.(7~9절) 빌라도는 자신에게 생사여부를 결정하는 권세가 있다고 말하나 예수님은 자신에 관한 처분은 위에서 주시는 권세라고 말씀하십니다.(10~11절) 자신을 왕이라고 말한 이를 놓아준다면 로마 황제에 대한 충신일 수 없다는 여론에 부담을 느낀 빌라도는 결국 십자가형을 언도합니다.(12~18절) 나사렛 예수 유대인의 왕이라고 쓴 명패는 예수님의 존재를 제대로 드러냅니다.(19~22절) 메시아를 못 박은 군인들은 그의 옷을 차지하는 것에 혈안이 되어 있는데 이로써 예언이 성취되었으며(시22:18, 23~24절) 예수님은 요한과 몇몇 여인들이 지켜보는 가운데 다 이루었다라는 선언과 함께 운명하셨습니다.(25~30절) 일정 시간이 지난 후 여전히 숨이 붙어 있을 경우 죄수의 다리를 꺾어 죽음을 재촉하는데 예수님은 이미 운명하셔서 그의 다리가 꺾이지 않음으로써 대속의 제물로 오신 유월절 어린양이심을 증명하셨습니다.(출 12:46, 31~33절) 십자가에서 물과 피를 다 쏟으신 예수님은 아리마대 요셉에 의해 장사되십니다.(34~42절)

요시아처럼 다윗의 길로 행하며 좌로나 우로나 치우치지 않게 하옵소서. 십자가 언약에 성실하게 응답하는 삶을 살게 하시며 거룩한 후손을 이 땅에 남기게 하옵소서. 주의 재림과 함께 이루어질 모든 하나님의 역사를 기대하며 그날에 부끄럽지 않은 주의 순결한 신부로 살아가게 하옵소서.

12/30

본문 역대하 35장 | 요한계시록 21장 | 말라기 3장 | 요한복음 20장
주제 구비 (具備, 필요한 것을 빠진 것 없이 모두 갖춤)

하나님은 죄인을 사랑하셔서 구원을 위해 모든 것을 구비해 놓으셨다. 절기도, 십일조를 통한 놀라운 축복도, 보혜사 성령도 그리고 새 하늘과 새 땅도 만드시고 그 가운데 새로운 모든 것을 구비해 놓으셨다.

역대하 35장 : 요시야는 유월절을 지키려고 모든 것을 구비함

- 요시야가 예루살렘에서 여호와께 유월절을 지켜 첫째 달 열넷째 날에 유월절 어린..(1-4)
- 요시야가 그 모인 모든 이를 위하여 백성들에게 자기의 소유 양 떼 중에서 어린 양과...(7-8)
- 이 모든 일 후 곧 요시야가 성전을 정돈하기를 마친 후에 애굽 왕 느고가 유브라데...(20-24)

유월절은 출애굽의 구원을 재현하는 절기로써 민족의 정체성과 관련된 중요한 절기입니다. 제사장들과 레위인들에게 유월절을 철저히 준비하도록 지시한 요시야가 먼저 자기 소유의 어린양과 염소 3만 마리와 수소 3천 마리를 먼저 내어놓으니 방백들과 제사장, 레위인의 지도자들도 잇따라 제물을 내어 놓습니다.(1~9절) 레위인과 제사장들이 그들의 역할을 잘 감당해 줌으로써 유월절 제사는 성공적으로 드려졌는데 사무엘 선지자 이후 유월절 절기가 이같이 세부적으로 잘 준행된 경우는 없었습니다.(10~19절) 참고로 히스기야는 오랫동안 중단된 유월절 제사를 재개한 공로가 있습니다. 그럼에도 유다의 죄가 이미 임계점을 넘겼기에 경건한 요시야왕도 유다를 향한 하나님의 심판의 흐름을 막을 수 없었습니다.(34장) BC 609년 앗수르와 신흥강국 바벨론 간에 갈그미스 전투가 벌어졌는데 앗수르의 동맹국인 애굽이 갈그미스로 가려면 유다를 지나가야 했습니다. 요시야는 유다를 짓밟고 지나가려는 애굽을 막아설 수밖에 없었고 결국 강대국인 애굽과 유다의 치열한 전투 중 부상을 입은 요시야는 결국 전사하게 됩니다.(=므깃도전투, 20~24절) 유다의 회복을 위해 무던히 애를 썼던 요시야의 죽음을 모든 백성이 슬퍼했습니다.(24~27절)

요한계시록 21장 : 주는 새 하늘과 새 땅에 모든 것을 구비하심

- 또 내가 새 하늘과 새 땅을 보니 처음 하늘과 처음 땅이 없어졌고 바다도 다시 있지...(1-4)
- 그 성곽은 벽옥으로 쌓였고 그 성은 정금인데 맑은 유리 같더라...(18-22)

보시기에 참 좋았던 아름다운 세상이 인간의 죄로 파괴되었습니다. 이제 처음 하늘과 땅과 바다는 사라지게 되었으며 하나님은 아픔과 슬픔, 눈물, 죽음이 다시 있지 아니한 새 하늘과 새 땅 곧 거룩한 새 예루살렘을 창조하셔서 구원받은 백성들과 친히 함께 하십니다.(1~5절) 모든 시험과 환난을 이기고 끝까지 믿음을 지킨 이기는 자는 값없이 생명수 샘물을 마실 것이며 우상 숭배자들과 거짓 선지자와 고난이 두려워 어린양에 대한 믿음을 저버린 자들은 불과 유황이 타는 못에 던져지게 될 것입니다.(6~8절) 요한은 거룩한 성 예루살렘을 보았습니다.(9~21절) 어린양의 신부인 거룩한 성 예루살렘은 신실한 하나님의 백성을 의미합니다. 거룩한 성은 하나님의 영광이 함께 있어서 그 빛이 귀한 보석 같고 벽옥과 수정같이 맑으며 도성 전체와 성의 길은 전부 유리처럼 투명한 순금입니다. 열두 지파와 열두 사도는 신, 구약의 모든 하나님의 백성들을 의미합니다. 어린양의 신부인 우리가 얼마나 영광스럽게 될지

상상이 되십니까? 하나님과 어린양이 곧 성전이시기에 별도의 성전이 필요 없고 하나님의 영광과 어린양의 등불로 인해 해와 달도 필요 없으며 밤도 없는 영광스런 성에 오직 생명책에 기록된 자만이 들어갈 수 있습니다.(22~27절)

말라기 3장 : 주는 십일조를 바친 자에게 모든 복을 구비하심

- 만군의 여호와가 이르노라 보라 내가 내 사자를 보내리니 그가 내 앞에서 길을...(1-3)
- 만군의 여호와가 이르노라 너희의 온전한 십일조를 창고에 들여 나의 집에 양식이...(10-15)

하나님은 정의의 하나님이 어디 계시냐고(2:17) 말하는 백성들을 심판을 통한 연단으로 다시 돌이키실 것입니다.(1~4절) 하나님은 악을 행하는 자를 심판하시면서도 언약에 잊지 않으심으로 그들을 소멸하지 않으십니다.(5~6절) 돌아올 것을 촉구하는 하나님은 구체적으로 십일조와 봉헌물에 대하여 말씀하시면서 온전한 십일조로 나를 시험해 보라고 말씀하십니다.(7~12절) 하나님은 열방이 부러워할 만한 풍성한 복을 약속하시는데 주의해야 할 것은 십일조를 복의 조건으로 여겨서는 안 된다는 것입니다. 십일조는 이미 주신 구원의 은혜에 대한 감사와 기쁨의 헌신입니다. 예수님은 우리가 하나님이냐 돈이냐의 치열한 싸움을 하게 될 것을 알고 계셨습니다. 십분의 일이 절대 기준이 될 수는 없지만 그럼에도 불구하고 나의 최고의 가치는 돈이 아닌 하나님이라고 고백할 수 있는 구체적인 기준이 되는 것입니다. "너희는 하나님과 재물을 겸하여 섬길 수 없느니라."(눅16:13) 교만한 자와 악인의 번성을 말하며 하나님의 공의의 심판을 부정하는 자들에 맞서 하나님을 경외하는 자들이 있습니다.(13~16절) 하나님은 심판 때에 의인과 악인을 구별하실 것입니다.(17~18절)

요한복음 20장 : 부활의 주가 제자들에게 평강과 성령을 구비하심

- 안식 후 첫날 일찍이 아직 어두울 때에 막달라 마리아가 무덤에 와서 돌이 무덤에서...(1-2)
- 도마에게 이르시되 네 손가락을 이리 내밀어 내 손을 보고 네 손을 내밀어...(27-29)

안식 후 첫날 가장 먼저 무덤으로 달려간 막달라 마리아는 예수님의 시신이 사라진 것을 확인하고 베드로와 요한에게 이 사실을 알렸으며 두 제자 역시 빈 무덤을 보게 됩니다.(1~8절) 그들은 부활에 대한 예수님의 말씀을 기억하지 못하고 집으로 돌아갔습니다.(9~10절) 그 후 막달라 마리아가 빈 무덤에 가서 울고 있을 때 예수님이 나타나심으로 그녀는 부활의 첫 증인이 되었습니다.(11~16절) 나를 붙들지 말라(=내게 계속 붙어 있지 말고 부활의 소식을 전하라는 의미)는 예수님의 말씀을 듣고 마리아는 재빨리 제자들에게 부활의 소식을 전합니다.(17~18절) 예수님은 유대인 당국자들이 두려워 제자들이 함께 모여 있던 곳에 나타나셔서 부활의 몸을 보이시며 그들을 부활의 증인으로 파송하십니다.(19~23절) 제자들이 부활의 주님을 만날 때에 유일하게 부재중이었던 도마는 부활에 대해 의심했으나 예수님의 손과 옆구리를 직접 만져 본 후에 나의 주, 나의 하나님으로 고백합니다.(24~29절) 요한복음의 기록 목적은 예수님이 하나님의 아들 그리스도이심을 믿고 생명을 얻게 하기 위함입니다.(30~31절) 요한복음은 증인의 기록입니다.

유월절 예배가 온전히 지도록 온 힘을 다하는 요시야를 보면서 예배에 임하는 나의 마음과 태도의 옷깃을 다시 여밉니다. 물질에 붙잡히지 않고 하나님을 온전히 섬기게 하시고 믿음으로 승리한 이기는 자에게 주실 크고 놀라운 영광을 소망하며 살아가게 하옵소서.

12/31

본문 역대하 36장 | 요한계시록 22장 | 말라기 4장 | 요한복음 21장

주제 회계 (會計, 나가고 들어온 물질과 선악 간에 행한 모든 것을 따져봄)

하나님은 모든 사람에게 달란트를 주셨다. 그 후 때가 되면 믿음 안에서 어떻게 사용했는지 회계하신다. 선하게 남긴 자는 칭찬과 상을 내리시고 악하게 낭비한 자는 책망과 벌을 내리신다.

역대하 36장 : 유다의 마지막 왕들을 회계하여 잡혀가게 하심

- 여호아하스가 왕위에 오를 때에 나이가 이십삼 세더라 그가 예루살렘에서 다스린 지 석 달에...(2-7)
- 여호야긴이 왕위에 오를 때에 나이가 팔 세라 예루살렘에서 석달 열흘 동안 다스리며 여호와 보시기에 악을 행하였더라...(9-17)
- 칼에서 살아 남은 자를 그가 바벨론으로 사로잡아가매 무리가 거기서 갈대아 왕과 그의 자손의 노예가 되어 바사국이 통치할 때까지 이르니라...(20-23)

요시야의 죽음으로 유다는 급격히 무너집니다. 남은 왕들은 모두 악한 길을 갔습니다. 여호아스는 즉위 석 달 만에 애굽에 의해 폐위되어 포로로 잡혀 갔으며 애굽이 세운 왕 여호야김, 그 뒤를 잇는 여호야긴, 마지막 왕인 시드기야까지 모두 바벨론의 포로로 잡혀 갔습니다.(1~10절) 특히 역대기 저자는 유다의 멸망은 시드기야가 마음을 완악하게 하여 하나님께로 돌아오지 않았기 때문이라고 진단합니다.(11~16절) 그들은 하나님이 보낸 선지자의 경고를 무시했습니다. 갈대아(=바벨론)에 의해 유다는 멸망당했습니다.(17~20절) 그러나 예레미야의 예언대로 70년 뒤 고레스(=키루스) 칙령에 의해 다시 돌아와 성전과 예루살렘을 재건하게 됩니다.(21~23절)

요한계시록 22장 : 보좌에 앉으셔서 악한 자들을 회계하여 벌하심

- 또 그가 수정 같이 맑은 생명수의 강을 내게 보이니 하나님과 및 어린 양의 보좌로부터...(1-3)
- 보라 내가 속히 오리니 이 두루마리의 예언의 말씀을 지키는 자는 복이 있으리라 하더라(7)
- 그가 내게 말하기를 나는 너와 네 형제 선지자들과 또 이 두루마리의 말을 지키는 자들과 함께 된 종이니 그리하지 말고 하나님께 경배하라 하더라...(9-12)
- 자기 두루마기를 빠는 자들은 복이 있으니 이는 그들이 생명나무에 나아가며 문들을 통하여 성에 들어갈 권세를 받으려 함이로다...(14-19)

새 예루살렘에는 수정같이 맑은 생명수 강이 하나님과 어린양의 보좌로부터 흐르고 생명나무가 있습니다. 하나님의 빛으로 인해 등불과 햇빛이 필요 없고 저주가 없으며 우리는 하나님의 얼굴을 보며 섬기게 될 것입니다.(1~5절) 신실하고 참되며 반드시 성취될 이 계시의 말씀을 지키는 자는 복이 있습니다.(6~7절) 오직 하나님만이 우리의 경배의 대상입니다.(8~9절) 때가 가까우므로 이 계시는 인봉하지 말고 공개해야 합니다.(10절) 불의한 자와 거룩한 자의 운명은 정해졌으며 회개의 가능성이 사라지는 날이 곧 오게 됩니다.(11절) 알파와 오메가, 처음과 마지막이 되시는 예수님은 각 사람의 행위대로 갚아 주시는데 이는 박해 가운

데 신앙을 지킨 이들에게 큰 소망이 됩니다.(12~13절) 어린양의 피에 옷을 빤 사람 즉, 어린양을 끝까지 따른 자들은 새 예루살렘에 들어갈 권세를 얻지만 우상 숭배자를 비롯한 악인들은 성 밖에 있게 될 것입니다.(14~15절) 계시록은 다윗의 뿌리와 자손이며 광명한 새벽별인 예수 그리스도의 계시입니다.(1:1, 16절) 성령과 신부(=교회)는 사람들을 생명수로 초대합니다.(17절) 이 계시의 말씀에 더하거나 빼면 준엄한 심판이 있을 것이며 모든 그리스도인은 마라타나(=아멘 주 예수여 오시옵소서)를 고백하며 항상 재림의 주를 맞이할 준비가 되어 있어야 합니다.(18~21절)

말라기 4장 : 용광로 불같은 날에 악한 자를 회계하여 태우심

- 만군의 여호와가 이르노라 보라 용광로 불 같은 날이 이르리니 교만한 자와 악을 행하는 자는 다 지푸라기 같을 것이라 그 이르는 날에 그들을 살라 그 뿌리와 가지를 남기지...(1-3)
- 보라 여호와의 크고 두려운 날이 이르기 전에 내가 선지자 엘리야를 너희에게...(5-6)

하나님은 당신의 공의를 문제 삼는 교만한 자와 악한 자들을 심판하시고 당신을 경외하는 자에게는 치료하는 광선을 발하실 것이며 의인들 역시 하나님과 함께 악인을 심판할 것입니다.(1~3절) 심판이 이르기 전에 이스라엘 백성들은 하나님의 율례와 법도를 기억해야 합니다.(4절) 그들이 사는 길은 말씀을 듣는 것입니다. 하나님은 이스라엘 백성들이 돌아올 수 있도록 엘리야 곧 세례 요한을 보내셔서 자녀들의 마음을 아버지께로 돌이킬 것입니다.(5~6절)

요한복음 21장 : 부활의 주가 모든 제자를 회계하여 다시 쓰심

- 시몬 베드로와 디두모라 하는 도마와 갈릴리 가나 사람 나다나엘과 세베대의...(2-7)
- 예수께서 이르시되 지금 잡은 생선을 좀 가져오라 하시니...(10-13)
- 그들이 조반 먹은 후에 예수께서 시몬 베드로에게 이르시되 요한의 아들 시몬아...(15-20)
- 예수께서 행하신 일이 이 외에도 많으니 만일 낱낱이 기록된다면 이 세상이라도 이 기록된 책을 두기에 부족할 줄 아노라(25)

제자들은 부활하신 예수님에 의해 세상으로 파송을 받았습니다.(20:21) 그러나 사명을 행하기에는 아직 미흡한 그들은 예전의 생활의 터전이었던 갈릴리로 갑니다.(1~3절) 이때 다시 제자들을 찾아오신 예수님은 그들에게 배의 오른편에 그물을 던지라고 말씀하셨고 그들은 많은 물고기를 잡게 되었습니다.(4~6절) 예수님이심을 알아본 제자들은 예수님과 함께 식사를 하게 됩니다.(7~14절) 식후 예수님은 질문을 통해 베드로의 진심을 확인하시며 그에게 다시 사명을 주셨으며 사명을 받은 베드로가 앞으로 가야 할 길에 대해서도 말씀하십니다.(15~19절) 요한의 사명에 대해 궁금해하는 베드로에게는 각자의 사명과 가는 길이 다름을 말씀하시면서 제자도를 촉구하십니다.(20~23절) 요한복음은 참된 증언이며 예수님의 행적의 일부만 기록되었을 뿐입니다.(24~25절)

유다의 멸망이 하나님의 언약의 끝일 수 없습니다. 역사의 주관자이신 하나님의 신실하심을 찬양합니다. 나를 사랑하시는 하나님의 말씀을 주의 깊게 듣는 자가 되게 하시고, 믿고 맡기신 사명을 위해 살아가게 하옵소서.

맥체인성경 쉬운해설 4 [10-12월]

2022년 10월 1일 초판 1쇄 발행

펴 낸 이 김수곤
지 은 이 김홍양, 김재학
디 자 인 디자인이츠
발 행 처 선교횃불
등 록 일 1999년 9월 21일 제 54호
등록주소 서울 송파구 백제고분로 27길 12(삼전동)
전 화 (02)2203-2739
팩 스 (02)2203-2738
이 메 일 ccm2you@gmail.com
홈페이지 www.ccm2u.com